国家社科基金重大项目

国家粮食安全保障体系研究

Research on
the National Food Security System

李孟刚　郑新立　著

社会科学文献出版社
SOCIAL SCIENCES ACADEMIC PRESS (CHINA)

摘　　要

　　粮食安全问题是国家经济、政治、社会和生态文明建设中的重大基础问题，党和政府一直把保障粮食安全摆在重要的战略地位。近年来，我国粮食保持了高自给率，不仅为国家粮食安全提供了强大支撑，也为世界粮食安全做出了巨大贡献。但是，在经济全球化和世界贸易自由化步伐加快，我国工业化、城镇化进程快速推进的背景下，国内粮食供求形势正在发生深刻变化：粮食需求刚性增长，耕地数量逐年减少，水资源供应日益短缺，种粮比较效益偏低；区域性、结构性矛盾加剧，粮食持续增产的基础不牢固，主要农副产品价格上涨明显；跨国公司开始以迅猛势头进入粮食流通领域，并逐渐向粮食产业链上下游延伸等。与此同时，全球气候变暖的影响，诸如干旱、洪涝、冰冻等自然灾害发生频率及强度增加，对粮食安全产生了极大的负面影响。基于此，积极应对自然灾害，加快构建粮食安全保障体系已是刻不容缓。

　　本书以科学发展观为指导思想，基于全球化视角，遵循提出问题、分析问题、解决问题的逻辑思维，首先提出了新型粮食安全观，并结合《国家粮食安全中长期规划纲要（2008～2020 年）》，明确我国粮食安全保障的战略目标；然后，分析了我国粮食供需现状，预测 2015 年、2020 年、2030 年三个阶段我国粮食的供需情况；最后，针对新形势下我国粮食安全面临的新问题，从提高粮食生产能力的途径，增强粮食生产抗灾和防灾能力的途径，正确处理"工业化、城镇化"与粮食安全的关系，完善粮食品种结构，优化粮食区域布局，完善政府调控下的粮食市场体系，建立开放式的粮食市场体系，完善粮食储备体系，构建我国粮食安全评价与预警体系方面，提出加快构建国家粮食安全保障体系的对策建议。研究结果对于国家进行宏观调控、化解国家粮食风险，对于驳斥"中国威胁论"，有效提高粮食综合生产能力，"确保粮食生产不滑坡"，缓解粮食结构矛盾，提高我国粮食产业竞争力、稳定粮食价格等都具有重要的指导意义；同时，对自然条件、城镇化进程、农业现代化等系统综合考虑及研究，为解决城镇化进程中资源环境问题、"三农"问题、经济发展问题以及三者可持续发展问题提供相应的支持和参考。

本书主要内容和观点如下。

1. 树立新粮食安全观

"粮食安全"是一个动态、发展的概念。在经济全球化的背景下，必须用新的视角看待当前的粮食问题。一是着眼于粮食安全的国际视角，树立互利合作、多元发展、协同保障的新粮食安全观。二是着眼于我国丰富的食物资源，建立以谷物为中心、粮食为重点的综合化食物安全观。新粮食安全观强调内部粮食安全与外部粮食安全相统一、生产安全与流通安全相统一、数量安全与质量安全相统一、当前安全与长远安全相统一、事前预警与事后评估相统一。

2. 我国粮食安全仍处于紧平衡状态

随着人口增加以及工业化、城镇化进程加快，我国粮食消费将呈刚性增长趋势。预测结果表明，到 2020 年我国粮食产量大致为 5.96 亿吨，2030 年为 6.43 亿吨；到 2020 年需求量大致为 6.12 亿吨，2030 年为 6.62 亿吨。在保持粮食生产稳定的基础上，2020 年之前，我国粮食供求基本平衡，但是仍需看到，我国农业基础设施薄弱、技术服务滞后、土地粗放型经营、生产成本激增、地方政府轻视等问题依然严重；耕地面积、种植面积逐渐减少，土地撂荒和耕作劳动投入不足的问题仍较为突出；旱涝和冰雪灾害频繁；粮食种植技术和产量也难有突破。因此，在较长时期内，我国粮食仍然处于紧平衡状态，粮食品种和区域结构调整将是粮食生产面临的主要矛盾。

3. 采取多种手段提高粮食综合生产能力

一是完善粮食生产保障与促进政策，包括严格规范农村土地管理制度，加强耕地保护；完善粮食产业补贴政策，健全农业投入机制；推行"产粮产业县"制度，提升粮食生产产业化水平。二是提高资源利用效率。改造中低产田，建设农田设施；完善良种繁育，提高复种指数；提高水资源利用率，加强生态保护。三是提高粮食生产科技化水平。加大粮食产业科技投入，提升粮食产业科技创新能力；完善粮食产业技术推广体系，加大良种良法推广力度；积极发展粮食生产机械化，加快粮食产业信息化建设。四是提升粮食产业现代化水平。积极对接国际市场，鼓励引进资金技术；加快发展现代农业，拓宽农民增收渠道。

4. 增强粮食生产抗灾、防灾能力

粮食生产本身具有先天的脆弱性，自然灾害频发加剧未来粮食供需矛盾。旱涝灾害是我国爆发最频繁、对粮食生产影响最严重的两大自然灾害，灌溉水资源的短缺将成为制约粮食生产的重要因素。当前，人们危机意识淡薄、生态环境遭到破坏、资金投入不合理、科技应用水平低以及应急管理体系不完善是我国粮食生产防灾减灾中存在的主要问题，为此，应通过多种途径不断增强粮食生产的抗灾、防灾能力：完善灾害立法，建立专门灾害应急管理机构；加大宣传力度，树立科学的防灾减灾理念；改善生态环境，加强水土资源保护和利用；加强基础设施建设，提高粮食生产抵御灾害能力；建立农业保险制度，完善财政救助体系；健全农业灾害预警机制；因灾制宜，开发抗灾品种等。

5. 妥善处理好工业化、城镇化与粮食安全保障的关系

在科学发展观的指引下，采取工业化、城镇化和农业现代化、信息化相互支撑的发展战略，使工业化、城镇化与农业现代化、信息化良性联动，切实保障经济增长与粮食生产的协调共赢。在实践中，应以市场调节为基础，充分发挥政府的调控作用，建立国家粮食安全责任分担机制，加大对粮食主产区的扶持力度，完善粮食产销区利益联结机制，以城乡一体化思路提升粮食安全水平，培育并发展种粮大户。同时，在经济生态化视角下强化国家资源安全观，巩固粮食安全基础；推动系统间动力机制协同，提高粮食安全的可持续能力；健全粮食发展综合决策体系，提高粮食安全管理水平。

6. 改善我国粮食品种结构

当前，我国粮食品种结构面临的突出问题是产需品种不平衡、品质不平

衡、品种杂而散等，同时现行购销体制、市场机制以及转基因技术对我国粮食品种结构有较大的影响。基于此，应加强对种粮农民的引导和帮扶，科学调整粮食品种结构和成分。一方面，按照口粮和饲料粮需要调整种植结构，压缩一般品种，扩大优质品种；另一方面，根据不同粮食作物品种特点，重视作为口粮的稻米和小麦的供给问题，采取综合措施稳定玉米供求平衡。

7. 优化我国粮食区域布局

粮食作物布局的形成是一个非常复杂的过程，耕地资源、水利设施、比较效益、非农就业机会、市场需求、技术进步、政策、运输条件是影响粮食作物生产布局的关键因素。面对粮食区域布局中耕地和水资源的矛盾，主产区利益缺失与地方粮食发展矛盾，主产区农业科技投入与粮食生产要求矛盾，粮食产业布局与粮食生产格局矛盾等，应立足于结构优化配置：一是按照资源禀赋、生产条件和增产潜力等因素，明确各功能区发展目标；二是发挥主销区优势，建立主销区对主产区的支持机制，增强主产区粮食生产可持续发展能力；三是加快推进优势粮食品种产业带建设，优先抓好小麦、稻谷等品种生产。

8. 完善我国粮食市场体系

规范粮食流通市场秩序，合理配置粮食市场资源，充分发挥粮食市场在组织粮食流通、保障市场供应、稳定市场粮价、确保粮食安全方面的重要作用，加快建立统一开放、竞争有序的粮食市场体系。切实加强国内粮食宏观调控体系建设，加快以粮食生产稳定发展为基础，中央和省级粮食储备为依托，国有粮食企业为主渠道、多元市场主体共同发展，粮食应急供应系统为保障的粮食宏观调控体系建设。

9. 积极引导粮食产业"走出去"，关注外资垄断的不利影响

要加强开放式粮食市场体系建设，在确保我国粮食安全的前提下，加强粮食领域的国际合作，充分利用两种资源、两个市场，采取"引进来"和"走出去"两种方式对国内粮食供应形成有效补充。同时，积极应对外资进入：一是提高外资准入门槛；二是加快粮食流通制度改革，培育国有大型粮食企业集团，提升国内企业竞争力；三是增强粮食安全意识，重视基层粮食企业改革；四是加强粮食期货市场建设，防范外资扰乱粮食价格。

10. 建立规模合理、灵活高效的粮食储备体系

一是未来的改革应逐步提高中央储备粮在粮食储备中的比例，缩小地方储备粮的比例，取消县级地方储备粮，建立以中央储备为主体、省级储备为辅助的粮食储备体系。二是大力鼓励和发展民间储备，主动引导农户的粮食储备行为，采取类似于粮食银行、合作组织的做法，鼓励农民集中存粮。三是鼓励企业"投资海外土地"，建立稳定可靠的进口粮源保障体系。总之，粮食储备应逐步由"藏粮于库"向"藏粮于地"、"藏粮于产业"、"藏粮于海外"与"藏粮于库"有机结合的方向转变。

11. 建立粮食安全评价与预警体系

一是基于国家的宏观管理需要，从粮食安全的实际要求出发，把经济理论、经济预警理论运用到粮食安全中，开展粮食安全的监测预警研究，进一步完善粮食预警指标体系。二是建立并完善粮食预警管理系统。加强信息系统的整合管理，设立多部门协调的预警管理系统，加强业务人员培训，重视后续管理的作用。三是积极发挥期货市场的预警功能，探索和推动其他符合条件的农产品上市交易，逐步建立起较为完备的农产品期货市场体系。四是加强粮食安全预警法制建设，处理好粮食安全预警法律关系，切实保障粮食安全预警工作的执行力度。

目 录

第 一 章

绪 论

第一节 粮食安全问题的研究背景

粮食安全是一个全球性的问题，受到国际社会的广泛关注。近年来，世界粮食供求处于紧平衡状态，粮食价格高位运行，饥饿人口有增无减，成为影响世界经济稳定的重要不确定因素。中国要以仅占世界 10% 的耕地，解决占世界 22% 人口的吃饭问题，粮食安全问题面临更为严峻的挑战。1998 ~2003 年，由于粮食产量持续下滑，中国的粮食供求缺口开始出现并不断加大，2003 年中国粮食缺口高达 5730 万吨，使粮食安全水平降至改革开放后的最低点。2004 年后在中央出台的一系列支持粮食生产政策的激励下，粮食生产水平开始回升，并实现了连续 7 年增产，2010 年粮食总产量达到 5.46 亿吨，使粮食供求矛盾得以缓解。依据《全国新增 1000 亿斤粮食生产能力规划（2009 ~2020 年）》预测，2020 年全国粮食消费量将达到 5.725 亿吨，按照国内粮食自给率 95% 并留有余地的原则，届时中国粮食产量应达到将近 5.5 亿吨。以当前产量水平，如果今后 10 年仍能保持适度的增长，那么中国以自身的力量实现粮食供求的基本平衡，保障国家粮食安全是不难做到的。但是，从现实情况看，中国的粮食安全基础并不稳固。无论需求还是供给，都存在诸多的不确定因素，粮食安全状况不容乐观。

从需求方面来看，随着城镇化进程的推进和工业化的加速，粮食需求总量和结构都发生了变化，给粮食安全带来了更大的压力。三种主要粮食面临的问题有所不同。其中，稻谷的优质化需求最为明显，随着城镇化进程的加快，南方以籼米为主食的地区也开始出现以优质的粳稻替代籼稻的趋势，而且这种趋势还将进一步强化，稻谷品质的提升将在一定程度上抑制单产的提高，加剧供求的失衡。小麦需求与稻谷需求的变化趋势相似，也面临优质品种需求增长快于供给增长的困境，解决中国高端小麦品种自给率低的问题将是保障未来中国粮食安全的一项重要内容。玉米潜在的消费需求巨大，总量矛盾将成为我国中长期面临的主要问题。这主要是由两方面原因造成的。一方面，随着城镇化的加快和消费者收入水平的提高，人们对肉禽蛋的需求增长潜力巨大，作为饲料粮主要品种的玉米也将面临巨大的需求；另一方面，工业化进程的加速将使玉米深加工水平不断提升，玉米转化率和转化层次的提高将成为必然的趋势，因此，在中长期玉米作为工业用粮的需求量将有较大的增加。

就供给方面而言，粮食总产量虽然实现了连续 7 年增产，但是增速在波动中下降，2004 年比上年增产幅度高达 9%，至 2010 年同比增幅仅为 2.93%，其中 2007 年和 2009 年的增幅均低于 1%。粮食增产的潜力在国家短期的激励政策下已经得到释放，而中长期可持续增长的制约因素并未消除。首先，全球气候变暖造成的极端性气候发生频率不断提高，重大自然灾害对粮食生产条件的破坏日益严重。而工业化与城市化造成的环境污染及耕地侵蚀也使粮食生产条件人为恶化。其次，中国粮食生产能力仍主要依赖扩大播种面积、增加劳动力投入及化肥施用等传统方式，科技贡献率仍然不高。这种粗放的增长模式加剧了粮食生产对土地、劳动、资金的需求，使粮食生产的比较收益保持在较低水平，因而给粮食供给能力的进一步扩大制造了瓶颈。最后，粮食供给仍然面临较为严重的市场风险，粮食价格的波动使生产者的决策面对很大的不确定性，粮食生产成本的不断提高却日益侵蚀国家惠农政策给粮农带来的利益。现实中往往出现粮价上涨给宏观经济稳定和国家粮食安全带来负面影响的同时，粮食生产者却面临增收困难的矛盾现象。

中国政府历来重视粮食安全问题，已经构建了一套相对完整的粮食安全保障政策体系，在保障国家粮食安全过程中发挥了重要的作用。但是，在新的粮食安全形势下，中国现有的粮食安全保障措施并不能充分应对许多新问题带来的挑战。粮食生产条件保障方面，农田水利等基础设施建设投入总量不足，结构不合理，降低了粮食生产抵御自然风险的能力。地方为实现经济发展目标，地方政府执行耕地及农业生态环境保护措施的效果也难以达到粮食安全的要求。在粮食生产能力保障方面，对农业科研的支持力度、支持方式以及农业科研成果转化方面都存在不足，使科学研究对粮食增产及品质改善方面的贡献没有得到充分的发挥。农业机械化支持力度虽然在逐步加大，但是由于资金使用结构等方面的问题，使农机化的粮食增产效应并未达到最优的水平。在稳定粮食市场方面，国家主要采取了各种粮食生产补贴和主要品种最低价收购政策，虽然政策在稳定供给和保障需求等方面起到了一定的作用，但是由于粮食生产成本的持续上升，使补贴归宿发生偏离，农民获取的利益并未与财政支持同步增长，长期以来农民粮食生产的积极性问题仍没有彻底解决，给市场稳定带来了潜在的不确定性。在粮食主产区农业协调发展方面，国家通过转移支付给予了一定的财政支持，但是，由于粮食生产比较利益低，承担粮食安全责任往往以牺牲其他的经济发展机会为代价，因此，地方政府缺乏积极发展粮食产业的动力，使粮食安全保障体现更明显的中央政府外在推动的特点，主产区发展粮食生产为主的农业经济缺乏内生性和可持续性。

第二节　粮食安全问题的研究意义

一　理论意义

粮食产业是重要的基础产业，历来是农业经济学、公共经济学、发展经济学、国民经济学等经济学科的重要研究内容。在中国市场经济体制日趋完善，工业化与城市化进程逐步推进，国际经济一体化不断深入的经济社会条件下，在重大自然灾害发生频率和强度不断升高的自然环境里，中国的粮食安全保障面临前所未有的问题，需要考察的变量日益增多，给各类经济学分析提供了丰富的材料和课题，在解决这些问题的过程中，会推进各学科自身的进步，深化对以粮食为客体的各类经济关系的认识。同时，在运用多学科理论分析粮食安全保障体系的过程中，能够通过学科整合与借鉴，形成完善的粮食经济学学科体系，使之成为今后指导粮食问题研究的独立的理论工具。

二 实践意义

为政府制定粮食政策提供智力支持。首先，能够理清粮食安全保障体系建设的理论思路，提升政府对粮食安全保障体系重要性的认识，明确粮食安全保障体系建设在国民经济管理过程中的基础性地位。其次，有助于政府搭建相互协调配置的粮食安全保障政策体系，整合已有的各类粮食支持政策，提高政策支持的效率。最后，为粮食安全保障政策绩效的评估提供评价方法，有助于政府发现政策执行对预期目标的完成程度，并找出影响政策效果的原因，有利于政策的完善与改进。

第三节　关于粮食安全问题的研究综述

中国关于粮食安全的研究文献相当丰富，但是多数研究都将粮食安全保障措施作为总体研究的一个部分，只有少数研究专门以粮食安全保障体系建设为研究对象，并形成了一定的政策框架。因此，如果对现有研究进行概括，可以大致分为粮食安全保障体系构建的研究，以及某些具体的粮食安全保障措施的研究。

一 关于粮食安全概念界定的研究

我国粮食安全概念提出的背景和性质均不同于其他国家，国外对粮食安全的界定并不能完全为我所用。国内学者结合我国实际，提出了国内粮食安全的内涵。

从生产角度出发，雷玉桃等（2003）认为保障我国粮食安全的首要目标是保护和提高粮食生产能力。龙方（2008）认为从粮食安全程度考虑，实现中国粮食安全目标的理想模式应该是适度安全型粮食安全模式，就中国目前的状况来看，其标准是：人均粮食占有量为390千克左右，粮食储备率为20%左右，粮食自给率为92%左右。

从消费视角出发，娄源功（2003）认为中国粮食安全是指国家满足人们以合理价格对粮食的直接消费和间接消费，以及具备抵御各种粮食风险的能力。更多的学者则是综合阐述粮食安全的内涵，包含宏观层次和微观层次，涉及生产、流通和消费等环节。比较有代表性的是马九杰（2001）提出的粮食安全概念框架，认为宏观层次的粮食安全可通过全球及整个国家的食物获取能力来反映，影响因素包括全球的粮食生产总量、一国的粮食生产量、粮食储备量、食物净进口量等；微观层次的粮食安全反映在家庭和个人的粮食获取能力上，影响因素包括收入、市场流通等；最微观层次的粮食安全还涉及个人的营养安全。汤美莲（2002）认为粮食安全的内涵包括粮食及其转化食品在数量上能满足人口增长和消费水平提高的需要；在结构上能适应人们消费高级化对食品提出的新要求；在质量上能确保食品无污染、无残毒、无激素，让人们吃得放心；在储备上能确保因天灾人祸造成重大损失后的紧急需要；进出口贸易方面要做到不破坏国内生产，不降低国内消费水平。鲁靖等（2004）认为一国的粮食安全应该在"安全性"和"经济性"之间寻找一个平衡点，以合理的成本满足对粮食的需要，应具备以下两种能力：一是我国政府的平衡能力，即政府保证总供求和国内区域间的粮食平衡，纠正粮食市场失灵产生的扭曲信号；二是粮食生产的伸缩能力，即粮食生产能力可以根据市场的需求及时调整。

同时，马九杰等（2001）还指出，宏观层次的粮食安全在某种程度上决定着微观层次的粮食安全，宏观粮食安全是家庭和个人水平粮食安全的基础和前提，因而实现粮食宏观安全仍然是至关重要的。

可以看出，我国粮食安全的内涵从最初宏观层面的国家与区域的粮食生产与储备，逐步向微观层面的家庭和个人粮食获取发展，并且形成了相对完整的概念框架，涉及粮食的生产、消费与流通等诸多方面。

二 关于粮食安全供需的研究

莱斯特·布朗（Brown，1994）曾提出中国将威胁世界的粮食供给。他声称，到2030年中国的粮食产量将比现有水平下降至少1/5，单人口增长这个因素就会使中国的粮食消费增加1.44亿吨，如果再算上粮食产量下降0.6亿吨，中国到2030年就需要进口2.16亿吨粮食。中国需要以进口来弥补的粮食缺口将高达令人吃惊的3.05亿吨。布朗的预测引发了国外学者对于中国粮食供需问题的研究。例如，罗斯格兰特等在1995年国际食品政策研究所（IFPRI）发表的题为"2020年全球粮食预测：投资的作用"的研究报告中，预测中国粮食需求到 2030 年为 6.8 亿 ~ 7.17 亿吨，缺口为 0.4 亿 ~ 0.57 亿吨。

　　与此同时，粮食供需问题长期以来一直是我国学者关注的焦点问题，许多学者从不同的角度、采用不同方法对此进行了大量研究。肖国安（2002）采用趋势外推法和非线性拟合对中国未来十年粮食需求、供给、供求均衡的情况进行了全面预测，并得出了我国粮食的产量处于供大于求。迟灵芝（2004）曾运用单指数平滑方法首先对我国1991 ~ 1999 年的粮食产量进行拟合，计算结果平均相对误差为 0.1%，效果还是比较理想的。黄季焜（2006）利用自行开发的 CAPSIM 模型，分几种不同情景方案进行了开放贸易环境下未来我国粮食供求形势的模拟分析，其基准方案模拟结果显示，2010 年和 2015 年我国粮食自给率将维持在 90% 以上，国内缺口达到 4400 万吨和 5000 万吨。何忠伟（2005）通过我国粮食生产的历史数据，利用不同的回归模型，分析了我国粮食的供求情况，并指出了我国从 2010 年以后，粮食的总产量将会超过我国粮食的需求总量，同时指出了政策的不稳定性是造成该现象发生的原因。梁仕莹、孙东升和杨秀平（2008）利用 HP 滤波分析方法将我国 1988 ~ 2007 年的粮食产量分离为波动序列和时间序列，并在此基础上利用三次抛物线模型、灰色预测模型和组合预测方法拟合估计了我国这 20 年的粮食产量，并分析了三者的拟合精度，结果显示了组合预测模型能够提高预测精度，并利用这一方法对我国2008 ~ 2020 年的粮食产量进行了预测，得出了结论：2015 年和 2020 年我国的粮食产量分别将达到 4.93 亿吨和 5.03 亿吨。李波和李海鹏（2008）通过把粮食需求结构分解为口粮消费需求、饲料用粮需求、工业用粮需求和其他用粮需求，对每一部分粮食需求在历史数据的基础上利用时间序列外推法和平均值法进行了中长期预测，最终推出了我国 2015 年的粮食需求总量为 55420.83 万吨，2020 年的粮食需求总量为 57455.83 万吨。孙东升和梁仕莹（2010）利用时间趋势和周期波动模型分析我国粮食产量的历史波动情况，并对未来粮食的长期变动趋势进行模拟预测，最后指出了我国粮食在未来基本处于自给自足状态。

　　朱希刚（2004）采用定量和定性分析相结合的方法，依照特定时期的粮食产销形势，对我国粮食分项目测算，把政府的惠农政策、粮价波动、三大粮食种植面积纳入考虑范围，认为到 2020 年人均消费量将达到 410 千克，总需求量将不会超过 6 亿吨。李志强、吴建寨和王东杰（2012）在分析我国粮食消费变化影响因素的基础上，基于 EMM 模型对我国未来粮食消费趋势进行了预测。预测结果表明，我国未来粮食消费的总需求仍将平稳增长，2015 年消费量将达到 5.48 亿吨，2020 年达到 5.78 亿吨，2030 年为 6.06 亿吨。其中，口粮消费稳定下降，饲料粮和加工用粮为我国粮食需求增长的主体。

三 关于粮食安全影响因素的研究

李岳云（1997）指出宏观政策、粮食生产、市场发育程度、粮食贸易与储备是造成粮食市场波动的主要原因。同时，在中国，农户的粮食储备、地区壁垒也是影响价格波动的重要因素。随着中国粮食进出口贸易依存度的增加，中国粮食的进出口在各年份之间表现出了较大的波动性。

吕耀（1999）则认为影响食物可持续性的因子在各个区域是不同的，样本间食物保障可持续指数存在很大差异，从而得出中国区际食物保障可持续水平有较大差异的结论。

程亨华等（2002）认为衡量一个国家粮食安全与否，不能采用单一指标进行考核，应该应用多项指标综合分析。他们通过对我国最近 50 年来的粮食产量波动系数、粮食库存安全系数、粮食外贸依存系数及贫困人口的温饱状况等反映粮食安全状况的主要指标进行定量分析得出结论：我国的粮食安全水平在逐年提高并取得了显著的成效，近期国家粮食安全是有保证的。

殷培红等（2008）综合考虑了粮食供需平衡、粮食安全储备、经济补偿能力等因素，认为粮食生产能力是粮食安全的基础；通过经济手段弥补粮食生产能力的不足是保障粮食安全的重要方面。与此同时，粮食生产能力也得到了其他学者的关注，对此也有更具体的专门性研究。如李靖等（2011）认为，粮食播种面积和粮食单产是影响粮食综合生产能力最主要的两个指标，在耕地面积刚性减少的背景下，未来保障粮食安全主要依靠单产提升。魏剑锋（2009）认为，提高粮食单产的基本途径是改造中低产田，提高科技贡献率和农户的科学种粮水平；粮食的实际产出是多种生产要素配置的结果，提高粮农收益是关键环节。刘玉海等（2011）则运用农业劳动、农业机械、土地面积、有机肥料等 7 项变量，基于 DEA 模型在全要素生产框架下衡量了我国现有耕地真实利用效率。

起晓星等（2011）运用故障树法，基于自然灾害、资源约束、投入约束、消费需求、国际贸易五个因素，对影响中国粮食供需安全的风险因子进行了定性识别。吴文斌等（2010）在综合考虑自然、社会和经济等因子对粮食安全的影响基础上，选择了人均粮食占有量和人均 GDP 两个指标来评价全球粮食安全状况。朱晶（2003）则认为，粮食生产国际竞争力的高低在很大程度上取决于公共投入的数量。

吕新业等（2005）通过 VAR 模型和主成分分析方法选取反映我国粮食安全状况的指标数据进行实证分析，给出了我国 1980～2003 年粮食安全指数值，指出粮食安全包括宏观和微观层次的粮食安全，培养整个国家的粮食获取能力是实现粮食安全的基础。只有消除贫困，解决微观层次的粮食安全问题，才能真正实现全局的粮食安全。

李玉平等（2007）将耕地压力指数作为测度粮食安全程度的指标分析了陕西省自改革开放以来粮食安全状况的变化特点，采用灰色预测方法对未来 15 年的粮食安全状况进行了预测。他指出 2005～2020 年，耕地压力指数将持续增大且大于 1，说明粮食供需差距加大，粮食安全形势更加严峻。

郑鹏等（2008）运用 Granger 因果关系检验法和时间序列分析方法，采用 1991～2006 年国内粮食产量、播种面积和零售价格指数数据，分析了粮食价格、播种面积和粮食产量之间的内在联系，指出在粮食市场化越来越明朗的背景下，市场风险和粮价波动会对农户的生产决策行为产生重要影响，从而影响到粮食的播种面积和粮食产量，进而对粮食安全产生一定的影响。

吴文斌等（2010）提出了一个综合了自然、社会和经济的多因子粮食安全评价方法，文章选择了人均粮食占有量和人均 GDP 两个指标来描述粮食安全状况，其中人均粮食占有量的变化反映了粮食供给性和稳定性的变化状况，而人均 GDP 变化则反映了粮食可获取性和购买能力的变化。然后将这两个指标分别与 EPIC 模型、作物选择模型和 IFPSM 模型这三个空间模型进行关联，模拟作物单产水平、播种面积、作物价格与贸易变化。最终研究表明粮食供给短缺与贫困是危及粮食安全的最主要因素。

四　关于粮食安全评价与预警的研究

国外对粮食安全的评价主要有三种方法。①联合国粮食及农业组织（FAO）采用每个国家（或地区）营养不良人口所占的比重衡量世界粮食安全，在计算过程中，首先将当年可获得的粮食总量折算成卡路里量，根据人口总量计算出人均卡路里；接着依据人口结构情况计算出人的最低卡路里需要量，并考虑粮食的不平等分配情况做适当调整；最后将上述两个数据进行比较，计算出食物摄入量低于需要量的百分比，将其乘以人口总数，即得出营养不良的人口总数。②美国农业部经济研究局对于粮食安全的评估以家庭或个人为基础，采用问卷调查的方法进行。问卷包含有关粮食消费和粮食短缺行为的问题，依据受访者的回答可大致对粮食安全的状况做出评价。按照2003年调查报告，在2002年，美国有11.1%的人口处于粮食不安全状态；但FAO的计算方法则表明美国不存在粮食安全问题。可见，美国对于粮食安全的评价标准更高。③国际食物政策研究所（International Food Policy Research Institute，IFPRI）编制的全球饥饿指数也常用来衡量发展中国家和转型期国家的粮食安全程度。利用加权平均营养不足人口占总人口的比重、5岁以下儿童中体重过轻者比重和5岁以下儿童的死亡率三项指标，可大致评价一国的粮食安全度，其局限性在于没有一个确定权重。

此外，Christiaensen等（2000）、Doocy等（2005）、Gilligan（2007）将人们应对粮食不安全时采取的措施及其频率作为粮食安全的衡量标准。Smith等人（2000）、Kropf等人（2007）引入身体健康检查指标评价粮食安全度。但以上研究由于主观性强，指标难以量化，或是由于指标代表性差，均存在较大的争议。Chung等人（1997）、Shaikh（2007）等用粮食消费量以及粮食获取能力满足其家庭成员基本生理需求的程度作为粮食安全的衡量标准，方法更加科学，但数据搜集难度大。

根据许世卫（2009）的研究，粮食安全预警就是应用预警理论和方法，通过对能够反映粮食安全状况的相关指标进行科学的分析和评估，对粮食安全现状、风险程度及发展趋势进行准确评判，以预测粮食安全趋势的发展变化，及时发出警报，并且做出决策的过程。可见，粮食安全预警的实质是分析、评价、预报和应对决策。

综合门可佩（2009）、苏晓燕（2011）、雷勋平（2012）的研究，预警指标的设定应遵循代表性原则，即要选择建立与粮食生产、粮食需求密切相关的指标；全面性原则，即选取指标应尽可能全面、综合地反映粮食安全状况；可操作性原则，即根据统计工作的现状，所设计的指标必须能够获得数据。

根据李志强（1998）、马九杰（2001）的研究，粮食安全预警指标体系可以分为警情指标和警兆指标两类。其中，警情指标是反映粮食安全与否的指标，如粮食生产、需求、储备、价格、进出口等；警兆指标是与粮食安全相关的先兆性指标，警兆指标的现状或发展趋势预示着粮食安全警情指标的情况，如先导指标国家财政支农资金增长指数、有效灌溉面积指数，以及一致性指标粮食种植面积指数、化肥投入量指数等。

一般而言，由于警情指标与粮食安全直接相关，绝大多数学者都是从警情指标层面设计指标体系，警兆指标则是用来预测警情指标的变化和进行辅助分析。

很多学者曾尝试构建粮食安全预警体系，但由于粮食安全问题的复杂性，指标的设定难以形成统一的认识，不同的学者对于粮食安全预警指标的选择不尽相同。比较简单的指标体系如刘晓梅（2004）采用的人均粮食占有量、粮食产量波动、粮食储备、粮食自给率4项指标，肖国安（2006）采用的粮食产量增长率、粮食需求增长率、粮食总库存率、价格指数、粮食自给率5项指标等；比较复杂的如苏晓燕（2011）采用的粮食产量、粮食播种面积、人均播种面积、农业增加值占国内生产总值的比重、耕地有效灌溉面积等11项指标，大多数学者采用6~10项指标。其中，使用频率较高的指标有以下几种：粮食生产波动率（粮食产量），代表性文献包括马九杰（2001）、肖国安（2006）、李梦觉（2009）等；粮食储备率，代表性文献包括程亨华（2002）、肖国安（2006）等；粮食自给率，代表性文献包括刘晓梅（2004）、高凡（2005）、肖国安（2006）等；人均粮食占有量，代表性文献有刘晓梅（2004）、高凡（2005）、龙方（2008）、陈静彬（2009）等；粮食价格指数（粮食价格波动率），代表性文献包括吕新业（2005）、肖国安（2006）、龙方（2008）以及农村社会经济调查司2005年的调查研究；粮食国际贸易依存度，代表性文献包括马九杰（2001）、苏晓燕（2004）、高凡

（2005）、吕新业（2005）等。

此外，还有一些其他的预警指标，如游建章（2002）提出的低收入阶层粮食保障水平，马九杰（2001）、李梦觉（2009）提出的食物及膳食能量供求平衡指数，甚至一些警兆指标，如起晓星（2011）采用的有效灌溉面积比、单位面积化肥、农药施用量，以及陈静彬（2009）采用的成灾面积占受灾面积的比重等，也在研究中得到了应用。

顾海兵（1994）提出了粮食趋势产量增长率预警模型，该模型选择粮食趋势产量增长为单一指标，可操作性强，但也因指标单一而不能完整地评价粮食安全状况。顾焕章（1995）设计了粮食供求预警模型，选择收购价与粮价差距率、种粮与其他种植业收入差距率、种粮与养殖业收入差距率种粮与工副业收入差距率4项警情指标，该模型以价格为核心分析粮食安全状况，具有一定的指导意义。朱泽（1997）采用粮食安全系数预警模型，对粮食总产量波动系数、粮食自给率、粮食储备水平、人均粮食占有量四项指标的安全系数进行简单平均，得到粮食安全度，但没能考虑相关指标的权重。李玉珠（1997）的粮食周期波动预警模型，通过比较人口增长率、粮食净出口率、必要的粮食储备率的历史数据及相互关系，也能得到不错的预测效果，但没有考虑市场因素。李志强（1998）的景气分析预警模型将警情指标与警兆指标分别预测，并运用 ARIMA 模型分析粮食生产增长与警兆指标的时差关系，给出景气循环曲线，其综合性强，预警结果直观，但因模型的内在缺陷导致预测能力有限。马九杰（2001）的粮食安全综合预警模型，除了在指标设计方面具有较强的综合性，还对各指标设置权重，对各指标的安全系数进行加权平均，其方法更加科学，但指标权重的设置主观性较强。

相对于传统的粮食安全评价方法，采用统计学方法设定指标权重，合成粮食安全度的方法客观性更强，预警结果也更加科学，具有较强的说服力。对于设置指标权重，常用的方法有熵权法或 AHP 层次分析法，在模型运行过程中均需要一定的主观因素与客观因素相结合。两种方法的代表文献分别为雷勋平（2012）和刘凌（2007）。在设置好指标权重的基础上，可采用灰色多层次综合评价模型或信息融合法合成粮食安全度。两种方法的代表文献分别为门可佩（2009）和苏晓燕（2011）。

　　总结学者们所采用的粮食安全评价与预警方法，有的学者尝试抓住最关键的指标，采用单一指标预警模型；有的学者设定各指标权重，采用简单平均或加权平均各指标权重的方法衡量我国的粮食安全现状；还有的学者利用统计学方法设置指标权重，并通过不同的数据处理方法得出我国的粮食安全度。总体来说，这些指标基本可以涵盖粮食安全的内涵，可在粮食安全评价与预警体系中发挥重要的作用。但是，应当注意的是，不同指标之间，如粮食供给、需求相关指标与粮食价格，粮食自给率与粮食国际贸易依存度等，存在一定的关联性，使得模型在运用过程中出现统计偏差。

五　关于粮食安全保障的研究

　　这类研究主要是在研究中国粮食问题的大背景下，作为结论性的政策建议提及粮食安全保障相关的某些具体措施。由于研究粮食问题的视角不同，因此，政策的侧重点也有很大差异。

（一）粮食安全保障体系研究

　　王雅鹏（2005）提出了与粮食安全保障具有相同内涵的粮食安全保护的概念。在对我国粮食安全保护的必要性、政策演变轨迹进行评析的基础上，指出我国粮食安全保护应该包括粮食综合生产能力保护、粮农收入保护、粮食进出口贸易保护及粮食生产资源环境保护等主要内容，并且论证了粮食安全保护与农民增收、农业结构调整、水土资源利用等问题的关系。其中，战略保障主要是指粮食供求平衡的保障，包括粮食生产能力、储备管理、市场建设三个方面的保障措施。食用保障主要是指在满足量的平衡基础上，保障食用安全无害及营养均衡等更高级目标。物流保障被定义为连接战略安全和食用安全的必要措施。肖国安等（2009）在进行国家粮食安全战略研究时，提出要建立粮食综合生产能力保障体系、粮食生产科技创新支撑体系、粮食市场宏观调控政策体系、粮食安全动态预警体系、粮食安全的国际化战略体系、重大农业自然灾害防御体系、特殊群体粮食安全援助体系七个体系。洪涛等（2010）也进行了粮食安全保障体系建设方面的研究，其粮食安全保障体系包括粮食生产性基础保障体系、消费保障体系、物流保障体系、交易市场保障体系、进出口保障体系、金融保障体系、财税保障体系、储备保障体系、价格风险保障体系、信息预警保障体系等多个子体系。

（二）提高粮食综合生产能力研究

许多粮食安全问题的研究对提高粮食综合生产能力都十分重视。刘晓梅（2004）在研究我国粮食安全战略时，重点分析了粮食综合生产能力的保护和储备问题，包括耕地资源的保护和储备、水资源保护利用、农业科技进步对粮食综合生产能力的作用，她还指出农业结构调整与粮食安全之间存在特殊的"跷跷板"关系。黄汉权、蓝海涛（2007）提出应该提升中国粮食综合生产能力，分析了可能面临的矛盾及对策，并专门论证了构建粮食科技支撑机制的措施。王姣、肖海峰（2007）以及梁子谦（2006）均侧重于对近期国家粮食生产支持政策绩效的评估，并以评估为基础提出保护耕地水资源、加大基础设施建设投入力度、提升科技支撑能力、完善补贴政策、完善储备制度、加大宏观调控等政策建议。

（三）提高粮食生产抗灾、防灾能力的研究

20世纪90年代以来，我国学者针对自然灾害对我国粮食生产的影响进行了大量研究，特别是近十几年来较为突出。总体来看，主要集中在以下两个方面。

一类是从静态角度研究全国以及各地区粮食生产受特定自然灾害的影响，重在说明自然灾害对粮食生产的影响。刘明亮和陈百明（2000）通过对粮食产量时间趋势项与波动项分解，探讨了主要自然灾害对粮食生产的影响，同时研究了我国主要粮食作物生产的波动性及其区域差异状况，结果表明受灾状况对我国粮食生产影响显著。马九杰等（2005）运用计量经济学的相关研究方法，重点研究了农业自然灾害风险及自然灾害抵御能力对我国粮食综合生产能力的影响，指出自然灾害对我国粮食综合生产能力的稳定性的确有显著影响。王道龙等（2006）研究指出，干旱、洪涝、风雹和低温四大类主要气象灾害已经成为限制我国粮食增产的主要障碍，并对此提出了改善生态环境、加强农业基础设施建设、完善农业防灾减灾体系等相关减灾对策。彭克强（2008）通过对1978～2006年我国粮食生产波动状况与自然灾害之间关系的实证研究，指出我国粮食生产受多种因素的综合影响，但自然灾害无疑是现阶段影响我国粮食生产的关键因素，二者呈现明显负相关，并提出了强化水利设施建设的建议。颜晓飞和邵源春（2009）利用计量经济学模型对干旱和洪涝灾害对粮食产量的影响进行了

实证分析，研究结果显示，干旱和洪涝对粮食产量的影响弹性系数分别
为 - 0.04 和 - 0.02。张丽丽和王建军（2010）通过建立 1979~2007 年我国
粮食生产函数并结合贡献率分析得出自然灾害对粮食产量具有显著的负面
影响，进而用计量方法证实了农业基础设施建设投入与我国自然灾害成灾
率的关系，提出了完善农业基础设施建设的对策。任育锋（2011）通过建
立误差修正模型、VCR 模型，定量分析了自然灾害对我国粮食生产、居民
粮食消费的影响，认为自然灾害对当年粮食生产影响较大，对居民粮食消
费影响时间较长。江丽和安萍莉（2011）基于我国自然灾害的时空分布特
征，重点研究了各主要自然灾害给频发地的粮食生产带来的损失，并对我
国 2020 年自然灾害可能带来的粮食减产风险进行了评估。高茂盛等
（2012）运用数理统计方法对陕西省 1971~2010 年旱涝灾害和粮食生产的
数据进行了统计分析，通过对陕西省粮食生产受旱涝等自然灾害本身的影
响进行研究发现，20 世纪 90 年代，旱涝灾害的发生强度对粮食产量的影
响最大，进入 21 世纪之后旱涝灾害对粮食生产的影响强度较 20 世纪 90 年
代有所缓解。

　　另一类是从动态角度出发，研究自然灾害变化及其诱发因子的变动趋势
对我国各地区粮食生产的影响。史培军等（1997）着重分析与讨论了 1980~
1993 年中国气候变化、农业自然灾害与粮食生产的关系，阐述了降水、气
温及气候变化对粮食生产的不同影响。于静洁和任鸿遵（2001）指出，随
着工业和城镇化的发展，农业用水份额将继续减少，加之受频繁旱涝灾害的
影响，要继续保证或扩大华北地区粮食生产规模，该地区农业用水情势则会
有恶化之势，进而指出应研究并制定解决粮食生产与水资源供给不足矛盾的
办法。成福云（2002）在总结了新中国成立以来我国旱灾的特点之后，从
社会需求和水资源短缺以及干旱发展趋势的角度分析指出，21 世纪初我国
干旱对农业发展影响可能进一步加重。李茂松、李章成等（2005）根据我
国最近 50 年的粮食产量统计资料，分析了 50 年来我国自然灾害变化对粮食
产量的影响，总结了粮食产量与耕地资源、化肥施用量、自然灾害等因素之
间的关系，指出自然灾害对我国粮食产量影响最大，因此，要积极进行防灾
减灾。朱大威和金之庆（2008）通过建立 4 种效应模型（SOYGRO、
CERES-Maize、CERES-Wheat 和 CERES-Rice），分析指出，随着全球变暖，

当二氧化碳和气候变化率增长时，未来气候变化可能分别对东北地区大豆、玉米、小麦等粮食作物产生影响。杜顺义（2009）研究指出 1960~2005 年气候变化所引致的山西省气温升高趋势、降水量下降趋势使得该地区气候变化更加强烈，对该地区农业生产的影响更大，并提出了应对气候变化、促进农业生产和保障粮食安全的对策建议。庄道元等（2010）通过整理 31 个省（区、市）1979~2007 年粮食生产的面板数据，引入了变截距双对数模型对不同阶段自然灾害对粮食产量的影响进行计量分析，得出了自然灾害对粮食产量负面影响程度呈不断下降趋势的结论。王亚伟等（2011）深入研究了 2000~2009 年河南自然灾害的特点和变化趋势，指出河南省粮食综合生产能力的变化与自然灾害之间具有很强的负相关性，特别是与水灾之间具有很强的负相关性。马建勇等（2012）通过分析东北地区 1979~2009 年干旱、洪涝、风雹及低温灾害的受灾面积数据，结合粮食单产资料，研究了东北地区农业气象灾害的变化趋势及其对粮食产量的影响，指出在旱涝灾害作为该地区主要气象灾害对粮食生产产生影响的同时，低温灾害的影响随着纬度的升高也不断增长。许朗等（2012）指出，受人为和自然因素的影响，近年来我国旱灾有加重的趋势，因此，应提高警惕，在加强生态环境保护的同时，增强自身的抗旱能力。秦剑（1999）、蔺涛等（2008）分别基于气候变化及气候因子的变化，对昆明市、黑龙江省自然灾害对粮食生产的影响进行了研究。

（四）优化粮食区域布局的研究

农业区域化布局是农业专业化生产区域的空间安排，区域专业化是区域化布局的核心和实质。这些都是商品经济条件下社会分工加深和经济联系加强的结果，是农业资源配置和生产项目经营由分散向集中的转变过程，有利于发挥区域优势，提高生产单位的经济效益，提高农业作业的机械化水平和劳动者的技术熟练程度。杨世义提出我国农业区域化布局与专业化生产、一体化经营、社会化服务相互依存，相互作用。高产、优质、高效是我国农业的发展方向和途径，农业区域化布局势必以此为方向和内容。我国目前研究的是家庭承包制下的区域化布局，农业种植存在分散、"小而全"、发展水平参差不齐等问题。从区域看粮食生产，我国专业化生产早已存在，粮食集中产区的粮食商品率一般都大于自给率。20 世纪 60 年代粮食专业化程度已

经很高，专业作物面积占耕地 25% 以上，专业生产收入占农业总收入的
40% 以上。区域化、专业化、社会化，是世界各国农业发展的共同趋势，中
国也不例外，充分利用和借鉴区划成果，可避免重复劳动。区域化布局绝非
现成区划的机械套用和增删改写所能完成，必须进行新的思考与研究（杨
世义，1995）。

王舜卿以美国、苏联和印度为例，阐述了发展农业专业化的优越性，
并进一步认为发展农业专业化必将成为中国农业生产的发展趋势（王舜
卿，1994）。吴殿廷利用系统科学方法探讨农作物优化布局的数学表达方
式，给出了在资源有限、市场容量一定的情况下，不同经济效益含义所对
应的农作物优化布局的数学模型体系，并讨论了考虑间（套、复）种和不
考虑间（套、复）种两种模型体系的应用和改进方向（吴殿廷，1998）。
赵修卫提出，区域核心竞争力由比较优势和竞争优势共同组成，比较优势
赋予核心竞争力以独特性，这是基础；竞争优势突出了区域经济的内生能
力，这是主导方面；发展核心竞争力应突出比较优势的经济市场价值，同
时大力发展区域特色产业的创新力（赵修卫，2001）。唐华俊阐述了我国
种植业生产和贸易的区域格局，分析了我国主要农产品区域综合比较优
势，根据比较优势论述了区域主导作物配置和作物生产集中地带，在此基
础上提出了培育农村市场、优化农产品空间结构等结构调整的政策建议
（唐华俊，2001）。

2003 年农业部根据确定优势农产品的主要原则和确定优势产区的主要
依据，发布了《优势农产品区域布局规划（2003～2007）》，提出优先发展
专用小麦、专用玉米、高油大豆等 11 种优势农产品，优先规划优势区域，
重点予以扶持建设，尽快提高这些农产品的国际竞争力，实现抵御进口冲
击、扩大出口的目标。周旭英根据中国东、中、西部地区不同的环境条件，
对调整中国粮食生产的区域布局进行了探讨（周旭英，2003）。丁文恩指出
面对加入 WTO 后农业市场化、国际化进程加快的局面，建立合理的区域产
业结构是中国提高农产品竞争力，保持经济持续、稳定、协调发展的前提
（丁文恩，2003）。邹凤羽在对优化粮食生产布局提高粮食综合生产能力的
研究中认为，沿海和经济发达区要重点发展外向型农业，并保持一定的粮食
生产能力；粮食主产区要调整优化粮食品种和品质结构，培育优势粮食产业

区和产业带，建设优质高产高效的商品粮基地，提高粮食综合生产能力；生态脆弱区要加强生态建设，开发粮食增产潜力（邹凤羽，2004）。

王玉斌阐述了发展我国粮食生产可以实施"南扩、北稳、合理布局和适度进口"四个方面的战略措施，应加快南方沿海发达地区农业土地集中，提高土地规模效益，恢复东南沿海地区粮食生产能力，力争实现口粮基本自给，减少南北粮食大量远程流动，努力实现区域内粮食的相对平衡，依靠科技进步稳定和增强北方的粮食生产能力（王玉斌，2008）。

（五）完善粮食市场体系的研究

部分文献着眼于粮食市场体系整体，从其现状入手，分析了现存粮食市场体系在运行过程中的弊病，针对问题提出适合我国国情和粮情发展需要的完善粮食市场体系的对策建议。在对策建议的阐述方面，进一步完善粮食市场体系建设的建议大体分为两种，一种是完善粮食市场体系"硬件"方面的建议，所谓的"硬件"，即粮食流通、交易、加工等环节的场所、设施的建设。闵耀良（1995）认为，对各类型粮食市场的建设需要科学规划、合理布局，提高其综合服务能力；同时，基础设施要与相应的市场配套。另一种则是完善粮食市场体系"软件"方面的建议，所谓的"软件"，即市场主体、市场运行规则、政府调控等方面。侯立军（1999）认为，在粮食市场体系的建设过程中，如果能充分发挥政府的作用，那么将会加快市场体系的建设进程。丁声俊和朱玉辰（2003）认为完善粮食市场体系的措施是培育成熟的市场主体和进一步规范市场秩序。祝业辉、朱显平和刘笑然（2004）认为，要建立健全我国粮食市场体系，就需要培育多元化市场主体、规范粮食市场、搞好市场管理，从而提升市场功能。肖国安和王文涛（2009）关于粮食流通市场体系建设的建议是建立初级市场、批发市场和期货市场。何蒲明（2011）主张建立以期货市场为先导的粮食市场体系。由此可见，硬件和软件建设对于完善粮食市场体系都是不可或缺的。

部分文献分析粮食市场体系中的某一部分，发现粮食市场体系中的具体问题，为粮食市场体系的完善寻找新的思路。邓大才（2002）的论政府与市场在粮食经济中的分工和协调，深刻剖析了粮食作为一种特殊商品单凭市场力量抑或是政府力量都无法保证粮食安全，只有市场解决粮食具有的经济性质问题、政府解决粮食具有的社会政治性质问题，两者共同发挥各自作用，粮食市场才得以高效运行。朱琴华（2003）单从粮食市场主体入手，阐述了粮食市场主体在解决粮食市场存在问题时所发挥的重要作用，并从如何培育、整合市场主体等方面提出了对策建议。冀名峰（2004）以独到的视角发现我国粮食市场上存在过度的同步性问题，他认为，由于市场主体发育不够完善、市场机制效率低、宏观调控滞后等诸多问题导致市场严重的同步性问题，影响了市场的稳定和效率。要发展粮食市场，就需寻求相应的解决方案。

（六）粮食市场稳定政策的研究

粮食市场稳定方面的研究主要包括供给、需求、流通和储备等环节的分析。刘颖（2008）进行了基于国际粮荒背景下的中国粮食流通研究，分析了中国粮食价格形成机制，对粮食流通的财政金融支持政策及粮食储备体系建设进行了评价，并提出了完善的政策建议。聂振邦（2008）在其主持的现代粮食流通产业发展战略研究中，从市场结构、运行机制、市场主体等要素入手，探讨了符合安全优先原则的粮食市场体系建设问题。马晓河、蓝海涛等（2008）分析了农资价格变化对中国粮食安全的影响机制，对若干农资粮食政策进行了评价，提出了相应的改革措施。中国粮食培训研究中心（2009）分析了我国的粮食价格政策以及粮价水平波动、粮价与粮食生产成本的关系，粮价对市场稳定的影响。还提出实施"开放、稳定"的粮食进出口政策。

从现有的研究文献看，粮食安全保障体系构建的研究仍处于初始阶段，为数不多的研究对保障体系构建的切入点不同，因此，大的框架有较大差异，但是如果对他们的研究进一步细化分析，可以发现其构建的粮食安全保障体系基本上都较全面地涵盖了粮食生产、流通、消费各个环节。因此，在具体政策层面给出的建议有近似之处。粮食安全保障的具体措施研究开展得比较充分，研究的对象也更为具体和专一，但是，这类研究都是在对整体粮食问题研究中得出的具体结论，而多数研究的重点都集中于粮食安全状态的分析，粮食生产能力或粮食市场稳定性的判断，因此，当提出政策建议时反而比较宏观，多为概括性的结论，对政策效果及如何完善进行深入分析得不多。当然，现有文献已经为构建我国粮食安全保障体系提供了丰富的研究资料,为进一步深入研究提供了多样化的理论视角,其现存的不足也为后续研究提供了广阔的进展空间。

第四节 粮食安全研究的理论基础

一 科学发展观

"以人为本,全面、协调、可持续"的科学发展观,是马克思主义关于发展的世界观和方法论的集中体现。科学发展观吸取了世界各国发展过程中的有益成果,总结了我国现代化建设的成功经验,深刻分析了传统发展观的弊端,全面揭示了发展的丰富内涵,提出了按照"统筹城乡发展、统筹区域发展、统筹经济社会发展、统筹人与自然和谐发展、统筹国内发展和对外开放"的要求推进各项事业的改革和发展的方法论,是我国经济社会发展的重要指导方针,是发展中国特色社会主义必须坚持和贯彻的重大战略思想。

现阶段,我国正向全面建设小康社会不断迈进,但从我国农业资源禀赋以及经济和社会可持续发展来看,解决粮食安全问题将是长期、复杂的系统性工程。在新的形势下,我国的粮食安全定义既应当借鉴世界粮食安全的内涵,也应充分考虑中国国情,反映现阶段及今后较长时间内粮食产业发展的需要和实质,体现"以人为本"的思想,以及经济和社会可持续发展的内在要求。

科学发展的基本要求不仅局限于产业自身的发展,还要求统筹各方面发展的关系,粮食安全对于统筹城乡发展、统筹区域发展、统筹经济社会发展、统筹人与自然和谐发展都具有重要意义。因此,国家保障粮食安全不仅具有产业政策含义,而且具有社会、经济及生态等综合效应。从科学发展的视角分析粮食安全保障问题,并不在于是否要保障粮食安全,更主要的是要求粮食安全保障政策有助于提高农民收入,缩小城乡差距、区域差距,保护生态。

粮食产业发展在保持国民经济稳定和促进其他产业发展的同时,也使粮食生产者获得更多的经济发展机遇。为保障国家粮食安全,粮农最主要的资源——耕地被限制用于可获得更高收益的生产经营活动，防止已有的城乡发展差距及城乡居民收入差距得以固化甚至强化。在现有劳动生产率条件下，为保障粮食产量的增长，国家采取一系列促进劳动力投入粮食生产的优惠政策，出于机会成本变化的考虑，部分已经转移的农业劳动力开始回流，使他们放弃了进一步获取发展的潜在机会。同时，也成为引发部分劳动力密集型产业劳动力缺口加大的重要因素。

保障粮食安全的政策还会对区域经济协调发展造成影响。粮食生产的比较利益较低，往往出现产粮越多，地区经济越落后的现象，"粮食大省，经济弱省，财政穷省"在中国是比较常见的。因此，地方政府出于本地经济、财政利益考虑，往往不希望承担过多的粮食安全责任。如果国家指令性要求某些地区承担粮食安全责任，则相当于在上级政府主导下，实现了粮食主产区向主销区利益的输送。就目前中国粮食生产布局看，主产区多为经济欠发达地区，主销区多为经济发达地区，保障粮食安全的政策可能扩大现有区域发展差异。

粮食安全保障同样关系到人与自然的关系，中国粮食安全保障的主要途径在于提高粮食综合生产能力，但是城市化进程使耕地占用日益严重，人地关系紧张成为中国粮食安全保障的瓶颈。同时，人类过度开发造成的生态破坏，使自然灾害发生频率不断提高，水土流失严重，恶化了粮食生产的自然条件。另一方面，目前粮食增产对化肥、农药等化学品投入的依赖程度越来越高，化肥的超量施用已经导致地表水及地下水污染加剧，而农药的滥用致使其在环境及农副产品中的残留现象日益严重。保障粮食安全成为处理人与自然关系过程中的一个难题。

基于以上原因，保障粮食安全的政策必须纳入我国科学发展规划的总体框架中，提高保障政策与其他政策的协调性。对粮食安全保障政策的绩效评估也应该纳入科学发展的综合目标体系。

二 经济安全理论

随着冷战后世界政治、经济格局的深刻变化，经济发展成为大多数国家的重中之重，经济安全问题开始受到世界各国的广泛关注，并被逐渐纳入国家战略安全范畴。国家经济安全观就是在这一背景下形成的。目前，对国家经济安全观内涵的界定主要形成了三种代表性观点：第一种认为，经济安全是军事、政治安全的附属品，是军事力量和权力的支撑；第二种认为，经济安全是经济本身的安全；第三种认为，经济安全是经济全球化带来的非军事的国家安全问题。广义的经济安全是指，一国在经济发展过程中能够有效消除和化解国内外各种潜在风险，具有抵御国内外各种干扰、侵袭的能力，以保持国民经济持续、健康、稳定发展。狭义的国家经济安全是指，金融全球化条件下一国能够有效防止金融乃至整个经济受到来自外部的冲击所引起的剧烈动荡和国民财富的大量流失。

李孟刚（2006）指出，国家安全分为内在安全和外在安全两个方面。内在安全是指国家的安宁和稳定，外在安全则是指国家免受外来的侵略、干涉和控制。[①] 从国家安全视角探讨粮食安全保障问题，有助于揭示保障粮食安全对国家稳定和免受外来控制的重要作用，凸显政府在粮食安全保障中的责任。

就国内安全而言，粮食安全关系到政局的稳定。饥荒历来是引发政府合法性危机的重要导火索，中国历史上许多农民起义的直接原因都是由于灾荒造成民不聊生，而政府又不能采取有效应对措施而引发的。世界范围内粮食安全问题同样关系到国家政局的稳定。2007～2008 年发生的世界性粮食危机使菲律宾、印度尼西亚、新加坡、泰国等地居民走上街头抗议粮价上涨，海地、喀麦隆等国发生骚乱，甚至出现人员伤亡。毛泽东历来重视粮食的政治意义，1953 年他就指出："不能多打粮食，是没有出路的，于国于民都不利。"1957 年他又强调："要注意，不抓粮食很危险。不抓粮食，总有一天要天下大乱。"其后的历届中国领导集体都十分重视粮食对稳定的重要作用。中国作为农业生产力较低的人口大国，满足人民基本粮食需求是政治稳定和国家安全的基础，是所有改革与发展的前提。1982 年，邓小平在总结我国经济建设的历史经验时强调指出："不管天下发生什么事，只要人民吃饱肚子，一切就好办了。"因此，保障粮食安全是一项政治任务，政府是粮食安全保障的首要责任者。

就涉外安全而言，往往一些跨国粮食寡头与超级大国政府相配合，以粮

---

① 李孟刚：《产业安全理论研究》，经济科学出版社，2006，第 16～17 页。

食为武器，干预他国经济，攫取经济利益，并将粮食作为国际政治中的重要战略资源。基辛格曾经说："谁控制了石油，谁就控制了所有的国家，谁控制了粮食，谁就控制了所有的人。"美国通过选择性的粮食援助，开展粮食外交，进一步增强其国际霸主地位。恩道尔（2008）指出1973年世界粮食危机中，美国6家跨国公司控制了世界粮食储备的95%，通过美元贬值和破坏发展中国家粮食生产能力，美国不断巩固自身高效农业市场的优势地位。作为世界最大的粮食供应国，通过控制世界粮食供应及价格，美国的地缘政治权力获得持续的战略性增长。[①] 作为发展中社会主义大国，中国被个别持不同意识形态的资本主义大国视为重要的战略对手，近些年国际上一度出现的"中国威胁论"，粮食问题就是指责中国威胁世界的一个借口。"谁来养活中国"不仅仅是学术的争论，更是国际政治问题。中国必须大力保障本国粮食安全，维护作为负责任大国的良好国际形象，进一步提高中国在国际政治经济活动中的地位。

三　产业安全理论

粮食安全不仅是政治问题，更本质上还是一个经济问题，是一个产业安全问题。粮食既是最基本的消费品，又是重要的投入品。粮食产业链条日益延长，其对国民经济的影响已经从消费本身扩展到更广泛的领域。在国际经济一体化的当今世界，产业的竞争也是世界性的。保障粮食安全的根本在于促进粮食及相关产业的发展，提高本国的产业竞争力。中国粮食产业在世界范围内竞争力仍然不高，大豆等品种已经受到国外低成本产品的严重冲击，使本国的生产能力受到损害。中国主要粮食品种的流通及加工行业同样缺乏足够的竞争力，面对跨国粮商的进入，大量中小型涉粮企业承受较大的生存压力。随着跨国粮商在中国粮食流通及加工领域布局的逐渐铺开，其投资领域还将向上下游行业扩展，进而增强其对中国粮食市场的控制力，国内粮食产业竞争力的不足，为国际粮食产业资本在中国国内市场的大规模扩张创造条件，并有可能影响中国粮食价格主导权和粮食宏观调控有效性，更为严重的情况下还会通过粮食相关产业的波及效应，对整个国民经济的稳定发展带

---

① 恩道尔：《粮食危机》，赵刚等译，知识产权出版社，2008，第43页。

来不利的影响。

根据李孟刚（2008）对产业安全的界定，产业安全是指特定行为体自主产业的生存和发展不受威胁的状态。其中特定行为体主要是指民族国家，产业生存安全是指产业的市场或市场份额、利润率水平以及产业资本的三个循环中的任何一个循环都不受威胁的状态。产业发展的安全主要是指：数量上看必须是产业价值的增加或市场份额的提高；从质量上看必须是产业原有产品技术含量的提高及新产品的开发。[①] 这一定义完全适用于粮食安全问题。因此，从产业安全视角考察粮食安全保障问题，就需要国家确保本国粮食产业的生存和发展。中国正处于工业化进程中，粮食生产比较收益逐步降低，而且面临较高的自然风险和市场风险，资源更倾向于流出粮食生产领域，使粮食产量面临下降的压力，威胁粮食产业的生存。粮食流通及加工等产业环节中，国内企业或者改革尚待深化，或者产业集中度低、竞争力差，在强大的国际跨国粮企进入时，将面临生存的威胁。同时，随着中国人口的继续增长，食物消费结构的升级，以及工业用粮的增加，需要粮食数量的同步增长及品质结构的改善，对粮食产业的发展提出了迫切的要求。在中国这类后发国家里，粮食产业生存与发展仅凭产业自身力量是无法实现的，特别是在开放条件下，国家必须充分利用国际规则允许的手段，采取全方位的措施，保障粮食产业的可持续发展。

四 公共经济学理论

粮食安全问题是一个公共经济学的问题。因为，从国家安全的角度看，粮食安全是纯的公共物品，从产业安全及科学发展的角度看，粮食安全又是具有很强的正外部效应的准公共物品。因此，保障粮食安全的政策研究应该以公共经济学理论作为分析工具。

首先，应该合理界定粮食安全保障过程中政府和市场的关系。因为，虽然粮食安全在不同层次上具有公共物品的特性，但是其生产和消费过程又是典型的私人产品。因此，应明确粮食安全保障活动中公共部门和私人部门的责任，防止政府的越位与缺位。其次，应充分利用财政政策工具。粮食安全

---

① 李孟刚：《产业安全理论研究》，经济科学出版社，2006，第70～71页。

保障问题本质上是一个财政问题，粮食生产领域存在诸多的市场失灵，只有综合运用财政投资、财政补贴及税收政策才能得以纠正。目前世界各国对粮食生产普遍进行财政支持。而且，总的趋势是，在 WTO 农业规则约束下，各国在争取他国削减农业补贴的同时，最大限度的保护本国的农业。中国目前对粮食生产的支持力度仍然很低，如何确定一个保障粮食安全的适度财政支持规模，是亟须解决的重要问题。同时，还需探索有效整合各类支农资金的途径，优化支持粮食安全的财政资金使用形式，提高资金的使用绩效。再次，在财政分权体制下，粮食安全保障的责任应该在不同级次政府间合理划分。粮食安全具有宏观、中观和微观三个层次的内涵。宏观的粮食安全主要出于国家安全考虑，属于全国性公共物品，需要中央财政来支持。中观粮食安全涉及产业的发展和区域发展，主产区发展粮食产业对其他地区，特别是对主销区具有明显的正外部效应。因此，必须进行合理补偿，目前中国采取的是上级政府向下级政府转移支付的纵向补偿形式，而且补偿程度往往不足以弥补主产区为其他地区创造正外部性而牺牲的发展机遇。因此，如何确定合适的补偿比例，以及能否设定横向补偿机制，是中国建立粮食安全保障的长效机制的关键。

第五节　研究思路与研究方法

一　研究思路

本书认为，国家粮食安全保障体系是一个有机的整体，需要运用系统思维进行研究。总体来讲，影响国家粮食安全的因素有内部、外部两个方面（见图 1 – 1）。更进一步，可以将其划分为两个范畴：一是来自粮食产业自身的状况类影响因素，包括粮食生产、粮食加工、粮食流通、粮食储备等。二是来自粮食产业外部的环境类影响因素，包括政府宏观调控、资源要素约束、国际市场供求、跨国公司活动等。各因素之间相互关联、相互作用。构建粮食安全保障体系，首先需要对这些因素及其相关关系进行全面、系统的分析。

本书拟分为三大部分：提出目标部分、分析问题部分、对策建议部分，其研究逻辑框架如图 1 – 2 所示。

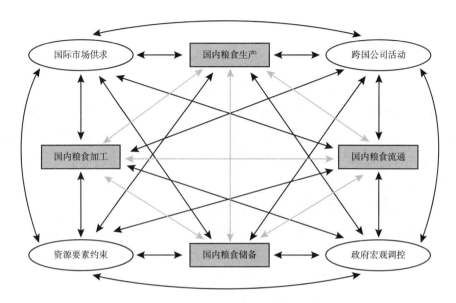

图 1 - 1　影响国家粮食安全的主要因素

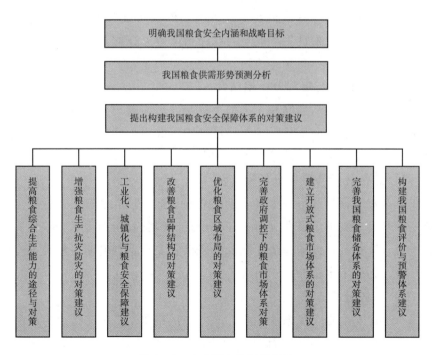

图 1 - 2　本书研究的逻辑框架

二　研究方法

通过直接和间接的方法全面收集研究资料，准确把握国内外相关研究动态，深入阐述该研究的理论基础，正确了解我国粮食安全的背景和现状，系统分析影响我国粮食安全的主要因素，科学预测未来我国粮食供求趋势与粮食安全形势，充分考虑我国粮食安全的成本与收益。在此基础上合理确定我国粮食安全的战略目标及应选择的粮食安全模式，最后明确提出实现粮食安全战略目标的对策建议。

（一）实证分析与规范分析相结合

一方面，运用实证分析方法，说明我国粮食安全的现状"是什么"；另一方面，运用规范分析方法，回答我国粮食安全的战略目标及模式"应该是什么"，及保障中国粮食安全问题"应该怎么做"等问题。

（二）实地调查与理论分析相结合

在间接收集资料不足的情况下，到重点地区和相关部门实地调查收集第一手资料。如粮食生产区的粮食生产情况、粮食储备设施及粮食储备情况、粮食市场流通情况、粮食生产成本与收益情况等。在此基础上，结合理论分析，完成课题研究。

（三）微观分析与宏观分析相结合

微观分析主要是从家庭和个人的生存与发展需要出发，研究微观层次的粮食安全问题；宏观分析是从国民经济持续、健康、快速发展及全社会稳定需要出发，研究宏观层次的粮食安全问题。

（四）定性分析与定量分析相结合

在粮食安全背景分析、粮食安全的战略目标与模式选择、粮食安全的保障措施等方面，侧重于定性分析；在分析我国粮食安全的现状、粮食安全的影响因素、粮食供求波动趋势预测及未来粮食安全形势判断、粮食安全的成本等方面，侧重于定量分析。

（五）系统分析方法

保障粮食安全是一项系统工程，本书将从粮食生产、流通、分配和消费各个环节，从政治、经济、社会各个方面，从国内和国际两个角度，从历史、现实和未来不同时期，全面研究中国粮食安全问题。

第 二 章

粮食安全内涵与我国粮食安全保障的战略目标

第一节 粮食及粮食产业界定

一 粮食

对于粮食的概念，国内与国际上对此所下的定义有一定的区别。FAO定义的粮食概念（Rosegrantetal，1995）指谷物，包括麦类、粗粮和稻谷类三大类；而我国的粮食统计口径除了传统的谷物类，还包括豆类和薯类，即农业各种粮食作物和粮食部门经营的全部品种。

除非特殊说明，本书所研究的粮食是指稻谷、小麦和玉米三大粮食作物。依据我国国家统计局统计数据，稻谷、小麦和玉米产量占谷物总产量的95%以上，占粮食总产量的85%左右，是我国最主要的粮食作物。虽然由于统计原因总产量数据包括了薯类，但是其占粮食比重很小，故不会对分析结果造成较大影响。

二 粮食产业

产业是社会分工的产物，是社会生产力发展的必然结果，是具有某种同类属性的经济活动集合。"产业"概念，作为一种思想由来已久，其在不同历史时期和不同理论研究领域有不尽相同的含义。在英文中，产业（Industry）既可以指工业，又可以泛指国民经济中的各个具体产业部门，如农业、工业、服务业，或者更具体的行业部门，如钢铁业、纺织业、食品业、造船业等。在产业经济学中，产业一词实际上是"居于微观经济细胞（企业）与宏观经济单位（国民经济）之间的一个'集合概念'。产业是具有某种共同功能和经济活动特点的企业集合，又是国民经济以某一标准划分的部分"。

根据我国国家标准《国民经济行业分类与代码（GB/T 4754 – 2002)》，粮食产业属于农业，是国民经济的基础产业（见表2 – 1）。

表 2 – 1　粮食产业范围

代码	行业名称	说　　明
A	农、林、牧、渔业	
01	农业	
011	谷物及其他作物的种植	包括谷物、薯类、油料、豆类、棉花、麻类、糖料、烟草及其他作物的种植
05	农、林、牧、渔服务业	
051	农业服务业	包括灌溉服务，农产品初加工服务，其他农业服务

第二节　粮食安全的内涵

一　粮食安全观的演进

粮食安全是一个历史的、发展的概念。不同的历史时期以及不同的国家，由于经济发展水平不同，消费观念不同，对粮食安全的理解可能差异巨大。

（一）国外粮食安全观的演进

1. 联合国粮食及农业组织最早提出"世界食物安全"的概念

在20世纪70年代中期，联合国粮食及农业组织（FAO）首先敲响"世界食物安全"的警钟。当时，世界陷入了严重的"粮食危机"。联合国粮农组织积极寻求对策，并迅速采取了行动。FAO采取的第一个重要行动是1974年在罗马召开世界食物大会。在这次大会上，FAO明确提出了争取和确保"世界粮食安全"的概念，并确定为世界共同的紧急使命。同时，联合国粮农组织理事会通过了《世界食物安全国际约定》，要求有关国家履行保证世界食物安全的国际性责任，特别确定了保证"国家粮食安全"的最低数量界限，即要求各国的粮食库存量要达到确保粮食安全的最低水平，即相当于当年粮食总消费量的 17% ~ 18%。

2. "粮食安全"的内涵不断丰富延伸

自 1974 年世界粮食大会之后，"粮食安全"的概念不断丰富和延伸，有关国际组织、国内外学者提出了粮食安全的多种概念，各种界定既有共同特征，也有明显差异，其中具有权威性、代表性且被广泛认可的粮食安全界定如表 2-2 所示。

表 2-2　国外有代表性的粮食安全概念

提出者	内　　容	来　源	时间
联合国粮农组织（FAO）	保证任何人在任何地方都能得到为了生存和健康所需要的足够粮食	世界粮食大会报告	1974 年
爱德华·萨乌马	粮食安全的最终目标是确保所有人在任何时候既能买得到，又能买得起所需要的基本粮食	世界粮食安全委员会报告	1983 年
国际营养大会	在任何时候人人都可以获得安全营养的食物来维持健康能动的生活	国际营养大会报告	1992 年
联合国粮农组织（FAO）	让所有人在任何时候都能享有充足的粮食，过上健康、富有朝气的生活	第二次粮食首脑会议报告	1996 年
世界粮食安全委员会	所有人在任何时候都能够在物质上和经济上获得足够、富有营养和安全的粮食	世界粮食安全委员会的研究报告	2001 年
世界可持续粮食安全会议	对环境无公害、无污染、对人体增强健康、延年益寿，并保证粮食生产能力稳定提高	世界可持续粮食安全会议报告	2001 年

（1）国家粮食安全。为响应 1974 年世界粮食大会的号召，各个国家和地区特别是广大发展中国家和地区首先从国家粮食安全开始行动起来，致力于实现以确保粮食供求平衡为重点的"国家粮食安全"，以此奠定世界粮食安全的基础。在保障"国家粮食安全"的指导思想下，亚洲一些国家和地

区开展了"绿色革命",力求"主食自给";拉丁美洲、非洲的一些国家和地区侧重"改革流通",改善"粮食分配";日、韩等国采取措施努力提高"大米自给率"。这些举措提高了世界粮食的安全性。

(2)家庭粮食安全。20世纪80年代以后,世界贫困群体特别是发展中国家和地区贫困群体的粮食安全受到威胁,甚至连赖以生存的温饱都得不到保障。鉴于这种状况,联合国粮农组织和一些国家又强调必须使"每一个家庭都有获得粮食的能力"。于是,粮食安全的概念从国家、政府层面延伸到家庭、个人层面,触及消除贫困的难题。

(3)粮食营养安全。1992年,联合国粮农组织和世界卫生组织共同召开"国际营养大会",要求各国承诺"加强营养监测和教育手段";还要求各国"在提高全民营养认识的基础上,注意营养安全,确保所有的人们都能持续地做到营养充足"。1996年,联合国粮农组织召开"世界粮食首脑会议",又庄严重申"人人都有权获得安全而富有营养的粮食",并要求"到2015年把全世界饥饿和营养不足的发生率减少一半"。这样,"粮食营养安全"也正式成为"粮食安全"概念中的重要内容。FAO曾先后警示发展中国家人均膳食能量和蛋白质含量不足的问题,以及发达国家营养过剩引发疾病的问题。

(4)粮食可持续安全。2001年9月,在德国波恩举行的世界可持续粮食安全会议上,提出"粮食可持续安全"的概念。这是把世界可持续发展战略的内涵引入粮食安全的概念中,意指对环境无公害、无污染、对人体增强健康、延年益寿、并保证粮食生产能力稳定提高。按照这种可持续粮食安全的理念,需要研究和审视传统农业现代化的内容,改变或改善农业粮食现代生产方式,不再只重数量,不重质量,只重眼前,不重长远。

需要指出的是,联合国粮农组织提出的"Food Security",直译应为"食物保障"或"食物安全",其内涵既包括禾本科的谷物,又包括其他主要动植物食物的安全,这也与我国约定俗称的"粮食安全"概念不尽一致。国外粮食安全观的一个显著特点是,数量与质量并重,当前与长远兼顾,这对于我国粮食安全问题是有积极借鉴意义的。但是也应看到,粮食属于农业产品的范畴,食物属于工业产品的范畴,前者是后者的基础。粮食安全本质上是农业问题，食物安全则是工业问题。对于中国这样一个农业大国而言，粮食安全的基础性更加突出，重要性也更加明显。因此，强调粮食安全，更符合我国当前的发展实际。

（二）国内粮食安全观的演进

1. 古代粮食安全观

历史上，中国作为一个农耕文明发达的人口大国，粮食安全问题一贯受到高度重视，《礼记·王制》中就有"国家无九年之蓄，曰不足；无六年之蓄，曰急；无三年之蓄，曰国非其国也"的表述，这是古人从粮食储备数量角度对国家粮食安全状态的描述。《管子》中则有"不生粟之国亡，粟生而死者霸，粟生而不死者王"的记述，进一步从粮食生产能力与储备能力两方面阐明了治理国家所需具备的粮食安全基础。总体来看，历朝历代的统治者都将粮食安全问题作为国家的首要问题，并形成了与当时生产力发展相适应的粮食安全观。有研究者对中国古代粮食安全概念做出了界定：一是宏观意义上的粮食安全，即一个国家在粮食自给和粮食储存量上要满足国家政府机构的正常运转、征战以及赈灾之需，是基于政治需要的粮食安全概念；二是微观意义上的粮食安全，即能够基本满足人民群众的最低的生活需求，对于粮食的营养安全和食品安全则要求不多，只要普通百姓能够通过主要粮食作物品种能维持生命的需要，则说明粮食是安全的。[①] 可见，我国古代粮食安全观强调在自然灾害和战争时期仍然能够保持必需的粮食供给，粮食安全的保障措施主要集中在提高粮食生产能力与储备能力上。我国古代粮食安全观的本质是一种"数量安全观"，对粮食的品种结构、营养搭配等则缺乏考虑。

2. 当代粮食安全观

我国大部分学者认为国际上对粮食安全的定义并不能准确体现我国现今及未来趋势下的粮食安全的实质，国内学者对中国粮食安全概念有自己的定义，具有权威性、代表性且被广泛认可的粮食安全的界定如表 2 - 3 所示。

---

① 吴宾、朱宏斌、党晓红：《试论中国古代的粮食安全观》，《兰州学刊》2006 年第 6 期，第 55 ~ 57 页。

表 2 - 3　国内有代表性的粮食安全概念

提出者	内　容	来源	时间
朱泽	中国粮食安全,即指国家在工业化进程中满足人民日益增长的对粮食的需求和粮食经济承受各种不测事件的能力	《中国农村经济》	1997 年
高铁生	①数量保证:能够保证为社会提供足够数量的粮食供给;②质量保证:粮食生产安全和消费安全,即保证粮食从生产领域经过流通领域最后到消费者手中,要保持一定的质量标准;③生产能力:实现可持续的粮食安全,保证有足够稳定的粮食生产能力;④调节能力:国家具备足够的包括粮食储备在内的调控力量,保持必要的年度间的平衡能力;⑤区域安全、应急供应和特殊供应	2006 中国玉米产业论坛	2006 年
中国共产党中央委员会	粮食数量能够满足人口食用、养殖业、工业及其他国民经济正常发展所需的日益增长的所有用粮,国内粮食产量与夺取全面建设小康社会新胜利的目标和进程的客观需要相匹配;粮食价格及其变化符合国民经济健康快速稳定发展内在规律的客观要求;质量符合人民群众生活水平日益提高的要求	党的十七大报告	2007 年
刘笑然	指一个国家或地区能够满足每个居民获取所需粮食及抵御突发事件的能力,具有地域、对象、数量、质量、卫生、价格和运送等多方面的丰富内涵,现代粮食安全至少应包括粮食数量安全、质量安全、流通安全和生态安全四层含义	《中国粮食经济》	2010 年
毕艳峰	充足、稳定的粮食获得能力;优良的粮食品质和优化的粮食结构;高效有序的粮食流通体制;有力的国家宏观调控能力	《北方经济》	2011 年第 2 期

二　新粮食安全观

今日中国所面临的粮食安全问题无论就背景还是就性质而言,都不同于一般的发展中国家,更不同于发达国家,因此简单套用某一概念是不可取的。研究中国粮食安全的内涵,有三个问题需要明确。第一,粮食安全从本质上讲,是指一个国家抵御粮食经济中可能出现的各种不测事件的能力。第二,粮食安全又反映了一个国家在一定的经济发展水平和人均国民生产总值(GNP)水平下,粮食供给及消费的能力。第三,中国现代化的核心是实现工业化,研究中国粮食安全问题,必须结合工业化的背景来进行。因此,在此背景下,本书提出新粮食安全观。

新的粮食安全观主要包括两个视角:一是着眼于粮食安全的国际视角,树立互利合作、多元发展、协同保障的新粮食安全观;二是着眼于我国丰富的食物资源，提出以谷物为中心、粮食为重点的综合化食物安全观。

（一）互利合作、多元发展、协同保障的新粮食安全观

新粮食安全观不再局限于传统的仅侧重国内粮食供需平衡、价格稳定的安全观念，而是以世界粮食安全的可持续发展为出发点，强调世界粮食安全是国家粮食安全战略中的重要基础，认为孤立的粮食区域性安全是暂时的，维护粮食安全需要从世界安全的整体角度上加强互利合作，向多元化发展。

1. 互利合作是确保粮食安全的关键

粮食生产资源的分布不均，社会经济、技术条件的差异，造成世界粮食产量的严重地区失衡。加强粮食生产资源、技术、加工等领域的互利合作是提高世界粮食产量的重要基础，对于缓解粮食危机、确保粮食安全具有重要的作用。

粮食生产是以自然条件为基础的，尤其是耕地、水资源、气候。面对粮食生产的自然条件依赖性，不论是耕地、水资源的保护，粮食生产与自然环境的可持续发展，还是气候变化等问题的解决，加强互利合作、共同发展是唯一可选的必经之路。新粮食安全观下，发达国家应严格履行减排义务以减少对全球气候的影响，并本着共同发展的伙伴精神，加快相关技术转让，积极帮助发展中国家提高应对气候变化的能力。发展中国家则应着眼当前和长远，制定实施有效措施，提高农业资源利用效率，调整品种生产结构、区域布局和生产方式，减少气候变化可能带来的损失。

由于各国经济、科技实力的差异，粮食生产水平在全球存在较大的差异。应采取多种措施，加强农业粮食生产技术的互利合作，从根本上促进农业发展，进而缓解粮食供应短缺问题，维护全球粮食安全。发展中经济体可以通过增加农业投入、依靠科技进步、稳步提高农业劳动生产力等措施，从中长期解决粮食安全问题。有关国际组织和发达国家应采取更切实际的行动，创新筹资机制，加大投资力度，为发展中国家提高粮食和农业生产能力、保障粮食安全提供科技、资金和投入支持。国际社会要进一步加强对世界粮食安全的监测和预警能力建设。发展中国家应继续加强粮食安全方面的南南合作，使其成为发展中国家共同应对粮食安全和金融危机挑战的重要平台。

2. 多元化发展是粮食产业发展的必然选择

随着经济的全球化及市场经济的深入发展，单一依靠国内粮食市场发展已经不适应社会经济发展的需要，必须充分利用国内外资源，加强国际交流和合作，实现粮食产业市场主体向多元化发展。同时，由于粮食产业的经济效益低，为确保粮食安全，稳定并扩大世界粮食播种面积，以及提高发展中国家种粮的积极性，应积极促进发展中国家粮食产业向纵深发展，从单一的粮食生产领域向粮食加工、物流、养殖等多元化发展格局转变。粮食产业的多元化发展在很大程度上将极大地促进粮食领域的互利合作，实现粮食安全与世界经济发展的共同进步和繁荣。应采取积极措施，提高资金、技术等各方面的支持，鼓励发展中国家根据自身条件优势走粮食产业的多元化发展道路。

我国目前已经初步形成了以国有粮食经济为主导、非国有粮食经济为主体的多元化粮食经济运行格局。同时，在确保口粮的基础上，积极发展粮食产品加工业，以市场为龙头多元化发展粮食企业，拉长产业链条，带动地区经济发展。我国粮食企业在完成国家、省、市各项储备任务的基础上，鼓励多元化开发新项目、新产品，发展小包装、小杂粮，形成产业链条，促进粮食产业向纵深发展。应利用现有企业的资产、场地、技术、人员、网络等优势，提升粮油精深加工能力，从单纯的粮油加工向养殖、种植、冷藏等经营领域延伸，形成集粮食物流、精深加工、畜牧养殖、商业投资为一体的多元化发展格局。

要实现粮食经济多元化发展，应大力发展粮食物流运输基础设施建设，提高粮食运输能力。同时提高港口、口岸仓储能力，为进出口货物交换、中转提供仓储中介服务，充分发挥国有粮食企业仓库多、库容大的优势，对闲置、废旧仓库进行改建、扩建。通过内联、外引、加强硬件建设等措施，提升仓储能力、合理规划进口粮食品种，为粮食经济的多元化发展打好基础。

3. 协同发展是确保粮食安全的有效保障

协同发展的重点就是反对粮食垄断，加强发展中国家的粮食生产能力，促使世界粮食格局的多极化发展。目前，美国、澳大利亚、巴西等国在粮食产量上居垄断地位，仅美国，粮食年出口量占全球份额常年稳定在35%左右，其中小麦则高达60%。美国和南美的巴西、巴拉圭、阿根廷大豆总产量超过世界大豆产量的 90%。目前，世界上四大跨国粮商（ADM、邦吉、嘉吉和路易达孚）垄断着世界粮食交易量的 80%。粮食垄断严重损害了发展中国家利益，危害世界粮食安全。应通过对话和加强发展中国家的自身合作，促使有关国家放宽对发展中国家的不合理出口限制，努力扩大双边农产品贸易规模。进一步改善农产品国际贸易环境，建立公平合理的国际农产品贸易秩序，保护发展中国家农民的生产积极性。

协同发展的另一个方面就是世界口粮消费与生物能源粮食消费的合理发展与规划，避免因生物能源造成的世界粮食危机。世行报告指出，目前美国有近三分之一的玉米用于生产生物燃料，欧盟则有大约一半植物油用于生产生物燃料。在世界不少国家和地区饱受粮食危机困扰的时候，无论是单个国家的局部利益，还是生物燃料产业，都应服从维护人类生存和发展的大义。2007 年美国所产玉米的 25% 变成了乙醇；2008 年上升到 28%，将达到 1.14亿吨。欧洲每年用于制造生物燃料所耗费的粮食与美国相当。欧美"机器吃粮"相当于 5 亿人的口粮。联合国官员就此严厉抨击，即使美国产出的所有粮食全部转化为生物燃料，也仅够全美 18% 的汽车所需，因此使用粮食生产燃料是一项"反人类的罪行"。人类的口粮消费与生物能源粮食消费的合理发展是协调发展的一个重要方面，严格控制用玉米、油料等粮油产品生产生物燃料的比率，充分利用耐旱可平茬灌木、秸秆、畜禽粪便等农业农村废弃物发展生物能源。

（二）以谷物为中心、粮食为重点的综合化食物安全观

鉴于我国地区分布不均、海洋等食物资源丰富等特点，随着我国社会经济的发展，人民生活水平的提高，土地、水资源的日益紧缺，由当前的粮食安全提升到以谷物为中心，粮食为重点的综合化食物安全的新阶段，以人为本构建人和自然、社会和谐发展的综合化粮食安全观是我国社会发展的必由之路，是提高人民生活水平的本质要求。

1. 综合化食物安全观是我国居民食物消费的多元化的内在要求

随着人民生活水平的提高，对于粮食的需求不再局限在温饱尚无法解决之时的充饥性食物要求。目前我国正全面建设小康社会，已基本解决人民生活的温饱问题。多样化的食物需求已经成为人们提高生活质量的首要标志。根据国际通用标准，达到世界粮农组织和世界卫生组织确定的人均食物日供给热量 2600 大卡以后，应开发多样化需求来引导消费。否则，不仅没有可能实现合理的资源配置，而且对人类健康发展以及社会进步都将产生不利影响。

同时，从营养学的角度考虑，食物安全更能反映人们的营养状况。人的主要营养素的合理需求量是：每人每年需碳水化合物 183 千克，脂质 41 千克，蛋白质 29.2 千克。此外，还需要矿物质、维生素等微量营养素。当前世界粮食安全中的一个敏感问题，就是发展中国家的食物营养中蛋白质含量不足。1996 年召开的世界粮食首脑会议重申，人人有权获得安全而富有营养、优质的粮食，把营养安全、无污染的绿色食物作为粮食安全的一个重要组成部分，使人们在日常生活中，有足够、平衡且保证人体发育必需的营养元素供应，以求建立完善的粮食安全体系。

但是，不同食物资源的营养素的构成不同。"食物"包含了人类所需的所有营养素，既包含了主要营养素碳水化合物、脂质和蛋白质，也包含了其他次要营养素及微量营养素，如维生素和微量元素等。而除大豆以外的"粮食"的营养素构成主要是淀粉（碳水化合物）。可见，无论是从居民合理营养素需求还是从现实的食物结构调整总体趋势来分析，都需要我国的农业为国民提供合理的、足量的碳水化合物、食用油脂和蛋白质这三类主要营养素。树立"新粮食安全观"，确保以谷物安全为中心，粮食为重点，同时统筹规划碳水化合物、油脂和蛋白质等主要营养素的生产和供给。考虑到瓜果蔬菜、水产品等食物的综合性食物安全，是改善我国居民的营养水平的必然要求。

2. 我国食物资源丰富，粮食安全观是可持续发展的重要体现

中国是世界第一人口大国，占世界人口的 1/4。中国经过长期奋斗，解决了 10 多亿人民的温饱问题，但是，我们更应该清醒地看到，人口每年都在增加，我国的耕地每年都在减少，淡水资源紧张，自然环境总体继续恶化。单纯强调粮食产量而不重视土地、水资源等可持续发展，片面追求 GDP 增速而忽略自然环境保护，将直接导致自然环境的恶化。与此同时，受全球气候变化、极端天气频发的影响，我国自然灾害特别是旱灾严重。而我国农业传统的小农经济模式并未完全改变，农业"靠天吃饭"的现象仍然存在，抵抗各种灾害的能力不足，生产成本较高，一遇干旱、洪涝、虫害

等，粮食产量就会大幅下降。这些都将严重制约我国农业粮食生产的发展。再者，我国各种资源分布极不平衡，中西部地区、南方等地区优势各不相同，传统的"粮食安全"在某些方面制约了各地区农业发展的优势。比如在西部丘陵地区优势渔业区域的开发和建设上，水产品具有比较竞争优势，单位效益比种植谷物高出5倍左右。种草养鱼比种粮食的生物量高8倍左右，每年亩种高产饲料草的蛋白质含量是350千克左右，亩种粮的蛋白质仅40千克左右。

粮食一般仅局限于淀粉类作物和豆类作物，其生产有赖于可耕地，而我国的可耕地面积有限，且随着工业化和城镇化的进程会不可逆转地逐年减少。面对今后一段时期内我国粮食消费的刚性增长，不仅要正视我国粮食生产面临的困难，积极采取措施稳定生产，同时也要看到我国丰富的食物资源，充分发挥我国食物资源优势，大力缓解粮食生产的压力。来源于陆生、水生和海洋的植物、动物和微生物，其生产可面向整个领地资源、领海资源和公海资源，生产潜力巨大，前景十分广阔。

3. 综合化的食物安全是提升我国农业国际市场竞争地位的有效举措

我国是农业生产大国，却不是农业贸易强国。中国成为WTO成员后，粮食市场国际化趋势不断发展，中国粮食已经并将越来越深入地融入世界市场竞争之中，粮食产业要进一步发展，就必须提高粮食产业的竞争力。

近年来我国粮食产量不断突破新高，但粮食生产成本较大，粮食的比较效益较差。在水稻、玉米、小麦三大粮食作物中，仅水稻的竞争力较高，而且其竞争优势在很大程度上由于水稻对劳动力数量要求较强，我国劳动力成本较低造成，而随着劳动力成本的上升，水稻的竞争力也有所减弱。我国大豆目前绝大部分依靠进口，2007年我国大豆单产水平为1453.7千克/公顷，远远低于世界平均水平2278千克/公顷。进口转基因大豆低价冲击国产大豆，外资控制我国大豆80%的实际加工能力，竞争力的不足严重威胁我国粮食主权安全。如果不提高我国粮食产业竞争力，让国外商品长驱直入，甚至越是优质的食品，越依赖国外进口，长此以往，中国农民生产的产品就将大量积压，农民的收入乃至生计就将受到影响，农民将面临破产的威胁。

在传统粮食概念下，我国粮食国际竞争力不足，提高的难度较大。同时，尽管我国粮食产量逐年增加，但我国粮食仍部分依靠进口，粮食总量的不足大大限制了我国粮食产业在国际市场上的发展空间。在综合化的食物安全观下，我国其他食物资源优势较为明显。基于我国人均资源少，经营分散，土地密集型产品竞争力处于劣势，而人口多，劳动力资源丰富，生产劳动密集型产品成本相对较低，具有明显或潜在优势的基本国情，我国农业粮食的出口重点应由土地密集型产品转变为劳动密集型产品。这种优势在园艺产品及畜牧等养殖行业尤为明显。以蔬菜生产为例，其产品单位价值产出所需的土地投入只有粮食的 10% ~ 30%，而劳动力需求则是粮食的 4 ~ 5 倍。同时，我国抢占劳动密集型农产品的国际市场份额，不仅具有劳动力方面的比较优势，而且具有产品多样化、生产空间广阔的优势，可以根据国际市场的变化，随时调整农产品出口品种及其规格。因此，充分发挥食物资源的集体力量，不仅能有效提升我国食物资源的议价能力，同时也为粮食作物加快发展提供空间，为竞争力的提升创造条件。

再者，食物加工业的发展，有效促进我国农产品出口结构调整，由出口初级产品为主转变为初级产品、特色产品、加工品并重，其发展过程本身就是竞争力提升的过程。调查表明，玉米加工后的效益与玉米生产效益相比，生产淀粉增值 1.5 倍，生产山梨醇增值 3 倍，生产维生素增值 5 倍，生产赖氨酸增值 30 倍以上。综合化的食物安全观，有利于利用我国食物加工资源、流通渠道，加速我国粮食加工业的发展，提升我国农业粮食产业的国际竞争力。

三　新粮食安全观的本质

（一）内部粮食安全与外部粮食安全相统一

在世界经济一体化潮流中，粮食安全问题已经不是某一个国家的内部问题，而是世界性的问题。尽管来自国际资本、国际市场等的外部冲击激化和放大了国内粮食安全隐患，甚至催生出很多新的粮食安全问题，但对外开放并不能成为决定粮食安全与否的全部原因。有些粮食安全问题的产生是源于开放，也有一些是由国内制度性因素和结构性因素等引起的，而现在更多的粮食安全问题是二者共同作用的结果。外部冲击对粮食安全的影响，常常是通过一国农业自身有缺陷的传导机制起作用的，后者是影响粮食安全的内在隐患，是国家农业发展中内在的、根本性矛盾。"互利合作、多元发展、协同保障"的新粮食安全观,就是强调将内部安全与外部安全统一起来,综合运用国际与国内"两个市场、两种资源",综合保障粮食安全。

在国际化的背景下,农业保护与粮食安全的关系也需要进行清晰的认识。农业一般是一个国家的基础且弱质产业,许多国家对农业都采取了必要的保护措施。事实上,农业保护与粮食安全是同一个问题的两个密不可分的核心范畴,它们的关系可以简单地描述为:保护是手段,安全是目的。有了农业保护并不等于粮食安全,粮食安全也并非农业保护的必然结果。从各国的经济发展历程看,保护并不能从根本上解决粮食安全的问题,单纯的农业保护政策,虽然减弱了来自外部的冲击,同时也弱化了农业以及农产品的竞争力,使粮食安全基础更加脆弱。因此,保护应该是适度保护,是立足于提高农业竞争力的积极的保护,只有这样才能实现真正意义上的、动态的粮食安全。因而需要政府合理选择产业并适度加以保护,同时进行大规模的产业整合,重建各行业内部以市场为导向的技术联系,扩大企业规模、提高竞争力和增加抗风险能力,这才是实现粮食安全的根本办法。

(二) 生产安全与流通安全相统一

粮食安全的影响因素众多,涉及粮食产业链的方方面面。粮食供应链是一个连接粮食生产、储存、运输、流通、加工和消费等各产业的完整体系,它集成粮食产、加、销、储、运等多环节、多主体、多区域,以共生、协同、增值、共赢为核心,是一个由粮食相关产业组成的大系统,在研究粮食安全问题时,需要综合协调各个方面的相互关系,尤其是做到粮食生产安全与流通安全的统一。

从粮食供给的渠道来看,粮食供给能力主要由粮食自给能力、进口能力和储备能力决定。对于我国这样一个有 13 亿人口的发展中大国而言,要切实保护和稳定提高粮食生产能力,确保粮食基本自给水平,牢牢掌握粮食主动权,不受制于任何国家。这就要在保证粮食生产的同时,配合符合现阶段粮食产业发展需要、满足国家对外政策方针的进出口政策以及相关政策法规,确保粮食供给的主权安全。同时,粮食储备作为调节市场粮食供给的重要组成部分,储备安全对粮食生产抵御各种不测事件具有重要作用。中国粮食基本自足,无农不稳,无粮则乱,这已是被我国社会历史证明了的真理。因此,必须坚持国内粮食生产为主要渠道,粮食进口必要补充,粮食储备重要调节方式，三者之间相互配合，协调发展，确保我国稳定的粮食供给。

从粮食供给与需求间的流通途径上来看，粮食生产、加工、购销市场体系的安全，粮食价格合理及粮食流通安全是保障粮食供给稳定、流通顺畅、市场健康必不可少的条件，是粮食安全的重要组成部分。粮食市场是粮食生产与消费之间的沟通桥梁，同时也是资源配置的重要场所。粮食价格的合理变动是确保粮食市场稳定的重要基础。必须适应市场经济体制的需要，健全和完善粮食市场体系，实现粮食流通的高效、灵活、规范、有序。积极利用两种资源、两个市场，一方面要充分挖掘本国资源、市场的潜力，并优化其配置，另一方面要积极开拓国外粮食资源和粮食市场，通过粮食进出口有效调节国内粮食供求平衡。发挥区域粮食资源优势，加强区域间的合作和流通，用市场机制配置资源，按照市场经济规律研究政策措施。要紧紧围绕农民增收这个中心，把粮食安全与农民增收更加紧密地结合起来。建立和健全社会保障制度，保证低收入群及其他特殊社会群体有钱购买必需的粮食。

（三）数量安全与质量安全相统一

数量安全是粮食供应链的基础，它不仅包含最基本的粮食，还包括粮食制成品。因此，这是每个环节都应首要关注的问题，各环节须根据自身的特点，明确主导功能，并围绕主导功能加强基础建设，增强在该功能上的核心竞争力。同时，要注意各功能间的分工与合作，使各环节形成既有分工又有合作的紧密共同体。

质量安全是粮食供应链的关键，各环节都必须树立质量安全意识，通过缜密的运营流程设计严把质量安全关，建立覆盖广泛的农业有害生物预警与控制体系和产地追溯管理、生产加工追溯管理、储运追溯管理、销售市场追溯管理等管理系统，并备有相应应急预案，着力防范和处理运营流程中可能出现的质量安全问题。

粮食数量安全与粮食质量安全是一个问题的两个方面，二者有机统一，缺一不可。在研究中国粮食安全问题时，应将两者密切结合起来，既不能脱离数量谈质量，也不能脱离质量谈数量。

（四）当前安全与长远安全相统一

粮食安全是国家经济安全的重要组成部分，它关系到国计民生和一国经济的长远发展，关系到一国的经济权益和政治地位。要使国家经济利益不受严重侵害和威胁，就必须确保本国产业的安全发展，必须把粮食安全战略纳入国家战略中去，从战略的、长远的高度去重视和研究粮食安全问题。其一，是指粮食安全的问题是长期存在的，但具体在不同时期，有不同的粮食安全维护对象，这是由经济发展和各国产业竞争力的相对变化所决定的。有些产业在一定时期内是安全的，不需要政府的规制或干预，而另一些产业则具有较大风险，需要政府适当规制或保护。其二，是指粮食安全的实现手段和途径不是一成不变、静止的，而是与时俱进、动态变化的。绝大多数的粮食安全保护不是永久的，政府规制的目的只是为了提供一个准备期，让本国产业经过此过渡期，站稳脚跟并逐步升级，形成较强的国际竞争力。

（五）事前预警与事后评估相统一

粮食安全是由多种要素按照一定的方式组成的大系统，涉及各产业赖以生存和发展的宏观经济、政治和国际环境等诸多方面的问题。这些要素相互关联，通过市场机制或其他组织机制共同对粮食安全的走向产生或大或小、直接或间接的影响。因此，分析粮食安全问题一定要从系统思维的角度去进行。另外，粮食安全本身作为一个相对独立的开放子系统，也在向国民经济的大系统输出各种信号和能量。因此，需要建立符合产业发展实际的有效粮食安全评价与预警体系，客观、准确地"把脉"粮食安全状态和进行粮食安全预警，从而及时地调整产业政策，维护粮食安全；同时，及时评估产业不安全因素对相关产业及经济安全的影响，以便做出应对。

第三节　我国粮食安全保障的战略目标

一　指导思想

为确保我国粮食安全，需要以落实科学发展观为统领，贯彻全面建设小康社会、构建和谐社会与建设新农村的重大战略部署与总体要求的精神，坚持立足于国内为主保障粮食供给的基本方针，确保国家粮食主动权；坚持严格保护与节约耕地、水源等要素资源的政策，坚守18亿亩耕地的"红线"；坚持加强粮食安全保障的政策支持体系，加大公共财政和金融的投入支持力度，改善农业粮食生产环境条件；坚持依靠科学技术进步，着力提高粮食综合生产能力，增加粮食等大宗食物供给；坚持转变发展方式，走"环境友好型"农业粮食可持续发展道路；坚持健全完善粮食市场与粮食流通体系，充分发挥市场机制配置资源的基础作用；坚持加强和规范粮食宏观调控，保持粮食供求总量基本平衡和品种结构的平衡；坚持对外开放和兴利避害，积极利用两种资源和两个市场；构建起适应市场经济发展需要的和符合我国国情粮情的粮食安全保障体系。

二　基本原则

保障粮食安全需要坚持以下原则。

（一）"以民为本"原则

构建和完善粮食安全保障体系要从为了民众、依靠民众、造福民众的"民本"理念出发，使之变成广大民众特别是以 8 亿多农民为主体的、自觉的行动。

（二）"自主创新"原则

农业粮食产业必须开拓一条自主创新的道路，形成强大的原始创新、集成创新和引进消化能力，特别要加强自主创新，开展理念创新、体制创新、机制创新、科技创新、发展方式创新等，通过创新加强粮食安全的持续内生力与保障力。

（三）"固本强基"原则

强化农业粮食生产能力的根本和基础。通过加强以水土为中心的基础生产条件和生态环境的改善，实现"三个提高"：提高土地产出率，提高产品优质率，提高资源利用率。

（四）"广辟资源"原则

在抓紧以粮食为主业的种植业生产的同时，还要广辟粮食以外的食物资源，积极开发、合理利用草原、水域、丘陵等非耕地资源，增加多样化食物供给来源。

（五）"完善机制"原则

进一步完善和发挥市场机制配置粮食资源的基础作用。特别是要促进市场公平竞争和发挥粮食价格杠杆的威力，不断提高粮食主产区和农民种粮的收益。要培育多元化新型市场主体，在发挥国有粮食企业市场主渠道作用的同时，积极培育和造就一批农民经纪人队伍。

（六）"加强调控"原则

坚持强化和规范粮食宏观调控。要扩充粮食补贴制度和健全粮食价格支持政策体系，调动和提高地方政府"重农兴粮"的积极性，特别是粮食主产区和农民的生产积极性。进一步完善国家粮食储备制度，适当调整国家储备规模、结构和布局，以更有效加强粮食宏观调控能力，真正做到储得进，调得出，用得上。

（七）"协调发展"原则

推进工业化和城镇化与农业现代化相互协调，相辅相成，决不可以牺牲农业粮食产业为代价片面发展工业化和城镇化。要有效贯彻实施"工业反哺农业""城市支持农村"的战略。

（八）"科学开放"原则

坚持对外开放的方针，不仅是粮食、油料等商品的进出口，而且要探索利用国际资源进行要素配置。要"走出去"发挥国内人力资源优势，开拓国外土地、水源等资源优势，换回资源性产品。同时，要发展若干超大型具有强大国际竞争力的粮食企业，在国际粮食市场上争得一席之地，提高我国的话语权。

（九）"倡导节约"原则

利用现代科学技术改进发展方式，节约资源。主要包括采用现代技术装备改进粮食收获、储藏、运输、加工，特别是改进和提高农村科学储粮水平，有效降低粮食收获后的损失。发展以"3R"为主要内容的循环经济，提高粮油综合利用率。全社会倡导科学消费方式，实行科学膳食，普遍减少粮油浪费。

（十）"加强责任"原则

全面加强和落实粮食安全保障责任制。要坚持粮食省长负责制，第一首长必须全面负责本区域包括粮食生产、流通、市场、供给、抵御自然灾害等在内的总量供求平衡。特别是要增强粮食销区粮食安全保障的责任。

三　主要目标

我国构建和完善国家粮食安全保障体系要达到的基本目标应该是：供给稳定，储备充足，调控有力，运转高效。

在上述基本目标框架下，粮食供求必须实现"四化"：粮食生产、供给、流通、储备和消费必须更加持续安全化；粮食供给和粮食消费的总量基本平衡关系必须更加稳定化；农村地区、边远地区、弱势群体等重点人群的粮食和其他食物消费必须改善化；概括起来就是城乡居民的食物结构必须进一步改善实现科学化。

粮食供求要实现"四化"，又必须在 2020 年前达到"五项确保"。

（一）确保粮食总产量持续稳步上升

坚守 18 亿亩耕地的"红线"。截至 2008 年，全国保有耕地面积 18.26 亿亩。随着基本建设事业的发展，必然要占用部分耕地。但是，要通过严格实施《土地法》，最大限度地避免耕地减少，到 2020 年，要保持住 18.0 亿亩的耕地面积。

稳定全国粮食播种面积在 15.5 亿~16 亿亩。其中稻谷、小麦和玉米等大宗谷物的种植面积要保持在 12.8 亿~13.2 亿亩。其中，稻谷种植面积占 4.65 亿~4.75 亿亩、小麦占 3.60 亿~3.72 亿亩、玉米占 4.55 亿~4.73 亿亩。在保证谷物种植面积的同时，适当安排薯类、大豆、油菜籽与花生的种植面积，使油料生产有所恢复。

加大中低产田的改造，力争稳产高产耕地面积达到 50%。在坚守住 18 亿亩耕地"红线"的同时，要加大对中低产田的改造。目前，我国稳产高产田仅占耕地总量的 1/5，其余的 4/5 还处于中低产田状态。要通过农业综合打造建设粮食核心产区，建设高标准稳产高产基本农田。

2020 年全国粮食综合生产能力突破 5.5 亿吨。这比 2008 年增长 2129 万吨，平均每年增长 177.42 万吨。其中，稻谷、小麦和玉米的总产量都要力争增长，特别是稻谷的总产量必须有较大幅度的提高。谷物和植物油料的优质专用率都要有明显提升。

人均粮食占有量实现 400 千克。到实现全面小康社会宏伟目标时，城乡居民的食物结构将进一步改善，人均直接和间接的粮食消费量必将增长，包括居民口粮、饲料粮、工业用粮、种子用粮及自然损耗等在内，人均占有粮食 400 千克不可少。

（二）确保我国大宗谷物基本自给，小宗谷物扩大出口

大米、小麦和玉米的自给率保持在 90%~95% 为宜。豆类、荞麦、谷

子等小杂粮要扩大出口，巩固传统市场，开拓新型市场。大豆自给率要力争恢复到 55% ~ 60%。

同时，小宗谷物要积极扩大出口。主要动物蛋白食品达到自给或有所剩余。截至 2008 年，我国肉类、水产品、水果和蔬菜的总产量居世界第一位，牛奶总产量居世界第三位。到 2020 年，全国肉类、水产品、水果和蔬菜的总产量要力争继续保持世界首位，牛奶总产量要力争提升到第二位。

（三）确保国家粮食储备进一步合理化和科学化

适应我国国情、粮情，特别是极端气候和灾难频发的新情况，中央和地方国家粮食储备的规模应该适度扩大。国家粮食储备规模需要保持在相当于当年粮食消费总量的 25% ~ 30% 的水平上。

同时，粮食储备结构和布局要保持合理。其中，小麦和稻谷的储备量应该分别保持在 50% 和 25% 左右。为应对频发的各种严重自然灾害，国家粮食储备中还必须安排一定数量的成品粮油方便主食品。国家粮食储备库要完全采用先进储粮技术方法，实现"绿色化储粮"。

（四）确保健全和完善现代粮食物流系统

要力求实现"三化"：实现城乡一体的粮油营销连锁化，总体上全面建立城乡一体化的粮油现代流通网络，实现以配送中心为枢纽的粮油连锁经营，普遍建立"放心粮油连锁店"；粮油加工规模化和现代化，要通过走新型工业化道路提升粮油加工现代化水平，在全国建设一批粮油产业集群，促进粮油"产供销"一体的产业化经营和粮油资源利用的循环化；现代粮食物流基本系统化。在粮食主产区基本实现粮食物流"四散化"。

（五）确保 1500 万贫困人口摆脱贫困

采取有力和有效措施，通过多种形式的扶持，解决农村目前还处于贫困线以下的 1500 万贫困人口的温饱问题，进而促其实现生活小康化。

第 三 章
我国粮食供需形势预测分析[*]

1980年以来，我国的粮食生产获得了快速发展，达到了粮食供需的基本平衡。但随着农业政策的变化，粮食生产出现了几次较大的波动，特别是2000~2003年粮食总产量连年快速下降，供需矛盾加大。农业部总经济师毕美家指出，近几年我国粮食自给率始终稳定在90%以上。但从分品种看，玉米产需基本平衡，小麦、水稻供求偏紧，大豆存在较大缺口。从消费用途看，口粮消费有所下降，饲料用粮、工业用粮明显增加。

长远来看，粮食生产受资源、气候、技术、市场制约和种粮比较效益影响，产量大幅度增长的难度加大。随着人口增长，畜牧业和粮食加工业的快速发展，我国粮食的总需求量较长的一段时间内仍是刚性增长的，我国粮食中长期仍处于紧平衡状态，如何保证一定供需缺口的情况下实现粮食供求平衡是当前面临的重要问题。我国粮食供需形势的判断将对粮食安全保障体系的构建起到导向作用，并直接或间接地影响我国农业、农村政策的走向。

第一节　我国粮食供需现状分析

一　我国粮食生产现状

中国历来高度重视农业生产，特别是粮食生产。从数量角度来看，我

---

[*] 本章中，如无特殊说明，粮食是指稻谷、小麦、玉米、薯类、豆类及其他杂粮的总称。

国粮食产量为粮食播种面积与粮食单产的乘积。近年来，随着我国粮食播种面积的下滑，粮食单产水平是粮食产量的决定性因素。在发展粮食生产过程中，在稳定和扩大粮食播种面积的同时，要大力提高粮食单产水平。

（一）粮食生产总量分析

新中国成立以来，我国的粮食产量不断迈上新的台阶，全国粮食供求进入基本平衡、丰年有余的新阶段。从 2004 年到 2011 年，我国粮食总产量实现"八连增"。2011 年我国粮食总产量达到历史新高，突破 57120.8 万吨，比上年增产 2473.1 万吨，增长 4.6%（见图 3 - 1）。

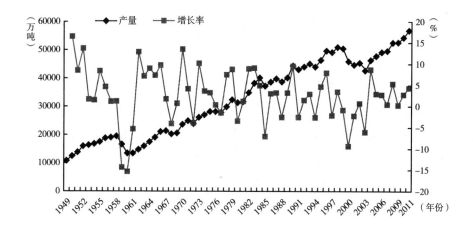

图 3 - 1　1949 ~ 2011 年我国粮食产量及其增长率变化

资料来源：历年《中国统计年鉴》。

由图 3 - 1 不难看出，自新中国成立以来，我国粮食产量及生产能力的增长较快。虽然在 1959 ~ 1961 年和 2000 ~ 2003 年粮食产量出现了较大幅度的下降，但粮食产量整体呈上升趋势。从 1949 年到 2011 年，粮食总产平均每年增加 710.7 万吨，年均增长率 2.67%，2011 年粮食总产量是 1949 年的5.05 倍。

以粮食总产量每突破 1 亿吨为 1 个台阶，我国粮食总产由 1949 年的11318 万吨到 2011 年突破 57120.8 万吨，处在第 4 个台阶（见表 3 - 1）。

表 3 – 1 1949 ~ 2011 年我国粮食产量阶段分析

标　志	第一阶段	第二阶段	第三阶段	第四阶段
	产量突破 2 亿吨	产量突破 3 亿吨	产量突破 4 亿吨	产量突破 5 亿吨
区 间 段	1949 ~ 1966 年	1967 ~ 1978 年	1979 ~ 1984 年	1985 ~ 2011 年
区 间 数	17	11	5	26
增产幅度	10082	9076. 5	10254	19210. 3
年增长量	593. 06	825. 14	2050. 80	738. 86
最 大 值	21400	30476. 5	40730. 5	57120. 8
最 小 值	11318	20905. 5	32055. 5	37910. 8
均 值	16767. 75	25557. 79	35446. 17	46746. 96
标 准 差	2671. 44	3232. 60	3573. 51	13583. 7
变异系数	0. 16	0. 13	0. 10	0. 29

第 1 个台阶，粮食总产达到 21400 万吨，时间从 1949 年到 1966 年，用了 17 年时间，平均每年增加粮食 593 万吨。

第 2 个台阶，粮食总产达到 30476. 5 万吨，时间从 1959 年到 1978 年，用了 11 年的时间，平均每年增加粮食 825 万吨，较第 1 阶段增加 232 万吨。

第 3 个台阶，粮食总产达到 40730. 5 万吨，时间从 1979 年到 1984 年，用了 5 年的时间，单产推动粮食总产增加阶段，平均每年增加粮食 2051 万吨，于 1984 年我国人均粮食达到 400 千克水平，是新中国成立以来我国粮食生产最辉煌的时期。

第 4 个台阶，粮食总产达到 57120. 8 万吨，时间从 1985 年到 2011 年，用了 26 年的时间，平均每年增加粮食 884 万吨。

由阶段分析可以看出，前三个阶段粮食增产所需时间逐渐减少，经过第三阶段辉煌的 5 年高增产时期后，粮食增产幅度开始放缓。从 1997 年到 2011 年，粮食产量仅比 1996 年增加 7703. 7 万吨，尽管粮食产量受耕地、单产、政策等多种因素制约，但也反映了进一步提高粮食产量所需的时间跨度增加，粮食增长率放缓，未来粮食增产的难度加大。

从粮食播种面积来看，由于人口增长、工业化和城镇化进程加快等因素，新中国成立以来我国粮食总播种面积整体呈下降趋势。2003 年播种面积为 14. 9 亿亩，为 1949 年以来的历史最低点。2004 年以后，国家出台了一系列发展农业生产的新政策，粮食播种面积出现了稳步增长的新形势，但仍低于新中国成立初期水平。相比播种面积的下降趋势，受科技进步、农业投入加大等多种因素影响，我国粮食作物单产水平不断提升。2011 年粮食单产水平达到 344.39 千克/亩，是新中国成立初期的 5.02 倍。对比图 3－1 和图 3－2，不难看出粮食单产与粮食产量具有很强的相关性，这也表明粮食单产水平是粮食产量的决定性因素。然而，值得注意的是，粮食单产水平在1960 年与 2000 年前后也出现了较大程度的下滑，且增长率近年来有所放缓。

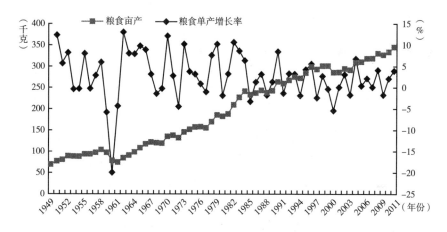

图 3－2 1949～2011 年我国粮食单产及增长率

注：粮食单产对应左坐标轴，单产年增长率对应右轴。
资料来源：历年《中国统计年鉴》。

对粮食单产序列进行单位根检验，ADF 检验表明：粮食单产序列为非平稳序列。通过结构突变单位根检验，1960 年和 2000 年为序列的结构突变点。根据粮食单产的结构突变点，同时考虑到 1978 年改革开放，前后政策上出现了较大的调整，根据这三个关键点，将粮食单产序列分成四个阶段，对各个阶段进行统计分析（见表 3－2）。

从 4 个阶段粮食单产均值来看，1978～1999 年为我国粮食单产增加黄金时期，粮食亩产突破了 300 千克，均值达到 245.34 千克，为前阶段均值 2 倍多。尽管我国粮食单产水平不断提高，但粮食单产年增长率呈下降趋势，2000～2011 年粮食单产年均增长率接近于 1，由此也可以看出，未来粮食单产增加难度加大。

表 3 - 2　1949～2011 年粮食单产阶段统计值

区　　间		1949～1959 年	1960～1977 年	1978～1999 年	2000～2011 年
样　本　数		11	18	22	12
亩　产	均　　值	88.84	121.61	245.34	310.98
	最　大　值	103.25	158.08	300.14	344.39
	最　小　值	68.62	74.93	168.49	284.08
	标　准　差	10.12	27.49	40.00	19.98
	变异系数	0.11	0.23	0.16	0.06
年增长率	均　　值	4.46	3.13	2.81	1.22
	最　大　值	16.74	13.74	9.49	6.65
	最　小　值	-14.15	-15.23	-6.92	-5.15
	标　准　差	8.57	7.36	4.82	3.17
	变异系数	1.92	2.35	1.71	2.60

　　在过去的几十年内，我国粮食作物种植面积整体下滑的同时仍能保持粮食产量的增长，主要原因在于粮食单位面积产量的大幅度提高。而且，近年来，粮食单位面积产量提高对粮食总产量增加的贡献率越来越大，但同时也看到粮食单产增加的幅度放缓。而在粮食播种面积一定的条件下，粮食单产的提升是粮食产量增加的关键因素，单产增加幅度放缓，对粮食生产能力将会产生一定的负面影响。

（二）粮食生产品种结构

　　新中国成立以来，就我国稻谷、小麦、玉米三大主要粮食产品的构成而言，稻谷始终是我国第一大粮食作物，目前占粮食总产量的比例仍维持在35% 以上，低于新中国成立以来的最高点 47% 近 10 个百分点。尽管稻谷产量水平不断提高，但稻谷比例的下降，体现了我国粮食结构的调整和变化（见图 3 - 3 和图 3 - 4）。

　　从图 3 - 4 可见，我国粮食品种结构发生了较大的变化。20 世纪 70 年代初期以前，我国稻谷产量比例经历了 1957～1961 年的三年下降时期后逐渐上升，在 1972 年达到新中国成立以来的最高点。这段时间，小麦和玉米产量比例变动相对较为稳定，维持在 10%～15%，整体来看小麦比重略高于玉米比重。由于南方推广双季稻及改善灌溉条件，水稻种植面积有了较大的增加，北方由于缺水而限制了小麦种植面积的扩大。

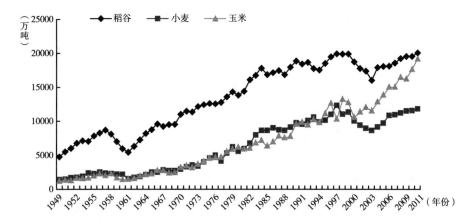

图 3 – 3　1949～2011 年我国三大主要粮食品种的产量变化

资料来源：历年《中国统计年鉴》。

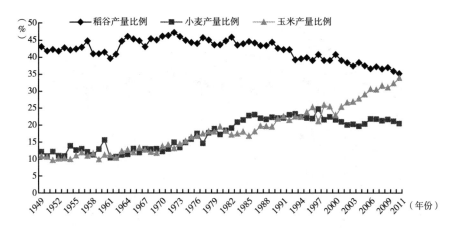

图 3 – 4　1949～2011 年我国三大主要粮食品种的产量比例变化

资料来源：历年《中国统计年鉴》。

自 20 世纪 70 年代后，稻谷产量比例就一直呈下降趋势，到 80 年代中期，稻谷比重下降到了 43.9% 左右。而这期间，小麦比重逐年上升，到 1986 年上升到了 23.0%，为 70 年代初的 1.5 倍多。玉米产量比例也有所上升，但上升幅度明显低于小麦。这与华北平原改善中低产田的生产条件，增加灌溉面积有很大的关系。

从 20 世纪 80 年代中期以后，稻谷产量比例进一步降低，2011 年为近年来的最低点，稻谷产量比例仅为 35.19%，比 1972 年最高点降幅达到了 12 个百分点。小麦比重较为稳定，为 20% ~ 25%。而玉米产量比重上升非常明显，自 1998 年超越小麦后，差距明显拉大。到 2011 年，玉米比重达到 33.75%，高出小麦 13 个百分点之多。由于粮食消费结构的变化，玉米由口粮逐渐转换为饲料用粮，同时玉米单产的大幅度增加，玉米播种面积有进一步增加的趋势。

相比粮食播种面积的下降趋势，三大品种播种面积则有升有降。近年来，稻谷和小麦的播种面积均有不同程度的下降，但玉米的播种面积不断上升。但从稻谷、小麦、玉米的累积面积来看，1998 年前缓慢上升，之后出现大幅回落，波动加大。然而，三大品种播种面积累加占粮食播种面积的比例却呈现明显上升态势，其原因主要是其他品种的粮食播种面积下降（见图 3 - 5）。

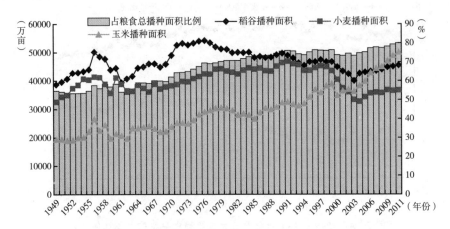

图 3 - 5　1949 ~ 2011 年我国三种主要粮食作物播种面积及占总播种面积的比例

注：粮食作物播种面积对应左坐标轴，粮食作物播种面积比例对应右轴。
资料来源：历年《中国统计年鉴》。

从单品种来看，以玉米的播种面积及比例上升最为显著，2007 年以来玉米的播种面积超过了稻谷的播种面积（2007 年玉米播种面积 44216.25 万亩，稻谷播种面积 43378.2 万亩），成为我国粮食播种面积最大的品种。一方面，体现了我国粮食消费结构的调整，居民肉类蛋白消费增长，导致玉米等饲料用粮的增加；另一方面，反映了玉米经济效益的提高，引发三大品种外的其他粮食品种播种面积的下降。稻谷的播种面积自 20 世纪 70 年代后期不断下降，但其播种比率相对较为平稳，一直维持在 28% 左右。小麦的播种面积从 1998 年来下降明显，其播种比率也下降到 20% 左右，接近新中国成立初期，这是品种播种面积中要引起关注的一个问题。

从三大主要粮食品种的单产水平来看，我国稻谷亩产最高，但 20 世纪 90 年代后期单产增长幅度放缓，目前平均维持在 0.76% 左右；小麦单产最低，但近年来增幅加大，2006 年亩产突破 300 千克，达到 306.22 千克/亩，分别为稻谷、玉米亩产的 71.9%、88.5%，比新中国成立初期提升了 38 个和 21 个百分点，与稻谷、玉米的亩产差距逐渐缩小。自 20 世纪 90 年代以来，由于玉米饲料、生物燃料功能日益突出，其受外界各因素影响较为明显，玉米单产波动加大，增长幅度也有所放缓（见图 3 - 6）。

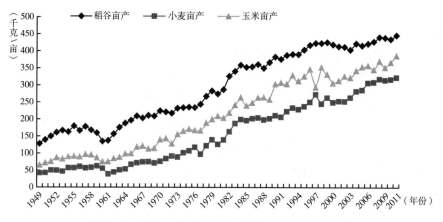

图 3 - 6　1949 ~ 2011 年三大主要粮食品种单产水平

资料来源：历年《中国统计年鉴》。

在单产水平不断提高的同时，也要注意到水稻单产自 20 世纪 90 年代后期以来，提高的幅度有限，粮食单产水平整体增势有所减弱，为保障我国粮食的稳定供给，提高粮食单产水平的任务仍十分艰巨。

（三）粮食生产区域结构

我国粮食产量不断增加，各地区的粮食结构也发生了较大变化。这一方面由于自然条件导致，我国南北气候差异明显，东部和西部地区条件差异较大，而气候变化也加剧了地区间的条件差异，而另一方面则主要由于各地经济形势、农业重视及扶持力度、资金投入差异造成的。2004~2011年，我国粮食总产量实现8年连续增长，河南、吉林、山东、黑龙江、安徽等粮食主产省对全国粮食增产部分贡献尤其突出。

2004年中共中央关于《中共中央、国务院关于促进农民增收若干政策意见》的1号文件中，确定对粮食主产区粮食生产给予政策性扶持，为此国家按照播种面积、粮食产量和所提供商品粮的数量等标准确定了河北、内蒙古、辽宁、吉林、黑龙江、江苏、安徽、江西、山东、河南、湖北、湖南、四川等13个省（区）为我国粮食主产区。根据地理位置，可把粮食主产区划分为东北及内蒙古地区（玉米、大豆）、黄淮海地区（小麦）和长江中下游地区（稻谷）；根据农作物的生产布局，粮食主产区又可大致划分为玉米主产区（包括东北和内蒙古）、小麦主产区（包括河北、山东和河南）、稻谷主产区（江西、湖南、湖北、江苏、四川和安徽）和大豆主产区（东北和内蒙古）。

1956~2011年，全国粮食播种面积总体呈减少趋势，粮食播种面积从1956年的204509万亩降到了2011年的165859.5万亩，55年减少了23.3%。主产区粮食播种面积占全国粮食播种面积的比例除了1993年突破了80%外，其余年份基本保持的70%这个水平上下。2001~2007年我国主产区粮食的播种面积从68.25%持续上升到了2007年的72.68%，2008~2011年，虽然我国粮食主产区的播种面积有所回落，但仍然保持在71%以上的水平（见图3-7）。这表明，在粮食播种面积逐步减少的过程中，粮食主产区将承担更多的粮食生产任务，它在保障我国粮食安全中所肩负的责任也越来越重大。

稻谷、小麦和玉米生产的地区分布有较大差异。近年来，不同地区在不同粮食生产中的相对地位也有较大调整。当前，我国的稻谷生产主要分布在华中南地区和华东地区，小麦生产主要集中在华东地区、华中南地区和华北地区，东北地区、华北地区和华东地区则是我国的玉米主产区。在1998~2001年的连续3年粮食减产中，稻谷减产绝大多数发生在华东地区、华中南和华南地区，三地减产的稻谷分别占全国减产的51.7%、17.3%和18.4%；小麦减产主要集中于华北地区、华东地区和西北地区，三地减产的

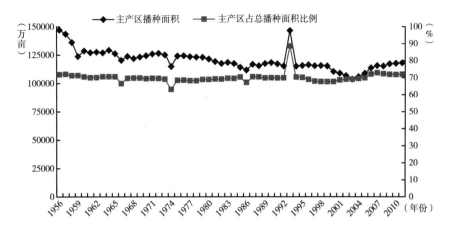

图 3 - 7 1956 ~ 2011 年我国粮食主产区的播种面积

资料来源：历年《中国统计年鉴》。

小麦分别占全国减产的 29.72%、21.14% 和 22.06%；玉米减产大多集中在东北地区和华北地区，东北地区减产的玉米高达全国减产的 67.78%，华北地区减产的玉米也达 23.63%。此外，在此期间，东北地区的稻谷、华中南地区的小麦、华中南地区和华东地区的玉米都还有所增产。

从南北方整个区域带来看，南部稻谷产量与北方旱粮基本呈增长趋势相反。近年来南方稻谷生产趋向滑坡，已成为全国粮食总产量徘徊不前的主要因素之一。北方粮食生产趋增，南方粮食萎缩，这种趋势发展的结果造成全国粮食重心北移。从 20 世纪 70 年代末到 80 年代中期，南方粮食虽然在全国粮食格局中占有主要地位，但其地位已开始下降；而与此同时，东北地区粮食地位逐步提高，黄淮海地区粮食增产幅度也稳步上升，形成了黄淮海和东北地区全国商品粮源的两大基地。

二 我国粮食消费现状

粮食需求通常包括口粮消费、饲料粮消费、工业用粮、种子用粮、出口用粮（包括援外用粮）、储备用粮等需求及粮食损耗。在粮食消费的各部分组成中，居民口粮、饲料用粮和工业用粮对粮食安全影响较大，现着重对居民口粮、饲料用粮和工业用粮现状进行分析。

(一) 粮食消费量和人均消费量

我国粮食消费量波动增长，2003 年粮食消费量一度下降到 43199 万吨，人均粮食消费仅为 334.29 千克，为 1996 年以来的最低点（见表 3 - 3 和表 3 - 4）。自 2003 年以来，受我国人口基数大、增长快，居民收入水平提高，膳食结构改变以及城市化进程的推进多方面的影响，我国粮食需求总量整体上逐年增加。

表 3 - 3　1991 ~ 2011 年我国粮食消费情况

年　份	粮食产量（万吨）	粮食消费量（万吨）	供需盈余（万吨）	粮食产量增长率（%）	粮食消费增长率（%）
1991	43529	41581	1948		
1992	44265	41237	3028	1.69	- 0.83
1993	45648	43880	1768	3.12	6.41
1994	44510	45638	- 1128	- 2.49	4.00
1995	46661	46218	443	4.83	1.27
1996	50454	47216	3238	8.13	2.16
1997	49417	48071	1346	- 2.06	1.81
1998	51230	49098	2132	3.67	2.13
1999	50839	49600	1239	- 0.76	1.02
2000	46218	48959	- 2741	- 9.09	- 1.30
2001	45264	45421	- 157	- 2.06	- 7.23
2002	45706	45853	- 147	0.98	0.95
2003	43070	43199	- 129	- 5.77	- 5.79
2004	46945	45987	958	9.00	6.45
2005	48402	49772	- 1370	3.10	8.23
2006	49746	50608	- 862	2.78	1.67
2007	50160	51266	- 1106	0.83	1.30
2008	52850	51500	1350	5.36	0.45
2009	53082	54500	- 1418	0.40	5.82
2010	54648	53772	876	2.95	- 1.34
2011	57121	56588	533	4.53	5.23

资料来源：根据历年《中国统计年鉴》《农业统计年鉴》《中国人口统计年鉴》《中国粮食预测指标体系与模型设计》数据计算而得。

同时，也要看到，中国虽然人口众多，而且每年还要增长 1000 多万人，而且全国人均粮食消费也逐年增加，但是从平均增速来看，粮食消费的平均年增长率为 1.62%，高于粮食产量增长率 1.46%。

表 3-4 1991~2011 年我国粮食人均消费情况

年 份	人均粮食产量 （千克）	人均粮食消费 （千克）	人均粮食产量 增长率（%）	人均粮食消费 增长率（%）	人口增长率 （%）
1991	375.82	359			
1992	377.78	351.94	0.522	-1.97	1.164
1993	385.17	370.24	1.953	5.2	1.149
1994	371.38	380.79	-3.578	2.84	1.125
1995	387	381.59	3.734	0.2	1.06
1996	412.24	385.79	7.005	1.10	1.05
1997	399.73	388.84	-3.04	0.79	1.01
1998	410.63	393.54	2.73	1.20	0.92
1999	404.17	394.32	-1.57	0.19	0.82
2000	364.66	386.29	-9.78	-2.04	0.76
2001	354.66	355.89	-2.74	-7.87	0.70
2002	355.82	356.96	0.33	0.30	0.65
2003	333.29	334.29	-6.33	-6.36	0.60
2004	361.15	353.78	8.36	5.83	0.59
2005	370.17	380.64	2.50	7.59	0.59
2006	379.45	385	2.51	1.14	0.26
2007	379.63	388	0.05	0.77	0.78
2008	397.96	387.80	4.83	-0.06	0.51
2009	399	408.39	-0.088	5.31	0.487
2010	409	401.02	2.457	-1.81	0.481
2011	425	419.99	4.026	4.73	0.48

资料来源：根据历年《中国统计年鉴》《农业统计年鉴》《中国人口统计年鉴》《中国粮食指标体系与模型设计》。

（二）我国粮食消费结构

1. 口粮需求

口粮安全是粮食安全的基础，口粮需求在粮食需求中占有首要地位。随着我国改革开放的推行，经济高速发展，人民生活水平日益提高，农村居民也渐渐解决了温饱问题。进入 20 世纪 90 年代后，农村居民人均口粮出现下降趋势，到 2000 年人均口粮下降到了 250.2 千克。与此同时，城镇居民人均口粮下降更为明显，2000 年仅 82.3 千克，比 1981 年下降了 65 千克。进入 21 世纪以后，随着农村经济的进一步发展，农民生活水平的进一步提高，农民生活不只局限于温饱问题，而开始追求粮食消费的质量以及食物结构的多元化，年人均口粮消费开始呈加速下降态势，下降到了 2011 年的 180.96 千克，10 年之间下降了 69 千克之多，此时城镇居民人均口粮降幅较小，到 2011 年城镇人口口粮消费为 74.8 千克（见图 3-8）。

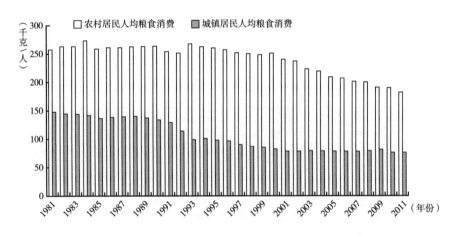

图 3-8　1981～2011 年我国城镇、农村居民人均粮食消费

总体上，我国口粮的消费处于下降趋势，且城乡历年人均口粮消费均呈下降趋势，但城镇年人均口粮下降幅度较农村要大。这与城镇发展快于农村、城镇生活水平上升较农村快、存在城乡二元经济结构的现实是相符合的。

虽然城乡人口总量不断增加，但由于人均粮食直接消费量的下降，自 20 世纪 90 年代中期以来，全国城乡居民的口粮消费总量不断减少。1991～2011 年，虽然全国人口增加了 1.89 亿人，平均每年增加 945.6 万人，但城乡人口每年直接消费的口粮总量却减少 324 万吨。在这一时期，农村人口总数年均减少 948.2 万人，农村居民的口粮消费总量年均减少 202.5 万吨。当然，最近几年来，由于城市化率的迅速上升，城市人口的口粮直接消费总量略有增加，1991～2011 年城镇人口口粮直接消费年均增加 114 万吨。

2. 饲料粮消费

在粮食消费需求的增长中，饲料粮的增加越来越成为主要因素。近年来，随着城乡收入和消费水平的不断提高，随着农业和农村结构调整的深入推进，与此相关的畜牧业和粮食加工业也呈加快发展态势。因此，在粮食的消费总量中，饲料用粮的比重不断提高、总量迅速增加，饲料用粮越来越成为推动粮食消费需求增长的主要因素。

从我国农村和城镇家庭每年主要动物食品的消费也可以看出，1990～2011 年我国农村居民家庭平均每人肉禽及其制品的消费量上升了 10.71 千克，增长了 85%；城镇居民家庭平均每人消费的家禽和鲜奶量也有大幅度的增加（见表 3-5 和表 3-6）。肉类制品的消费可作为饲料粮消费变化的重要参考，随着居民生活水平的进一步提高，我国饲料粮食消费仍有较大增长空间，确保饲料粮消费安全的地位也逐渐突出。

表 3-5　农村居民家庭平均每人主要食品消费量

单位：千克

品　名	1990 年	1995 年	2000 年	2005 年	2010 年	2011 年
肉禽及制品	12.59	13.42	18.30	22.42	22.15	23.30
猪肉	10.54	10.58	13.28	15.62	14.40	14.42
牛肉	0.40	0.36	0.52	0.64	0.63	0.98
羊肉	0.40	0.35	0.61	0.83	0.80	0.92
家禽	1.25	1.83	2.81	3.67	4.17	4.54
蛋及其制品	2.41	3.22	4.77	4.71	5.12	5.40
奶及其制品	1.10	0.60	1.06	2.86	3.55	5.16
水产品	2.13	3.36	3.92	4.94	5.15	5.36

表 3-6　城镇居民家庭平均每人全年购买主要食品数量

单位：千克

项　目	1990 年	1995 年	2000 年	2005 年	2010 年	2011 年
猪　肉	18.46	17.24	16.73	20.15	20.73	20.63
牛羊肉	3.28	2.44	3.33	3.71	3.78	3.95
家　禽	3.42	3.97	5.44	8.97	10.21	10.59
鲜　蛋	7.25	9.74	11.21	10.40	10.00	10.12
鲜　奶	4.63	4.62	9.94	17.92	13.98	13.70
水产品	7.69	9.20	11.74	12.55	15.21	14.62

3. 工业用粮消费

工业用粮指用粮食作为主要原料或辅料的生产行业（如食品、医药、化工、酒精、制酒、淀粉等行业）所用粮食的统称。它包括食品工业用粮需求和非食品工业用粮需求。酿酒用粮是食品工业用粮的一大组成部分。20世纪80年代以来，我国的酒类（主要包括白酒和啤酒）生产和消费增长很快。啤酒产量呈现较快的增长趋势，由1994年的1415万吨，增长到2004年的2910.05万吨，2006年的3197.39万吨，2010年则达到了3624.12万吨，年平均增长率为7%~8%；而白酒产量则呈现上下波动状态（中国酒业协会）。非食品工业用粮主要包括用于制造酒精、医药等的原料。1991~2010年我国工业用粮及占粮食消费的比重如图3-9所示。

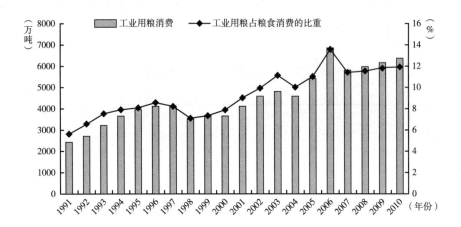

图3-9　1991~2010年我国工业用粮及占粮食消费的比重

资料来源：根据历年《中国农村统计年鉴》《中国人口统计年鉴》《中国粮食预测指标体系与模型设计》数据计算而得。

三　我国粮食进出口现状

世界各国生产的粮食，绝大部分用于国内消费。2010年世界粮食产量24.7亿吨，粮食出口3.4亿吨，只占产量的14%左右。目前，大部分国家处于净进口粮食状态，东亚和俄罗斯是世界上主要的粮食进口区，非洲缺粮严重。美国、加拿大、法国、澳大利亚、阿根廷等国是主要的粮食出口国，其出口粮食量占世界粮食出口总量的 80%①。我国是世界上人口最多的国家，也是粮食产量最大的国家，同时也是世界粮食贸易中的重要一员。我国参与世界粮食贸易不仅是为了调整供需总量，而且可以通过世界粮食市场进行粮食品种的调剂。

（一）我国粮食进出口总量分析

从不同时期看，20 世纪 50 年代我国粮食是净出口，年均净出口 220 万吨。从 20 世纪 60 年代起，我国粮食进口开始超过出口，但直到 1978 年，进出口贸易量都在 1500 万吨以下。

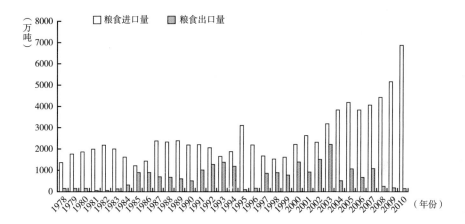

图 3 - 10　1978 ~ 2010 年我国粮食进出口量

注：为了便于国际比较，本部分中粮食是指谷物、大豆和薯类之和。
资料来源：根据联合国粮农组织数据库（http：//faostat. fao. org）中数据计算而得。

从图 3 - 10 来看，1978 年以后粮食贸易量大幅度增长，且年际变化比较大。1982 年之后的三年，一度进口减少，出口增加。此后至今，不论是粮食进口量还是粮食出口量，年际变化都比较大。值得注意的是，1994 年我国农业遭受严重的自然灾害，1995 年我国粮食进口增量明显，进出口差额扩大。总体来看，大部分年份我国仍是粮食的净进口国，尤其在 20 世纪 80 年代初期、90 年代中期及 2004 年以来，粮食出口量低于进口量。近年来，我国粮食贸易的趋势是粮食贸易量增大，同时贸易量波动幅度也比较

---

① 数据来源于联合国粮农组织数据库（http：//faostat. fao. org）。

大。相比粮食进口量，我国粮食出口量变化较小，2008～2010 年为 200 万吨左右，金额为 10 亿美元左右（见图 3 - 11）。

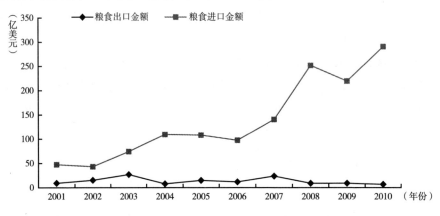

图 3 - 11　2001～2010 年我国粮食进出口金额

资料来源：根据联合国粮农组织数据库（http：//faostat. fao. org）。

加入 WTO 以来，中国粮食对外贸易面临着严峻的国际环境。从粮食贸易总量上看，中国是粮食净进口国家；从时间序列上看，中国粮食贸易量越来越大，2010 年我国粮食贸易金额达到 300 亿美元。其中，10 年之内中国粮食出口金额没有明显波动，而中国粮食进口迅速增加，从 2001 年的49.2 亿美元增加到 292.3 亿美元，增长了近 5 倍。根据粮农组织近 30 年粮食进出口国的统计资料，我国已成为世界第四大粮食进口国和第五大出口国。

中国人口众多，农业资源人均占有量水平低，而且近年来人口增加和工业化、城镇化进程加快，我国粮食贸易在世界粮食市场上占据着重要地位。从图 3 - 11 来看，中国在绝大多数年份粮食进口占比大于粮食出口占比。图 3 - 12 中 1978～1994 年的情况，体现出国际市场在平衡我国粮食需求方面的重要作用。2004 年以来，我国粮食进口占世界粮食进口量比例显著降低。迄今，中国粮食对外依存度很低，进口一些粮食主要是为了调节品种。

（二）我国粮食进出口结构分析

从图 3 - 13 来看，1980 年以来，我国粮食进出口结构也发生了巨大变化。在 20 世纪 80 年代初期，我国粮食进口主要由谷物构成，其中以小麦进

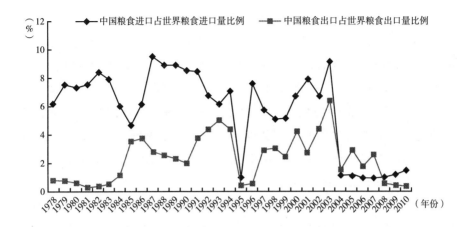

图 3 - 12 1978 ~ 2010 年我国粮食进出口占世界粮食进出口的比重

资料来源：根据联合国粮农组织数据库（http：//faostat. fao. org）中数据计算而得。

口量占主要地位。1983 ~ 1996 年，我国谷物进口占到了粮食进口的 95% 以上，其中小麦进口量在粮食进口总量中的比重年平均值为 84.12%，最高达 95.74%，在世界粮食市场上的比重则达到平均每年 9% 。而从 90 年代末期开始，谷物进口量逐渐下降，波动幅度也逐渐加大，小麦进口量同时大幅下降，在世界粮食市场上的比重也大大降低。到 2010 年谷物进口量为 1179 万吨，有小幅增长，仅占粮食进口量的 17% ，为粮食产量的 2.27% 。

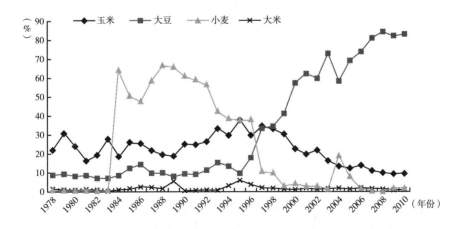

图 3 - 13 1978 ~ 2010 年主要粮食品种占粮食总进口比重

资料来源：根据联合国粮农组织数据库（http：//faostat. fao. org）中数据计算而得。

伴随谷物进口的回落，大豆进口量显著增加，我国也由大豆净出口国转变为净进口国。1996 年以来，由于需求量大幅增长，而产量停滞不前，大豆供大于求的局面转变为供不应求。大豆进口量由 1996 年的 380 万吨增加到 2010 年的 5700 万吨，11 年增长了 14 倍，占粮食进口量的比重快速上升至 83%。大豆进口的快速增加，反映了我国油脂类消费的增加，居民生活水平的提高，但随着我国的大豆及豆粕市场对国际市场的依赖性增加，价格也随国际市场波动加剧。从另一个侧面也表明了我国大豆受国际市场影响加剧，国内大豆的竞争力有待提升。

20 世纪 80 年代中期，随着国内良种玉米的推广，我国玉米产量迅速增加，玉米出口也随之上升，并一度取代大米成为我国出口第一大粮食品种（见图 3-14）。2003 年我国玉米出口量为 1639 万吨，占当年粮食出口量的 73.8%。而且 2003 年我国粮食出口量也是 80 年代以来的最高点，达到 2230 万吨，占 2003 年粮食产量的 5.2%。此后玉米出口量下降，粮食出口量也逐渐回落。

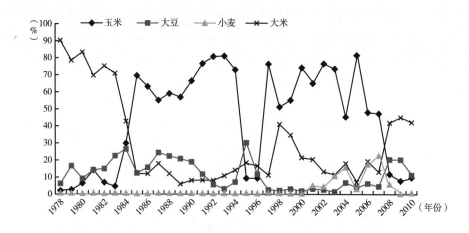

图 3-14　1978～2010 年主要粮食品种占粮食总出口比重

资料来源：根据联合国粮农组织数据库（http://faostat.fao.org）中数据计算而得。

总体来看，20 世纪 80 年代初期粮食进口主要弥补谷物尤其是小麦产量的不足，而 2004 年以来则主要是补充国内大豆市场缺口；从粮食出口结构看，玉米出口主要是平衡国内供给盈余。

第二节　我国粮食生产形势预测

一　我国粮食生产影响因素分析

粮食播种面积和粮食单产的分析是把握粮食生产影响因素分析的重要基础。由于粮食产量是由粮食播种面积和单产水平决定的，通过对粮食播种面积及单产水平施加影响就会造成我国粮食产量的波动，这些因素对于两者的影响有可能是相互的，其作用可能是同方向的，也可能是反方向的。

（一）耕地面积

从总体上看，影响粮食播种面积最基本的因素是耕地面积，这不仅在很大程度上受自然条件的硬性约束，还在一定程度上受政策等人为因素制约。粮食播种面积的提高绝大程度上取决于我国耕地资源的丰裕程度，而就我国的实际情况来说，尽管我国幅员辽阔，但人口众多，使得我国人均耕地资源只占到世界平均水平的40%左右，1996～2011年我国人均耕地仅为1.45亩，若到2030年我国人口达到16亿人，即便耕地仍保持在2011年的18.25亿亩（1.216亿公顷）的总量不变，人均耕地也会下降到1.14亩（0.0763公顷）。而事实上，耕地资源的总量和人均量的下降在一定时期内是难以避免的，随着我国建设用地、退耕还林等对耕地资源的占用，我国的耕地面积一直以来呈现出快速下降的趋势。根据国土资源部最新公布的数据，截至2011年末全国耕地面积为18.248亿亩，又比上年减少0.012亿亩。这已经是耕地面积第12年持续下降。与1996年的19.51亿亩相比，12年中国的耕地面积净减少了1.2526亿亩。尽管在我国实行最严格的耕地保护制度之后，耕地下降的趋势有所扼制，但耕地减少还是事实。耕地资源的减少，势必对必须以土地为基础的粮食生产产生重大的冲击，1999～2003年连续5年我国的粮食播种面积下降（直接后果就是5年粮食减产），在很大程度上就是由于耕地面积减少引起的。而从耕地的构成来看，产量相对较低的旱地则占到了55.09%。

（二）粮食复种指数

从图3-15来看，我国的耕地面积有限，在这种情况下，粮食复种指数

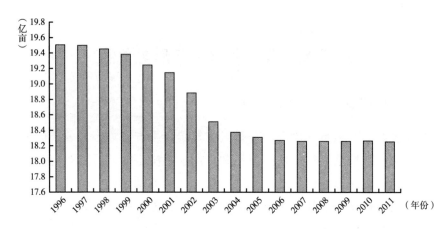

图 3 – 15　1996 ~ 2011 年我国耕地变化情况

资料来源：1997 ~ 2012 年《中国统计年鉴》。

成为提高粮食播种面积的一个重要因素。复种指数指一年内农作物播种面积
与耕地面积之比，说明一年内单位耕地面积上的平均种植次数，反映耕地复
种程度的高低。在耕地资源一定的情况下，提高复种指类是扩大粮食播种面
积的有效途径。以 2011 年我国耕地面积为标志，复种指数提高 1%，相当
于粮食播种面积增加 1658.60 万亩 （110.573 万公顷）。根据国内学者推算，
以 2008 年的耕地复种指数为参照，我国东北区、黄淮海区、长江中下游区
的理论可挖掘潜力分别为 28%、48% 和 94%[①]。

（三）化肥要素的投入

粮食单位面积产量的变化与化肥要素的投入密切有关。在实行家庭联产
承包责任制后，农民在农业生产上有了更多的自主性。为了提高农作物产
量，农民开始大量施用化肥，并且使用量迅速攀升。化肥的施用有效提高了
我国粮食单位面积产量。1978 年我国农业化肥施用量为 884 万吨，到 1980
年便升至 1269.4 万吨，而到 2011 年全国农业化肥施用量达到 5704.2 万吨，
是 1978 年的 6.45 倍。从粮食单位播种面积的施用量来看，2011 年达到了
515.88 吨/千公顷，是 1978 年 73.32 吨/千公顷的 7.04 倍。化肥施用量的增

---

① 金姝兰、徐彩球、潘华华：《我国粮食主产区耕地复种指数变化特征与潜力分析》，《贵州农业
科学》2011 年第 4 期，第 201 ~ 204 页。

长对粮食单位面积产量的增长居功至伟。

（四） 有效灌溉面积

灌溉对农业生产有至关重要的作用，有效灌溉面积比率是影响我国粮食单产的重要因素。从新中国成立之初大搞农田水利建设，到如今农民对灌溉的重视，充分说明粮食产量严重依赖灌溉质量。1978 年，我国有效灌溉面积占粮食播种面积的 37.29%，而到了 2011 年这一比重增加到 55.784%。有效灌溉面积比重的持续增长也是促使粮食单位面积产量长期快速增长的重要原因之一。其对于粮食单产的贡献仅次于化肥的施用率。从结果也可以看出，受灾率对粮食单产的贡献率不高，这主要是由于有效灌溉率的提升大大增强了我国粮食的抗灾能力。

（五） 农业机械总动力

我国农业生产的状况是农户小规模经营，精细耕作。农业机械，特别是大型农机，在很多地区仍没能得到推广使用。但一些粮食生产基地等大规模粮食种植单位，使用农业机械的数量增长极快，从而使全国农业机械总动力也大幅度增加。1978 年我国农业机械总动力为 1175 亿瓦，而到了 2011 年增加到 9773.4 亿瓦，是改革开放初期的 8.32 倍。

（六） 自然灾害

自然灾害日益严重，水资源短缺矛盾加剧。近年来中国自然灾害严重，尤其是干旱日趋严重，目前，中国每年农业生产缺水 200 多亿立方米，人均占有水资源量不到世界平均水平的 28%，且水资源分布极不均衡，这些都可能给农业生产带来诸多不利影响。

当然，影响粮食产量的因素很多，比如农药、地膜、有机肥等生产要素的投入，劳动力投入，粮食价格，比较效益以及政策因素。2004 年以来，受农业税减免、粮食直补、粮价上涨等多种政策或背景的影响，我国的粮食种植面积扼住了减少的趋势。但需要注意到，粮食播种面积的提高在一定程度上是以牺牲其他农作物为代价的，在我国粮食比较效益较差的情况下，这种政策的影响效果会大打折扣，也并非长久之计。

二 粮食生产 C - D 函数模型

根据上文对粮食产量影响因素的分析，本书将其分为四类：第一类生产要素的投入量，如土地、资本、化肥等；第二类是技术的进步；第三类是国家关于粮食的政策和经营体制；第四类是自然灾害。在试算过程中，通过参数检验发现，农业劳动力在方程中影响不显著，其主要原因是我国农业劳动力相对过剩，而且统计数据与实际参加农业劳作的人数不一致，这一数据不能真实反映粮食生产中投入的实际劳动力，所以与产量相关性不大。同时，考虑到有关农业的体制对农业的影响是一次性的，且不容易考量，因此，本书经过筛选，选取粮食产量（Y）为因变量，播种面积（A）、化肥施用量（F）、灌溉面积（I）、机械动力（M）、农村用电量（E）、成灾面积（D）为自变量建立 C - D 生产函数模型，即：

$$\ln Y = a_0 + a_1\ln A + a_2\ln F + a_3\ln I + a_4\ln M + a_5\ln E + a_6\ln D + a_7\ln K + \mu$$

其中，$a_0, a_1, \cdots, a_7$ 为待估参数；μ 为随机变量。

本书选取 1985 ~ 2011 年数据，利用 SPSS 软件进行逐步回归分析，得到结果（见表 3 - 7）。1985 ~ 2011 年我国粮食产量 C - D 模型拟合如图 3 - 16 所示。

表 3 - 7 C - D 生产函数模型逐步回归拟合结果

	参数值	t 检验指标	P 概率
常量	5.540	11.685	0.000
化肥施用量	0.160	2.673	0.014
播种面积	1.548	12.483	0.000
农村用电量	0.179	3.285	0.004
机械动力	- 0.182	- 2.663	0.015
成灾面积	0.033	- 2.097	0.048

在置信度为 95% 的条件下，每个回归系数通过 t 检验，即模型中的每一个自变量都是显著的。$R^2 = 0.981$，方程具有很高的显著性，模型拟合度高，基本能反映出我国粮食产量的变化规律。

由此得到：

$$\ln Y = 5.54 + 1.548\ln A + 0.16\ln F - 0.182\ln M + 0.179\ln E - 0.033\ln D + \mu$$

从此可知，化肥施用量（F）、播种面积（A）、农村用电量（E）三个因素对我国的粮食产量具有正相关关系。其中，影响最大的是粮食的播种面

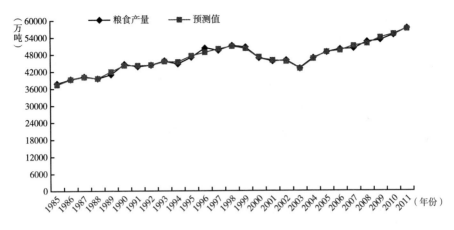

图 3 - 16　1985～2011 年我国粮食产量 C - D 模型拟合

积（A），它对粮食产量的弹性为 1. 548；其次是农村用电量（E），它对粮食产量的弹性为 0. 179；影响最小的是化肥施用量（F），它对粮食产量的弹性为 0. 16。同时，除了上述三个对粮食有正影响因素之外，机械动力（M）和成灾面积（D）则对我国粮食产量具有负相关的影响。分析其原因，由于我国劳动力过剩，土地经营规模较小，农业机械大量闲置，因此对提高我国粮食产量方面反而起到了负相关的影响。

三　我国粮食产量预测分析

"十二五"时期是我国实现中国崛起战略的关键时段，任何危害到国家安全的隐患都必须被估计到并被排除，粮食安全作为国计民生的重中之重，更是应及早纳入国家宏观安全战略当中。所以，有必要对未来我国的粮食产量做出合理的估计，以作为国家粮食安全战略的重要参考。根据分析，受前述一系列因素的影响，未来我国粮食生产具有不确定性。本书根据粮食产量趋势组合分析方法，对未来粮食产量做出一个基本判断，为保障我国粮食安全的各项政策手段的实施提供前提和方向。

（一）灰色预测模型

粮食产量的形成是一个十分复杂的过程，粮食产量的高低既取决于科学技术发展的水平，又受到自然环境等因素的影响，它是许多因素综合作用的结果。因此，可以把粮食产量的形成过程，看成既含有已知信息又含有未知信息的灰色动态系统，这样可以避免影响粮食产量的众多因素，故而在下文采用灰色预测模型对我国粮食总产量做出预测。

给定粮食产量的原始时间序列，并记作 $x^0 = [x^0(1), x^0(2), \cdots, x^0(N)]$，对于给定的数列做一次累加生成 $x^1 = [x^1(1), x^1(2), \cdots, x^1(N)]$，式中 $x^1(t) = \sum x^0(N)$，其中 N 取 $1 \sim t$。

构造累加矩阵 B 与常数项向量 Y_N，其中：

$$B = \begin{pmatrix} -\frac{1}{2}[x^1(1) + x^1(2)] \\ -\frac{1}{2}[x^1(2) + x^1(3)] \\ -\frac{1}{2}[x^1(N-1) + x^1(N)] \end{pmatrix},$$

$Y_N = [x^0(2), x^0(3), \cdots, x^0(N)]^T$，并建立相应的微分方程模型为：

$$\frac{dx^1}{dt} + ax^1 = u$$

利用最小二乘法求解参数：

$$\hat{a} = \binom{a}{u} = (B^T B)^{-1} B^T Y_N$$

该模型的时间相应函数为：

$$\hat{x}^1(t+1) = \left[x^0(1) - \frac{u}{a}\right]e^{-at} + \frac{u}{a}$$

对上式求导还原得 $\hat{x}^0(t+1) = -a\left[x^0(1) - \frac{u}{a}\right]e^{-at}$。

按照上述过程，根据我国 1985 ~ 2011 年的粮食产量，利用软件 Matlab，求得灰色微分方程的时间相应序列方程为：

$$\hat{x}^1(t+1) = 7627544.55\exp(0.005793t) - 7588136.55$$

当 $t = 0, 1, \cdots, N$ 时，结合公式 $\hat{x}^0(t) = \hat{x}^1(t+1) - \hat{x}^1(t)$，即可得到原始序列的预测值（见表 3 - 8）。

（二）指数平滑预测模型

指数平滑法兼容了全期平均和移动平均所长，不舍弃过去的数据，但是

表 3 – 8　2012～2030 年我国粮食产量灰色模型预测

单位：万吨

年份	2012	2013	2014	2015	2016	2017	2018	2019	2020	2021
预测产量	51518	51817.4	52118.4	52421	52725.8	53032	53340	53651	53962	54275
年份	2022	2023	2024	2025	2026	2027	2028	2029	2030	
预测产量	54591	54907.8	55226.8	55548	55870	56195	56522	56849	57180	

给予逐渐减弱的影响程度，即随着数据的远离，赋予逐渐收敛为零的权数。双指数平滑可弥补缩小预测对于实际值的滞后，反映长期性和周期性趋势。而且，双指数平滑预测具有"学习记忆"特点，可根据历史数据，不断提高预测精度。本书采用 Holt 双指数平滑模型预测结果表明，模型拟合误差和系统风险较小，有较高的拟合精度，较好地处理了序列相关性问题，实际拟合效果较好（见图 3 – 17）。

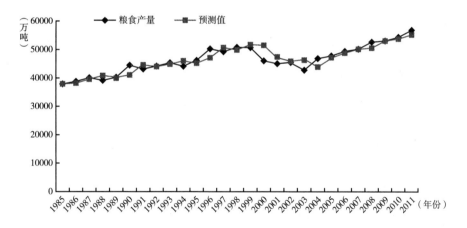

图 3 – 17　1985～2011 年粮食产量指数平滑模型拟合

从图 3 – 17 可以看出，1985～2011 年，除了 1990 年、1996 年、2000 年和 2003 年的偏差较大以外，其余年份预测值较好地符合了真实值。其中，2003～2011 年，预测曲线的趋势与真实情况基本保持一致。通过计算，1985～2011 年，真实值与预测值的偏差平均保持在 – 0.343%（负号代表预测值比实际值偏小）。

利用该模型预测我国 2012～2030 年的粮食产量，如表 3 – 9 所示。

表 3 - 9　2012 ~ 2030 年我国粮食产量指数平滑预测值

单位：万吨

年份	2012	2013	2014	2015	2016	2017	2018	2019
预测	57459.85	57988.51	58517.18	59045.84	59574.50	60103.17	60631.83	61160.49
年份	2020	2021	2022	2023	2024	2025	2026	2027
预测	61689.16	62217.82	62746.48	63275.15	63803.81	64332.48	64861.14	65389.80
年份	2028	2029	2030					
预测	65918.47	66447.13	66975.72					

（三）组合预测模型

根据灰色预测和指数平滑预测结果对我国粮食产量进行组合预测分析。其原理为：对误差平方和小的模型赋予较高的权重，误差平方和大的模型赋予较小的权重，计算公式如下：

$$W_j = D_j^{-1} / \sum_{j=1}^{n} D_j^{-1} ; \sum_{j=1}^{n} W_j = 1 ; j = 1,2,\cdots,n$$

其中，D_j 为第 j 个模型的误差平方和，即 $D_j = \sum_{j=1}^{n} (Y_i - \hat{Y}_{ij})^2$。

通过上述权重公式，分别计算灰色预测模型、Holt 平滑指数模型的权重，结果为 $W_1 = 0.274$，$W_2 = 0.726$，则组合预测模型为：

$$\hat{Y}_t = 0.274 \hat{Y}_{t1} + 0.726 \hat{Y}_{t2}$$

其中，$\hat{Y}_t$ 表示 t 时间内组合预测值；$\hat{Y}_{t1}$ 表示 t 时间的灰色预测模型；$\hat{Y}_{t2}$ 表示 t 时间的 Holt 平滑指数模型。

针对上述 3 个模型，选取平均绝对百分误差（MAPE）、希尔不等关系（Theil IC）和均方根误差（RMSE），比较结果如表 3 - 10 所示。

表 3 - 10　不同模型比较

模　型	灰色预测模型	Holt 指数平滑模型	组合模型
平均绝对百分误差（MAPE）	5.79	3.21	3.21
希尔不等关系（Theil IC）	0.033	0.021	0.020
均方根误差（RMSE）	3151.28	1934.24	1897.62

$$MAPE = \frac{1}{n} \sum_{i=1}^{n} \left| \frac{\dot{y}_i - y_i}{y_i} \times 100 \right|$$

$$RMSE = \sqrt{\frac{1}{n} \sum_{i=1}^{n} (y_i - \dot{y}_i)^2}$$

$$Theil\ IC = \frac{\sqrt{\dfrac{1}{n} \sum_{i=1}^{n} (y_i - y_i)^2}}{\sqrt{\dfrac{1}{n} \sum_{i=1}^{n} y_i^2} + \sqrt{\dfrac{1}{n} \sum_{i=1}^{n} y_i^2}}。$$

从表 3 - 10 可以看出，各模型的 MAPE 值均小于 10，各模型的希尔不等式（Theil IC）值远远小于 1，组合预测模型的 RMSE 为 1897.62，单一模型相应值都大于组合预测模型。组合预测模型的拟合效果较单一模型更好。

根据组合预测模型，我国粮食产量预测结果如表 3 - 11 所示。

表 3 – 11 2012～2030 年我国粮食产量组合预测值

单位：万吨

年份	2012	2013	2014	2015	2016	2017	2018	2019
预测	55831.8	56297.6	56763.9	57231	57700	58165.7	58633.9	59103
年份	2020	2021	2022	2023	2024	2025	2026	2027
预测	59572	60041.6	60511.8	60982.5	61453.7	61925.4	62397.7	62870.4
年份	2028	2029	2030					
预测	63343.7	63817.5	64291.7					

第三节 我国粮食消费形势预测

随着我国经济的快速发展和人民生活水平的提高，中国粮食消费不断增长，消费结构正在发生变化，科学合理预测分析未来粮食消费水平以及结构变化，是充分利用发展粮食生产水平、合理规划粮食储备规模结构、有效保障未来粮食安全的重要前提。

一 我国粮食消费因素分析

影响粮食需求的因素很多，比如宏观经济增速、产业结构调整、人口增

长、消费水平、饮食结构变化、行业发展状况、国际需求情况等。其中比较
突出的因素有人口增长、收入水平变化、饮食结构变化、城镇化进程几个方
面。

（一）人口增长

人口因素是影响中国口粮消费的首要因素。人口因素包括人口的总量因
素和人口的结构因素。随着人口的增长，势必会促进口粮消费的增长。从图
3-18来看，2005年我国人口总量突破13亿人，达到了130756万人。其次是
人口结构因素，即城乡人口的比例。因为城乡人口粮食消费结构的不同，人
均口粮消费量的差异，所以城乡的人口比例，也会对粮食需求造成重要影响。

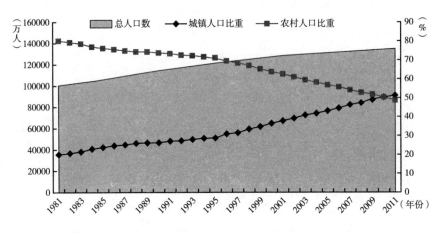

图3-18   1981~2011年我国人口情况

我国人均耕地和淡水资源十分稀缺，庞大的人口数量给资源带来巨大压
力，一直是我国粮食消费面临的一个主要问题。1995年以来，我国积极推
进人口城镇化和产业结构升级的发展战略，采取多种措施合理规划、引导农
村富余劳动力向非农产业转移，努力改善农民进城务工环境，促进农村劳动
力有序流动，人口城镇化率以平均每年超过3%的速度增长。人口增长对粮
食的刚性需求的增加，城镇人口比重提高导致粮食需求结构变化对我国粮食
消费产生较大影响。

（二）居民收入水平

居民收入水平对粮食需求的影响，主要是通过影响居民的消费水平和饮

食结构来实现的。在收入水平比较低时，人们倾向于选择谷物等一些比较廉价的食品，以满足生存的需要。随着收入水平的提高，食物消费结构趋于多样化，人们会更多地选择热量和营养含量高的食物，如肉类、蔬菜、禽蛋和奶制品等。尽管从 20 世纪 80 年代中期开始，城市居民人口口粮量开始出现缓慢下降趋势，从 90 年代中期开始，农村居民的人均口粮消费量已不再增长而趋于稳定，但是，不管在农村还是城市，由居民收入增加而引起的消费食物的多样化、优质化趋势不断加强，动物蛋白食品的消费数量将越来越大。

（三）饮食结构

近十几年来，我国人均动物蛋白食品占有量也明显增加。2000 年，全国肉类总产量仅为 6013.9 万吨，人均肉类占有量为 47.45 千克；全国奶类总产量仅为 919.1 万吨，人均占有量为 7.25 千克；全国水产品总产量仅为 3706.2 万吨，人均占有量为 29.24 千克；全国禽蛋总产量仅为 2182.0 万吨，人均占有量为 17.21 千克。到 2011 年时，全国肉类总产量已经增长到 7957.8 万吨，比 2000 年增长 32.32%；全国奶类总产量达到 3810.7 万吨，比 2000 年增长 314.6%；全国水产品总产量达到 5603.2 万吨，比 2000 年增长 51.2%；全国禽蛋总产量增长到 2811.4 万吨，比 2006 年增长 28.85%。城乡居民营养状况明显改善，对肉禽蛋奶等动物性食品的消费需求将显著增加，这将导致对饲料粮需求的持续增长。

（四）城镇化进程

城镇化进程的推进对粮食需求的影响也较为明显。由于我国农民种粮具有较强的自给性特点，粮食特别是商品粮需求很大程度上来自于城镇居民，因而城镇化及其提速将大幅度提高粮食的商品率，同时城镇人口增加所带来的消费结构变化将导致对食品的需求发生结构性变化，这些都将影响我国未来粮食需求，从而对粮食安全产生较大影响。随着城镇化的推进，大量农村人口转化为城镇居民，由于城市居民人口口粮消费大约只有农村居民口粮消费的 39%，这将导致人均直接粮食消费量的下降。同时，城镇化进程推进也意味着收入的增长，生活水平的提高，饮食结构的改善，对粮食转化的需求增加。

二　粮食消费战略需求分析

我国关于粮食需求量缺乏统一、完整的统计资料，现有的统计资料很多统计口径不一，缺乏可比性和准确性，预测所采用的模型、方法也有很多的局限性，特别是在我国经济社会关系变化剧烈的这一时期，很多参数的选择随意性较大，有关粮食需求预测的结论也存在很大的差异。现有研究多是从两个角度对粮食需求进行预测：一是根据各年人均粮食消费量及人口的统计数据，对粮食消费总量进行预测；二是从粮食消费结构角度，对口粮、饲料粮、工业用粮、种子用粮、损耗量分别进行预测，加总得到粮食的总需求量。在具体预测模型的应用中，往往都采用以时间为变量的线性回归模型。

由于本部分粮食需求预测的主要目的在于把握未来粮食需求趋势，以及粮食消费结构的变化方向，为粮食安全保障体系构建的对策研究提供基础，而并非精确预测未来粮食的消费量，因此，本书侧重根据我国粮食安全保障的战略目标及粮食消费结构的变动趋势，对未来我国粮食需求总量进行分析，为构建我国粮食安全保障体系对策研究提供方向，并非追求粮食需求量的精确数值。

（一）人均粮食消费量预测分析

关于我国未来人均粮食消费量，国内学者和机构的看法各不相同。根据国务院于 2001 年颁布并实施的《中国食物与营养发展纲要》，我国到 2015 年和 2030 年，人均粮食需求量将达到 420 千克和 440 千克。国家食物与营养咨询委员会主任卢良恕院士（2004）指出，2020 年我国全面小康人均占有粮食量应该为 437 千克，2030 年向富裕阶段过渡时期食物安全目标人均占有量应为 472 千克。鲁奇（1999）指出，人均 400 千克的粮食消费水平仅为温饱水平上限和小康水平下限，400～600 千克为小康消费水平。陈百明（2002）分析认为，2030 年人均每日主要粮食营养供给量若要城乡全面达到小康水平的标准（即热量达到 2650 大卡，蛋白质达到 77 克，脂肪达到 76 克），则每年人均需要消耗粮食 450 千克。贺一梅和杨子生（2007）认为，我国 2020 年全面实现小康社会，人均粮食消费量需达到 450～500 千克，而 2021～2030 年这一向富裕过渡期，粮食消耗需要至少达到 500 千克左右。

本书选取我国 1991～2011 年人均粮食消费量数据，利用时间序列模型来对我国 2015～2030 年的人均粮食产量进行预测。

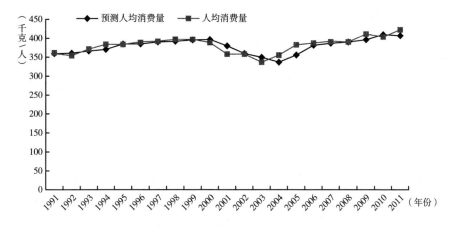

图3-19　1991~2011年我国粮食人均消费预测值和实际值比较

从图3-19可以看出，我国在1991~2011年，预测结果只有2001年、2004年和2005年的偏差有些大，其余年份预测值都较好地符合了粮食人均产量的真实值。经过计算，2001年的偏差为6.4%，2004年偏差为5%，2005年的偏差最大，为6.6%。但是，综合1991~2011年的情况来看，预测值与真实值的平均误差仅为2%。综上所述，该模型在一定程度上能够解释实际情况。利用时间序列模型，预测我国2015年、2020年和2030年的人均粮食消费量分别为426千克、434千克和450千克。

考虑到我国仍处于社会主义初级阶段，以及我国耕地、人口等实际因素的影响，我们认为，在全面建设小康社会及和谐社会的背景之下，我国人均粮食占有量标准不应定得过高。故而，根据人均粮食消费量预测结果，结合专家学者分析，本书针对我国2020年全面实现小康社会和2030年向富裕小康社会过渡选取以下三个标准对我国粮食战略需求做情景分析（见表3-12）。

表3-12　我国粮食人均消费量情景分析

单位：千克

年份	2015	2020	2030
情景一（低标准）	400	415	430
情景二（预测标准）	426	434	450
情景三（高标准）	430	450	500

（二）粮食需求情景分析

根据中国人民大学人口与发展研究中心陈卫、李萌等人基于历年人口普查数据，考虑相关因素的情况，运用灰色相关理论，预测我国 2015 年人口为 139456 万人，2020 年人口数为 142484 万人，2030 年人口 145158 万人。《国家人口发展战略研究报告》给出了我国 2020 年和 2030 年的人口数将分别达到 13.99 亿人和 15 亿人左右。国家人口计生委主任李斌表示，"十二五"期末，中国人口总量预计将达到 13.9 亿左右。联合国经济及社会事务部人口司日前发表《2300 年全球人口预测》中预测，中国人口预计在 2030 年达到峰值，届时人口总数将超过 14.5 亿。中国科学院中国现代化研究中心发布的《中国现代化报告 2012》预测的我国 2020 年、2030 年人口将分别达到 14.0 亿人、14.5 亿人。联合国人口基金会对未来我国近 40 年的人口预测结果是：到 2030 年前后，我国人口将达到峰值 15 亿人左右。综上权威部门和学者的观点，本书预测 2015 年、2020 年和 2030 年人口数分别为 13.9 亿、14.1 亿和 14.7 亿人。

根据以上分析，我国 2020 年实现全面小康社会和 2030 年向富裕小康社会过渡时期需要的粮食总量如表 3-13 所示。

表 3-13　我国 2015 年、2020 年和 2030 年粮食战略需求量

单位：万吨

年份	情景一（低标准）	情景二（预测标准）	情景三（高标准）
2015	55600	59214	59770
2020	58515	61194	63450
2030	63210	66150	73500

三　粮食消费结构预测分析

从粮食消费结构角度，对口粮、饲料粮、工业用粮分别进行预测，对未来我国粮食消费结构进行分析。

（一）口粮消费趋势

从消费角度来看，人口是粮食需求量的最基本的因素，而人口规模、结构对未来粮食消费趋势变化有重要影响。我国口粮消费量从 1991 年的

28879.4 万吨下降到 2010 年的 22563.7 万吨，年平均减少 1%。我国农村口粮人均消费为 199.5 千克，城镇口粮人均消费则为 97 千克，农村口粮的消费是城镇口粮消费的 2~3 倍。为了预测我国口粮未来的消耗，本书人口按照上文中人口的预测，我国城镇化年均增长率 1 个百分点的增长速度计算，城乡口粮则按平均减少率 1% 的趋势递减进行计算。按照上述的指标，预测我国 2015 年、2020 年和 2030 年口粮的消费量如表 3-14 所示。

表 3-14 我国口粮需求预测

年份	地区	人口数（万人）	人均口粮消费（千克/人）	口粮消费量（万吨）
2015	城镇	74159	72	5339.5
	农村	64841	174.1	11288.9
	合计	139000	246.1	16628.4
2020	城镇	79063	69	5455.4
	农村	61936	166	10281.4
	合计	141000	235	15736.8
2030	城镇	91051	62	5645.2
	农村	55949	150	8392.4
	合计	147000	212	14037.6

（二）饲料用粮趋势

中国近年畜牧业生产迅速发展，饲料粮消耗成为中国除口粮外最重要的一个粮食消费领域。目前动物性食品主要包括猪牛羊肉、禽肉、禽蛋、水产品、奶类制品。动物性食品用粮需求是通过城乡居民消费的猪牛羊肉、禽肉、禽蛋、水产品以及奶类制品等的数量经过一定的粮食消耗系数换算而得来的，是居民间接消费的粮食。根据国际上通用的肉粮饲料转化率标准，并结合中国的喂养习惯，分别按照以下标准计算：猪肉 1∶4、牛羊肉 1∶2、禽 1∶2、蛋 1∶2.5、水产品 1∶1 和奶 1∶0.6。由于猪肉产量在统计过程中水分较大，因此，猪肉产量按照 80% 比例进行折算（隆国强，1999）。同时，假定居民的消费结构基本保持不变，且消费量增长速度分别按照 1990~2011 年的平均增长率来计算。

根据表 3-14 中估算的未来我国城镇和农村人口数量，可以计算出我国2015 年、2020 年和 2030 年饲料粮食用量，如表 3-15 和表 3-16 所示。

表 3 - 15　我国城镇和农村居民人均饲料用粮

单位：千克

年份	分类	猪肉	牛羊肉	家禽	蛋类	奶类	水产品
2015	城　镇	21.07	4.094	13.119	10.784	16.779	16.52
	折算粮食	67.43	5.46	26.24	14.38	10.07	16.52
	农　村	15.305	2.24	5.79	6.29	6.764	6.392
	折算粮食	48.98	4.48	7.72	15.72	4.06	6.392
2020	城　镇	21.64	4.282	17.146	11.674	21.62	19.243
	折算粮食	69.25	8.564	34.29	29.19	12.98	19.243
	农　村	16.488	2.751	7.87	7.62	9.486	7.965
	折算粮食	52.68	5.51	15.75	19.05	5.69	7.965
2030	城　镇	22.81	4.683	29.29	13.682	35.894	26.12
	折算粮食	72.99	9.37	58.58	34.21	21.54	26.12
	农　村	19.135	4.152	14.494	11.17	18.661	12.37
	折算粮食	61.232	8.3	28.99	27.93	11.2	12.37

表 3 - 16　我国饲料用粮预测

	2015 年		2020 年		2030 年	
	城镇	农村	城镇	农村	城镇	农村
人口（万人）	74159	64841	79063	61936	91051	55949
人均饲料用粮（千克/人）	140.1	87.352	173.52	106.65	222.81	150.02
饲料用粮（万吨）	10456.4	5667.1	13719.1	6608.6	20287.1	8393.5
总计（万吨）	16123.5		20327.7		28680.6	

（三）工业用粮趋势

酿酒用粮是食品工业用粮的一大组成部分，20 世纪 80 年代以来，我国的酒类（主要包括白酒和啤酒）生产增长较快。啤酒产量呈现较快的增长趋势，由 1994 年的 1415 万吨增长到 2004 年的 2910.05 万吨，2006 年的 3197.39 万吨，2010 年则达到了 3624.12 万吨，年平均增长率为 7%；而白酒产量则呈现上下波动状态。考虑到国家政策和相关法律的调控，同时为了计算方便，选取 1994～2011 年啤酒的年均增长速率为 7%，白酒的产量则选取 2007～2011 年的平均数 750 万吨为基数（中商情报网）。

1987 年，我国的酒精产量超过 100 万吨，1995 年产量达到 237 万吨，

到 2006 年时，我国的酒精产量已经达到了 581 万吨，2011 年，酒精产量更
是突飞猛进，达到了 674 万吨。2004 年全国味精产量为 115 万吨，到 2010
年底增长到 256 万吨，年均增长率达 14.2%（中商情报网），但考虑到味精
只是调味品，不可能持续增长下去。因此，为了方便研究，本书选取
1995~2011 年的酒精年平均增长率 6.81% 作为计算基准，味精产量取 2010
年的值 256 万吨计算。

根据以往的一些学者做的研究，本书采用下列标准来进行预测：酒精
1:3、白酒1:2.3、啤酒1:0.2、味精1:24（肖国安，2002），据此推测我
国酒类产量及消耗粮食情况（见表3-17所示）。

表 3-17 酒类产量及消耗粮食预测

单位：万吨

年 份	2015	2020	2030
白 酒	750	750	750
折算粮食	1725	1725	1725
啤 酒	5083.1	7129.2	14024.2
折算粮食	1016.62	1425.84	2804.84
酒 精	877.22	1219.5	2356.6
折算粮食	2631.7	3658.5	7069.8
味 精	256	256	256
折算粮食	6144	6144	6144
所需粮食总和	11517.32	12953.34	17743.64

根据上述对口粮、饲料用粮和工业用粮的预测分析，采用上文中情景二
粮食战略需求总量预测，得到未来我国口粮、饲料用粮和工业用粮的消费结
构（见表3-18）。

表 3-18 我国粮食消费结构预测

单位：%

年 份	2015	2020	2030
口 粮	28.42	25.72	22.12
饲料用粮	27.55	33.22	45.20
工业用粮	19.68	21.17	27.96

从表 3 - 18 可以看出，未来口粮的消费总量呈下降趋势。以情景二的战略需求为目标，到 2030 年，口粮的消费占粮食总消费的 22.12%，确保 1.4 亿~1.7 亿吨的口粮消费安全，是确保粮食安全战略目标实现的重要基础。饲料用粮和工业用粮均呈现增长趋势，特别是饲料用粮增速明显，到 2030 年饲料粮的消费约占粮食总消费的 45%。

第四节　我国粮食供需矛盾分析

随着人口增加和工业化、城镇化进程加快，我国粮食消费将继续呈刚性增长。根据上文我国预测的粮食需求，到 2020 年我国粮食需求量大致为 6.12 亿吨，2030 年粮食需求量约为 6.62 亿吨。对比我国粮食生产的预测分析，到 2020 年我国粮食产量将达到 5.96 亿吨，2030 年达到 6.43 亿吨。可见，2020 年之前，我国粮食生产保持稳定的基础上，我国粮食生产总量基本能满足目标，但到 2030 年前后时，我国粮食供求缺口不断拉大（见表 3 - 19）。虽然到 2020 年之前，我国粮食供求基本平衡，但是仍须看到，我国农业基础设施薄弱、技术服务滞后、土地粗放经营、生产成本激增、地方政府轻视等问题依然严重；耕地面积、种植面积逐渐减少，土地撂荒和耕作劳动投入不足的问题仍较为突出；旱涝冰雪灾害频繁；粮食种植技术和产量也较难突破。因此，在较长时期内，我国粮食仍然处于紧平衡状态。同时，粮食品种和区域结构调整将是粮食生产面临的主要矛盾。

表 3 - 19　我国粮食供需缺口预测分析

单位：万吨

年份	2015	2020	2030
情景一（低标准）	1631	1057	1081.7
情景二（预测标准）	− 1983	− 1622	− 1858.3
情景三（高标准）	− 2539	− 3878	− 9208.3

我国粮食的自给率始终保持高水平，迄今，中国粮食对外依存度很低，进口一些粮食主要是为了调节品种。自改革开放以来，中国积极开拓利用两种资源、两个市场，但是始终坚持自力更生为主解决粮食问题的方针。从我

国主要粮食品种看，大米和小麦生产历来是国家最为重视、要求确保自给率的品种，供求一直基本平衡，进出口量很小，对外依存度低，小麦近年甚至出现供大于求，且宏观调控严格，因此进出口贸易对国内市场的影响十分有限。但是，饲料用粮和工业用粮增加推动了玉米和大豆需求的快速增加，特别是近年生物燃料需求增加，玉米与大豆的种植竞争性越来越强，两相比较，种植大豆比较效益偏低，导致农民大量转向种植玉米。大豆国内需求猛增，因而成为供需缺口最大的品种。预计未来十年，这一趋势仍将延续下去。因此，作为调节粮食供需的重要手段之一，粮食国际贸易在保障我国粮食安全上仍将发挥重要作用。

但与此同时，国际粮食市场对我国国内粮食价格以及粮食安全战略产生深刻影响。近 10 年来由于世界大豆主产国美国、巴西、阿根廷的产量增加，尤其是巴西和阿根廷的产量增加较快，国际市场大豆及其制品的价格大幅下降，廉价的进口大豆冲击了国内市场，国内大豆价格也随之下跌，国内农民对大豆种植的积极性受到了影响，由此出现了需求连年增长，而国内产量反而下降的局面，导致中国大豆市场对美国和南美大豆的依赖程度逐年增加。2005 年，中国成为世界上最大的进口国，进口达 2659 万吨，占全球进口量的 1/3。2007 年中国进口大豆 3400 万吨，占全球进口量的 1/2。2010 年，中国进口大豆达到 5700 万吨，自产大豆约 1896 万吨，进口大豆占总供应量的比例达到 75%。大豆需求量越来越高的国际依赖性不利于我国大豆产业的安全发展，国际市场大豆价格波动，势必会迅速传导到国内油脂和油料市场，对我国食用油市场影响明显。

总体而言，作为世界人口大国，未来我国粮食供需缺口将不断扩大，继续依靠 95% 以上的高自给率来保障国家粮食安全的压力增加，如何平衡粮食自给和进口贸易的关系，对确保国家粮食安全具有重要意义。因此，面对未来我国粮食供求的紧平衡状态，仍要坚持自力更生为主的方针，处理好粮食品种和区域结构之间的矛盾，同时以国际市场作为必要的补充手段，确保我国粮食安全。

第 四 章
提高粮食综合生产能力对策研究

粮食综合生产能力是指，一定时期的一定地区，在一定的经济技术条件下，由各生产要素综合投入所形成的，可以稳定地达到一定产量的粮食产出能力。2004 年以来，国家采取保护耕地、按最低收购价托市收购粮食、减免税收、建立直接补贴制度、加大投入等一系列政策措施，我国粮食库存总量呈上升趋势，农业生产条件逐步改善，食物资源品种日益丰富，粮食生产能力稳中有升。但在取得成就的同时，种植非粮化、人口老龄化、科技水平低等问题也制约了我国粮食综合生产能力的提高，在粮食增产和人口增长压力增大背景下，对我国的粮食生产安全提出了挑战。

第一节　我国粮食生产的隐忧

一　非粮化导致粮食种植动力不足

粮食价格上涨带来的利益被长期以来存在的工农剪刀差部分稀释，导致种粮比较效益偏低。特别是近年来，由于化肥、农药、农用柴油等农业生产资料价格上涨和人工成本上升，农民种粮成本大幅增加，种粮比较效益相对进城务工和种植经济作物明显下降。

当前，与其他农业经营的产值相比，粮食生产的相对经济效益偏低，在这种情况下，农业资本和劳动力倾向于从直接粮食生产领域抽离，转而投资于效益更好的项目，如养殖业和其他经济作物生产等。据统计，2011 年，我国种植蔬菜的每亩净利润高达 2557. 67 元，而小麦、稻谷、玉米的平均每亩净利润只有 250. 76 元，粮食的每亩净利润远远落后（见图 4 - 1）。随着农业资本的投入加大，这种转变将会加快农村农地生产的"非粮化"，威胁粮食安全。

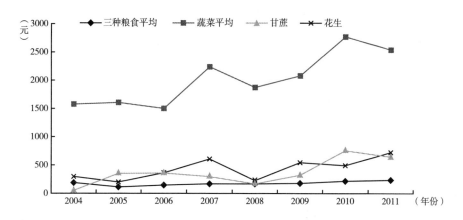

图 4 - 1　2004～2011 年粮食与其他经济作物的每亩净利润对比

资料来源：Wind 数据。

近年来，除了农村本身的资本和劳动力资源以外，城镇化和农业产业化的发展也促进了工商业资本的"下乡"。与传统农户投资再生产相比，这些资本更具有逐利性，更倾向于大规模投资产出效益较高的农业项目，将越来越多的粮食生产用地转变为其他用途，加快了农业"非粮化"的进程。

加重"非粮化"趋势的另一个重要原因是农地流转中出现的不规范现象。合理的农地流转有利于将农民无力耕种的土地进行及时再分配，平衡农村土地资源配置；有利于提高土地利用效率，实现农地资源的集中和规模经营，保障粮食供给。但是，在农村粮食生产效益偏低以及相关补贴机制不健全的情况下，农地流转过程中极容易出现变更耕地用途的情况，甚至用作工业用地，特别是在一些重要产粮区，土地种植"非粮化"虽然经济效益明显且增加了人均收入，但却显著影响粮食产量，如果就全国范围将这些现象叠加考虑，将严重侵蚀我国总体粮食生产能力，对粮食安全产生重大影响。

二　农村老龄化制约粮食生产动力

在人口压力仍然严峻的同时，老龄化特别是农村人口老龄化加速趋势已经成为制约我国粮食生产的重要因素。现阶段，在粮食播种面积不能得到有效扩大和农业生产技术没有突破性提高的情况下，我国农业生产仍主要依靠劳动力增加来维系。然而，由于长期实行的计划生育政策以及持续性的农村劳动力外流，农村地区的老龄化问题越来越突出。据统计，2011 年末全国 60 岁及以上人口达到 18499 万人，占总人口的 13.73%，且仍将长期增长。这其中，农村老龄化比重已经达到 15% 以上，明显高于城市老龄化程度。按绝对量来说，我国 60 岁以上老年人口半数在农村，已达 1 亿人左右。

具体来说，农村劳动力结构的变化趋势对粮食生产主要有以下三点影响。

第一，老龄化减少粮食生产劳力供给。粮食生产要求较高的劳动强度，在生产过程中也进行分工协作，目前，由于老龄化的加剧，农村粮食生产将越来越多地由老年人来承担，而由于这部分人口体能和文化水平的局限，将不利于农业产粮效率的提高和农业技术的应用，进而制约粮食产量。

第二，农村老龄化导致粮食播种减少。由于我国农村地区社会福利和保障机制的不完善，老年劳动力在农业生产中更加重视产值效益比，他们在保证必需的粮食生产的前提下，更倾向于种植其他经济作物，以提高土地产值和自身收入。这样的后果导致粮食实际种植面积的减少。

第三，农村人口外移致农地流转困难。大量青壮年进城务工和留守老人的增加，将产生家庭农地资源与劳动力数量的不匹配现象。由于劳动力的普遍减少，土地往往不能及时得到流转或流转过于频繁，导致土地使用率降低，土地撂荒现象增多。同样由于适龄劳动力紧缺，土地流转中形成的土地集中规模经营会因为用工成本的增加而无法发挥效益，从而打击农民经营的积极性。

三　资源匮乏且利用不合理

（一）耕地资源匮乏且土壤肥力逐年下降

随着我国人口的增长和经济社会的高速发展，土地资源受到来自各方面需求的压力不断增大，尤其是耕地资源，在这种需求的压力下经历着前所未有的利用方式和质量的变化。中国改革开放以来耕地资源变化总体趋势表现为向其他利用方式的转变，总面积持续减少。

第一，耕地总量和人均耕地面积逐年减少。从土地变更调查结果来看，全国耕地面积由 1996 年 10 月底的 19.51 亿亩，减少为 2008 年 12 月底的 18.2574 亿亩，耕地净减少 1.25 亿亩，人均耕地由 1.59 亩降为 1.374 亩。

根据统计，改革开放以来，耕地总量平衡中只有 1979 年、1990 年、1995 年和 1996 年新增耕地面积超过了减少的耕地面积。但净增面积有限，不超过 10 万公顷。净减少最快的是 1984～1988 年，年均减少 55 万公顷，其中 1985 年是减少最多的一年，达 100 万公顷。1993～1995 年和 2007 年也很突出，每年净减少近 40 万公顷。

自 2004 年开始，虽然国家实行了严格的土地保护政策，当年耕地有占有补，各项建设占用耕地总体实现了数量上的占补平衡，我国耕地保护呈现向好势头，耕地减少势头得到初步遏制。但是，又存在着占优补劣的问题。2004 年度各项建设占用的耕地中，有灌溉设施的占 72%，补充耕地中有灌溉设施的仅占 34%；建设占用的耕地多数是居民点周边的优质高产良田，补充的耕地多来自未利用地的开发。[①]

第二，沿海和中部省份耕地面积减少较快。如果仅从全国尺度考察耕地总量变化，会忽视一些重要的现象。从耕地面积变化的空间分布上看，净减少最快的，一是广东、福建、上海、江苏、浙江、山东、天津及辽宁等沿海省份；二是陕西、湖北、四川、湖南、山西等中西部省份。尽管从全国的趋势看个别年份耕地面积是净增加的，但这些自然条件较好的省份自 1978 年以来一直维持着净减少的趋势。

那些自然条件较差的边远省份，如内蒙古、黑龙江、新疆、云南、广西、贵州、甘肃、宁夏等，1988 年以后耕地基本上是净增加的。个别省份，如内蒙古和黑龙江等，增加的幅度还比较大。耕地面积变化的这种区域差异，说明在我国耕地总量的动态平衡中，生产力较低的耕地面积的增加，在数量上部分地抵消了优质良田的减少，因而掩盖了问题的实质。

---

① 冯莽、李晓纬、田春：《粮食安全形势分析及完善保障体系建议》，《新华社经济分析报告选》，新华出版社，2009。

第三，增减耕地的质量差异明显。受干旱、陡坡、瘠薄、洪涝、盐碱等多种因素影响，我国质量相对较差的中低产田占近 4/5。土地沙化、土壤退化、"三废"污染等问题严重。实际上，我国尚存的可开垦宜农荒地资源已十分有限。因此，近年来新增加的耕地主要是生产力较低的边际土地。这些耕地产量低而不稳，退耕的危险很大。此外，由于人口与耕地在空间分布上高度相关，损失的耕地，尤其是非农建设占用的耕地，主要是优质的农田。这些耕地往往含有很高的物化资本。从耕地面积变化的地理分布上，也可以看出这些问题。

（二）水资源短缺且农田灌溉效率低

充分和合理的灌溉是保证粮食生产稳步增收的前提，水资源对于农业的意义不言而喻。但是，由于人口的增长和经济的发展，我国所面临的水资源环境日益窘迫。

首先，淡水资源短缺严重。中国科学院数据显示，中国从降雨等获得的水资源仅占地球淡水的 0.017%，人均占有水资源量约为 2200 立方米，不到世界平均水平的 28%，人均可再生淡水资源也仅为世界平均水平的 1/3，在所有国家中排倒数第 15 位左右。与此同时淡水消费量占水资源总量的比重为 22%，远高于世界平均水平的 9%，每年农业生产缺水 200 多亿立方米。

其次，水资源分布不平衡，水土资源很不匹配。北方地区水资源短缺矛盾更加突出。东北和黄淮海地区粮食产量占全国的 53%，商品粮占全国的 66%，但黑龙江三江平原和华北平原很多地区超采地下水灌溉，三江平原近 10 年来地下水位平均下降 2～3 米，部分区域下降 3～5 米，华北平原已形成 9 万多平方公里的世界最大地下水开采漏斗区（包括浅层地下水和深层承压水）。我国华北地区一向是重点产粮基地，但是目前却严重受制于灌溉用水资源的短缺，河南、山西、河北、北京的地下水使用占供水总量的比重已经超过 50%，平均开采深度达 300 米以下，属于严重缺水状态，如果不尽快解决，将对当地粮食生产造成重大影响。

最后，水资源污染严重。要发展优质农业，就要将水源的质量同用水量一并考虑，但是，我国目前由于全国范围内的水污染现象，农业用水的清洁性已很难保障。根据《2011 年中国环境状况公告》统计，2011 年我国废水排放总量 659.2 亿吨，其中 70%～80% 污水未经处理直接排放，全国范围内地表水和地下水都不同程度受到污染。

除了水资源本身的用量和质量无法保证外，农业本身灌溉效率也存在偏低问题。据水利部统计，截至 2011 年末，我国推行节水灌溉的耕地只有 4.38 亿亩，其中高效节水灌溉更是只有 1.87 亿亩。1996～2011 年我国耕地资源与有效灌溉面积的情况如图 4-2 所示。

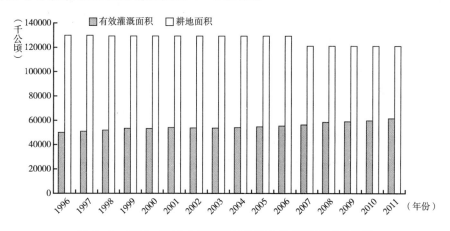

图 4-2　1996～2011 年我国耕地资源与有效灌溉面积比较

资料来源：Wind 数据。

四　科技发展尚未完全转化为农业生产力

（一）农业科技水平低，高技术到位率不足

科技开发与应用是现代农业在有限的资源下提高生产能力的重要保障，如果农业科技应用的水平低下，就会制约粮食增产增收的动力。对于我国来说，在农业中迅速将科技成果转化为生产力是顺利实现我国农业由粗放型向集约型转变的必要条件，是解决我国农业生产中耕地减少、水资源匮乏、人力资源流失等问题的关键。但在现阶段，我国的农业科研实力、技术成果转化能力与国外发达国家相比存在着较大差距，农业科技应用率普遍不高，远远达不到"增产增效并重、良种良法配套、农机农艺结合、生产生态协调"的农业科技创新基本要求。据农业部统计，2012 年，我国农业科技投入只占到 GDP 的 0.6%，农业中科技贡献率仅为 54%，低于发达国家 70% 的平均水平。应用于生产的先进农产品成套加工设备 70% 以上依赖进口，国产

农业机械技术仅相当于发达国家 20 世纪七八十年代水平。从 2008 年至 2012 年，相较于发达国家平均 80% 以上水平，我国农业科技成果转化率仅为 40%，而其中最终实现产业化的不到 5%。

农业科技发展和应用的滞后，阻碍着我国粮食生产质量和效益的提高。在刚性需求不断增长的压力下，必须立足我国国情，着力突破农业重大关键技术和共性技术，构建适应高产、优质、高效、生态、安全农业发展要求的技术体系并采取必要措施提升农业技术推广能力。

（二）机械化水平不高，平均劳动生产率较低

同科技支农一样，农业机械化也是实现农业现代化的前提和标志。提高农业机械化水平，并在一定的机械化水平之上进行农机技术的不断升级，是保证我国城镇化进程与现代化农业协调发展，缓解城市消费增长与农村劳动力缺口矛盾，提高农村劳作生产效率的重要条件。为发展农机化，我国近十年来从市场和行政引导着手，已经做出了努力。到 2011 年，我国的农机总动力达到了 9.7 亿千瓦，比 2004 年增长 51.5%；农业机械化水平从 2005 年的 35.90% 提高到 2011 年的 54.50%；2010 年我国人均农业增加值为 544.96 美元，相对 2004 年提高了 32.53%。

但是，与发达国家相比，目前我国的农业机械化的推广还存在较大差距，具体表现在以下两方面（见图 4-3）。

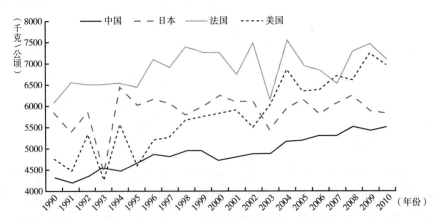

图 4-3　1990~2010 年中国同发达国家每公顷粮食产量对比

资料来源：Wind 数据。

第一，农业机械化水平与农业生产效率水平偏低。美国在 20 世纪 60 年代后期已经实现了粮食生产全过程的机械化，随着对机械的升级，其农业生产效率得到了进一步的提升。2010 年美国单位面积耕地粮食产出为 6988 千克/公顷，是 1980 年的 2 倍。日、韩在 2000 年前后基本实现了农业机械的普及，机械化率达到了 99%。我国人均农业增加值 2010 年仅为 545 美元，不到法国的 1/10。

第二，农业机械化区域发展不平衡。由于我国地理差异大、耕种特点分明，我国的农业机械化的进程表现为平原地区优先发展，东北、华北、长江中下游平原地区农业机械化率先提高。其中，相比全国农作物耕种收综合机械化水平的 52.30%，黑龙江的农机化率 2010 年达到了 85.2%。

五　自然灾害和病虫鼠害影响明显

气候变化具有随机性变化特点，对粮食生产的影响是短暂型的，一般来说，当期气候只对当期粮食生产有影响，而不会延续到下一期，故我国的粮食产量年际的随机波动主要是灾害冲击的结果。我国粮食过去生产的波动中，已经显示出了自然灾害的影响。从旱灾时间分布规律、洪涝灾害的周期性变化以及低温冷害发生的频率看，这些灾难同时或交替性周期活动，往往使粮食生产波动带有一定的周期性。据统计，从粮食减产幅度比较大的年份看，主要因素之一是自然灾害。自然灾害不仅使当年粮食减产，而且对灾后几年的粮食生产都会造成影响。假如抗灾救灾措施不力，或连续受灾，几年难以恢复，进而形成粮食生产连续几年的波动。目前每年各种气象灾害导致我国农作物受灾面积达 5000 万公顷。随着未来热浪、暴雨、旱涝、台风等极端天气灾害频率和强度的加剧，我国农业生产可能遭受更大损失。而最近几年来我国自然灾害严重，不利气象因素较多，北方地区降水持续偏少，干旱日趋严重。今后受全球气候变暖影响，我国旱涝灾害特别是干旱缺水状况呈加重趋势，可能会给农业生产带来诸多不利影响，将对我国中长期粮食安全构成极大威胁。

此外，重大病、虫、鼠害也会对粮食生产产生较大影响。受耕作方式变化的影响，我国主要粮食作物普遍受到多种病、虫、鼠害的威胁，目前，这方面造成的损失占我国农业总产值的 20% ～25%，2011 年，全国范围内累计发生病、虫、鼠害达到了 72 亿亩次。

除了上述因素外，还有很多其他的因素也在不同程度地影响着粮食生产水平，如粮食单产、科技和科研的投入、化肥的使用、农业组织领导力量及农业财政支出等。

第二节　提高我国粮食生产能力的对策建议

一　完善粮食生产保障与促进政策

（一）严格规范农村土地管理制度，加强耕地保护

坚决实行最严格的耕地保护制度，严格保护耕地。控制非农建设占用耕地，确保基本农田总量不减少、质量不下降、用途不改变，并落实到地块和农户。严禁占用基本农田挖塘养鱼、种树造林或进行其他破坏耕作层的活动。修订耕地占用税暂行条例，提高耕地占用税税率，严格控制减免。搞好乡镇土地利用总体规划和村庄、集镇规划，引导农户和农村集约用地。加强集体建设用地和农民宅基地管理，鼓励农村开展土地整理和村庄整治，推动新办乡村工业向镇区集中，提高农村各类用地的利用率。加快推进农村土地征收、征用制度改革。

有序推进农村土地管理制度改革，加强耕地流转管理。坚决守住耕地保护红线，建立保护补偿机制，加快划定基本农田，实行永久保护。落实政府耕地保护目标责任制，上级审计、监察、组织等部门参与考核。加快农村集体土地所有权、宅基地使用权、集体建设用地使用权等确权登记颁证工作，工作经费纳入财政预算。有序开展农村土地整治，城乡建设用地增减挂钩要严格限定在试点范围内，周转指标纳入年度土地利用计划统一管理，农村宅基地和村庄整理后节约的土地仍属农民集体所有，确保城乡建设用地总规模不突破，确保复垦耕地质量，确保维护农民利益。按照严格审批、局部试点、封闭运行、风险可控的原则，规范农村土地管理制度改革试点。加强耕地流转的规范化、规模化、合法化，建立稳定的流转机制，并严格监督流转土地使用，确保土地流转过程中不造成耕地损失。

（二）完善粮食产业补贴政策，健全农业投入机制

继续加大国家对粮食产业的投入力度，按照总量持续增加、比例稳步提高的要求，不断增加"三农"投入。要确保财政支出优先支持粮食产业发展，预算内固定资产投资优先投向农业基础设施和农村民生工程，土地出让收益优先用于农业土地开发和农村基础设施建设。各级财政对粮食产业的投入增长幅度都要高于财政经常性收入增长幅度。预算内固定资产投资要继续向重大粮食产业建设项目倾斜。耕地占用税税率提高后，新增收入全部用于粮食产业。严格按照有关规定计提和使用用于农业土地开发的土地出让收入，严格执行新增建设用地土地有偿使用费全部用于耕地开发和土地整理的规定。对各地土地收入用于粮食产业的各项资金征收和使用情况进行专项检查。继续增加现代粮食产业生产发展资金和综合开发资金规模。

完善粮食补贴制度和市场调控机制，坚持对种粮农民实行直接补贴，增加种粮补贴，进一步增加农机具购置补贴，落实和完善农资综合补贴动态调整机制。按照存量不动、增量倾斜的原则，新增农业补贴适当向种粮大户、农民专业合作社倾斜。加强对农业补贴对象、种类、资金结算的监督检查，确保补贴政策落到实处，不准将补贴资金用于抵扣农民交费。具体来说，一是完善农业立法，将"三减免、三补贴"等政策措施写入法律，明确补贴经费来源、补贴的标准和发放办法，保持政策的长期性和连贯性，克服阶段性和地区差异性，消除农民顾虑，激发农民种粮积极性。二是加大补贴力度。在WTO规则下，总结和完善"绿箱""蓝箱"等各项政策措施。美国、欧盟、日本等发达国家都在不断加大农业补贴力度，农业补贴经费支出数额巨大，占农场农业经营收入比重较高，其中欧盟支农资金最高时占到其财政预算的50%，日本支农资金最高时甚至超过其农业增加值，即GDP中的一次产业总量。近年来，我国也在不断加大支农投入，支农资金已经接近财政预算的10%，但与发达国家的峰值相比，仍有较大差距。因此，应根据财力增长情况逐年适度调整农业补贴预算额度，扩大良种补贴和农机具购置补贴的覆盖面。按照农业部优势农产品布局规划，把水稻、玉米、小麦、大豆良种补贴尽快扩展到所有优势主产区。把农机具购置补贴实施范围扩展到全国所有县份，并针对我国水资源短缺的实际情况，将旱作节水灌溉机械列入农机具购置补贴的目录。设立针对农业保险和农产品购销的专项补贴。通过

对农业保险给予经费补贴，促进农业保险试点尽快在全国范围推开，建立农业保险与灾害救助相结合的农业风险抵御机制。以粮食购销补贴的方式，对销区的企业到主产区收购粮食给予运费补贴，或者对于主产区粮食购销企业采取分品种、分级别收购、储存给予一定的补贴，促进主产区粮食生产实现高产、优质、高效。三是进一步完善粮食最低收购价政策体系。《国家粮食安全中长期规划纲要》提出，完善粮食最低收购价政策，逐步理顺粮食价格，使粮食价格保持在合理水平，使种粮农民能够获得较多收益。在具体实施过程中，应尽快建立完备的粮食最低收购价预案体系，针对目前最低收购价发布时间比较晚、不能发挥对农民粮食生产引导作用的问题，建议每年年初公布水稻、玉米两个品种的最低收购价格，每年秋季公布下一年小麦最低收购价，或者借鉴美国无追索权贷款的做法，各品种的最低收购价一经确定，三年或五年不变。四是逐步建立综合性收入补贴与农产品价格、农资价格的联动机制，不断提高补贴标准，缩小种粮农民与其他产业劳动者之间的收入差距。

改善粮食产业金融服务。加强国家对农村金融改革发展的扶持和引导，切实加大商业性金融对粮食产业的支持力度，充分发挥政策性金融和合作性金融作用，确保持续加大涉农信贷投放。创新金融产品和服务，优先满足粮食产业信贷需求，加大新型生产经营主体信贷支持力度。加强财税杠杆与金融政策的有效配合，落实县域金融机构涉及粮食产业的贷款增量奖励、农村金融机构定向费用补贴、农户贷款税收优惠、小额担保贷款贴息等政策。稳定县（市）农村信用社法人地位，继续深化农村信用社改革。探索农业银行服务"三农"新模式，强化农业发展银行政策性职能定位，鼓励国家开发银行推动现代农业和新农村建设。支持社会资本参与设立新型农村金融机构。改善农村支付服务条件，畅通支付结算渠道。加强涉农信贷与保险协作配合，创新符合农村特点的抵（质）押担保方式和融资工具，建立多层次、多形式的农业信用担保体系。健全政策性粮食产业保险制度，完善保险保费补贴政策，加大对中西部地区、生产大县农业保险保费补贴力度，适当提高部分险种的保费补贴比例。

（三）推行"产粮产业县"制度，提升粮食生产产业化水平

在主要粮食区推行"产粮产业县"制度，在产粮大县构建以农业生产为主的产业链。粮食产业化通过农业资源、资金和劳动力的集聚，把粮食生产、加工、销售等环节连成一体。采取现代化经营方式，应用新科技、新成果，极大地提高粮食生产效益。同时，打破传统封闭的生产形式，实现产业集聚、农村劳动力转移，为城镇化建设提供发展空间，促进县域经济发展。发展粮食产业化，为县域经济稳定、持续发展提供丰富的物质、人力、土地等要素支撑。

着力培育一批竞争力强、带动力强的龙头企业和企业集群示范基地，推广龙头企业、合作组织与农户有机结合的组织形式，让农民从产业化经营中得到更多的实惠。通过贴息补助、投资参股和税收优惠等政策，支持农产品加工业发展。落实扶持农业产业化经营的各项政策，各级财政要逐步增加对农业产业化的资金投入。金融机构要加大对龙头企业的信贷支持，重点解决农产品收购资金困难问题。有关部门要加强对龙头企业的指导和服务，各级财政要增加扶持农业产业化发展资金，支持龙头企业发展，并可通过龙头企业资助农户参加农业保险。发展大宗农产品期货市场和"订单农业"。通过创新信贷担保手段和担保办法，切实解决龙头企业收购农产品资金不足的问题。开展农产品精深加工增值税改革试点。积极引导和支持农民发展各类专业合作经济组织，加快立法进程，加大扶持力度，建立有利于农民合作经济组织发展的信贷、财税和登记等制度。

二　提高资源利用效率

（一）改造中低产田，建设农田设施

按照《国家粮食安全中长期规划纲要》提出的力争到 2010 年中低产田所占比重降至 60% 左右，2020 年高标准农田占耕地面积 50% 左右的目标，今后应加快高标准农田示范工程建设，大规模改造中低产田。针对不同土壤的障碍因素进行中低产田改造，是提高土地生产力的重要途径。改造中低产田比垦荒投入省、用工省、见效快。中低产田改造好了能长期见效益。中低产田改造的基本原则是统一规划、综合治理、先易后难、分期实施、以点带面、分类指导、搞好技术开发、注意远近期结合，并与区域开发、生产基本建设等紧密衔接。中低产田改造不单纯是提高当年产量，而是着眼于根本性的土壤改良，提高耕地的综合生产能力。要针对不同类型中低产田采取综合

措施，清除或减轻制约产量的土壤障碍因素，提高耕地基础地力等级，改善农业生产条件。在改造中低产田中应通过调整种植业结构，增加养地作物，增施有机肥，并进行生态农业建设，进行水、土、田、林、路综合治理，提高土地的可持续生产能力。

农田设施是农业赖以发展的基本条件，大力发展农田基础设施是推动农业发展的关键，农田基础设施的公共物品、外部经济性和投资资金聚集性等特征，使得农田基础设施投资具有不同于私人物品投资的特殊性，为了利用农田设施的正外部性，应该在政府引导和协调的情况下，充分发挥个人、集体和社会三方面的积极性，加大农田设施投资；提高认识，树立农田设施建设先行的意识；加大国家财政对农田设施的直接投入力度；依据农田设施构成的层次性，明确各级政府和农村社区的投资责任；根据农田设施的性质差异，拓宽农田设施的投资融资渠道；改革投资管理体制，特别是要引入社会成本－收益的项目评估方法，提高投资效率；要改革农田设施投资决策程序，引入农民对农田设施需求的表达机制，使得农田设施供给与需求趋于一致；生产与服务保障并重，扩大农田基础设施建设范围，农田设施建设由单纯的农业生产为主向为农服务体系、农业保障体系、市场化组织化标准化建设上转移。

（二）完善良种繁育，提高复种指数

在农业生产中，要抓好种子工作，抓好种子工作首先要抓好良种繁育工作。抓好良种繁育是促进粮食生产发展的根本途径。抓好良种繁育势在必行，有效途径是建立健全良种繁育体系，落实良种繁育基地，按照良种繁育程序，粮食作物的常规种子搞好提纯复壮工作，杂交种子要搞好杂交亲本的保纯和杂交制种工作。首先要建立健全良种繁育体系，落实良种繁育基地，建立健全省、市、县、乡各级别的完整的良种繁育体系，并且要有可靠的良种繁育基地，要保证繁育良种有计划，任务有落实，技术有要求，质量有保证，每年繁育出数量充足、质量优良的种子供使用；加强种子管理，严格把控种子质量；加强种子加工和包装管理。

复种指数是衡量耕地资源集约化利用程度的重要指标之一，耕地效率取决于单位面积单季产出与复种指数。与开荒相比，提高复种指数的收益要高，在人增地减，人地矛盾日益尖锐，农产品供需矛盾的情况下，适度提高复种指数，弥补耕地减少造成的缺口，是稳定作物种植面积基础上保持农业持续发展的重要措施。要增加农民耕地复种收入，提高农民复种积极性，农民复种行为取决于复种经济效益的变化，复种潜力是决定复种指数变化的自然原因。在耕地资源质量和耕作的机械化水平提高的基础上，农民复种积极性的增加，可以提高我国粮食生产能力，促进土地使用权的合理流动，逐步实现粮食生产规模化经营，进一步改革耕作制作，努力培育高产早熟耐寒品种，增加农机化进程。

（三）提高水资源利用率，加强生态保护

我国是发展中国家，必须在发展中求得生态环境的逐步改善，首先要利用各种手段普及生态环境知识，提高全民族的生态环境意识；推行有利于生态环境的政策，实行宏观指导与控制，实施节约型资源战略，实行自然资源开发与保护并重的策略；加强管理，充分发挥法制和规划的作用，强化法制管理，特别是加强生态环境的法制管理，制定生态环境标准；加强科学研究，推广有利于生态环境的新技术；改革体制，理顺经济发展与环境保护的关系，实现生态的良性循环，确保生态效益与经济效益的统一；加强领导，加强宣传教育，努力调动各方面的积极性，动员全社会的力量投入到生态环境建设的事业中。

合理开发、高效利用、优化配置、全面节约、有效保护和科学管理水资源，加大水资源工程建设力度，提高农业供水保证率，严格控制地下水开采。加强水资源管理，加快灌区水管体制改革，对农业用水实行总量控制和定额管理，提高水资源利用效率和效益。加强对小型水利工程的管理，使其逐步规范化、科学化；强化宣传和教育，加速农村人力资本建设，提高农民的节水意识，农民的思想意识、农技部门的推广宣传等因素对节水灌溉技术至关重要；构建农民采纳节水技术的激励环境，分区域制定节水灌溉技术体系的发展途径，加快建立技术推广和服务体系，政府制定并实施有效措施以推广节水灌溉技术；建立促进节水发展的水价制度，在水费计收方式上逐步实行按量收费，提高水价，农业节水实行奖励与惩罚相结合；改革和不断完善灌溉投资体制，准确定位灌溉投资的目标，明确国家财政在节水灌溉投资中的主体地位，多渠道、多层次地筹集节水灌溉资金，充分发挥农民和用水协会的管理和维护作用。

三　提高粮食生产科技化水平

（一）加大粮食产业科技投入，提升粮食产业科技创新能力

大幅度增加对粮食产业科研的投入，加快建立以政府为主导、社会力量广泛参与的多元化科研投入体系，形成稳定的投入增长机制。要不断提高国家科技投入用于粮食产业科研的比重，有关重大科技项目和攻关计划要较大幅度增加粮食产业科研投资的规模。深化粮食产业科研体制改革，抓紧建立国家粮食产业科技创新体系。加强国家基地的创新能力建设，搞好粮食产业基础研究和关键技术的研究开发，加快生物技术和信息技术等高新技术的研究。根据全国粮食产业综合区划，在整合现有资源基础上，依托具有明显优势的省级科研单位和高等学校，建设区域性的科研中心，负责推进区域粮食产业科技创新，开展重大应用技术攻关和试验研究。加强粮食产业领域的国家实验室、改良中心、工程中心和重点实验室建设，改善粮食产业科研机构设施条件和装备水平。

以提高农业科技整体创新能力和效率为主要目标，着力强化"课题来源于实践，成果应用于生产"的科研评价导向机制；着力打通科研、教学、推广三个环节，着力密切科研与生产、科技工作的上中下游、科技创新与转化推广三个衔接；要着眼农业科技要素整合与共享，以形成强大科技合力为主要目标，促进农业科技资源的有效配置和综合集成。强化农业生物技术和信息技术的应用，加强科研攻关，实施新品种选育、粮食丰产等科技工程，启动转基因生物新品种培育重大专项，提高生物育种的研发能力和扩繁能力，力争在粮食高产优质品种选育、高效栽培模式、农业资源高效利用等方面取得新突破，加快培育形成一批具有自主知识产权的高产、优质、抗性强的粮油品种。

切实把粮食产业科技的重点放在良种培育上，加快生物育种创新和推广应用体系建设。继续实施转基因生物新品种培育科技重大专项，抓紧开发具有重要应用价值和自主知识产权的功能基因和生物新品种，在科学评估、依法管理基础上，推进转基因新品种产业化。推动国内种业加快企业并购和产业整合，引导种子企业与科研单位联合，抓紧培育有核心竞争力的大型种子企业。培养粮食产业科技领军人才，发展粮食产业产学研联盟，加强农业重

点实验室、工程技术中心、科技基础条件平台建设。实施农村科技创业行动、科技富民强县专项行动计划、科普惠农兴村计划，推进现代粮食产业技术体系建设。抓紧建设乡镇或区域性农技推广等公共服务机构，扩大基层农技推广体系改革与建设示范县范围。积极发展多元化、社会化农技推广服务组织。启动基层农技推广机构特设岗位计划，鼓励高校涉农专业毕业生到基层农技推广机构工作。推进粮食生产工业技术改造。加快发展粮食产业机械化，大力推广机械深松整地，支持秸秆还田、水稻育插秧等农机作业。

大力推进基层农技推广体系改革与建设，重点加强基层农技推广体系的条件能力建设，建设县、乡、村三级试验示范基地，提升公共服务能力。引导和鼓励涉农企业、农民专业合作经济组织开展农业技术创新和推广活动，积极为农民提供科技服务。深入实施科技入户工程，实施农业科技入户工程，集成推广超级杂交稻等高产、优质粮食新品种和高效栽培技术、栽培模式，提倡精耕细作，继续探索农业科技成果进村入户的有效机制和办法，提高农民科学种粮技能。

完善以政府为主导的多元化、多渠道农业科研投入体系，增加对农业生产特别是粮食生产的科研投入。国家重大科技专项、科技支撑计划、"863"计划和"973"计划等应向农业生产特别是粮食生产领域倾斜。继续安排农业科技成果转化资金，加快农业技术成果的集成创新试熟化和推广普及。

（二）完善粮食产业技术推广体系，加大良种良法推广力度

按照强化公益性职能、放活经营性服务的要求，加大粮食产业技术推广体系的改革力度。国家的公益性技术推广机构主要承担关键技术的引进、试验、示范，农作物病虫害、动物疫病及农业灾害的监测、预报、防治和处置，粮食生产过程中的质量安全检测、监测和强制性检验，粮食资源、生态环境和投入品使用监测，水资源管理和防汛抗旱，公共信息和培训教育服务等职能。对公益性技术推广工作，各级财政要在经费上予以保证。同时，积极稳妥地将一般性技术推广和经营性服务分离出去，按照市场化方式运作。发挥农业院校在技术推广中的作用，积极培育粮食产业专业技术协会和科技型企业，探索技术推广的新机制和新办法。

继续实施"种子工程"和"畜禽水产良种工程"，搞好大宗农作物、畜禽良种繁育基地建设和扩繁推广。从2005年起，国家设立超级稻推广项目。

扩大重大农业技术推广项目专项补贴规模，优先扶持优质高产、节本增效的组装集成与配套技术开发。加强农作物重大病虫害防治。认真组织实施"科技入户工程"，扶持科技示范户，提高他们的辐射带动能力。继续安排农业科技成果转化资金和国外先进农业技术引进资金。

（三）积极发展粮食生产机械化，加快粮食产业信息化建设

推进农业机械化是转变农业生产方式的迫切需要，也为振兴农机工业提供了重要机遇。加快推进粮食作物生产全程机械化，稳步发展经济作物和养殖业机械化。加强先进适用、生产急需的农业机械的研发，重点在粮食主产区、南方丘陵区和血吸虫疫区加快推广应用。完善农业机械化税费优惠政策，对农机作业服务实行减免税，对从事田间作业的拖拉机免收养路费，继续落实农机跨区作业免费通行政策。继续实施保护性耕作项目。扶持发展农机大户、农机合作社和农机专业服务公司。加强农机安全监理工作。

改善装备结构，提升装备水平，走符合国情、符合各地实际的粮食生产机械化发展道路。加快粮食生产机械化进程，因地制宜地拓展农业机械化的作业和服务领域，在重点农时季节组织开展跨区域的机耕、机播、机收作业服务。建设农机化试验示范基地，大力推广水稻插秧、土地深松、化肥深施、秸秆粉碎还田等农机化技术。鼓励农业生产经营者共同使用、合作经营农业机械，积极培育和发展农机大户和农机专业服务组织，推进农机服务市场化、产业化。

不折不扣地落实农机购置补贴政策，确保种粮农民直接受益，严格操作程序，实行统一补贴对象、统一补贴机型、统一补贴标准、统一操作程序、统一建档，形成政府引导、农民主导、市场辅助的农业机械化投资格局；增加投入，确保农机化公益性资金供给，建立并不断完善以农民和农机服务组织投资为主体，财政资金为导向，社会资金为补充的多渠道、多元化的农业机械投入机制；大力开展农机社会化服务，确保种粮农民买得起、用得好、有效益。农机社会化服务可以是机械化大生产和家庭小规模经营相适应；大力开展农机监管，确保农机生产安全，进一步加强农机作业、维修市场管理，规范农机市场行为，加强农机安全管理；优化发展环境，确保农机化又好又快发展。

用信息技术装备粮食产业，对于加速改造传统粮食生产具有重要意义。

健全粮食产业信息收集和发布制度，整合信息资源，推动粮食产业信息数据收集整理规范化、标准化。加强信息服务平台建设，加快建设一批标准统一、实用性强的公用粮食产业数据库。加强农村一体化的信息基础设施建设，创新服务模式，启动农村信息化示范工程。积极发挥气象为粮食生产服务的作用。鼓励有条件的地方在粮食生产中积极采用全球卫星定位系统、地理信息系统、遥感和管理信息系统等技术。

四　提升粮食产业现代化水平

（一）积极对接国际市场，鼓励引进资金技术

支持优势粮食产品对外扩大出口，提供进出口通关、检验检疫便利和优惠。推进粮食质量可追溯体系建设，支持建设进出口基地。推动粮食对外贸易信贷创新，探索建立对外贸易信用保险与农业保险相结合的风险防范机制。积极应对国际贸易壁垒，支持行业协会和龙头企业维护自身权益。充分利用海关特殊监管区域及保税加工物流等措施，发展粮食产品加工贸易。

在新的国际经济环境下，审时度势进行粮食进出口贸易，善于利用国内外资源、市场，有利于保障和加强国家粮食安全。同时，要健全和完善机制，进行粮食进口或出口贸易，兴利避害，避免"逆向调节"。特别要强调的是，我国有条件的企业要勇于探索在国外适宜地区（如耕地、水源等资源丰富的非洲、南美洲等地区）进行国际范围内的资源配置，开拓利用国外的耕地、水源和能源等生产要素，兴办农业、渔业、林业和粮食企业。

加强国际农业科技和农业资源开发合作，制定鼓励政策，支持有条件的企业"走出去"。引导外资投向鼓励类产业，提高农业利用外资水平。加强农产品进出口调控，实行灵活高效的农产品进出口政策，建立健全农产品和农用物资进出口监测预警机制，严厉打击农产品走私违法犯罪行为，切实加强进出口农产品质量监督。

（二）加快发展现代农业，拓宽农民增收渠道

坚持走中国特色农业现代化道路，把保障国家粮食安全作为首要目标，加快转变农业发展方式，提高农业综合生产能力、抗风险能力、市场竞争能力。实施全国新增千亿斤粮食生产能力规划，加大粮食主产区投入和利益补偿。严格保护耕地，加快农村土地整理复垦，大规模建设旱涝保收高标准农

田。推进农业科技创新，健全公益性农业技术推广体系，发展现代种业，加快农业机械化。完善现代农业产业体系，发展高产、优质、高效、生态、安全农业，促进园艺产品、畜产品、水产品规模种养，加快发展设施农业和农产品加工业、流通业，促进农业生产经营专业化、标准化、规模化、集约化。推进现代农业示范区建设。发展节水农业。推广清洁环保生产方式，治理农业面源污染。

提高农民职业技能和创收能力，多渠道增加农民收入。鼓励农民优化种养结构、提高效益，完善农产品市场体系和价格形成机制，健全农业补贴等支持保护制度，增加农民生产经营收入。引导农产品加工业在产区布局，发展农村非农产业，壮大县域经济，促进农民转移就业，增加工资性收入。

第 五 章

增强粮食生产抗灾、防灾能力的
对策研究

面对我国工业化、城镇化进程的快速推进，作为世界上人口最多的国家，在较长时期内"稳粮保供给"仍然是我国保障粮食安全的一项主要任务。然而，我国是世界上自然灾害多发且损失严重的国家之一。近年来，干旱、洪涝、低温、干热风等重大、突发性自然灾害呈现发生频率不断加快、危害范围持续扩大、灾害程度进一步加重、因灾损失明显增加的态势，严重威胁着我国的粮食生产和农业的可持续发展。统计数据显示，一般灾年，全国农作物受灾面积可高达 4666.7 万公顷，因灾损失粮食更达 500 多亿千克。另一方面，我国农业防灾减灾体系建设、硬件设施建设、财政支持体制建设方面还很滞后，农业减灾思路与减灾手段远未进入主动防灾阶段，灾情监测网络建设、灾害的预测预报工作都很落后。在此背景下，应对自然灾害，增强粮食生产抗灾、防灾能力成为粮食安全面临的一个新问题，特别是在我国当前靠扩大种植面积提高粮食产量潜力很小、作物单产水平徘徊不前短期内难以取得较大突破的情形下就尤为重要。

第一节　粮食生产面临的主要自然灾害及特点

我国是世界上自然灾害最为严重的国家之一，灾害种类多、分布地域广、发生频率高、造成损失重。由于不同区域气候、地理、水资源等自然条件以及农业基础设施等存在较大差异，影响粮食生产的自然灾害及其特点各有差异。按自然灾害成因，我国发生的多种灾害可划分为地质灾害、气象灾害、环境污染灾害、火灾、海洋灾害、生物灾害6类，再按不同表现方式划分为44个种类。其中，气象灾害是造成粮食生产损失的主要灾害，包括干旱、洪涝、干热风、霜冻、台风、雹灾、尘暴、寒潮、白灾等。根据中国农村统计年鉴的相关数据，无论是各自然灾害的受灾面积、成灾面积及绝收面积占全国的比例，还是各自然灾害的成灾率和绝收率，干旱灾害和洪涝灾害都是影响我国粮食生产的最主要农业自然灾害。基于此，本书针对气象灾害，特别是洪涝灾害的历史情况及特征进行分析，为研究粮食抗灾、防灾对策提供基础。

结合数据的可获得性，对于自然灾害造成的农作物灾害情况的分析，通常采用以下指标。

第一，受灾面积，是指年内因遭受旱灾、水灾、风雹灾、霜冻、病虫害及其他自然灾害，使农作物较正常年景产量减产一成以上的农作物播种面积。

第二，成灾面积，是指在遭受上述自然灾害的受灾面积中，农作物实际收获量较常年产量减少三成以上的播种面积。

第三，绝收面积，是指在遭受上述自然灾害的受灾面积中，农作物实际收获量较常年产量减少七成以上的播种面积。

第四，成灾率，是指某种灾害造成的农作物成灾面积占该种灾害导致的农作物受灾面积之比。其中，总成灾率，指各类自然灾害造成的农作物总成灾面积占各类灾害导致的农作物总受灾面积之比；旱灾成灾率，指旱灾造成的农作物成灾面积占旱灾造成的农作物受灾面积之比；涝灾成灾率，指涝灾造成的农作物成灾面积占涝灾造成的农作物受灾面积之比。

第五，受灾面积占比，是指某种灾害造成的农作物受灾面积占各种自然灾害导致的农作物总受灾面积之比，包括旱灾受灾面积占比、涝灾受灾面积占比和旱涝受灾面积占比。

第六，成灾面积占比，是指某种灾害造成的农作物成灾面积占各类自然灾害造成的农作物总成灾面积之比，包括旱灾成灾面积占比、涝灾成灾面积占比和旱涝成灾面积占比。

第七，农作物受灾占比，是指某种灾害造成的农作物受灾面积占农作物播种面积之比，包括农作物总受灾占比、农作物旱灾受灾占比、农作物涝灾受灾占比和农作物旱涝受灾占比。

第八，农作物成灾占比，是指某种灾害造成的农作物成灾面积占农作物播种面积之比，包括农作物总成灾占比、农作物旱灾成灾占比、农作物涝灾成灾占比和农作物旱涝成灾占比。

第九，地区受灾面积占比，是指某地区各种灾害造成的农作物受灾面积占全国各种自然灾害导致的农作物总受灾面积之比。

第十，地区成灾面积占比，是指某地区各种灾害造成的农作物成灾面积占全国各种自然灾害导致的农作物总成灾面积之比。

一 自然灾害历史演变情况

新中国成立以来，从农作物受灾、成灾面积情况看，年际波动较大，总体形势不容忽视。在这60多年间，全国受灾、成灾面积情况以1959～1961年最为严重，给粮食生产和人民生活造成了巨大损失。1949～1970年，全国受灾面积均值为4.1208亿亩，同期成灾面积均值为1.8599亿亩；1970～2012年，全国受灾面积均值为6.5771亿亩，同期成灾面积均值为3.8879亿亩，明显高于1970年前的平均水平。特别是这30多年中有20年受灾面积达到了7亿亩以上，最高年份达到了8.32亿亩，占当年农作物播种面积的37.1%。

1949～2011年，全国农作物总受灾占比基本在25%以上，有较多年份的受灾面积占比超过了30%；全国农作物总成灾占比基本在10%以上，有较多年份的总成灾面积占比超过了15%，表明我国农作物受自然灾害影响减产较为严重（见图5-2）。对比图5-1和图5-2，农作物受灾、成灾面积分别与农作物总受灾、成灾面积占比无论是在波动幅度还是变化趋势上具有高度的相关性，这也说明相比受灾与成灾面积的变化，我国农作物播种面积变化幅度相对较小。事实上，1949～2011年我国农作物播种面积平均为22.2亿亩，最高年份出现在2011年，为24.34亿亩。在耕种面积受限的情况下，农作物受灾、成灾状况加重势必对我国粮食生产造成较大的影响。

从总成灾率来看，20世纪80年代以前波动幅度较大（见图5-3），剔

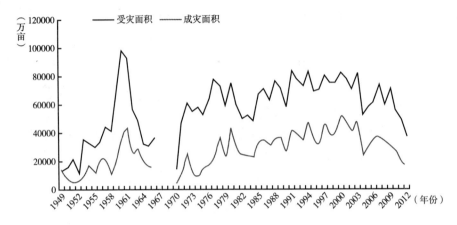

图 5 - 1　我国 1949 ~ 2012 年全国受灾面积、成灾面积

资料来源：中国种植业信息网（http：//zzys. agri. gov. cn/），其中 1967 ~ 1969 年数据缺失。

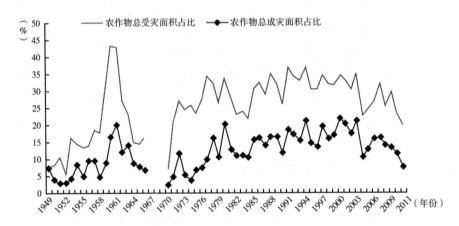

图 5 - 2　我国 1949 ~ 2011 年农作物总受灾面积、成灾面积占比

资料来源：中国种植业信息网（http：//zzys. agri. gov. cn/），其中 1967 ~ 1969 年数据缺失。

除 1949 年统计数据，其均值为 40.00% ；20 世纪 80 年代以后成灾率波动幅度有所减小，波动区间为 40% ~ 60% ，但其均值为 51.12% ，比 20 世纪 80 年代前高出 11 个百分点。换言之，20 世纪 80 年代以来，一旦农作物受灾，就有超过 50% 的可能性成灾，其减产达到三成以上（见表 5 - 1）。

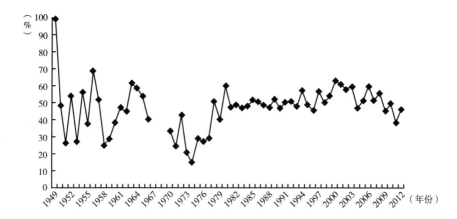

图 5 - 3　我国 1949 ～ 2012 年总成灾率

资料来源：中国种植业信息网（http：//zzys. agri. gov. cn/），其中 1967 ～ 1969 年数据缺失。

表 5 - 1　我国各时期农作物受灾情况统计

时期	项目	受灾面积 （万亩）	成灾面积 （万亩）	农作物总受灾 面积占比(％)	农作物总成灾 面积占比(％)	总成灾率 （％）
1949～1959 年	最大值	65571. 00	22993. 00	30. 70	9. 63	100. 00
	最小值	12282. 00	5663. 00	5. 80	2. 84	25. 28
	均　值	31345. 64	13468. 82	14. 33	6. 16	47. 72
	标准差	15608. 62	6317. 07	6. 87	2. 64	22. 66
1960～1969 年	最大值	98182. 00	43251. 00	43. 47	20. 13	61. 33
	最小值	31206. 00	14636. 00	14. 52	6. 65	38. 16
	均　值	56707. 71	26661. 29	26. 16	12. 34	49. 04
	标准差	28059. 05	10842. 92	12. 57	4. 96	8. 97
1970～1979 年	最大值	78030. 00	36686. 00	34. 83	16. 29	50. 49
	最小值	14961. 00	4942. 00	6. 95	2. 30	14. 89
	均　值	56054. 50	17718. 50	25. 14	7. 94	31. 06
	标准差	17080. 62	9546. 68	7. 51	4. 23	10. 70
1980～1989 年	最大值	76311. 00	44665. 00	35. 12	20. 34	59. 52
	最小值	47831. 00	22896. 00	22. 11	10. 58	46. 69
	均　值	63149. 50	31688. 70	29. 05	14. 57	49. 88
	标准差	10473. 97	6938. 16	4. 74	3. 13	3. 84

时期	项目	受灾面积 （万亩）	成灾面积 （万亩）	农作物总受灾 面积占比（%）	农作物总成灾 面积占比（%）	总成灾率 （%）
1990～1999 年	最大值	83208.00	47074.95	37.15	21.18	57.02
	最小值	57711.00	26729.00	25.93	12.01	45.13
	均　值	74297.33	37742.84	32.78	16.65	50.54
	标准差	7560.52	6289.87	3.36	2.75	4.09
2000～2012 年	最大值	82035.00	51555.00	35.76	21.97	62.85
	最小值	37443.00	17212.35	20.01	7.67	38.32
	均　值	63969.70	34376.34	28.34	15.35	52.70
	标准差	13596.19	10993.92	5.15	4.47	7.47

注：1967～1969 年数据缺失；农作物总受灾面积、成灾面积占比未统计 2012 年数据。

二　主要灾害类型及特点

为准确把握我国粮食减灾、防灾重点，下面针对干旱、洪涝、风雹、冷冻和台风这五类灾害情况进行分析。由于 2001 年前台风灾情数据包含在风雹灾情数据中，因此在灾害类型分析中将风雹和台风灾情数据合并。

从受灾、成灾面积占比来看，气象灾害中以干旱灾害和洪涝灾害最为严重，二者累积所占比重大部分年份都在 80% 以上。旱灾是因降水过少且缺乏必要的灌溉设施而引起农作物减产甚至绝收的一种自然灾害；涝灾则是由于雨量过大又不能及时排涝而导致农作物减产甚至绝收的一种灾害。旱涝灾害都与水资源有着密切的联系。但是，近几年来，低温灾害和风雹灾害呈增加态势，特别是 2008 年低温受灾面积占比和成灾面积占比分别为 36.75% 和 39.13%，为当年最严重的气象灾害。

此外，新中国成立以来，我国洪涝灾害受灾面积占比与旱灾受灾面积占比、洪涝灾害成灾面积占比与旱灾成灾面积占比的相关系数分别为 -0.862、-0.865，表明旱涝灾害两者之间具有较为明显的负相关性。从历史情况来看，在特大洪涝灾害发生的年份，我国旱灾相对较轻；在旱灾异常重大的年份，我国水灾相对较轻。但是，旱涝灾害同时发生且都较为严重的可能性并非没有。在 2003 年，洪涝与旱灾成灾面积、受灾面积占比都在 35% 以上，当年粮食产量比上年下降了 2636.6 万吨，单位面积产量下降了 4.46 千克/亩。

从表 5 - 2 和表 5 - 3 不难看出，就农作物各类灾害受灾、成灾面积占比而言，旱涝灾害是影响我国农业生产最主要的自然灾害。从各阶段均值来看，我国旱涝灾害受灾面积、成灾面积占比整体呈现下降趋势，2000 年以前两者均在 80% 以上，2000 年后分别降到 74.26% 、76.39% ；且成灾面积占比要高于受灾面积占比，这也表明旱涝灾害是造成粮食减产的一个重要原因。

表 5 - 2　我国各时期农作物各类灾害受灾面积占比统计

单位：%

时　期	项目	洪涝受灾面积占比	旱灾受灾面积占比	低温受灾面积占比	风雹受灾面积占比	旱涝受灾面积占比
1949～1959 年	最大值	99.32	82.03	26.76	20.34	99.88
	最小值	11.16	0.56	0.00	0.00	68.44
	均　值	43.34	43.68	6.86	6.48	87.02
	标准差	27.77	27.78	7.68	6.00	8.69
1960～1969 年	最大值	69.14	82.68	7.19	7.20	94.75
	最小值	10.38	19.37	0.00	5.25	73.76
	均　值	29.28	56.54	3.11	6.25	85.82
	标准差	20.69	19.13	2.46	0.78	8.58
1970～1979 年	最大值	31.37	80.70	15.40	14.26	93.55
	最小值	6.42	57.38	0.00	6.45	73.80
	均　值	15.81	67.78	5.39	10.00	83.58
	标准差	6.89	7.64	5.05	2.71	7.26
1980～1989 年	最大值	35.04	65.86	5.94	16.45	88.17
	最小值	19.36	43.78	1.60	8.67	63.14
	均　值	25.43	57.08	3.34	12.22	82.51
	标准差	5.90	8.36	1.41	2.75	7.32
1990～1999 年	最大值	44.46	64.25	17.28	16.52	89.25
	最小值	18.04	28.39	3.09	7.66	72.84
	均　值	30.96	50.06	7.60	11.38	81.02
	标准差	9.74	11.03	4.63	2.73	4.91
2000～2012 年	最大值	46.82	74.13	36.75	25.12	87.51
	最小值	11.57	30.35	3.69	6.74	46.55
	均　值	23.72	50.54	10.88	14.47	74.26
	标准差	9.78	13.67	8.32	5.37	10.54

资料来源：中国种植业信息网（http：//zzys.agri.gov.cn/）其中 1967～1969 年数据缺失。

表 5－3　我国各时期农作物各类灾害成灾面积占比统计

单位：%

时　期	项目	洪涝成灾面积占比	旱灾成灾面积占比	低温成灾面积占比	风雹成灾面积占比	旱涝成灾面积占比
1949～1959 年	最大值	99.32	87.45	38.85	4.17	100.00
	最小值	11.09	0.56	0.00	0.00	61.15
	均　值	52.94	38.84	8.67	1.27	91.78
	标准差	29.56	31.96	11.70	1.50	13.88
1960～1969 年	最大值	79.45	83.08	7.13	7.19	97.36
	最小值	9.74	11.26	0.00	1.37	83.40
	均　值	34.28	56.13	2.76	4.66	90.41
	标准差	24.16	23.41	2.77	2.21	5.75
1970～1979 年	最大值	47.52	79.21	12.62	14.55	96.07
	最小值	7.33	39.86	0.00	0.00	76.00
	均　值	25.10	59.57	5.08	9.22	84.67
	标准差	13.87	12.40	4.35	4.76	6.34
1980～1989 年	最大值	39.42	64.74	4.91	17.39	89.56
	最小值	20.12	44.32	1.31	7.27	67.99
	均　值	27.31	56.39	2.96	11.91	83.70
	标准差	7.00	8.88	1.29	3.30	6.17
1990～1999 年	最大值	54.74	66.02	12.32	19.17	90.50
	最小值	17.24	20.09	2.14	7.25	74.64
	均　值	35.14	46.40	6.50	11.97	81.54
	标准差	14.17	15.66	3.62	3.70	5.57
2000～2012 年	最大值	37.89	77.92	39.13	26.37	90.49
	最小值	11.37	30.51	2.68	5.85	46.91
	均　值	23.80	52.59	9.85	13.48	76.39
	标准差	9.38	14.53	9.19	5.48	11.13

　　新中国成立以来，大部分年份洪涝成灾率要高于旱灾成灾率（见图 5－4），两者均值分别为 53.35%、44.25%，但是 2000 年以后，旱灾成灾率呈加重态势，其均值达到 54.94%，超过洪涝成灾率 2.10 个百分点。由此也可

以说明，21 世纪以来旱灾是导致农作物大面积成灾、减产甚至绝收的最主要自然灾害。据专家统计分析，我国每年因旱灾损失粮食占各种农业自然灾害损失粮食的 60%。2000 年以来，全国平均因旱粮食损失为 3728.4 万吨，约为 20 世纪 80 年代因旱损失粮食的 2 倍，占同期粮食总产量的 7.7%，对我国粮食安全构成了巨大威胁。

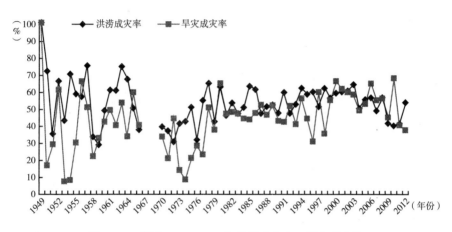

图 5 - 4 我国 1949 ~ 2012 年洪涝成灾率、旱灾成灾率

三 灾害空间分布特征

我国各农作物种植区由于所处气候环境、地形、地貌存在较大差异，导致各种农业自然灾害发生的强度与频率具有显著的区域差异。我国西部地区 10 个省、自治区、直辖市的土地面积约 540 万平方公里，占全国陆地国土面积的 56%，但 1994 ~ 2012 年该地区受灾、成灾面积累计占比分别为 23.31% 和 14.05%，相比之下，东部地区受灾、成灾面积占比则较高（见表 5 - 4）。

从灾害种类来看，作为对我国农业生产影响最大的干旱灾害在全国各区均较频繁发生，占到总受灾面积的 40% 以上。从全国范围来看，在旱灾较严重的华北、东北、中部以及黄土高原地区，由干旱导致的受灾面积多数年份更是超过了 50%；陕西、甘肃、安徽、湖北等省份也属于旱灾较严重地区，西北地区虽不是旱灾多发区，但却是全国最干旱的地区，因此旱情也比较严重。

表 5 - 4　我国 1994 ~ 2012 年各地区受灾、成灾面积占比累计情况

地区	受灾面积(万亩)	地区受灾面积占比(%)	成灾面积(万亩)	地区成灾面积占比(%)
华北地区	193677.5	15.09	105970.1	9.41
东北地区	205650.6	16.02	122798.1	10.90
华东地区	276848.8	21.57	135250.9	12.01
华南地区	83363.97	6.50	40993.09	3.64
西北地区	139037.4	10.83	78145.54	6.94
西南地区	160230.3	12.48	80078.06	7.11
中南地区	219188.1	17.08	116762.2	50.00
合　计	1277996.67	100	679997.99	100

(一) 华北地区

华北地区是我国重要的农作物种植区，同时也是受农业自然灾害影响最为严重的地区之一。1973 ~ 2012 年，华北地区自然灾害成灾率均值为53%，且最近 20 年一直在 60% 左右徘徊，意味着该地区不能很好地应对自然灾害以致农作物受灾之后，致损概率超过或接近 60%，防灾抗灾能力薄弱。

华北地区属于温带季风气候，夏季降水量丰富，冬季干旱少雨，季节分配不均匀，年际变率大，因此在深受旱灾影响的同时，有时受洪涝灾害影响也较为严重。1973 ~ 2012 年，华北地区旱涝联合受灾、成灾占比均值分别为 80%、79%，两者之和几乎占到了所有灾种的 4/5。此外，华北地区风雹灾害、低温灾害受灾占比分别为 13% 和 6%，其间每年平均有 1374 万亩农作物因风雹灾害而受灾致损，造成农作物减产，相比西南、华南、华中、华东地区较高，农作物生产受大风、强对流天气影响显著。

从各类灾害受灾面积、成灾面积占比情况可以看出，旱灾受灾面积、成灾面积占比均值分别为 68%、64%，最大值分别为 89%、90%，比其他自然灾害的合计还要多，旱灾成灾率波动区间为 30% ~ 90%（见图 5 - 5 和图5 - 6），平均旱灾受灾面积为 7512 万亩，这也证明了旱灾是华北地区最主要的自然灾害；旱灾成灾率波动区间为 30% ~ 90%，平均旱灾受灾面积为

7512 万亩，其中旱灾成灾率标准差为 17.87%，可见农作物受灾之后的成灾率上下波动明显，农作物受自然灾害影响的不确定性较大，特别是连年干旱的频繁出现，造成的损失更加严重，不仅使农业减产，甚至绝收，而且影响受灾地区的经济发展，造成生态环境的恶化。

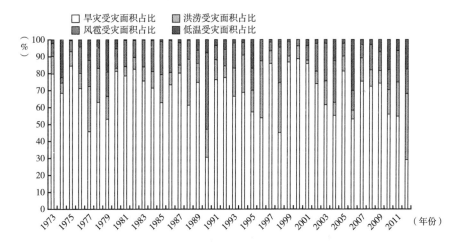

图 5 - 5　华北地区 1973～2012 年农作物各类灾害受灾面积占比

注：由于华北地区受台风影响较小，且数据缺失，所以未列入表中。

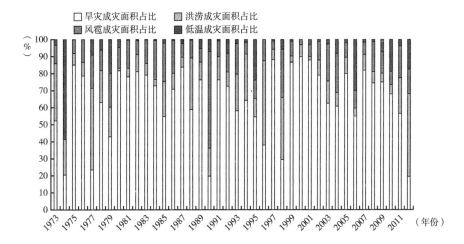

图 5 - 6　华北地区 1973～2012 年农作物各类灾害成灾面积占比

（二）东北地区

东北地区由于纬度较高，冬季寒冷，相比较西部地区而言离海较近，东部有寒流经过，地理位置较为特殊，受多种灾害影响显著，夏季洪涝灾害多发，台风在有些年份也时有发生，冬春季节旱灾灾情严重。数据显示，1971～2012年，该地区农作物平均受灾面积为10035万亩，受灾面积范围广泛；根据图5-7自然灾害成灾率均值为47.79%，平均成灾面积4845万亩，农作物因灾致损严重，标准差为13.33%，围绕成灾率均值离散程度明显，加大了农作物因灾害损失的不确定性。

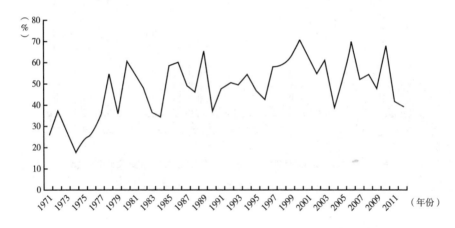

图 5-7　东北地区 1971～2012 年自然灾害成灾率

依据1971～2012年干旱、洪涝、风雹及低温灾害的受灾面积数据，东北地区受各种自然灾害的影响从大到小依次是旱灾、洪涝灾害、风雹灾害、低温灾害，其中旱涝灾害占绝对地位，是影响该地区粮食生产的主要气象灾害。42年间两种主要灾害受灾联合占比平均为81.3%，最大值为97%，最小值为49.8%，其中有34年的联合占比大于70%，也就是说东北地区粮食生产每年受自然灾害影响中，有3/4以上是旱涝灾害造成的，总体来看尤其以旱灾为主，洪涝灾害次之。从1981年到1998年，洪涝灾害造成的受灾面积较其他年份占比突出，平均受灾占比为39.68%，风雹灾害则是在近些年有增加的趋势，二者阶段性特征明显（见图5-8）。就低温灾害发生的特点而言，随着纬度的升高影响越大，数据显示东北地区受低温冷冻灾害影响相对较大，波动剧烈，正常年份低温冷冻灾害成灾率最高为 82.17%，最低为 10.14%，成灾率均值为 44.5%。

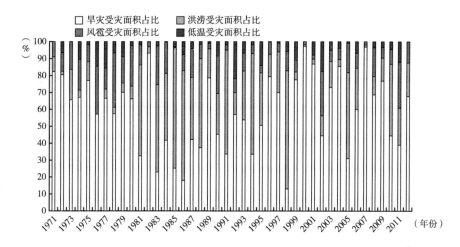

图5-8　东北地区1971～2012年农作物各类灾害受灾面积占比

(三) 华东地区

华东地区包括上海、江苏、浙江、安徽、山东、福建、江西七省市，该地区地处我国东南沿海，气候主要为亚热带季风性气候，夏季降水丰富。1977年以前，华东地区自然灾害成灾率整体处于一个较低水平，均值为25.8%，1978～2006年处于较高水平，最高达65.6%（见图5-9），成灾率均值为48.54%，较前一时期上升了22.7个百分点，表明这一时期农作物受自然灾害影响损失严重，有接近一半的农作物受灾后减产达三成以上；2007～2012年，成灾率均值为39.7%，依然居高不下，且2012年较上年上升了18.3个百分点，平均每年成灾面积达4078.4万亩，因此该地区农作物生产深受自然灾害影响，不仅使农业减产，甚至绝收，仅1983～2012年平均每年因灾绝收面积达1643万亩，粮食生产防灾、抗灾能力得不到有效增强，每年将会有大量的农作物因灾而减产，甚至绝收。

华东地区1971～2012年受低温冷冻灾害影响年份不多，主要自然灾

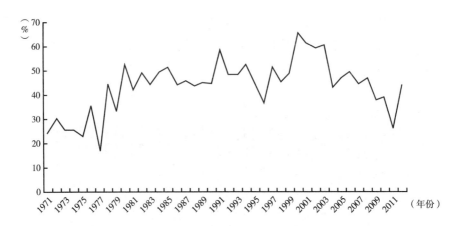

图5-9 华东地区1971~2012年自然灾害成灾率

害为干旱、洪涝、风雹、台风，其间前三种主要灾害成灾占比均值依次为41.9%、38%、9.3%，近年来旱灾和风雹灾害成灾占比略有下降，洪涝、台风灾害成灾占比有上升趋势，然而旱涝灾害依然为该地区主要的自然灾害，二者在1971~2012年联合成灾占比为79.9%，在平均每年6723.4万亩的成灾面积中，仅旱涝灾害每年平均成灾面积就为5363.4万亩，可见虽然该地区基本上地处我国800毫米等降水量线以南，夏季降水丰富，然而季风气候下的降水不均、变率大也使得该地区深受旱涝灾害的影响，农作物受灾之后成灾趋势严峻，引发的农作物减产状况不容乐观。

此外，该地区2001~2012年台风成灾占比均值为11%，是七大区域中受台风灾害第二严重的区域，从覆盖省份也可以看出，该地区所含省份基本上全是东南沿海省份，直面太平洋，夏季西太平洋洋面上的热带气旋北上使得该地区极易受到台风的威胁，因此每年受台风影响引起的农作物减产也较为严重。如图5-10所示，华东地区2001~2012年台风成灾率变化明显，最高值达到60.39%，最低值为2011年的18.36%，平均受灾面积达1211.88万亩，成灾面积572.32万亩，成灾率均值为44.92%，农作物受损严重。

（四）华南地区

华南地区包括广东、广西、海南三个省份，该地区成灾率较为平稳，虽

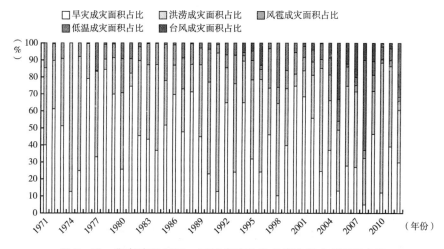

图 5 - 10　华东地区 1971 ~ 2012 年农作物各类灾害成灾面积占比

然相比于东北、华东地区的成灾率而言波动幅度较小，然而因灾致损情况也
很严重，如图 5 - 11 所示，25 年间该地区成灾率均值为 49%，平均成灾面
积 2197.6 万亩，平均绝收面积 480.9 万亩，最高年份出现在 1994 年，为
63.2%，最低年份为 2011 年的 38.9%，且多数年份在 40% 以上，从成灾率
均值来看，意味着一旦粮食生产遭受自然灾害威胁，就会有 49% 的受灾区
域减产达三成以上。

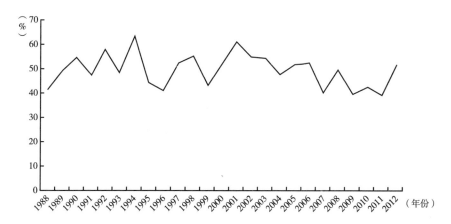

图 5 - 11　华南地区 1988 ~ 2012 年自然灾害成灾率

　　如图 5 - 12 所示，从华南地区各类灾害的受灾面积占比来看，风雹灾害在近几年影响较轻，为 5.5% ，较前些年份下降较为明显；台风灾害对该地区农作物影响最为显著，2001 ~ 2012 年，由台风灾害造成的农作物受灾面积占比均值为 29.3% ，是同期全国七大区域中唯一超过旱涝灾害受灾占比的区域，且台风灾害造成的农作物成灾状况较重，成灾率为 46.8% ，可见近些年该地区农业生产受台风灾害的影响在逐渐加深；低温灾害对该地区农业生产的影响时有发生，不确定性较大。

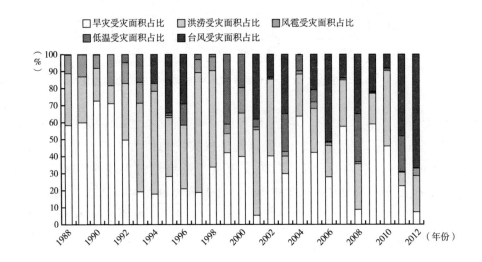

图 5 - 12　华南地区 1988 ~ 2012 年各类自然灾害受灾面积占比

　　另外，该地区 1988 ~ 2012 年旱涝灾害受灾占比均值为 69.5% ，是造成农作物受灾的最主要的农业气象灾害，其中与其他地区相比较为突出的是洪涝灾害，洪涝灾害受灾占比均值为 31.7% ，虽然近两年有所下降，然而其对农作物造成的危害却随时可能被放大。华南地区广东、广西、海南三个省份，地处我国南方，纬度较低，属于亚热带、热带季风气候，相比较其他地区降水丰富，同时由于土壤黏性较强、渗水不够，加上受台风影响带来的集中降雨量大，由此引发的洪涝灾害多发，使得农作物受损严重。

（五）西北地区

西北地区深居亚欧大陆内部，向东距太平洋水汽较远，降水不足，河流径流量远小于南方地区，夏季日照尤其强烈，冬季寒冷干燥，水分蒸发较快，因此受其独特的自然条件影响容易造成持续性水分短缺，旱灾发生频繁。就各类自然灾害造成的农作物受灾面积来看，旱灾是西北地区造成农业损失最大、最主要的气象灾害，其引起的农作物受灾面积占比均值为61.4%，而其他三种灾害合计为39.6%。西北地区近十年间旱灾受灾均值为54.2%，较前三个时期有所下降，然而四个时期中，旱灾受灾占比的标准差却是四种灾害中最大的，也就意味着旱灾发生的不确定性是最大的，一旦农作物的抗灾能力不高，造成的损失也会更加严重。

从时期分布来看，洪涝灾害、风雹灾害、低温灾害造成的农作物受灾面积大致年份是相当的，这种现象以近十年的受灾占比均值反应最为明显，然而三种灾害受灾占比标准差依次为9.3%、6.75%、5.2%，可见洪涝灾害比其他两种灾害要分别高出2.5个和4.07个百分点，围绕受灾占比均值的离散程度最为剧烈，造成粮食生产损失的不确定性也是相对较高的，因此，西北地区洪涝灾害也不容忽视。

表5－5　西北地区各时期农作物各类灾害受灾面积占比

单位：%

时期	项目	洪涝受灾面积占比	旱灾受灾面积占比	低温受灾面积占比	风雹受灾面积占比	旱涝受灾面积占比
1973～1982年	最大值	74.5	89.9	28	19	90.2
	最小值	0.4	39.5	1.2	4	45.64
	均　值	8.1	64.7	10	11.5	72.7
	标准差	8.2	15.8	8.7	4.5	15.4
1983～1992年	最大值	42	74.7	12.9	22.8	88.6
	最小值	6.1	29.6	1.4	6.4	68
	均　值	19.6	60	5.3	15	80
	标准差	12.3	16.8	3.9	6.3	7.4

时期	项目	洪涝受灾面积占比	旱灾受灾面积占比	低温受灾面积占比	风雹受灾面积占比	旱涝受灾面积占比
1993~2002年	最大值	30	81	12.7	20.9	88.2
	最小值	2.5	44.9	2.4	7	70
	均　值	13.9	66.6	7.3	12.6	80
	标准差	9.2	12.4	3.7	4.2	6.1
2003~2012年	最大值	29.3	71.1	33	26.1	86.2
	最小值	4.6	37.6	3.8	8.1	50.8
	均　值	14	54.2	15.1	15.4	68.3
	标准差	7.8	10.2	10.7	5.9	11.4

　　如表 5-5 所示，不难看出，旱灾依然是西北地区成灾面积占比最高的，为 60.4%，以 1993~2002 年的 10 年占比最高，四个时期中成灾占比最小值中也属旱灾最大。随着人口的增长和社会经济的发展，无论是农业用水还是工业用水，对水资源需求量越来越大，而西北地区容易开发利用的水资源却越来越少，面对持续剧烈的干旱现象，粮食生产面临的损失也在逐渐加重。从洪涝成灾占比可以看出，西北地区农作物种植受旱涝灾害影响最为显著，这与全国范围内受自然灾害影响是一致的。

　　四个时期的灾害成灾面积占比中，以风雹灾害成灾占比均值和标准差变化最小，意味着风雹灾害对西北地区农作物生产危害的持续性较强，同时该地区粮食生产受不同程度的雷雨、大风、冰雹等强对流天气袭击变率较小。然而，数据显示该地区 1994~2012 年风雹灾害成灾率却稳中有升，尤以 2004 年以后上升明显，这 19 年间成灾率最高为 1998 年的 78%，最低为 2004 年的 36.5%，波动剧烈，成灾率均值为 55.79%，且近几年呈连年上升趋势，表明西北地区风雹灾害造成的农作物损失较重，农作物抗灾能力不足。

　　另外，最近一个时期低温成灾占比均值较前两个时期分别上升了 8.2 个和 7.4 个百分点，标准差则下降了 9.4 个和 8.2 个百分点，表明西北地区低温灾害造成的农作物损失近年来有上升趋势。

（六）华中地区

华中地区包括湖南、湖北、河南三个省份，气候上跨温带季风性气候和亚热带季风性气候，冬季低温寒冷，夏季炎热干燥，降水季节性明显，变率大，且南北差异大，由南向北依次递减。华中地区1971～2012年平均每年农作物因气象灾害减产一成以上的种植面积为11424.8万亩，仅次于华东七省份的受灾面积。如图5-13所示，华中地区农业气象灾害成灾率上下波动明显，成灾率均值为46.2%，最高为2001年的66.2%，最低为1974年的9%，因此粮食生产因灾受损严重，其中1978～2008年阶段性特征明显，为52.8%，2009～2012年虽然较1978～2008年有所下降，但均值依然为36.7%。

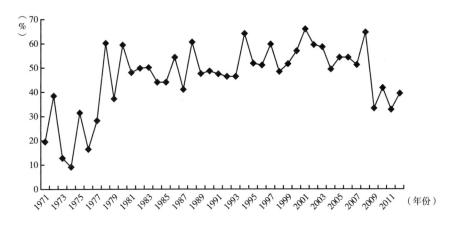

图5-13　华中地区1971～2012年各类自然灾害成灾率

就各气象灾害造成的农作物受灾面积占比而言，旱涝灾害是该地区的主要气象灾害，1971～2012年二者联合占比均值为84%；有数据可查的台风受灾占比较小，为2.8%；从占比数值上看（见图5-14），风雹受灾占比和低温受灾占比分别为7.7%、7.9%，比旱涝灾害小很多，然而二者受灾占比围绕均值的波动幅度却很剧烈，标准差分别为5.3%、10.6%，以低温灾害尤为突出，二者受灾占比最高值可达20.6%和61.2%，可见该地区农作物生产在非正常年份受两种灾害的影响是非常巨大的。

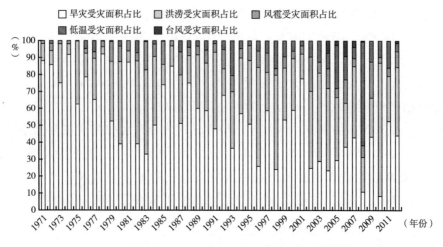

图 5 - 14　华中地区 1971 ~ 2012 年各类自然灾害受灾面积占比

（七）西南地区

西南地区包括四川、重庆、贵州、西藏、云南五个省份，该地区虽然以山地、丘陵居多，然而 1990 ~ 2012 年平均每年的受灾面积达 8681 万亩，比西北、华南地区还要多。由图 5 - 15 可以看出，该地区成灾率均值起伏变化较小，然而均值却为 49.3%，每年因灾造成的成灾面积和绝收面积分别为 4312.5 万亩、979.7 万亩，居高不下的成灾率使得每年有大量的农作物因各种自然灾害而损失严重。

西南地区各类自然灾害中，旱涝灾害引起的受灾占比最大，其中 23 年间旱灾受灾占比平均值为 48.3%，洪涝灾害为 31.5%，从受灾占比数据来看，二者作为该地区的主要自然灾害一直没有减轻过（见图 5 - 16）。相关数据显示，1990 ~ 1997 年、1998 ~ 2004 年、2005 ~ 2012 年三个时期中旱灾受灾占比均值分别为 49%、44.9%、51.2%，最后一个时期比上一时期上升了 6.3 个百分点，为三个时期的最高值，可见旱灾有加重趋势。洪涝灾害在这三个时期受灾占比均值分别为 32.1%、36.8%、26.2%，第三个时期较前两个时期分别下降 5.9 个、10.6 个百分点，有下降趋势。风雹灾害在这三个时期受灾占比均值分别为 13.1%、11.3%、7.6%，第三个时期较前两个时期分别下降了 5.5 个、3.7 个百分点，也有所下降。此外还可以看出低温灾害在三个时期中受灾占比均值分别为 5.8%、7.6%、14.6%，第三个时期较前两个时期分别上

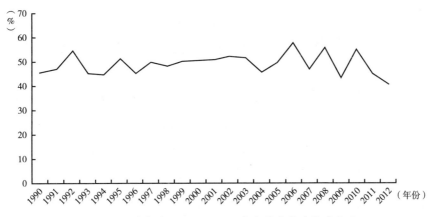

图 5 – 15　西南地区 1990 ~ 2012 年各类自然灾害成灾率

升了 1.8 个、7.0 个百分点，其中最大值出现在 2008 年，为 57.1%，农作物因低温灾害受灾 4584 万亩，成灾 2670 万亩，给农业生产造成了巨大损失，可见低温灾害对于西南地区农作物的威胁有上升趋势。

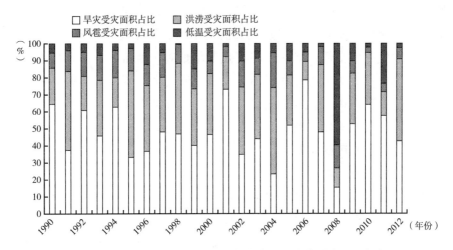

图 5 – 16　西南地区 1990 ~ 2012 年各类自然灾害受灾面积占比

近些年，西南地区自然灾害状况呈现出洪涝灾害并重，低温灾害起伏大、致损严重的局面，这与西南地区气候条件的变化是密切相关的，更反映出该地区粮食生产的防灾、抗灾能力十分薄弱。

第二节　我国粮食生产防灾减灾中存在的主要问题

一　危机意识淡薄

我国自古就是农业大国，农业生产历史悠久，早在距今 1 万年到 4000 年前的新石器时代，我们的祖先就开始了种植，产生了农业的雏形，而经历了如此漫长的时间，也使得一些传统的农业思想在我国农户的心中根深蒂固。即使我国农村分田到户、农民成为独立生产经营者已有 30 余年，农业科学也有了较为成熟的发展，但部分农民依然认为，收成的好与坏由天定，不是自己所能左右的，这造成了我国农户防灾减灾意识薄弱，面对灾害坐以待毙、接受现实的情况仍比较严重。

当然，宣传教育力度不够也是我国农户防灾减灾意识薄弱的一个重要原因。我国城乡经济差距较大，农村地区往往经济落后，这就使得防灾抗灾相关知识和科学技术的宣传培训不到位，具体表现为：其一，相关工作人员自身危机意识淡薄，尤其是在一些地质活动平稳，气象灾害鲜有发生的地区，各种灾害发生频率很低，十几年甚至几十年难遇，因而，工作人员很容易产生懈怠心理，片面认为所在地区不会发生地质灾害，所以对防灾宣传工作不重视，对防灾工作认识比较片面。其二，防灾减灾宣传工作采用的宣传方法陈旧，一味说教，不注意理论和实践的结合。当前，唯有在实践中寻找工作规律，结合当地农民的实际情况探索合适的宣传方法，才能真正提高防灾宣传的力度，提升农民的防灾意识。

另外，落后的经济水平使得农村地区的教育水平也较差，农户的自主学习能力、对新生事物和思想的接受能力相对较弱，而且现今城市发展明显快于农村，工业发展好于农业，大量较高素质的劳动力选择涌向城市，涌向工业生产，留在农业上的劳动力往往为老弱人士和妇女，对农业防灾避灾知识、技术更不容易接受和实施，在粮食生产活动中很少主动防灾避灾，如在种植过程中较普遍存在的重种植轻植保、在畜牧业中较普遍地存在重发展轻预防的现象。因此，农民不仅缺乏防灾减灾、抗灾自救的意识，反而"等、靠、要"的依赖思想严重。在灾后被动地等政府安排、靠政府救济、向政府要补助，这些不作为都使得一些本可以避免的灾害屡屡发生，一些本是轻灾、小灾的变成了重灾、大灾。

不单是农民，现阶段我国政府在避灾农业方面的研究也较少，缺乏系统的应急机制——在抗灾方面，主要依靠政治动员与人海战术；在救灾方面，仍然依靠国家救济且主要是中央政府救灾，地方政府责任未明确——这导致粮食生产的抗灾救灾工作始终处于被动应付状态。

二　生态环境破坏

城市的扩张、人口的增长、乱砍滥伐、随便排放生活污水、生活垃圾随意乱扔、农业废弃物遍布田间等都造成农业生态环境的恶化。生态环境的破坏，使大自然自身的修复能力减弱，增加了自然灾害爆发的风险，原本正常的天气都可能引发灾害，一旦出现异常天气，灾情的严重程度只会更甚。不断加剧的自然灾害，不利于日常防灾减灾工作的开展，更加大了灾害发生后抗灾工作、灾后重建工作的难度。

例如，长江流域是我国重要的粮食生产区域，共有耕地 2320 万公顷，占全国耕地总面积的 24.3%，农业总产值占全国的 32%，粮食产量占全国总量的 35%，主要农产品有稻、棉、芝麻、茶叶、烟草等。长江流域中的成都平原、洞庭湖地区、鄱阳湖地区、巢湖地区、太湖地区更是我国重要的商品粮棉油基地。但近几十年以来，随着长江流域人口的大量增长和经济的迅速发展，人们在生产生活的过程中不断扩大对自然资源的需求，在经济利益的驱使下，人们向大自然一味地索取，不考虑后果，使长江流域总体的生态环境发生了很大的变化，其宏观表现主要有：森林过度采伐，植被破坏严重；坡地盲目开垦，水土流失加重；湖泊消亡加剧，蓄洪容量减小；泥沙大量淤积，河道泄洪能力下降。从长江流域森林覆盖率来看，20 世纪 50 年代初长江流域的森林覆盖率仍达 30% ~ 40%。此后，森林屡遭毁灭性破坏，面积锐减，到 80 年代全流域森林覆盖率下降到 16%，最低时甚至达到 10%，森林面积不足 30 万平方公里。岷江上游本是茂密的原始森林，20 世纪 50 年代森林面积尚有 2000 平方公里，森林覆盖率为 30%。但在此后的短短 30 年里，这片地区采伐木材所占面积为 60 平方公里，占森林总面积的 3%，使森林覆盖率大幅度下降。

　　表5－6给出了20世纪50年代至90年代长江流域几个主要省份的森林覆盖率变化情况。即使自80年代起，通过大量营造人工林，使森林总面积明显增加。但由于人工林树种单一，不能形成多样性群落结构，生态系统退化现象仍然相当严重。森林除了提供人类所需的木材资源外，还具有十分重要的生态环境功能。分布在长江上游的金沙江、大渡河、雅砻江、青衣江、岷江流域的天然原始森林，具有极为重要的涵养水源、调节气候、防止水土流失（包括泥石流和崩塌）及调节长江流量（包括洪水和枯水流量）的作用。

表5－6　长江流域部分省份森林覆盖率变化情况

单位：%

省份	20世纪50年代	20世纪70年代	20世纪80年代	20世纪90年代
四　川	19.0	14.6	13.3	20.4
云　南	50.0	—	20.0	24.0
贵　州	20.0	13.1	13.6	—
湖　北	12.7	23.5	20.3	26.0
湖　南	31.2	38.9	35.6	51.4
江　西	48.7	36.6	33.1	35.9

　　森林覆盖率和林分质量的下降大大降低了森林水源涵养量，减弱了森林削减洪峰的作用。根据调查研究，1公顷原始森林平均可存储水1081吨，而长江多年（1956～1979年）的平均径流量仅为9513亿立方米；森林可使洪峰前历时滞后1～16倍，可延长洪水历时1～6.4倍，并可削减洪峰流量70%以上。不仅如此，森林过度采伐，加之陡坡开垦、矿山开采和城乡建设等人为活动使长江流域水土流失日趋加剧（见表5－7）。大量的水土流失引起土地退化，使土壤薄层化，土壤砂质化、石质化，不仅降低土壤肥力不利于粮食作物的耕种，也大大提高了沙尘等自然灾害发生的概率。

表 5 - 7　长江流域部分省份水土流失情况变化

单位：%

省份	20 世纪 50 年代	20 世纪 80 年代	20 世纪 90 年代
四　川	19.98	24.7	24.88
重　庆	—	4.90	4.35
湖　北	5.01	6.85	7.88
湖　南	3.10	—	4.71
江　西	1.10	3.90	4.10
安　徽	1.00	—	2.90
全流域	36.30	56.20	61.29

　　生态环境的一再恶化，降低了生态系统自身的修复能力，使自然界的平衡很容易被打破，灾害发生的频率和灾害的强度都呈现增长的趋势，犹如人体的免疫系统，一旦自身抵抗力下降，病毒就很容易入侵，人生病的可能性就会大大提高，疾病对人体的危害也会大大增强。20 世纪 50 年代以来，长江流域已经发生了多起特大水灾，中小规模的洪涝灾害更是时有发生。1954 年夏季长江、淮河出现百年罕见的流域性特大洪水，长江干堤和汉江下游堤防决口 61 处，支堤、民堤决口无数，灾民 1888 万人，受灾农田共 4755 万亩，庄稼大部分绝收，灾后数年才得以恢复；1991 年长江中下游洪涝，仅安徽、江苏两省，就有受灾耕地 1.5 亿亩，死亡 1163 人，直接经济损失 484 亿元；1998 年夏、秋季中国气候异常，长江、松花江、珠江、闽江等主要江河发生了大洪水，这场洪水影响范围广、持续时间长，洪涝灾害严重，据统计，农田受灾面积 2229 万公顷，死亡 4150 人，直接经济损失 2551 亿元。[①]

　　灾害发生得越来越频繁，灾害的强度越来越大，给我国粮食生产的防灾减灾工作带来巨大的挑战。虽然人们已经意识到问题的存在，开始采取退耕还林、人工造林、加大水土流失的治理、清理河道淤泥等措施，但其治理效果依然不太理想，想让生态环境恢复到以前的状态，是一个长久的工程。此外，在防灾减灾的过程中，由于只追求抗灾效果，对所采取的手段的后续影

[①]　曾咏梅、吴声瑛、孙步忠：《环境灾害的历史考察与长江中下游横向生态补偿机制的构建：一个综述》，《生态环境》2010 年第 8 期，第 180～183 页。

响也没有进行深思熟虑，常常会进一步加剧对生态的破坏。如为了抗虫灾，农户往往会选择毒性较强的农药，这些农药随着灌溉渗透入土壤，随着水流汇入到江河湖泊之中，造成了土壤污染和水污染。而且农药的使用会加强害虫的抗药性，给接下来的防虫灾工作带来困难，如果只是简单的加强农药的毒性，只会造成恶性循环。

三　资金投入不合理

我国是世界上自然灾害最严重的少数国家之一，灾害种类多，发生频率高，分布地域广，造成损失大。然而，当前国家的财政支出中尚没有列支专门的防灾减灾资金投入项目，具有防灾减灾性质的资金投入主要分散在环境保护，城乡社区事务，农、林、水利事务等项目中。即使如此，在这部分资金的实际运用中，其投入缺乏整体的协调性、针对性和目的性，有时候防灾减灾只是资金投入项目的附带效果，因此资金投入的防灾减灾作用十分有限。洪涝、干旱是粮食生产过程中面临的主要灾害，也是对粮食产量影响最大的灾害之一，而基础设施建设脆弱，尤其是水利建设的不足会造成水旱灾害影响的恶化。

但目前我国的基础设施保障能力较差，许多地方基础设施的防灾标准偏低或已年久失修，在一些领域甚至出现严重的"负投入"现象，如农田水利基本建设在许多地区全靠吃计划经济时代兴修的水利设施的"老本"，除大中型水库、河道、涵渠、堤坝的保障能力相对较强外，众多的小型水利设施排洪蓄水能力差，有效灌溉能力弱，对中小河流支流的河渠疏理、排灌站养护及洼地道路修筑与养护等公共设施建设投入也非常有限。新中国成立以来，我国水利基建投资数额大幅增长，到2009年增长307倍，但水利基建投资额在全国基建投资总额中的比重却呈下滑趋势，由新中国成立初期的7.8%，下降到2009年的1.9%。增量资本对水利建设投入动力不足，凸显出城市基础设施对农田水利设施投入的相对挤出。水利工程设施长期失修，排灌不畅，只会使得旱涝灾害的发生更加频繁，加大粮食生产防灾减灾工作的难度。

投入不足是影响我国粮食生产防灾减灾工作效果的原因之一，但一个更重要的原因是我国的防灾减灾投入的结构不合理，这种不合理不仅仅存在于粮食生产的防灾减灾中，在各种防灾减灾工作中都是普遍存在的，主要体现在以下几个方面。

第一，从投入主体来看，以政府投入为主，市场投入没有有效开展。政府投入是目前我国防灾减灾物资的主要来源，灾前防御、灾害救助和灾后重建支出都要依赖政府的投入。相反，灾害保险等市场机制严重滞后于世界水平。据统计，2010年我国的保险深度（保险业收入占GDP之比）仅相当于全球平均水平的55%；保险密度（人均保险费支出）仅相当于全球平均水平的45%（见图5-17）。在全球保险业排名中，我国明显落后于巴西、俄罗斯、泰国等国。正因为保险业的落后，其对灾害损失的补偿也十分有限（见表5-8）。

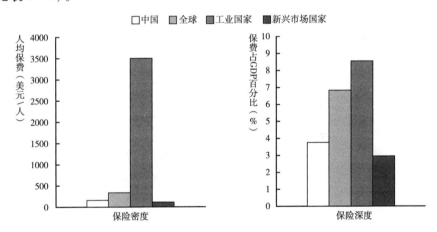

图5-17　2010年我国的保险水平与世界比较

表5-8　中、美自然灾害中保险赔偿情况比较

美　国		中　国	
灾　害	保险赔偿/经济损失（%）	灾　害	保险赔偿/经济损失（%）
1992年安德鲁飓风	55	1998年大洪水	1.3
2005年卡特里娜飓风	50	2008年南方雪灾	1.3
2007年洪水	80	2008年汶川地震	0.2

防灾减灾投入过度依赖政府，对防灾资金的充足性、稳定性、效率性等方面都会带来明显的弊端：①政府的年度预算通常在新年伊始时就已经完成，这意味着防灾减灾工作的资金投入已经确定。但在接下来一年中会发生多少

灾害、灾害的程度有多严重，这些都还是未知数，就算政府有一定的财政应急手段，也很难充分保障资金，这就使防灾减灾工作总体上处于极为被动的状态。且政府财政收入有限，对抗灾的投入和给予灾民的赔偿都是有限的。②若政府作为单一的投入主体，则企业、社会组织、家庭与个人便很难真正形成风险意识和灾害防范意识，对政府救助"等、靠、要"的依赖严重。

第二，从投入环节来看，普遍存在着重灾后救援重建，轻灾前防范；重工程措施，轻非工程。在中国防灾减灾实践的各个环节中，灾中的救灾环节和灾后恢复重建环节获得政府、决策者与社会公众的关注最多，占用资源的比例大，本应最为有效的灾前防范环节却得不到足够的重视。其主要原因是：灾前的防范工作是一项长期的工程，所需投入也很大，而且只有在发生灾害时才能看到其成效，而灾后的投入很快就能有成效。另外，在我国的政绩评价中，灾害预防往往不是主要考核指标，因此领导者对其也不够重视。

我国某些地区基础设施防灾标准偏低，防灾设施年久失修，建设滞后，但相比非工程的防灾措施，对各种工程设施的投入还是巨大的。修建于秦汉时期并沿用至今的都江堰、长江三峡水利工程、三北防护林等工程在防灾减灾上都起到了显而易见的作用，使得我国对工程性防灾减灾措施尤为重视。相反，对防灾减灾宣传、技能培训、信息发布等非工程措施的投入与实际需求相距甚远，这直接造成了公众普遍灾害和风险意识淡薄，抗灾知识和技能的欠缺。

第三，从责任分担来看，以中央为主，地方的责任迄今尚未明确落实。现在大小灾害的处置，都过于依赖中央财政，地方政府的责任相对淡化。在风险责任不明晰的条件下，当灾害发生时，模糊的责任界定，会造成地方政府的不作为或行动滞后，从而延误灾害的救援重建。同时救灾责任的不明确也导致政府在灾害防护上的不积极。另外，中央负责救灾往往会导致一些过度化救灾的现象：灾后重建的标准过高，甚至高于非灾区若干倍、超越非灾区发展若干年等；灾民依赖心理过重，防灾不积极，自救不主动，消极防灾减灾。

四　科技应用水平低

到了21世纪，农业的发展已经不再是简单的劳动投入，科技进步，尤其是农业方面的科技进步，是发展包括粮食生产在内的各种农业生产的强大动力。加大农业科研投入，农业生产与科技相结合的体制是促进我国农业科技进步的重要内容。但是，随着农业现代化的逐渐推进，我国农业科研投入体制出现了诸多问题，科研产出与农业生产现实需求之间严重脱节。作为我国农业生产的重要组成部分，粮食生产的科研投入也同样面临着跟不上科技进步脚步的难题，更不用说粮食生产过程中的防灾减灾这一很容易为人所忽视的环节。由于粮食生产防灾减灾工作中的科技应用很难找到可信的统计数据，本书通过对农业整体的科研投入水平进行估算和分析。

（一）科研投入不足

农业科研投入是一个国家或地区在一定时期内农业科研活动得以进行的物质支撑。农业科研投入绝对数量的多少，可用农业科研投入的总量来表示，而农业科研投入相对数量的多少，可用农业科研投入强度（指农业科研投入在农业 GDP 中所占的比重）和农业科研投入占科研总投入的比重来衡量。

表 5 - 9　我国农业科研投入现状

年份	总量(亿元)	投入强度(%)	占科研总投入比重(%)
2000	48.87	0.33	5.5
2001	53.78	0.34	5.2
2002	67.87	0.41	5.3
2003	72.17	0.42	4.7
2004	73.54	0.34	3.7
2005	82.02	0.36	3.3
2006	92.83	0.38	3.1
2007	125.66	0.44	3.4
2008	145.66	0.43	3.2
2009	168.76	0.48	2.9
2010	178.07	0.44	2.5

资料来源：由《中国统计年鉴》《中国科技统计年鉴》数据计算得到。

从表 5 - 9 可知，近年来，我国农业科研投入总量呈逐渐上升的趋势，由 2000 年的 48.87 亿元到 2006 年的 92.83 亿元，净增 43.96 亿元，增长了近一倍，年均增速 11.29%。但农业科研投入强度的上升却不明显，一直维持在相对较低的水平。农业科研投入占全国科研投入的比重也一直偏少，甚至表现出一种逐年下降的趋势。这表明，我国的农业科研投入总量虽在增加，但投入的强度明显不足。今后应继续加大投入，提高农业科研投入的水平，为我国农业生产，特别是粮食生产的发展提供科技支持。而且，虽然近年来我国农业科研投入总体呈现波动上升的趋势，但与发达国家，甚至发展中国家之间仍然存在较大差距。2006 年，我国科研强度仅仅达到了 20 世纪 80 年代世界上 30 个最低收入国家的水平（见表 5-10）。这主要有两个方面原因：一是农业科研投入总量严重不足，降低了技术创新和应用示范能力；二是农业科研投入结构的极不合理使得研究力量分散、激励机制缺乏、科技成果不能满足农民技术需求。

表 5-10 20 世纪 80 年代国际上各国农业科研投资强度

单位：%

国家/地区	简单平均	加权平均	国家/地区	简单平均	加权平均
30 个最低收入国家	0.65	0.37	16 个高收入国家	2.37	2.23
28 个中低收入国家	1.0	—	日　本	2.89	2.89
18 个中等收入国家	0.84	0.57	北　美	3.27	2.42

农业整体科研投入不足也映射出我国粮食生产的科研投入相对不足，而粮食生产防灾减灾工作近几年才作为粮食生产工作中的热点问题，其减灾技术的研究和应用同样亟待提高。

（二）专业技术人员少

首先，"三农"现状制约了科技的应用推广。我国分散的数量极大、规模又极小的小农户的经营现状是农业技术推广的成本居高不下，但效果又难以令人满意的一个重要原因。同时，农民是我国粮食生产的主力军，但随着非农业就业的发展，绝大多数年龄较轻，文化水平与技能水平较高，较易接受新生事物的农村青壮中年劳动力已随着劳动流动的大军从农村转向城市，从农业转移到非农行业，而农村现有留守人口老龄化严重，这些人往往受教育水平不高，学习能力也较弱，接受新事物能力也较差，甚至会对现代新科技产生部分的抵触情绪，使得技术培训和防灾减灾宣传的效果微乎其微，阻碍了科学技术与粮食生产和防灾减灾的结合。

其次，技术人员供给有限。农业科技人才数量与水平是推动农村经济发展的关键。目前，我国科技人员约 3500 万人，数量居世界第一位，开发人员 136 万人，数量居世界第二位，其中农业科技人才 62.6 万人，农村科技实用人才 820 万人。虽然农业、农村科技人员绝对数量较多，但与广大农村的需求相比，相差仍然较大，特别是基层农业技术人员严重不足。相比工业而言，我国的农业发展速度迟缓，经济效益低，对技术人员的吸引能力弱，因此，学生在选择专业时，对农业的相关专业兴趣不高，造成我国高水平的农业技术人员供给有限。如图 5-18 所示，在除专业学位以外的 9 个专业大类中，农学的硕士研究生只占到了全部的 3% 左右，其占比仅高于哲学、军事学和历史学专业的研究生。

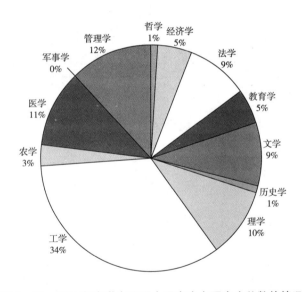

图 5-18　2011 年农学专业硕士研究生占研究生总数的情况

（三）技术与实践的结合存在瓶颈，科技成果转化率低

农业科技人员的知识更新速度与科技发展速度有差距，存在理论实践相脱节现象，成为新成果转化的障碍因素。个别技术人员因专业所限，不能应答较为先进的技术问题。一些技术干部有理论，无实践，纸上谈兵，实践技能较差，不利于解决实践中的技术难题。据统计，我国整体科技成果转化率

为25%左右。目前,每年有6000多项省部以上农业科技成果获各类奖项,但转化率也只有30%~40%。而英、法、德等发达国家科技成果转化率为50%,美国更是高达80%~85%。过低的转化率一方面说明农业科技成果的实用性差;另一方面,国家没有投入足够的成果转化资金支持农业科技成果的应用,导致前期投入研究的人力、物力难以实现其应有价值,使本来已紧张的科研经费没有充分发挥作用。因此,提高农业科技成果转化率,使更多的成果走向产业化,是今后一个时期农业科技工作的重点之一。

五 应急管理体系不完善

灾害的应急管理体系是指针对灾害的发生而采取的一系列必要管理行为的总和,其目标是保障公众生命财产安全、促进社会和谐健康发展的有关活动。根据灾害的预防、预警、发生和善后四个阶段,自然灾害的应急管理可以分为:预防与应急准备、监测与预警、应急处置与救援和灾后恢复与重建四个过程。全面完善的灾害应急管理体系可以为粮食生产的防灾减灾工作提供制度支持,提高防灾减灾工作的效率,但目前我国灾害管理的各个环节都存在一定的问题。

(一) 灾害应急管理的法律体系不够完善

当前,我国防灾减灾立法普遍采取针对水灾、地震、火灾、气象灾害等单一灾种单独立法的模式,先后颁布和实施了与减灾有关的法律法规30余部,如《防震减灾法》《防洪法》《气象法》《森林防火条例》等法规。这些法律法规的颁布提升了灾害管理工作,增强了灾害管理法制化水平,对防灾减灾工作起到了一定的指导作用。但是,由于我国防灾相关法律颁布时间有先有后,颁布的背景也有很大差异,因此,即使其涵盖了灾害的各个方面,但不同的灾害管理法规之间缺乏统一性,各部门在具体执行防灾减灾工作时也容易产生不协调。

第一,缺乏防灾减灾的基本法。不同的灾害固然有其独特的预防措施和灾后应急措施,但对于不同的灾害我国应制定一部从宏观上规定灾前监测预警、应灾准备、灾后应急处理等程序和管理流程的基本法律。基本法的缺失致使当今综合减灾体系建设形同虚设,不少防灾减灾内容无法落实,且灾害发生后,政府与社会、中央与地方的责任划分不清。第二,不同的法律缺乏统一性。现行法律多针对具体灾害，相对独立，不同的防灾法律在制定时由于缺乏基本法为依托，造成相互之间或是联系较少，或是内容简单、可操作性不强，或是相互矛盾、执行上不协调，或是条文重复。第三，我国防灾法律虽然包含了我国发生较为频繁的几种灾害，但整体上看，覆盖的灾种范围仍然较少，由于全球生态环境的变化，我国在今后所要面临的灾害的种类也会发生改变，因此我国应顺应社会的发展，弥补我国在地质灾害、暴雨、雪灾、生物恐怖威胁等方面的立法空白。

（二）缺乏统一的应急管理协调综合部门

自然灾害虽然具有偶发性，但如今自然灾害的发生日益频繁，强度越来越大，造成的后果也越来越严重，因此政府和有关管理部门必须将防灾减灾工作纳入其日常管理工作的重要组成部分，而不能在灾害发生时临时抱佛脚，凭主观判断指导和组织抗灾工作。

长期以来，我国由于受分门别类的灾害应急管理体制的限制，形成了单一灾种分部门、分地区的单一灾害管理模式，地震、海洋灾害、台风、水旱灾害、病虫害、火灾、爆炸、交通事故、传染病等分别由地震、海洋、水利、农业、公安、安监、卫生等部门主管。这种体制有一定的便利，但因缺乏综合管理机制和部门之间的有效协调机制，必然带来行业分割、城乡分割乃至灾种分割，并具体表现在政策分割、资源分割上，其后果便是灾害管理中的缺漏与交叉并存，进而直接影响到防灾减灾资源的合理配置。因此，要尽快开展灾害资源的整合，政府始终要发挥主导作用，构建全社会统一的灾害管理、指挥、协调机制，实现由单一减灾向综合减灾的转变，形成灾害应急管理的合力。

（三）灾前预报、灾后应急处置和修复能力有限

只有相应的政策法律支持和管理机构对于提高粮食生产的防灾减灾工作还是不够的，其根本还是要提高具体的行动能力及灾前预警能力、灾时处置能力和灾后修复能力。近年来，国家对粮食生产灾害预警和应急管理越来越重视，我国粮食生产的防灾减灾能力不断增强。一是建立健全了灾害预警队伍。通过近几年的努力，特别是"十一五"期间的努力，基本建立了农业部、省、市、县四级农情调度体系。二是完善了灾害信息预警机制。制定了一整套灾害信息调度月历，规范了调度内容，形成了农业、气象、水利等多部门协作的灾情会商机制，为准确预测灾情，及时采取应对措施提供了保

障。三是形成了一套防灾减灾技术措施。对省内常发的主要自然灾害，在总结多年经验的基础上基本形成了一套应对技术措施，灾害发生后，能及时组织指导基层和农民落实相应措施。但是，在看到农业灾害预警工作取得进展的同时，也应当看到，一方面，由于生态破坏等因素自然灾害威力加重；另一方面，发展现代农业对粮食生产灾害预警的要求越来越高，现有的灾害预警体系还有许多需要发展和完善的地方，突出表现在以下几个方面。

第一，不能准确预测暴发时间及灾害强度。由于不能准确预测暴发时间及灾害强度，导致应急防范措施不能及时组织落实。预警信息不畅是多年来灾后反映出的主要问题，农民需要的是灾前预警信息，灾后需要的是市场、产品、价格信息。而这些信息却不能及时发布，原因是缺少较好的发布平台。

第二，灾情超前分析判断主动性不够。建立完善的队伍，实现灾情的及时上报、汇总是农业灾害预警的一大进步，但这种模式天生存在缺陷。因为农业灾害的表现往往存在的一定的滞后性；逐级上报汇总灾情数据往往需要一定的时间，难以满足快速决策的需要。

第三，灾后应急反应速度较慢。面对自然灾害，虽然能够在第一时间内启动应急响应，但由于县乡两级财力十分有限，仅能启动领导组织流、科技人员流，关键的救灾物资流反而难以快速启动或满足。

第四，灾后救助机制尚未建立。目前我国已经提高的是灾情监测、预警和灾后培训、指导，但是灾后救助保障、灾害的救助补偿却还未起步。农业保险刚刚起步，且仅限于烤烟生产，救灾以政府为主导，资金来源也主要是以财政拨款为主，社会捐助少，救灾资金投入不足，灾后恢复生产的资金、物资缺口很大。

第三节　提高我国粮食生产防灾减灾工作成效的对策

一　完善灾害立法，建立专门灾害应急管理机构

（一）完善粮食生产防灾减灾长效法律机制

在粮食生产的灾害管理中，法制建设至关重要，灾害管理法是国家制定并以国家强制力保证实施的有关灾害管理的法律法规的总称，对灾害的管理

起着调控、保障、规范和监督的作用，是加强灾害管理工作的根本途径和有力武器。发达国家通过法律法规对不同行政区域在应对重大灾害事件时如政府职责、队伍建设、资源配备、信息发布、应急计划、应急服务等一系列工作都做出了明确的规定。

日本作为一个自然灾害频发的国家，其灾害管理体系的建立算是世界上较为成功的。目前，日本有关各类灾害管理的法律达 40 多部，其中涉及地震灾害应急管理的法律有 10 多部，这些法律对地震的预防、发生地震时的处理、地震危机信息传递、灾后重建以及政府财政资金的收支等都做出了具体规定，从而使应急管理有法可依。根据日本《灾害救助法》第 37 条规定，东京必须每年按照前 3 年的地方普通税收额平均值的千分之五作为灾害救助基金进行累积，从而保证了应急管理资金的有效供应；同时，《灾害对策基本法》对防灾的权责关系，系统性、预防性防灾措施，财政援助等都进行了明确规定；日本政府从社会治安、自然灾害等不同的方面，建立以内阁首相为危机管理最高指挥官的危机管理体系，负责全国的危机管理，很多政府部门都设有负责危机管理的处室。在这一灾害管理体系中，日本政府还根据不同的灾害类别，启动不同的危机管理部门[1]。

虽然，目前我国有涉灾法律多达 30 部，但是这些法律东打一拳，西打一拳，形成分散的立法格局，并不利于对灾害问题进行综合治理，更直接影响着防灾减灾的效果。因此，我国应借鉴其他国家的成功经验，吸取历史的经验教训，针对目前我国抗灾法律体系中的不足和缺陷，结合粮食安全的现实，对现有的防灾减灾法律进行整合创新，使之不断健全完善。

目前，国家宜加快制定综合防灾减灾基本法，即针对一切灾害，跨越灾种与部门界限，集中解决防灾减灾理念、原则、责任分担及其他共性问题。在此基础上，进一步完善现行各种防灾减灾法规，制定技术标准和规范，为综合防灾减灾提供具体依据。形成以综合防灾减灾法为基石、专门立法为主体、相关政策配套的健全的法律体系，通过一套完整的灾害管理法律法规体系来规范政府和公民的涉灾行为。并以法律形式设立相关标准，强制进行科学的洪涝、旱灾预警和监控。一是制定数据共享的规范模式，统一应用能够动态分析工业、农业和城市灾情的模型和软件平台，打破行业信息条块分割局面；二是作为重点课题，组织有关部门和科研力量加快信息化预警和监控技术研发，研究制定综合的灾害监测指标体系和预警参数，建立科学高效的预警机制，从根本上摆脱被动抗灾的局面。

同时，为了落实法律的实施还需要进一步明确中央与地方的职责，建议建立以块块（属地）为主、条条（部门）为辅的分级灾害管理体制，确立地方政府直接负责、中央政府扮演最后出台角色的责任机制，以督促地方政府主动防灾减灾，并充分发挥其了解本地灾情且可以群防群治的传统优势。

（二）　建立专门的灾害管理机构，构筑完善的防灾减灾质量管理体系

当然，仅有专门性法律法规还是不够的，从灾害综合管理的角度看，建立专门的自然灾害应急管理决策和协调机构是保证灾害管理法规不会成为一纸空文的重要环节。因此，在健全的法律法规作保障的基础上，我国还应当借鉴国际经验建立统一的、专门的自然灾害应急管理机构，从而建立健全重大农业灾害防控协调联动机制。考虑粮食安全的重要性，在粮食生产的防灾减灾中，我国需要建立一个"明确"的管理部门：各级政府和部门、单位的责任明确、防灾减灾各环节的任务明确、不同灾害的负责部门和发生后的行动明确。同时建议按照ISO9001 - 2000质量管理体系国际标准，构筑完善的防灾减灾管理体系，完善公共行政部门和其他社会部门的联动机制，提高社会整体的防灾减灾能力。

首先，应将关乎抗旱防洪等重大灾害事项的环境保护、水利设施建设、应急能力、防控灾害能力和效果等事项纳入地方政府和部门考核范畴，提高政府部门的防灾减灾主动性和责任感；其次，明确水利、农业、国土资源、商务、金融等多个部门的分工和责任，同时建立部门之间的协调机制，带动每一个单位、每一个部门、每一个成员都实质性地参与到日常的防灾减灾工作中来，充分利用资源一体化的防灾减灾工作体系，每个部门都不虚设，每个部门都如同机械系统中的齿轮，有各自的责任，却又和其他的齿轮紧密相连；再次，进一步界定中央与地方、主管部门与专业机构之间的工作责任。经过几十年建设，我国的防控体制、机制仍没有明晰、严格、规范地界定出各主体间的责任，中央和地方之间、城乡之间、流域和中小河流的上中下游之间的责任尚不清楚，自下而上的以社区、地方为主体的防灾减灾体制、监控预警机制和法制不够健全。应依法建立以地方为主体的防灾减灾体系，夯实地方的防灾减灾能力。

二　加大宣传力度，树立科学的防灾减灾理念

当前的灾害问题不仅存在着灾害链条与灾损链条，而且自然因素与人为因素相互交织在一起，这决定了以往采取单项措施或者分割治理措施都很难取得预期的防灾减灾效果。因此，必须打破传统的灾种分割格局的束缚，强化针对灾害问题的综合治理，包括普及灾害知识，提高防灾减灾意识，统筹规划应对灾害的措施，合理布局防灾减灾设施，整合当前过度分割的资源配置，力求取得综合的防灾减灾效果。

健全农业服务体系，稳定和加强农业技术推广队伍，是加强农业抗灾避灾的基础。各级政府及各类农业技术推广服务部门，要加强宣传发动，营造良好氛围，增强基层干部及农民防灾减灾的意识。加强对抗灾救灾情况的宣传报道，坚定抗灾救灾必胜的信心。有线电视、网络等平台应开辟农业科普专栏，广泛宣传灾害的产生、预防等科普知识，合理引导农民改善生态环境，选种抗逆性强的农作物，加强田间管理，发布预测预报信息，提高民众防范意识和防范水平，统筹各个阶段、各种措施手段、各类资源，树立科学的防灾减灾理念。

推进全社会减灾服务体系。依法建立全社会的防灾减灾责任机制，有利于充分发挥全社会的力量投入防灾减灾工作，也可以在很大程度上避免一些部门、行业和个人再以自然灾害为幌子向国家等、靠、要的情况。加拿大通过立法明确规定了政府在应对自然灾害和突发事件中的职责，但并不是让政府承担所有的责任，而是形成了在全社会各行业、各部门乃至各家庭根据自身特点研究制定防灾、减灾战略，部署和安排防灾减灾工作，各司其职，共同承担防灾减灾责任机制。

因此，我国也应重视全民性防灾减灾机制的建设，以充分发挥各个部门、各个行业的优势，使防灾、减灾服务更具有针对性，更为行之有效。为此，要及时地向公众发布自然灾害和突发事件的信息，对启动社会责任机制和社会服务体系，减少灾害损失至关重要。通过互联网、报纸、电视、广播等多种渠道及时发布自然灾害的信息，针对农户广泛开展应对自然灾害的全

民教育，使民众及时了解自然灾害对粮食安全所带来的危害，以及避免和减少这些危害的可能，采用相应的措施、方法，发动民众和社会各界投入应对自然灾害及防灾、减灾工作中。

三　改善生态环境，加强水土资源保护和利用

防灾减灾是农业生产中的长期任务，但是生态环境的恶化削弱了生态系统自身的调节能力，使重大自然灾害的发生更加频繁、影响更加巨大，因此做好粮食生产防灾减灾工作的重要一环，就是从源头上减少灾害的发生。认识到环境脆弱化是我国农业灾害加剧的根源，就应坚持"以防为主，防抗结合，可持续治理和综合治理"的方针，变被动抗灾为主动防灾，积极开展各项环境保护活动，修复已经破损的自然生态系统。

（一）改善生态环境

首先，增强生态意识，树立保护生态环境就是保护生产的观念，应该认识到环境脆弱化是我国农业灾害加剧的根源，并进一步明确改善生态环境是增加农业后劲的重要手段。严格立法，从国家强制力的角度明确破坏生态、污染环境等行为的严重后果，明令禁止现有工业生产、农业耕作中的污染行为。对工业"三废"要严格排放标准，完善监测体系，对违规排放的厂矿企业要依法从严从重惩处。

其次，加强林业的生态建设。森林是"地球之肺"，它是大自然的"调度师"，调节自然界中空气和水的循环，不仅能稳定生态气候，减少洪涝、干旱的发生，还能涵养水源，保持水土，减轻泥土对河湖塘堰的淤积，而且还能减少风沙灾害的发生。因此退耕还林、加强生态林区的保护和培养，能够减少自然灾害的发生，为粮食生产创造更为稳定的条件。如湖南省炎陵县近几年来通过生态工程建设和生态种养模式的推广，森林覆盖率提高到74%，森林植被有效地拦截地表径流70%左右，水土流失率下降80%以上，农民收入每年增幅在20元左右，实现了经济、生态目标双赢。①

最后，实行还湖还草。湖泊在生态环境保护和区域性气象灾害防御中具

---

① 王道龙等：《20世纪90年代以来主要气象灾害对我国粮食生产的影响与减灾对策》，《灾害学》2006年第1期，第18~21页。

有十分重要的作用——不仅是洪水的天然调蓄区域，能有效防御洪涝灾害，而且能改善区域气候。因此，保护湖泊资源也是增强我国粮食生产防灾减灾能力的重要一环，为此在耕种过程中应严格控制农药、化肥的使用，大力倡导堆肥、厩肥、植物秸秆等有机肥的使用，防止农药化肥、工业引起的水污染。

（二）加强水土资源保护和利用

以"水""土"为核心，提高对粮食生产资源的保护力度。土地是农业生产的根基，水源是农业生产的命脉，同时也是气候变化影响最为明显的资源要素。因此，增强农业、粮食等主要作物抗灾防灾能力，必须以治水、治土为核心，实行"水土新政"，坚定实行耕地总量平衡，合理利用水源，大力节水，减轻和防治污染。与此同时，要严格贯彻实施《土地法》和《水法》，运用法律武器保护土地和水源等资源。

目前我国农业用水占全部供水量的 65% 以上，面对我国干旱危害不断加重的局面，南北粮食生产与水资源的结构性失衡和水资源日益紧缺，是我国粮食生产过程中防控旱灾面临的主要问题。如何破解这些问题呢？

第一，要进一步平衡粮食生产布局与水资源结构。改革开放以来，北方因中低产田改造，粮食产量大幅提高；南方则出现了耕地面积减少、种粮效益下滑、复种指数降低等现象，导致我国粮食生产重心持续从丰水的南方向缺水的北方转移。但是，由于地表水和地下水资源的过度消耗，北方地区大多难以满足应对持续干旱的用水需求，应急打井成为抗旱的主要措施之一，同时，过量开采地下水以及城市化速度加快也造成局部地区防洪能力下降，从而形成恶性循环趋势。因此，在今后的工作中，应根据人口与资源规定各省粮食生产责任与量化任务，采取政策约束与市场调控相结合的措施，重新提高南方粮食产量在全国的比重，保障和促进粮食生产与水资源的良性循环发展；加快防洪工程建设，提高防洪标准和地下水开采标准。

第二，发展节水农业。发展节水农业是防控旱灾中一项战略措施，而节水灌溉又是节水农业的重要措施之一。有关研究表明，通过发展农田节水，在灌区小麦和水稻生产上具有节水 360 亿立方米的潜力，在旱作区增加自然降水利用效率上具有 260 亿立方米的潜力，相当于解决 2010 年农业用水缺口的 40%。目前我国农业灌溉用水浪费仍很严重。因此，应把农田节水作为推动农业可持续发展的战略性措施，进行系统规划、整合投入、强化落实。田间基础设施建设与完善配套，是实现农田节水的关键性措施。农田节水技术普及与推广是保证基础设施发挥作用和提高水利用效率的重要手段。因此，要加强节水技术培训，建立健全农田节水技术推广机构，培养造就一支高素质的农田节水技术推广队伍。根据区域性水资源和农业生产特点，结合优势作物和特色产品生产，完善技术服务手段，规范农田节水技术，配置土壤墒情监测设备，建立土壤墒情监测网络，建立信息采集和发布平台，定期测定和发布土壤墒情信息，同时，因地制宜建立不同模式、不同层次的农田节水技术集成示范区，展示技术效果，带动周边农户，扩大技术覆盖范围。

四　加强基础设施建设，提高粮食生产抗御灾害能力

在粮食生产过程中，要想成功的防灾减灾，必须整合一系列相互联系的行动，给予其中每一个环节足够的重视和支持，才能圆满完成防灾减灾工作。事先的备灾和减灾措施，由于其较好的预防性往往能最有效地减轻灾害后果，从而减轻灾后修复的工作。因此在我国新农村建设背景下的粮食生产防灾减灾体系构建必须加强农业基础设施的建设，不断加大我国农业基础设施的资金和技术投入，改善我国粮食生产条件，从而从根本上不断提高粮食生产抗御自然灾害的能力。

农业基础设施主要包括农业生产基础设施和农业防灾减灾基础设施，良好的农业生产设施可以降低农业灾害风险，而配套的农业防灾减灾设施则可以减少农业灾害危害程度，二者相辅相成、相互促进，对于农业的发展具有十分重要的作用。当前，我国农业主灌区骨干建筑物的完好率不足40%，工程配套率不足70%，中低产田占全国耕地面积的65%左右。农业基础设施的不完善必然会影响到农业防灾减灾工作并进一步影响我国农业生产和新农村建设步伐。

做好我国减灾农业的建设，必须牢牢抓住新农村建设的契机，加强农业商品粮基地、旱作农业示范基地、病虫害预报体系、牧区防灾保畜、农情信息体系等的农业基础减灾设施的建设；进一步加快农田水利基础设施建设步伐，抓好水源工程建设和排灌区续建配套设施，推广农业节水灌溉技术，提高地区自身排涝能力和抗旱能力；提高农业生产中的现代化机械的普及程

度，为农业抗灾、救灾工作提供基本设备保障，实现我国由自然农业向现代农业的转变。

农田水利是粮食生产的命脉，是保障粮食安全不可或缺的重要前提。面对当前我国农田水利设施建设落后，水资源调配能力弱，受城市化、工业化挤出效应明显等问题，为了提高我国粮食生产的防灾减灾能力，我国应加大农田水利设施的建设，具体应做到以下几点。

第一，加大土地出让收益统筹力度。农田水利基础设施公益性强，需要加大政府投资和统筹力度。鉴于东、中、西部经济发展水平存在差异，中西部地区土地价值较低，但粮食生产和水利建设任务较重，因此建议中央财政对全国土地出让收益的一定比例进行统筹，对中西部地区、粮食主产区水利投入进行适当倾斜。

第二，拓宽水利发展融资渠道。一是建立农田水利发展基金，由中央财政预算拨款、特别捐款、投资收益等组成，用于农田水利设施建设与管护。二是增加水利建设中长期贷款，并给予适当财政贴息。水利建设投资大、周期长、回报低，西方国家多以中长期低息贷款给予支持，美国水利建设银行贷款的期限最长可达99年，日本一般为30~40年，大大减少了水利建设资金压力。三是鼓励水利企业上市融资，以其他方面经营收益弥补水利建设方面的亏损。

第三，理顺农田水利体制机制。一是完善流域管理与区域管理相结合的管理模式。进一步明确流域和区域管理权限职能，增强流域和区域水利建设统筹协调。二是切实加快"五小"水利工程产权制度改革。对受益户较少的工程，实行"谁建、谁有、谁管"；对受益户较多的工程，积极组建农民用水户协会为主的农民用水合作组织，实行民主管理。财政补助形成的资产归受益户或农民用水户所有。三是对灌溉用电实行财政补贴。在维持现有电价不变的情况下，对灌溉用电实行财政补贴，或对用电实报实销，提高农田灌溉效益。

第四，大力发展农业高效节水灌溉。一是将灌溉技术与农业技术相结合，因地制宜发展管道输水、喷灌和微灌等高效节水灌溉，优先在水资源短缺地区和粮食主产区集中连片实施，集中力量建设一批规模化高效节水灌溉示范区。二是配合大中型灌区以节水灌溉为主要目标的技术改造，建立大型灌区实时监控系统，提高用水效率和效益。三是制定产业支持、技术服务和财政补贴等政策措施，促进节水灌溉设备技术升级，推进农业高效节水灌溉良性发展。

五 建立农业保险制度，完善财政救助体系

粮食生产过程中的防灾减灾工作的开展仅靠国家制定强制性的灾害管理法律是不够的，还需要社会、集体和农户的合作。我国经济已经进入新的发展阶段，应该借鉴发达国家的经验，探讨适合国情的农业保险与补贴的新模式，建立由政府补贴扶持的农业保险政策。

（一）建立农业保险制度

美国的农民仅占其全国人口的2%，而这些农民种出来的作物，不但养活了近3亿美国人，还使美国成为世界上最大的农产品出口国。这除了美国农业体制、科技进步等因素的作用外，一个非常重要的原因就是美国政府长期实施的农业补贴政策。

美国的联邦农作物保险公司为商业保险机构提供再保险，降低商业保险机构参与农业保险的风险，调动其积极性。政府还对投保的农场主给予相当于保费50%～80%的补贴，使农场主只需支付很少的保费就能参加农业保险。欧洲一些国家如法国、瑞典、西班牙等国，农业保险体系不仅多样化，有政府保险机构、合股保险公司、大小型互助合作组织等，政府还对农民所交保险费补贴50%～80%。[①]

我国在20世纪80年代保险业恢复不久，原中国人民保险公司及其分支机构都设有专门的防灾防损部门，并配备专人负责防灾防损工作。可进入21世纪后，整个保险行业却几乎不再具有防灾防损功能。为了规避自然灾害给粮食生产带来的风险，需要建立完善的农业保险制度，从而实现农业风险转移的社会化，保障农民利益的最大化。

建议通过立法明确政府补贴方式及份额、巨灾风险分散途径等重要内容，在法律框架下，政府、农户、保险机构各司其职，不越界，不缺位，最

---

① 王道龙等：《20世纪90年代以来主要气象灾害对我国粮食生产的影响与减灾对策》，《灾害学》2006年第1期，第18～21页。

大限度地减低灾害风险和补偿灾害损失。具体应做到以下方面。

第一，对保险业进行战略定位，将保险业的发展纳入粮食生产防灾减灾体系中去，并给予优先发展。第二，明确保险业大发展的核心指标，并努力创造良好的法制环境，增加保险公司的数量。第三，增加保险市场主体，扩大保险供给规模，引导城乡居民积极参加商业保险，规范一切公共设施参加保险。第四，保险经营者要重塑理念，改良业务结构，健全防灾减损功能。第五，借鉴国际经验，建立专门的巨灾保险制度与农业政策型保险制度，建立和完善以政府补贴为主的政策性农业保险制度、农业自然灾害的合作保险制度、政府和社会共同联办的农业保险集团等多种方式的农业保险制度。第六，紧密结合我国保险市场和资本市场的具体情况，尽快实现重大农业灾害风险的证券化，成立巨灾风险证券化委员会，加强保险、银行和证券的统一监管，促使金融市场与保险市场相互融合，共同承担减少灾害损失的社会责任。第七，充分发挥商业保险灾害预警的功能。目前，随着保险市场的发展演化，保险的防灾防损职能开始退化，灾害预警职能逐渐凸显。近年许多有关中国灾害运行状况和趋势分析的报告大多来自境外保险机构。我国是自然灾害多发的国家，但就目前的情况来看，保险业对于自然灾害的赔偿比例低，对灾害的防范几乎是无所作为，因此中国的保险业应学习国外的保险机构，针对灾害对我国粮食生产造成的破坏和损失，充分发挥保险的防灾防损和经济补偿功能。

（二）完善财政救助体系

防灾减灾工作任务艰巨，工程浩大，需要大量的经费支持，因此在推动农业保险业发展的同时，政府还应对粮食生产给予足够的财政补贴。美国通过"灾害援助计划"给因灾害而遭受损失的农户补贴，帮助他们稳定收入以恢复生产。法、日等国家向农户发放长期低息贷款，政府负责补贴利息差额。日本为吸引商业银行增加对农业的信贷投入，政府还为一部分贷款提供担保。借鉴发达国家的经验，我国应进一步完善粮食生产的财政救助体系，加大重大自然灾害抗灾物质储备和资金投入，优化投入结构，实现防灾减灾效果最大化。

首先，应确立发展与减灾同步的原则，在国家年度财政预算中设立专门的粮食生产防灾减灾资金项目，明确防灾减灾预算占国家财政总预算比例范围，确保其和经济发展与财政增长同步增长；调整防灾减灾财政预算结构，加大财政对灾害监控预警工作的支持力度，将重心由灾后转向灾前防范、宣传教育，并重塑灾后救援机制、损失补偿机制，更加注重重点区域、主要灾种的防灾减灾投入；提高防灾减灾预算占国家财政总体预算的相对比例，参照日本的投入标准，我国可将这一比例设定为 5% 左右。

其次，考虑建立"地方负责、中央支援、分级承担"的粮食生产防灾减灾资金投入体系。防灾减灾的工作需要大量的资金投入，应对重大自然灾害也必须要有特殊的灾害损失分摊与补偿机制。如此多的资金仅由中央政府承担是不现实的，也不利于防灾减灾工作的开展。因此，要让地方政府在辖区内开展防灾减灾工作并承担相应的成本；当地方承担的防灾减灾成本超过其能力或其财政收入的某一比例时，中央可在评估后，决定是否提供援助以及提供多少援助；分级承担是指中央政府和地方各级政府共同承担防灾减灾成本，防灾减灾科研支出、国家重点防灾项目支出以及重特大灾害发生后的救灾和大部分灾后重建支出由中央政府承担。

最后，在防灾减灾方面积极支持各级财政在深化预算管理改革、加强预算绩效制度建设的同时，积极开展防灾减灾预算支出绩效评价、构建防灾减灾预算绩效管理体系，充分借鉴发达国家防灾减灾预算绩效管理的成功经验，按照我国加强政府绩效管理的要求，不断完善防灾减灾财政体制机制，强化防灾减灾支出责任和效率，逐步建立以防灾减灾预算支出绩效评价为手段，以结果应用为保障，贯穿预算编制、执行、监督全过程的具有中国特色的防灾减灾预算支出绩效管理体系，改进目前防灾减灾预算管理，提高我国防灾减灾预算支出的质量和公共服务水平。

六 健全农业灾害预警机制

目前，我国农业灾害信息化管理及预警监控能力相对薄弱，从国家到地方尚未建立起统一、完整的灾害管理监控数据库，部门之间的协作性不够，灾情监测信息和指标体系标准不尽统一，共享程度较低，灾情分析能力和技术水平有待提高，专业化和国际化水平不高，难以对灾情进行及时、全面、准确的分析和预警。亟待彻底改变"轻灾前，重救灾"的思维和工作模式，尽快建立健全先进的预警技术体系和科学的预警监控机制。

为了使防灾减灾工作更为高效，应该将科学技术融入防灾减灾的过程中去。科学防灾减灾相对于盲目防灾而言，更能够抓住自然灾害的特性，提出更为有针对性的防灾减灾措施，避免在防灾减灾过程中做违反科学规律的无用功，而且科学技术能够减少防灾减灾中的工作量和危险性，提高防灾减灾工作的效率，同时科学技术的进步对灾害的预报起到了不小的作用，提前做好准备是减少灾害给粮食生产带来损失的最佳途径。具体来说，科学技术可以在灾前、灾中、灾后发挥重要作用。

（一）强化预警理论研究与技术能力建设

与发达国家灾害监控预警体系相比较，我国的灾害监控预警理论与技术尚有差距。需按照预防为主、准备在先的原则，倍加重视预警机制基础建设，进一步提高技术能力，深化理论研究。一是加强统一的监控预警科学理论标准化研究，尽快制定数据共享的规范模式，统一应用能够动态分析工业、农业和城市灾害的模型、软件平台和数据库，打破行业信息条块分割局面。将信息共享作为防灾、减灾和预警能力提高的重要标准，从灾害的发生机理、影响因素、影响强度等多方面进行深入研究，制定综合、统一的灾害指标体系和预警参数，建立完善的标准化系统。二是组织有关部门和科研力量强化信息化监控预警专业技术研发，积极参与灾害监控预警的国际合作，快速提高专业技术能力和设备水平，完善包括地面监测、海洋海底观测和天－空－地观测在内的自然灾害立体监测预警体系。三是加强经济风险性预警研究。目前的灾害监控预警研究常常忽略了社会经济风险预测与分析。灾害监控预警和目的是为了防灾减灾，最大限度地降低经济损失，要将经济风险性研究列入灾害监控预警的范畴，建立灾害发生时空预报、社会经济承受能力预测评估、灾害预警、灾害预防和治理一体化的监控预警体系。四是加强灾害监控预警队伍中各类技术人才的培养，使科技人员不断更新相关知识，掌握前沿理论和最新技术。

（二）完善灾害危机预警管理体系

建议按照 ISO9001－2000 质量管理体系国际标准，构筑完善的灾害监控预警质量管理体系，不断优化资源配置，完善公共行政部门和其他社会部门的灾害防控联动机制，提高灾害监控预警公共行政能力和综合社会化管理水平。一是强化共同责任机制，将关乎抗旱防洪等重大灾害事项的监控预警能力和效果等事项纳入地方政府和部门考核范畴。二是强化灾害监控预警机构的综合性、调度性和权威性，构建多元型复合机构体系，充分发挥各级防汛指挥部门的协调作用，建立水利、农业、国土资源、商务、金融等多个部门协调联动机制和共同责任体系，明确分工和合作，要求各成员单位必须实质性参与日常运作，有效整合资源，形成统筹协调、部门联动的高效共同责任体系，确保从中央到地方切实执行防控灾害政策和措施。三是积极发展社会防灾减灾服务组织，动员全社会力量多渠道提高预警能力，积极尝试市场经济条件下的综合防控灾害方式创新，鼓励发展股份制研究和监控预警服务组织。四是进一步界定中央与地方、主管部门与专业机构之间的工作责任。经过几十年建设，我国的预测体系已经基本形成，以行业划分，气象、水文等预报体系已相对较完整。而防控的体制、机制并没有明晰、严格规范的界定出各主体间的责任，中央和地方之间、城乡之间、流域和中小河流的上中下游之间的责任尚不清楚，自下而上的以社区、地方为主体的防灾减灾体制、监控预警机制和法制不够健全。应依法建立以地方为主体的防灾减灾体系，夯实地方的监控预警能力。五是建立预警会商机制。围绕每一次灾害都会形成一个灾害链，巨灾的发生更是如此。一个主要灾害发生后，会接连引发其他一些次生灾害，形成链条关系。因此，一场灾害涉及多方面，各部门间的协调和联动就显得至关重要。有必要建立联合会商机制，高效顺畅地协调和组织监控预警工作。以洪水灾害为例，涉及农业、水利、建筑、交通等各个部门，灾情预警会商可起到事半功倍的效果。

（三）保障监控预警经费

灾害监控预警工作任务艰巨，工程浩大，需加大经费投入。一是加大财政对灾害监控预警工作的支持力度，改变长期以来习惯于把经费投入到灾中和灾后而很少投入到灾前防范的模式。同时加强对经费的监测巡查，确保监测管理机构正常运转和监测人员履职到位。二是充分利用商业保险灾害预警的功能。保险行业的风险管理不应当仅仅局限于保险业务经营过程中的风险内控，而销售保单、承担责任、照章理赔也并非保险服务的全部内容。为客户提供防灾防损的风险管理服务是保险业的重要任务。目前，随着保险市场的发展演化，保险的防灾防损职能开始退化，在保险业中，已经鲜见保险公司独家市场环境下的防灾防损服务部门，许多有关中国灾害运行状况和趋势分析的报告却大多来自境外保险机构。我国自然灾害频发，保险业对于防范自然灾害及减少自然灾害损失方面似乎无所作为，这一现象亟待改变。仅围绕灾后补偿做文章是中国保险业建设和发展中的重大缺陷。中国保险业根植于中国这块自然灾害频发的土地，必须紧密围绕自然灾害对于经济社会和民生造成的破坏和损失多做文章，充分发挥保险的防灾防损和经济补偿功能，体现保险业在中国存在和发展的客观必要性。三是建立政策性保险补偿机制。减灾的关键是健全先进的监控预警体系，多渠道筹措经费。应对重大自然灾害必须要有特殊的灾害损失分摊与补偿机制，按照市场化原则运作的商业保险难以担此重任，因此，建立中央财政为主要出资人并且不以营利为目的的纯政策性保险机构非常必要，通过大数法则和保险运行规则的科学运用，让纯政策性保险机构在应对重大自然灾害过程中发挥重要作用，辅助补充监控预警经费，可减少重大自然灾害发生之后国家财政预算的非正常波动。

（四）改进灾害监控布局

目前，普遍存在监测密度不够、覆盖面不全、预警服务难以适应社会需求的情况。每个行政县设有由中央气象台直管的气象观测站，水文监测则根据大江大河流域分布而布局了部分水文站，在地质灾害频发的地区，设有崩塌、滑坡监测站网。以县为基本单位的监控预警体系基本形成，但县以下监测站网较少，小江小河的水文、气象监测站网稀疏甚至没有。广大城乡也没有实现一体化水平的测报网络，面、线、点的综合立体监测密度尚有欠缺，无法实现全覆盖。应尽快组织力量科学布局监控网络，从根本上提高信息的准确性和精确性，促进预警水平的提升。完善我国粮食安全体系，最大限度地减少灾害损失，稳固我国粮食生产基础。

（五）依靠先进科学技术实现高效的灾后重建

灾害发生后，损失已经出现，而我们所要做的就是尽快从灾害中恢复生产，做到减产却不减收。这时我们就需要利用科技的力量，首先，要修复灾后的生产区域，如洪涝灾害地区要尽快排水；其次，要根据一年季节变化、光照和热量等自然条件，基于灾后的资源决定接下来的粮食生产计划，有效利用资源，尽快恢复生产。

提高农业生产的防灾减灾水平，尽快形成防灾减灾的专业人才队伍是关键性因素之一。将防灾减灾人才培养与专业队伍建设纳入科教兴国与人才强国战略中，加强防灾减灾科学研究、工程技术、救灾抢险和行政管理等方面的人才培养，强化基层灾害信息员队伍建设，真正构建起以科技防灾、用科技减灾的灾害治理格局。

七 因灾制宜，开发抗灾农作物品种

人类无法阻止自然灾害的发生，即使做到灾前预警也难以完全消除损失，在灾害发生时如何科学应对，仍然是防灾减灾的核心环节。首先，在灾害发生的过程中，要科学地抗灾、减灾、救灾，提高防灾措施的针对性和可操作性。例如，在发生旱灾时，水资源严重不足，就应该利用科学统筹规划粮食的灌溉时间、灌溉量、灌溉面积，力求以有限的水资源达到最大的粮食产量。其次，还可以利用生物技术研发出一系列的抗灾农作物品种，减少损失。随着地球温室效应的增强，全球升温，粮食生产过程中的病虫灾害发生的概率也逐渐上升，因此对农作物耕种过程中的用水管理、灌溉设备等一系列的粮食抗旱抗涝技术都提出了更为严苛的要求。同时也要求农业科研人员能够积极运用当前的理论知识，结合基因技术，培育出耐高温、耐干旱或耐涝、抗病虫害、抗冷冻害的优良农作物品种，以应对不同自然灾害的影响。最后，化肥、农药等物质的生产技术也应该适当改良，当前应该多设计一些适合粮食作物特性的肥料和农药。多施用有机肥，改善土壤有机质含量，提高抗灾能力。

第 六 章

工业化、城镇化与粮食安全保障研究

在工业化、城镇化加速推进的过程中，如何巩固和加强农业基础地位，提高农业现代化水平，确保国家粮食安全，是我国现代化建设中亟待破解的重大战略性课题之一。工业化、城镇化是各国经济社会发展的必然趋势，但是如果忽视农业承载能力和农民现实利益推动工业化和城镇化发展战略，将不利于解决我国的"三农"问题。过去，东部地区在工业化、城镇化过程中，耕地面积不断缩小，粮食生产相对下降，并从粮食净调出区变成净调入区。现在，中西部地区也已进入工业化、城镇化加速推进的关键时期，在实现经济社会快速发展的同时，如何正确处理工业化、城镇化与粮食安全之间的关系，成为当前面临的一个重要课题。基于此，本章通过对比东南沿海和中西部地区在工业化、城镇化发展过程中促进农业进步、稳定粮食生产的教训和经验，进而提出在确保粮食安全的基础上推进工业化、城镇化的途径与对策。

第一节 工业化、城镇化与粮食安全协同演化机理分析

一 我国工业化、城镇化发展现状

（一）我国工业化发展现状及格局变化

1978 年以来，在改革开放的带动下，沿海地区先行先试，引领了我国改革开放后工业化浪潮。经过 30 多年的发展，在市场机制作用和政府有效

引导下，除东部沿海地区外，中西部地区工业化步伐也明显加快。我国工业化格局发生了显著变化。

产业梯度转移是工业化过程中表现出的普遍性规律。在我国当前阶段，沿海工业化先行地区建设用地和生产生活用水等资源紧张，土地成本和工资成本上升等制约日益明显，一些企业开始谋求将资源密集型和劳动力密集型产业向内地转移。中西部很多地区顺势而为，紧紧抓住产业转移的契机，着力开展招商引资工作，大力推进本地工业化进程，我国工业生产出现了由东南沿海地区向中西部和北方地区转移的趋势。

1. 沿海省份仍是我国工业化进程的主力军

沿海省份作为改革开放的前沿，依靠区位优势和政策优势，吸引外资、发展外贸，充分借助外部力量推动工业化进程，并为推动我国工业化进程做出了重要贡献。表6-1显示，1993～2007年，广东、山东、江苏、浙江等省对全国工业增长的贡献率（各省工业增加值的增量除以全国工业增加值的增量）一直稳居前4位。1993～2002年，四省对全国工业增长的贡献率合计达41.1%；在2002～2007年，这一数值为42.4%。同属于东南沿海地区的上海、福建排名也比较靠前，沿海省份仍是我国工业化的主力军。

表6-1　各省份对全国工业增长贡献率

单位：%

排名	省　份	2002～2007年	排名	省　份	1993～2002年
1	广　东	12.7	1	广　东	12.1
2	山　东	11.6	2	山　东	10.4
3	江　苏	10.8	3	江　苏	10.3
4	浙　江	7.3	4	浙　江	8.3
5	河　南	6.6	5	河　北	5.9
6	河　北	5.1	6	河　南	5.6
7	上　海	3.9	7	湖　北	4.9
8	辽　宁	3.8	8	福　建	4.6
9	四　川	3.1	9	上　海	4.5
10	山　西	2.9	10	辽　宁	4.3
11	内蒙古	2.9	11	黑龙江	4.1
12	福　建	2.8	12	湖　南	3.1
13	湖　南	2.6	13	安　徽	2.6
14	陕　西	2.4	14	四　川	2.5
15	天　津	2.3	15	天　津	1.9
16	江　西	2.1	16	山　西	1.8

2. 工业化发展区域在北移

2002 年以来，中西部一些省份工业化步伐明显加快，正在成为工业化增长的新引擎。从表 6-2 可见，2002 年以来，工业化率提升最快的 10 个省份，除海南、天津外，全部是中西部省份。排在前 5 位的省份工业化率年均提高 2 个百分点以上，其中青海、陕西、内蒙古、新疆为西部省份，江西为中部省份。山西、河南、宁夏等省份也表现出较强的增长态势。

表 6-2　2002~2007 年工业化率增加值及其排名

排名	1	2	3	4	5	6	7	8
省份	青海	江西	陕西	内蒙古	新疆	山西	河南	海南
数值	0.15	0.13	0.13	0.12	0.1	0.09	0.09	0.09

排名	9	10	11	12	13	14	15	
省份	天津	宁夏	山东	广西	甘肃	贵州	四川	
数值	0.08	0.08	0.08	0.07	0.06	0.05	0.05	

3. 工业化增长引擎在北移

工业化率主要衡量各省份工业增加值增量的变化情况。各省份对全国工业化增长的贡献率（各省工业增加值的增幅除以全国工业增加值的增幅），主要衡量的是工业增加值存量变化的情况，是一种更大幅度、更深层次的变动。增量的变动要累积到一定程度才会影响存量格局的改变，从增量格局变动到存量格局变动中间存在着一定的时间差。

从表 6-1 可见，广东、山东、江苏、浙江等作为沿海地区工业化先行省份，虽然对全国工业增长的贡献率一直居前，但除江苏外，贡献率均出现了不同程度的下降。在其他沿海省份中，福建、上海的贡献率也出现了小幅度的下降。同时，与 1993~2002 年这个时间段相比，在 2002~2007 年，河南、四川、山西、内蒙古、陕西等中西部省份的贡献率分别提高了 1 个、0.6 个、1.1 个、1.5 个和 1.1 个百分点，跻身全国前 15 位的行列。

（二）我国城镇化发展历程、主要特点和面临的困难

诺贝尔经济学奖获得者——美国著名经济学家斯蒂格利茨说过，影响 21 世纪世界发展的两件大事：一是美国的高科技；二是中国的城镇化。城镇化实质是经济结构、社会结构和空间结构的变迁。从经济结构变迁看，城镇化过程也就是农业活动逐步向非农业活动转化和产业结构升级的过程；从社会结构变迁看，城镇化是农村人口逐步转变为城镇人口以及城镇文化、生活方式和价值观念向农村扩散的过程；从空间结构变迁看，城镇化是各种生产要素和产业活动向城镇地区聚集以及聚集后的再分散过程。加快城镇化进程，不仅产生大规模的生产性投资需求；而且能够加速农村人口向城市转移，提高农村居民收入，释放出巨大的生活性消费需求。

1. 我国城镇化发展历程

根据政策变迁及城镇化发展规律，综合有关研究，可以将新中国成立以来的城镇化进程简单划分为以下几个阶段。

（1）城镇化恢复和起步阶段（1949～1957年）。"一五"时期，随着国民经济的恢复和发展，尤其是156个重点项目建设，城市建设随之展开，大量农村人口进入城市就业、定居，城市数量稳步增加，从1949年的136座增加到1957年的176座；城镇人口稳步提高，从5765万人增加到9949万人，城镇化水平由10.6%提高到15.4%，年均提高0.6个百分点。总体上看，这一时期的城镇发展及城镇人口增长基本适应了国民经济发展。

（2）城镇化剧烈波动阶段（1958～1965年）。1958～1960年"大跃进"时期，我国工业化在脱离了农业发展的基础上高速推进，一大批工业项目盲目上马，致使农村人口大规模涌入城镇，3年内城镇人口净增2352万人，年均约新增城市8座，城镇化水平迅速提高到19.75%（年均提高1.45个百分点）。但这种"跃进式城镇化"难以长期持续。1961年，我国对整个经济实行"调整、巩固、充实、提高"方针，城镇化进入了三年调整时期，停建和缓建了一大批工业项目，政府动员大量城镇人口回农村，一部分新设市恢复到县级建制而一部分地级市则降级为县级市，3年间城市总数合计减少25座（1963年就撤销城市24座），城镇化水平也骤降2.46个百分点为16.84%，出现了极不正常的"逆"城市化现象。而在随后的1964～1965年，由于经济形势有所好转，城镇化开始呈现回升态势，到1965年底全国城镇人口缓慢增加到13045万人，城镇化水平也恢复到18%附近（17.98%）。

（3）城镇化徘徊停滞阶段（1966～1978年）。整个"文化大革命"期间以及受其影响的随后两年中，全国大约有3000多万城镇青年学生、干部和知识分子到农村去劳动和安家落户，而且以备战为目的的"三线"建设使得基建投资在很大程度上与原有城镇脱节从而导致城镇建设大大滞后，许多小城镇日益衰败。从 1966 年到 1978 年虽然城镇总人口从 13313 万人增加到 17245 万人，但由于全国总人口也基本保持了同样的增速（从 74542 万人到 96259 万人），总体城镇化水平仅从 17.86% 缓慢提高到 17.92%，整个 13 年间全国城市总数只增加了 21 个。

（4）城镇化恢复发展阶段（1979～1995 年）。1978 年后，随着改革开放的推进，国家开始重新重视城镇的发展，全国城镇人口快速增长，城镇数量迅猛上升，城镇化水平不断提高。1979～1995 年，城镇人口从 17245 万人增加到 35174 万人，城镇化水平从 17.92% 提高到 29.04%，年均提高 0.65 个百分点。但由于农民进入大中城市就业和定居的门槛依然偏高，且小城镇的吸纳能力有限，导致大城市中长期暂住人口的大量增加。

（5）城镇化加速发展阶段（1996～2012 年）。"十五"以来，国家强调走一条符合我国国情、大中小城市和小城镇协调发展的城镇化道路，中国城镇建设开始了新一轮的高速增长期，大城市在创造就业、吸纳人口方面的作用不断显现，依托大城市的城市群逐步显现，城镇化逐渐步入快速增长期，城镇化水平迅速从 1996 年的 30.48% 提高到 2012 年的 52.57%，年均增长 1.38 个百分点。

2. 改革开放以来我国城镇化发展的主要特点

改革开放 30 年是中国城镇化快速发展的时期，城镇化率从 1978 年落后世界平均水平 20.6 个百分点，到 2008 年已缩小到不足 4 个百分点。总体看，这一时期城镇化发展主要呈现以下特点。

一是进城农民工是城镇化发展的主体。与世界其他国家城镇化发展一样，中国城镇化的快速增长依赖大量农村人口进入城镇来实现，但与其他国家又有所不同，中国进城农民大多数并没有真正融入城镇，而是处于在城镇和农村之间不断流动的状态。2007 年我国城镇人口相比 1978 年增加了 4.2 亿人，外出农民工迅速从 3890 万人增加到 1.6 亿人，占城镇人口增长量的 38.1%，流动就业的农民工成为我国城镇化发展的主体。城市吸纳农民工的作用日益突出，1999 年流向地级以上城市的农民工仅占 24.6%，到 2008 年已达 61%。

二是城镇空间的扩张主要依靠行政力量主导。据统计，1981 年我国城市建成区面积 7438 平方公里，到 2008 年扩大到 36295 平方公里，27 年间增长了 4.88 倍。城市空间的拓展主要通过撤县设市、撤县（市）设区等行政手段来增加城市和市辖区数量，扩大城市发展的空间，增加城市人口规模和经济总量。1985～1988 年，城市数量增加了 34%，建成区面积增长了 28.9%；1992～1996 年，城市数量增长了 26.9%，建成区面积增长了 35.1%。

三是体制改革激发城镇化发展活力。改革开放后，为适应经济体制改革和经济发展需要，我国对原有城镇化政策进行修订并颁布了一批新政策，对促进我国城镇发展起到了重要作用。随着市、镇设置标准的放宽和允许农民进城落户政策的历史性落实，农村富余劳动力开始进入城镇从事第二、第三产业，乡镇工业开始迅猛发展并带动了广大农村地区的城镇化步伐，而小城镇的蓬勃发展也成为这一时期中国城镇化进程的重要推动力量。

3. 我国城镇化面临的形势

改革开放以来，我国各地城镇化的快速推进大多建立在传统发展模式的基础之上，这种城镇化模式存在一系列突出问题。

一是城镇化滞后于工业化。据世界银行的报告显示，绝大多数国家和地区城镇化领先于工业化。世界城镇化与工业化率之比的均值为 1.4。而我国仅为 0.63，在发展实践中的表现就是，第三产业特别是生产性服务业的发展滞后于第二产业的发展，阻碍了我国向集约型经济增长方式的转变。

二是城乡发展不协调。我国过去走的是农村支援城市的城镇化发展道路，不仅将财力主要投向大城市建设，而且由于长期存在工农产品价格剪刀差，导致农村和农业资源向城市和工业转移，城乡差距不断扩大，并严重影响了县域城镇化发展进程。

三是大量农民工没有实现向城镇人口转变。在城镇人口中还包含着大量农业户籍人口，从第五次人口普查开始将在城镇居住半年以上的农村人口纳入城镇人口统计范畴之中，据测算到 2007 年这部分人口达 1.6 亿人左右，不能享受现行户籍管理制度以及与之挂钩的收入、福利和其他附加公共服务。

四是城镇发展方式较为粗放。2000 年以来，中国城市建设用地快速扩张，从 2000 年到 2008 年，城市建设用地增长 77%，而城镇人口仅增长

32.1%。与此同时，城镇基础设施供给相对落后。据第二次农业普查数据显示，全国仅有19.4%的小城镇生活污水经过集中处理，36.7%的镇有垃圾处理站。

五是城镇化发展区域不平衡。2008年，中国东、中、西部地区的城镇化率分别为56.2%、43%和38.3%，同期东、中、西部地区吸纳城镇人口的比例分别为1:0.51:0.27。2008年东部地区100万以上人口的特大城市，吸纳了63.6%的城市人口，而中部和西部地区分别仅吸纳了36%和44.8%的城市人口。

六是城镇化发展的体制机制矛盾尚未根本破解。我国户籍制度限制了城镇人口向农村迁移，土地制度也不适应城镇化发展需要。

二 工业化、城镇化对粮食生产的影响分析

（一）工业化对粮食生产的影响

沿海工业化先行省份往往伴随着"非粮化"趋势，粮食生产逐渐重心北移，并引发了一系列问题。

1. 沿海工业化推动粮食生产重心北移

工业化快速推进，一方面需要大量占有农业用地，导致粮食播种面积减少；另一方面，也使种粮的机会成本上升、比较效益下降，越来越多的农民离开土地进城务工，"南粮北调"格局逐渐演变成"北粮南运"。

在水资源相对丰富的南方地区，工业化速度更快，粮食产量急剧减少。1997~2007年，上海、江苏、浙江、广东和福建等5省市粮食产量分别减少53%、12%、51%、32%和34%，湖北、四川、广西粮食产量分别减少17%、13%和10%。从减少绝对量来看，粮食减产最多的6个省依次是浙江、广东、湖北、四川、江苏和福建，这些省全部地处南方，其中有四个省地处沿海地区。自1997年以来，6省分别减少了153亿斤、123亿斤、90亿斤、87亿斤、86亿斤和65亿斤，合计达604亿斤。同期，全国粮食总产量增加近150亿斤，增产的省份基本在工业化进程相对较慢的北方地区。增产最多的5个省依次是河南、吉林、辽宁、黑龙江和山东，自1997年以来分别增产了270亿斤、129亿斤、104亿斤、72亿斤和59亿斤，合计达634亿斤。北方5省增产量则弥补了南方6省产量的减少，保证了全国粮食供求实

现了紧平衡。

粮食生产重心北移在稻谷生产方面体现得最为充分。在各粮食品种中，稻谷生产需水量最大，水资源供给变化对其生产布局影响更大。1997～2007年，浙江、广东、湖北、四川、江苏和福建等省稻谷产量分别减少了120亿斤、107亿斤、67亿斤、49亿斤、34亿斤和48亿斤，合计达425亿斤。其他南方省份，除江西、云南实现小幅增产外，其他基本上持平或略有减少。稻谷增产最多的是黑龙江，自1997年以来增产111亿斤，吉林和辽宁分别增产25亿斤和24亿斤。东三省合计增产160亿斤，不足以弥补南方省份的减产，导致全国稻谷总产下降了294亿斤。由于消费结构改变和人口总量增加，稻谷消费量稳步上升，但在粮食生产重心北移后，稻谷适宜种植面积缩小，大米供应量下降，实现稻米市场供求平衡的难度加大。

2. 工业化格局变化给国家粮食安全带来新的挑战

在工业化先行区粮食大幅减产后，粮食增产区基本上全部在北方的工业化后行区。在过去10年增产最多的5个省中，河南、吉林、辽宁、黑龙江和山东都存在着加速推进工业化的强烈需求。其中，河南、山东工业化推进速度相对较快，2002年以来工业化率分别提高了9个和7.8个百分点。在黑、吉、辽三省中，吉林的工业化速度基本赶上了全国平均水平，2002年以来，吉林省工业增加值占全国工业增加值的比重还轻微上升了0.07个百分点。同期，辽宁、黑龙江两省的这一指标分别下降了0.7个和1.3个百分点。在东北老工业基地振兴的大背景下，黑、吉、辽三省工业化重新启动，三省都制定了加快工业化战略。粮食增产前5位省份成为当前阶段推动工业化进程的主力军。如果这些省份像沿海先行工业化省份一样，以牺牲粮食生产为代价推进工业化进程，全国粮食安全的形势将更为严峻。

我国确定了黑龙江、吉林、辽宁、内蒙古、河北、河南、安徽、江苏、湖北、湖南、江西、山东、四川等13个省份作为粮食主产区。这13个主产区集中在中西部地区，除江苏是上一轮工业化先行区外，其余省份都在争取成为新的工业化进程主力军。在这13个主产区中，湖北、四川、江苏粮食产量已经出现了较大幅度减产，这三个省份粮食减产幅度均在全国前五位之

内。只有河南、山东和东三省粮食增产幅度较大，其他粮食主产区粮食产量
则基本持平。现阶段真正能净调出粮食的省份是黑、吉、蒙、豫、皖、赣6
个，其人均粮食占有量均超过880斤。而粮食主销区产需缺口也在逐年扩
大。7个主销区产量占全国总产量的比重已由12.2%下降到6.3%，产需缺
口也已扩大到1110亿斤。11个粮食平衡省份也由基本自给变为缺口200多
亿斤。随着工业化的推进，粮食主产区、平衡区和主销区都缺乏种粮积极
性，如果这种趋势持续，我国粮食安全保障就会出现问题。

　　3. 粮食生产重心北移加剧我国水资源供需结构矛盾

　　我国是一个水资源短缺的国家，每公顷耕地占有径流量不足世界平均水
平的80%，人均水资源占有量仅为世界平均值的1/4。并且，随着工业化的
深入发展，工业用水快速增长，越来越多的农业用水转作其他用途，农业灌
溉用水量在总用水量中的比重已从1980年的85%下降到2012年的61.8%。
这种变化趋势还会随着我国工业化进程的加速而继续。预计在未来20年，
新增的供水能力基本用于工业和城市，农业灌溉用水总量不会有明显增加。

　　除此之外，我国水资源空间分布与耕地资源的分布也不相匹配。北方耕
地面积占全国的3/5，而水资源总量仅占全国的1/5；相反，南方耕地面积
占全国的2/5，而水资源量却占全国的4/5。黄河、淮河、海河三大流域，
土地面积占全国的13.4%，耕地面积占39%，人口占35%，GDP占32%，
而水资源量仅占7.7%，耕地亩均水资源少于400立方米，是我国水资源最
为紧张的地区。西北内陆河流域，土地面积占全国的35%，耕地面积占
5.6%，人口占2.1%，GDP占1.8%，水资源量却只占4.8%。海河、淮河
流域已经严重缺水，黄河流域用水也已达到最大极限。

　　沿海地区工业化驱使粮食生产重心北移，加剧了水资源空间分布不均的
矛盾，北方地区粮食生产用水形势更加严峻。在过去10年中，增产最多的
河南、吉林、辽宁、黑龙江和山东等5个省份，全部处于水资源较为匮乏的
北方地区，5个省份人均水资源量分别仅为全国平均水平的26%、66%、
32%、67%和22%。其中，河南、辽宁和山东3个省份的情况最为严重，3
个省份供水总量中，依靠地下水的部分已经分别占到了60%、47%和46%。
相反，在过去10年中粮食产量下降最快的浙江、广东、湖北、四川、江苏
和福建等6个省份，多数处于南方的沿海地区，6个省份人均水资源量分别

为全国平均水平的 93%、88%、93%、147%、34% 和 157%，除江苏外，其他任何一个省份水资源禀赋都要好于粮食增产的北方 5 省。

在近年来粮食增产最多的华北地区，目前水资源超采量已在 1000 亿立方米以上。在近 10 年粮食增产最多的黄淮海流域，灌溉用水形势最为紧张。按照规划的灌溉面积，灌溉需水量将高达 4000 亿~4225 亿立方米，整个地区缺水 510 亿~580 亿立方米，相当于目前灌溉用水的 15% 左右，比海河流域的多年平均水资源量还高出 100 多亿立方米。北方大多数河流水资源开发利用已超出其承载能力，淮河、辽河、黄河流域水资源开发利用率接近或超过 60%，海河流域已超过 100%，均远远超过国际认定的科学开发比率。华北平原环渤海复合大漏斗总面积已达 7.28 万平方公里，覆盖河北省、天津市及山东省的广大平原，占区域总面积的 52%，形成了许多个以城市地区为代表的漏斗群。在过去 50 年中，我国北部地区地下水位已下降了 50 米，地下水无法及时再生。如果不对我国区域经济和水资源管理政策进行大的调整，我国区域性的水资源安全将难以得到有效保障。未来国家粮食安全出问题，最可能是局部地区出问题；北方粮区由于灌溉水资源短缺，是最容易出问题的地区。

（二）城镇化对粮食生产的影响

如果忽视农业承载能力和农民现实利益推动城镇化发展战略，将导致耕地功能改变，农业就业减少，粮食生产整体水平下降，不利于解决我国的"三农"问题。

1. 城镇化增加对粮食需求量

我国人口总量不断增长，按 2000~2010 年人口年均增长 0.57% 计，年均增加人口近 800 万人，依据《国家粮食安全中长期规划纲要（2008~2020年）》提出的 2010 年人均粮食消费量不低于 389 千克的要求，每年需要增加粮食 30 亿千克以上。而且由于城镇化水平的提高、食物消费结构的升级，导致间接性粮食（饲料用粮）消费量增加，每年需增加饲料用粮 10 亿千克以上。因此，我国每年至少要增加粮食 40 亿千克以上，才能保障基本粮食需求。

2. 耕地数量减少和质量下降威胁粮食安全

城镇化进程的加快，导致了土地需求的刚性增长，也带来了耕地数量的持续递减。在"工农争地"过程中，农业部门尤其是粮食生产处于弱势地位，耕地保护的难度非常大。虽然实施了"占补平衡"措施，由于人口与耕地在空间分布上高度相关，我国优良耕地大都分布在城乡居民居住地附近，城市、小城镇和农村的扩张以及工业园区用地的增加，铁路、公路等交通线建设占用的非农建设用地大部分是肥沃的土地，补充的往往是劣等的土地。另外，城郊居民和山区农民的违章建筑也在一定程度上挤占了优质耕地。目前，我国人均土地面积在世界上190多个国家中排110位以后，耕地面积排在126位以后，草地面积排在76位以后，森林面积排在107位以后。目前我国已经有664个市县的人均耕地在联合国确定的人均耕地0.8亩的警戒线以下。全国的耕地面积已经下降到18亿亩。

同时，我国粮食生产越来越受到环境污染的影响。据有关统计数字显示，截至20世纪末，中国受污染的耕地面积达2000多万公顷，约占耕地总面积的1/5，其中工业"三废"污染面积达1000万公顷，污水灌溉面积为130多万公顷。每年因土壤污染粮食减产就达1000万吨，还有1200万吨粮食受污染，二者的直接经济损失达200多亿元。粮食生产是一个长链条产业，其产品质量直接关乎"三农"利益，关乎消费者健康，关乎经济发展和社会稳定，关乎民族形象。而农村环境质量是保障菜篮子、米袋子、水缸子安全的"命根子"。

3. 种粮劳动力整体素质趋弱

城镇化的过程就是农村人口逐渐向城市转移的过程。我国是农业大国，要建设小康社会，必须使占人口基数大半的农民富裕和实现农村现代化，而要使农民富裕又必须加快推进农村城镇化。城镇化意味着农村人口大幅减少，向非农产业及城市转移。由于向城市转移的更多的是有知识有文化的青壮年劳动力，使从事粮食生产的劳动力整体素质减弱。近年来，我国大量农村青壮年劳动力进城务工，对于我国的工业发展和城市建设起到了不可替代的作用，但是在农村从事粮食生产的劳动力比重越来越少，且留守在家务农的多是老弱妇幼人员，使得农村劳动力严重短缺，农业科技应用能力受到限制，严重阻碍了农业生产的发展。随着农村劳动力大量向城镇转移，劳动力已逐步成为制约粮食生产的关键因素，解决明天"谁来种地""谁来种粮"已是当务之急。

三 "三化"协同演化的机理剖析

(一) 工业化、城镇化和农业现代化之间的内在关系

新中国成立以来,中国走了一条特殊的工业化和城镇化发展道路,国家走向工业化和城镇化基本是靠农业、农村提供积累。在这样的体制和政策背景下,全国粮食主产省份由 20 余个减至目前的 13 个,粮食调出省份也由 10 余个,减至目前的 6 个。所以现实当中确实存在"三化"不协调的问题,

要从根本上解决这个难题,就要按照中央十六大以来提出的"统筹城乡发展"的要求,十七大提出的"形成城乡经济社会发展一体化新格局"的要求,十七届五中全会提出的"在推进工业化、城镇化的同时,要推进农业现代化"的要求,逐步破除城乡二元结构,建立起完善的粮食和农业的保护机制。

工业化、城镇化、农业现代化统筹推进、同步发展,是我国现代化进程中必须处理好的一个重大问题。工业化是"三化"协调发展的主导,维护我国粮食安全的命脉;城镇化是"三化"协调发展的钥匙,是保障我国粮食安全的动力;农业现代化是"三化"协调发展的支撑,是保障我国粮食安全的基础。

"三化"协调发展一方面可以实现工业产业的发展,带来城市的扩张和城市建筑业和服务业的繁荣,另一方面也可以通过加速土地流转实现农业规模化和产业化发展。从而,通过利益联结机制,实现工业化、城镇化与农业现代化互动互促,相得益彰。"三化"协调发展中各主体间的利益联结机制如图 6-1 所示。

(二) "三化"协调发展的意义

"三化"协调发展的意义大体可从三个角度认识:一是加快工业化和城镇化进程可以巩固提升农业基础地位,切实保障国家粮食安全。农业是国民经济的基础,农业发展事关现代化建设全局。推进工业化和城镇化,对农业保障粮食等农产品供给、提供富余劳动力、开拓消费市场提出了更高要求,如果不能实现农业现代化,工业化、城镇化发展就会失去基础和支撑,我国现代化进程就要走弯路,甚至可能影响国家长治久安。同样,推进农业现代化,也需要工业化和城镇化的支持、辐射和带动,如果不加速推进工业化和

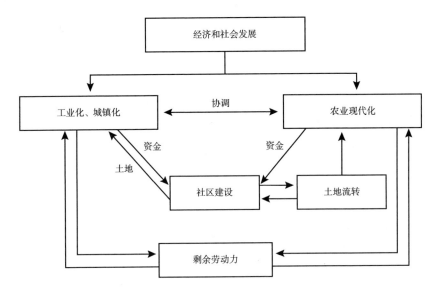

图 6-1 "三化"协调发展中各主体间的利益联结机制

城镇化，国家整体实力不增强，各项强农惠农政策就很难落实，农业基础地位就难以巩固，农业现代化也将成为一句空话。探索"三化"协调发展路子，有利于通过加速推进工业化和城镇化，用现代科技、物质装备和管理技术改造农业，促进农业集约发展，提升和带动农业现代化水平，为保障国家粮食安全做出更大贡献。二是"三化"协调有利于破除城乡二元结构，促进形成城乡一体化发展新格局。长期分割的城乡二元体制，使得农村资源要素严重流失，公共资源配置不利于农村，导致城乡发展和公共服务差距扩大，大量的外出务工农民难以融入城市社会，影响全面建设小康社会目标的顺利实现。探索"三化"协调发展路子，建立健全工业反哺农业、城市支持农村长效机制，有利于构筑新型城乡关系，努力破解城乡二元体制障碍，促进公共资源在城乡之间均衡配置、生产要素在城乡之间自由流动，加快形成城乡经济社会发展一体化新格局。三是"三化"协调有利于破解发展难题，探索加快转变经济发展方式的有效路径。农业现代化、工业化和城镇化，是我国现代化建设的基本组成部分，三者相辅相成、互为依托，如果相互脱离单独推进，不仅难以取得实质性进展，而且会造成经济资源的浪费和发展方式粗放，直接影响到现代化建设的质量与进程。探索"三化"协调发展的路子，有利于加快推进产业结构优化升级，促进三次产业在更高水平协同发展，为城镇化提供持久动力；有利于促进产业、人口向城镇集聚，进一步激发内需潜能，实现产业与城市互动发展、工业化与城镇化协调互动，统筹解决发展方式粗放、经济结构不合理、城镇化水平低等突出矛盾，走出一条集约节约、生态高效、和谐发展的现代化路径。

第二节　经济生态化视角下对粮食安全问题的认识

农业是高度依赖自然生态环境的产业，也是由自然生态系统和社会经济系统融合而成的生态经济复合系统。而农业生态经济复合系统的良性、高效运转是解决粮食安全问题的关键。因此，审视我国的粮食安全问题，在理论和实践上都要求以经济生态化理念，运用系统工程理论与方法，把工业化、城镇化和粮食生产纳入复合生态经济系统中进行判断，分析产生问题的根源，才能更加深刻认识我国粮食安全在"三化"协调发展中存在问题的内在原因，据此不断探索提升粮食安全水平的可行之策。

一　农业经济生态化的内涵和基本要求

（一）农业经济生态化的内涵

农业经济生态化是工业化、城镇化发展到一定阶段的必然产物。工业化通过对传统手工业和小农经济生产方式的替代，极大地推动了经济增长和社会发展，丰富了人类的物质生活；城镇化则通过城镇基础设施的建设和人口的聚集，提供了便利的生活方式和舒适的生活环境，极大地改善了人们的生活水平。但工业化和城镇化往往会超出生态系统所能承受的"阈值"。追求工业化、城镇化与农业现代化交融与协调是生态化的内在要求。

农业可持续发展客观上要求人类对农业生态经济复合系统干预的同时符合生态规律和经济规律，实现生态系统自组织过程与经济系统他组织过程协同演化，维持生态经济复合系统的良性循环。实现农业可持续发展关键是要认识到生态与经济之间是相互依存、相互制约的对立统一关系，生态对经济发展既具有支持和服务功能，也具有约束和限制作用；经济发展对生态既具有保护和改善功能，也具有影响和削弱生态功能的作用。而解决生态和经济矛盾的唯一出路是改变人们的生产方式和生活方式，使经济活动不仅符合客观经济规律的要求，而且也符合生态规律的要求，做到生态上合理、技术上可行、经济上合算。简言之，就是要走经济生态化之路。

（二）农业经济生态化的基本要求

按照经济生态化理念，走农业经济生态化之路的基本要求是：一要符合"两大规律"，即生态规律和经济规律；二要完善"两大链条"，即平衡协调可持续的生态链条和经济链条；三要提高"两大效率"，即生态效率和经济效率；四要联动"两大机制"，即生态系统的动力机制和经济系统的动力机制；五要实现"四大目标"，即达到保证农业生态经济系统良性循环的均衡性、适应性、稳定性和流畅性；六要完善"五大体系"，即环境友好型的技术体系、动态监测与预测预警体系、顺畅的信息传导体系、符合生态文明的行为规范体系、科学化的农业发展综合决策体系。

二　经济生态化视角下粮食安全问题识别

自 2004 年以来，我国粮食生产实现了 9 连增，粮食安全突破 95% 自给率的目标。但是，在成绩面前，既要看到粮食增产是制度创新、技术进步、市场改革和农业投入等综合作用的结果，又要居安思危，冷静思考，尤其在我国耕地减少、水资源约束进一步加剧、人口增长、膳食结构变化、自然灾害事件趋多、国际形势复杂多变的大背景下，更应深刻认识粮食生产中的深层次矛盾与问题，树立科学粮食安全观，谋划实现粮食持续稳定丰产的长效机制，确保我国长远的粮食安全。

（一）从系统均衡性角度识别我国粮食安全问题

农业生态经济复合系统总体协调及其各组成部分相对均衡发展是实现农业生态经济复合系统平衡与良性循环的重要前提。农业生态经济复合系统总体是否相对均衡发展，复合系统多样性是否得以保持，经济各部门、各行业是否实现大体均衡，是判断农业生态经济系统是否会因失衡而难以实现良性循环的基本依据。

1. 在总量上粮食供需处于紧平衡状态

我国粮食生产在经历 2000～2003 年持续减产，特别是在 2003 年跌入

4.3 亿吨的低谷后，自 2004 年以来实现连续九年增产，2010 年和 2011 年粮食总产量分别达到 5.4 亿吨和 5.7 亿吨的历史高位。从需求角度看，2010 年我国粮食需求量约为 6.17 亿吨，存在超过 5500 万吨的产需缺口，而当年进口粮食 6695 万吨。总体来看，近年来我国粮食供需基本处于紧平衡状态。

2. 在结构上粮食供需处于失衡状态

近年来，随着经济发展和人民生活水平提高，人均口粮消费量下降并趋于平稳，口粮需求约占粮食总需求的 20% ～25%。农村居民人均口粮消费由 1981 年的 256 千克下降到 2010 年的 181.4 千克，城镇居民人均口粮消费由 1981 年的 145.4 千克下降到 2010 年的 81.5 千克；饲料用粮需求快速上升，饲料用粮约占粮食总需求的 50%，成为推动粮食需求增加的最重要因素。饲料粮由 2000 年的 2.3 亿吨增加到 2010 年的 3.1 亿吨。作为蛋白饲料重要来源的大豆供应严重不足，60% 以上需要进口。作为能量饲料主要来源的玉米供应日趋紧张，为满足国内需要，玉米进口呈逐年增加之势；工业用粮需求稳步增加，工业用粮需求占粮食总需求的 10% ～15%，随着消费水平的提升，粮食在酿酒、食品加工、医药等领域的需求还存在巨大发展潜力；同时，由于我国粮食流通体系不完善，粮食流通损耗率达到 15% 左右。因此，我国粮食结构安全仍需改善。

总之，在系统均衡性上，我国粮食安全需要解决的主要问题是如何根据经济系统中的粮食消费趋势变化，满足市场多样化的食物需求，使农业生态系统供给的多样性与经济系统需求的多样化相协调。

（二）从系统适应性角度识别我国粮食安全问题

农业生态经济复合系统适应性主要表现在经济系统的发展是否与生态系统的支撑力相适应，经济系统的发展是否危及或削弱了生态系统的自修复、自维持能力。实现农业生态经济复合系统适应性的基本要求是使经济发展严格限制在农业资源承载力和环境容量"阈值"范围内。

1. 农业资源承载能力有限

我国是一个农业资源相对短缺的国家，1997～2009 年，耕地面积净减少 1.23 亿亩，2009 年人均耕地面积仅为 1.4 亩，且低产田占总耕地面积约为 1/3；人均水资源仅为世界平均水平的 1/4，且时空分布不均，农业缺水达 300 亿立方米以上。

2. 农业面源污染削弱粮食生产能力

为提高粮食单产，我国农田的化肥投入逐年增加，2009年化肥施用量达5404.4万吨，平均化肥施用量达444千克/公顷，成为世界上最大的化肥生产国和消费国。过量的化肥施用必然导致边际投入报酬递减，1984年与1978年相比，粮食产量增长1亿吨，化肥投入增加了96%，而1998年与1984年相比，粮食同样增长1亿吨，但是化肥施用量却增加了266%。同时，过量施用肥料还会导致水环境污染和土壤质量下降，目前我国化肥用量已经远远超过国际上为防止水体污染而设置的225千克/公顷的安全上限。

3. 农业废弃物资源利用不合理阻碍粮食发展

在化肥、农药等外源性物质投入不断增加的同时，我国每年还有大约40多亿吨的农业废弃物资源未得到合理使用。其中包括7亿多吨农作物秸秆和30多亿吨畜禽粪便。来自畜禽粪便的COD排放是全国工业和生活污水排放的5倍，农业面源污染对我国水质型缺水的污染贡献问题十分突出。这些从根本上来自于农田生态系统的废弃物资源如果不能以合理的方式重新回到农田生态系统中去，必然使耕地有机质含量降低和土壤质量下降，并人为阻断农田生态系统的物质和能量循环链条，削弱土地最大化生产能力，也从根本上动摇了我国粮食安全的基础。除此之外，城乡生活垃圾和工业废弃物也不同程度地对农业生态系统产生污染。当前，我国农业资源承载能力和环境容量已无法承受传统经济形式下高强度的资源消耗和环境污染。

总之，在系统适应性上，我国粮食安全需要解决的主要问题是如何节约自然资源、提高资源利用效率、减量化外源性物质投入、合理使用农业废弃物资源、减少城乡生活污染和工业污染，使有限的农业资源和环境容量满足粮食数量安全和质量安全的需要。

（三）从系统稳定性角度识别我国粮食安全问题

农业生态经济复合系统稳定性表现在系统是否能够比较平稳的运行，特别是当系统发生较大的性质变化时，是否能避免、减缓可能发生的振荡，这也是农业生态经济复合系统顺利实现良性循环的重要保障。根据生态学原理，由生产者、消费者、分解者共同构成的生态链条越完备和复杂，农业生态系统的稳定性就会越强。从经济生态化角度看，农业经济系统的可持续运行也需要不同部门分别扮演生产者、消费者、分解者角色，它们之间协同演化能力越强，农业经济系统就越稳定。

粮食生产作为自然再生产和经济再生产的统一体，必然面临自然和市场两大风险，从而影响农业生态经济系统的稳定性。

1. 农业抵御自然风险能力不足影响粮食安全基础

粮食生产的自然风险主要来源于两个方面：一是极端气候对粮食生产带来的自然灾害。据专家预测，21 世纪我国极端气候可能更频繁，使得粮食生产面临的自然风险趋多趋强，对粮食安全带来极大的压力。应对自然灾害的有效措施是加强农业基础设施建设，把耕地打造成"旱能浇、涝能排、沟相连、渠相通、林成网"的标准化农田。目前，我国现有灌溉面积只有 9.28 亿亩，其中有效灌溉面积仅为 8.68 亿亩，占全国耕地面积不足 50%，全国仍有 9 亿多亩耕地没有灌溉条件；另外一个粮食生产面临的自然风险是，当前我国脆弱的农田生态系统由于化肥、农药、地膜等外源性物质长期过量施用，以及不注重秸秆、粪便等有机质还田，造成土壤有机质含量低、有益微生物菌群数量下降、土壤板结、病虫害加剧等农田生态危机。

2. 粮食市场风险加大了粮食安全不稳定因素

第一，粮食生产比较收益低，粮农种粮积极性不高。其主要原因是粮食绝对价格低且粮价上涨幅度赶不上生产资料上涨速度。2007 年以来，我国生产资料价格每年以两位数的速度上涨，2011 年小麦每亩纯收益由上年的每亩 471 元下降到每亩 465 元。粮食低效益也直接导致粮食种植环节对劳动力的吸纳能力持续下降，自 2009 年以来我国真正从事第一产业的只有 1.5 亿人，其中，老年人口所占比重高达 60%，使粮食生产雇工成本上升，农业科技推广难度加大。

第二，我国的粮食加工和流通环节未得到全面发展，产业规模和层次低下。相对于粮食生产，粮食流通和加工是粮食产业链条上提升粮食综合收益最大的环节，如玉米加工后的效益与玉米生产效益相比，生产淀粉增值 1.5 倍，生产山梨醇增值 3 倍，生产维生素增值 5 倍，生产赖氨酸增值 30 倍以上。但目前我国粮食流通体系还不完善，粮食加工潜力还有待深入挖掘，还不能对种植加工环节有效发挥带动和指示作用。

第三，粮食产业链条上各主体间还没有形成长期的利益联结机制。在我国普遍推行的粮食订单农业中，涉及的相关主体无论是粮农、加工企业还是中介组织彼此之间互不信任，违约现象时有发生。例如，2006 年吉林四平平东粮库在实施粮食订单农业试点中就发生了农民集体违约的情况。尽管如此，粮食产业链条上各主体间结成稳定的战略联盟关系，对于提高各主体的经济效益和从事粮食产业的积极性，应对国内外资本对粮食市场的炒作，保证我国粮食安全的稳定性和可持续性，从长期来看都不失为一种有效措施。除此之外，国内外资本对我国部分粮食品种的炒作，以及试图控制我国粮食产业的某些环节，也对我国粮食安全的稳定性造成一定程度的影响。

总之，在系统稳定性上，我国粮食安全需要解决的主要问题是如何构建和完善平衡、协调、可持续的农业生态链条和经济生态链条，提高粮食产业对劳动力的承载能力，增强粮食产业应对自然风险和市场风险的能力。

（四）从系统流畅性角度识别我国粮食安全问题

农业生态经济复合系统物质流、能量流、价值流以及反映它们的信息流的畅通与否，对实现农业生态经济复合系统的良性循环极为重要。农业生态系统维持流畅运行的动力机制是太阳能及生态链上处于不同生态位上生物间的捕食关系；农业经济系统流畅运行的动力机制是产业链条上各相关主体间的利益联结机制，动力来源既有产业链内固有的价格机制和竞争机制产生的拉动作用，也有产业链外资金、技术、政策等产生的推动作用。

从系统流畅性角度看，粮食产业顺畅运行关键是保证系统物质流、能量流、价值流和信息流顺畅，实现粮食产业产销之间有效对接。而完善的物流体系、灵敏的价格和质量信息对实现粮食产业的顺畅运行发挥着关键性作用。

1. 粮食流通成本高增加了粮食产销对接难度

当前，粮食流通存在物流损耗严重和物流成本高的问题。亟待完善的粮食物流体系和落后的粮食物流设施导致我国每年在流通环节的粮食损耗量高达流通量的 15%。同时，粮库作为粮食流通的重要环节，普遍存在布局不合理、国营粮库和从事粮食流通加工的私营粮库重复建设现象严重，增加了粮食的物流成本。

2. 信息不对称导致粮食产业的动力机制无法协同演化

粮食质量和价格的信息对保证粮食产业顺畅运行发挥着引导性作用。粮农根据粮食市场价格信息调整种植结构，而消费者则根据粮食质量信息决定其购买行为。信息流主导着价值流的方向，而价值流则引导着物流、资本和技术前进的方向和强度。随着生活水平的提高，消费者对粮食和其他农产品要求提高，对质量敏感度高于价格。但由于信息不对称，消费者无法甄别农产品的优劣，导致农产品市场"柠檬效应"现象突出。从近年来屡次曝光的食品安全事件中可以看出，由于大量劣质农产品对优质农产品的驱逐效应，农产品生产者缺乏采用环境友好型农业生产技术的积极性。当前在我国各地依靠生态农业技术生产的无公害、绿色、有机农产品虽被广泛看好，但发展过程并不顺利，其原因仍在于信息不对称。经济系统内由于信息不对称导致价值流和物流受阻，还会通过经济系统和生态系统的动力联动最终传导到生态系统，并人为割裂生态系统内物质和能量的循环流动。

总之，在系统流畅性上，我国粮食安全需要解决的主要问题是如何发挥信息流在引导物质流、能量流和价值流以及资本、技术等方面的引导作用，如何调整和改变涉粮主体行为，实现农业生态系统和经济系统两大动力机制的良性协同演化。

第三节　工业化和城镇化背景下保障粮食安全的相关对策

一　基于政策安排的国家粮食安全对策

在市场经济条件下推进工业化，必定会出现粮食生产比较效益下降的问题。在西方发达国家，解决问题的思路就是财政对粮食生产给予大量的补贴。我国总体上已经步入工业化中期阶段，进入到"工业反哺农业、城市带动农村"的历史时期。但是，农业人口仍然占到多数，要完全依靠财政补贴使得粮食生产效益赶上第二产业，目前还是不可能的。为此，既要发挥好市场的作用，顺应农村劳动力转移的历史趋势，通过土地流转，培育发展种粮大户，提高种粮的比较效益；应发挥好政府的作用，把粮食安全的责任落实到各级政府，通过建立适当的利益联结机制，实现快速推进工业化和保障国家粮食安全的双赢。

（一）建立国家粮食安全责任分担机制

各地区在推进工业化进程中都要明确和落实粮食发展目标，强化粮食生产扶持政策，分担国家粮食安全责任，保证国家粮食安全不出问题。应坚持和完善"米袋子"省长负责制，完善体现科学发展观和正确政绩观要求的干部考核评价体系，把粮食生产纳入地方特别是县（市）领导班子绩效考核体系，把保护耕地和基本农田、稳定粮食播种面积、提高粮食产量、充实地方储备等任务落到实处，逐级建立有效的粮食安全监督检查和绩效考核机制。沿海工业化先行区全部成为产销平衡区或主销区，这些省份必须确保区域内粮田面积不减少、粮食自给水平不下降。工业化驱使粮食生产重心北移，北方这些工业化后行区中，还有一部分是粮食主产区，这些省份要进一步增加商品粮调出量。这些后行区同时面临推进工业化和保障粮食安全的双重任务，为缓解工业化占地和保证粮田面积的冲突，要大力推进工业的集中布局，各县在县城或中心镇建立一到两个工业集中区，全县工业聚集到集中区，提高土地利用效率。

（二）加大对粮食主产区的扶持力度

对工业化后行区，尤其是粮食主产区，应加大政策扶持力度，扶持其走出一条不牺牲粮食生产的新型工业化道路。完善粮食主产区粮食风险基金中地方政府配套资金政策，逐步取消主产区粮食风险基金配套。改革现行专项补助办法，降低粮食主产区配套资金比例，国家安排的直接用于粮食增产的基础设施项目，由国家全额投资，地方不再配套。在坚持现有各项补贴措施的同时进行必要的调整，调整的方向是向粮食主产区倾斜，向提高农业综合生产能力倾斜，逐步使补贴数量和商品粮数量挂钩。根据保障主要农产品基本供给的需要，适当提高对种粮农民补贴、良种补贴和大型农机具购置补贴的标准，扩大补贴覆盖范围，逐步提高粮食最低收购价水平，并适时新增一些补贴措施。支持粮食主产区成立政策性农业保险公司，逐步形成农业风险转移分担机制，扩大农业保险范围和保险覆盖面，将主要粮食作物逐步纳入保险范围，保费补贴由国家和地方按8：2共同承担。实行金融倾斜政策，支持粮食主产区健全农业生产信贷担保体系，由国家、省、市共同出资设立担保基金、成立担保公司，为农民和涉农企业贷款提供担保；中央财政安排专项资金，为种粮农民贷款提供贴息。率先在粮食主产区开展以县为平台整合财政支农资金使用的试点，建立支农投资规划、计划衔接和部门信息沟通工作机制，以农田基本建设、生态建设和农村小型基础设施建设等投资为重点，加大国家农业资金投入的整合力度，鼓励以县为单位，通过规划引导、统筹安排、明确职责、项目带动等方式整合投资，提高资金使用效率。

（三）完善粮食产销区利益联结机制

加快建立主产区和主销区之间长期稳定的产销协作关系，积极探索紧密稳定型的协作方式，这是各地共同分担国家粮食安全责任的重要途径。主产区除进一步巩固和完善与主销区的储加销基地合作、借助粮食储备调控机制合作等方式外，应在进一步提高粮食品质和专用性基础上加大对主销区市场开拓和服务的力度。主销区要从经济利益上大力支持主产区发展粮食生产，可采取直接投资、粮权购买等方式，在主产区建立永久性粮食生产基地；采取独资建企、入股建企、收购股权等方式，在主产区建立粮食加工基地，参与主产区的粮食加工；以收购企业加农户的方式，在主产区建立长期固定的粮食收购点，与主产区农户建立稳定的粮食收购关系；以农户订单方式，与主产区农户签订粮食生产合同，发展"订单粮食"，以长期稳定地获得粮源。要大力发展主产区和主销区的企业合作，鼓励扶持主销区的大中型用粮企业与主产区的粮食企业建立稳定的购销合作、与主产区的大中型农场建立稳定的粮源基地合作，发展跨省域的粮食产业化经营。对到主产区承租土地发展粮食生产并将粮食运回主销区销售的企业和种粮大户，主销区应给他们与本地种粮大户相同的政策扶持待遇。

（四）以城乡一体化思路提升粮食安全水平

一是应千方百计保护耕地，特别是基本农田，稳定粮食播种面积，提高粮田生产能力。土地是粮食生产的基础，稳定播种面积是粮食增产的保障。确保基本农田面积不减少、用途不改变、质量有提高。虽然工业化、城镇化是大势所趋，必然要占一部分耕地，但我们可以制定耕地补偿机制，就是适当开发土地后备资源，加强土地平整，确保耕地总面积不减少。在有条件的地区可以通过新型农村社区建设改造原来的宅基地，确保耕地面积不减少。二是应加强粮田生产能力建设。耕地减少的另一个重要原因是生态环境的恶化造成的耕地沙化、荒漠化和盐碱化，再造的耕地质量也比较差。目前，全国有中低产田 12.7 亿亩，约占耕地总面积的 70%。农田有效灌溉面积 9 亿亩，约占耕地总面积的 49%。所以，要规划实施粮食战略工程。"十二五"及更长一段时期应大规模投入开展农田水利建设，建设旱涝保收的高标准农田。这是提高农业抗灾能力的迫切需要，是发展现代农业、保障农产品有效供给的迫切需要，是促进农民就业和增收的迫切需要，是扩大内需的迫切需要。农田水利建设和土地整理既造福子孙，又能消化水泥、钢铁等产业的过剩生产能力，有效拉动经济增长。对粮食综合生产能力来说，水资源是一项重要的制约因素，而我国的特点是南北水资源分布不均衡，北部产粮大省缺水严重。受全球气候变暖影响，干旱缺水的趋势会更加严重。因此，加大农田水利基础设施建设的投资力度就显得特别重要。三是应完善土地流转机制。我国农业正进入一个由传统农业向现代农业转型的阶段。现代农业要求实现土地集约化和规模化经营，而现阶段农村分散、粗放的土地经营方式，难以推广先进的科学技术和发挥大型农业机械的作用，这就要求农村土地进行适度流转和集中经营。农村土地流转制度改革已经成为我国农业现代化过程中亟待解决的问题。我国目前缺乏专门的法律对土地流转进行有效的规范，2003 年的《中华人民共和国土地承包法》，赋予农民长期而有保障的土地使用权，明确土地承包经营权可依法、自愿、有偿地进行流转，但没有具体规定土地流转的保护、土地流转最低期限、争端解决机制和法律责任等，也没有明确农民的集体用地使用权、房屋所有权和林地使用权等能否流转、如何流转。现行法规只明确耕地和林地的产权，没有明确农村宅基地和住房等资源的财产权利。农村产权交易和租赁市场也不完善。这些问题的存在制约了耕地的集中，在实际中既不能保护农民的利益，也不能保障耕地用途不被变更，成了增加粮食生产的制度障碍。

（五）培育发展种粮大户

这是利用市场手段保证粮食安全的有效办法。种粮大户是专业化生产，与兼业农户相比，种植规模大、投入多、技术水平高，因此，单产和收入水平相应地也高一些。依据吉林和安徽两省的调查结果估算，一个农户家庭种粮 30 亩可获得净收入 1.2 万~1.6 万元，相当于人均年现金收入 3000~4000 元。如果种粮 40 亩，人均年现金收入 4000~5000 元。只要能够把种粮大户的规模扩大到30亩左右，种粮大户的收入和外出务工基本持平，就可以解决种粮比较效益低的问题，做到促进工业化和保障粮食安全的"两不误、两促进"。为此，要健全流转机制，加快土地承包经营权流转，把闲置耕地流转到愿意种粮的农民手中，培育形成种粮大户。尤其是要鼓励连片流转，引导同村同组农户以互换形式进行土地连片集中，采取先互换再流转等方式，帮助种粮大户实现连片耕作。要完善补贴办法，适当向种粮大户倾斜。提高粮食生产大县奖励补助水平，并从中专门划出一部分资金用于对种粮大户的补贴奖励，鼓励有条件的地方另设专项奖励基金。改善农村金融服务，加大对种粮大户的信贷支持，对于实力强、资信好的种粮大户给予一定的信贷授信额度，允许其以联保等形式办理贷款，满足其贷款需求，并适当延长贷款期限。

二　经济生态化视角下的粮食安全对策

（一）强化国家资源安全观，巩固粮食安全基础

我国是人均资源相对短缺的国家，而粮食生产又是一个高度依赖水土资源的产业，每生产一吨粮食大约要消耗1000吨水资源，部分高耗水的粮食作物对水资源的消耗量更大。以2010年我国进口5400万吨大豆计算，可以节约出大约1360亿吨水资源和3400万公顷的耕地资源，相当于节约了当年我国所有工业和城乡居民的用水量和28%的全国耕地。因此，在保证一定粮食自给率水平下，进口部分粮食不但不会损害我国的粮食安全，反而提高了国家的资源安全，并通过节约的水土资源生产出其他农产品满足城乡居民多样化的食物需求，提高了我国的食物安全。

从我国粮食主要需求结构看，未来我国的粮食供给面临的最主要压力是满足不断增长的饲料用粮需求，目前很多饲料粮实际上是拿来饲喂草食性动物，转化为肉、蛋、奶等产品后再满足居民食物需求。如果把部分种植饲料粮的耕地种植人工牧草，不但能生产出更多的生物量和远远高出粮食的饲料蛋白，还在一定程度上具有节约水资源和改良土壤的作用。因此，在我国适宜种植人工牧草的地区，用人工牧草替代饲料粮种植，能够同时有利用于我国资源安全、粮食安全和食物安全。

保证我国资源安全在某种意义上也是保证农业生态环境安全，因为多

数农业生态环境问题都是由于不合理的资源利用方式引起的。提高我国资源安全的根本途径是减量化资源投入、提高资源利用效率和保证资源的可持续利用。主要方法是积极利用农业废弃物资源，让来自于农业生态系统的废弃物资源以无害化方式重新回到农业生态系统中去。同时应大力加强农田基础设施尤其是水利基础设施建设，以提高我国资源利用效率和抵御自然灾害的能力。

（二）推动系统间动力机制协同，提高粮食安全的可持续能力

首先，延长和完善农业生态经济链条。在农业生态系统内，应围绕土壤保育改良，做好有机质无害化还田和生态农业、循环农业等资源节约型农业技术与模式推广工作，提高农业生态系统资源承载能力和环境质量，使农田生态系统物质和能量流动顺畅，增强土壤生态系统的稳定性和提升耕地最大化生产能力。在农业经济系统内：应围绕提高劳动力承载能力和满足消费者多样化食物需求，因地制宜发展劳动密集型农业产业和深化主食产品和其他高附加值粮食产品生产，全面提升粮食产业市场满足能力和对劳动力的承载能力。

其次，根据市场需求变化趋势，围绕信息化建设，发挥信息流在引导物质流、能量流、价值流以及资本和技术的关键作用。一方面把资源环境信息转化为市场能够接受的价格信号，改变消费者的消费行为；另一方面把农产品价格和质量信息传导到不同的涉农主体，通过经济系统的利益机制改变和调整生产者行为，提高经济优化环境的动力和能力，并通过传导效应使生态系统的动力机制良性运行，最终达到环境和经济双向优化目标。在信息化建设上应重点做好信息收集、分析和传导工作，充分发挥政府、企业、期货市场、大专院校和科研院所在信息化方面的不同优势，合理分工、各司其职、相互配合形成良性互动局面。

（三）健全粮食发展综合决策体系，提高粮食安全管理水平

粮食安全涉及政府、企业、消费者和农民等利益相关者，应当做好充分调动各利益主体积极性的各项制度安排。在宏观领域可以成立国家粮食安全委员会这一专职机构，对粮食和其他主要动植物性食物进行全产业链、全过程的统一协调和指导；在中观领域要不断培育和发展农民专业合作经济组织、流通经济组织、加工企业协会等中介组织，发挥其在联结政府、企业和农民之间的桥梁和纽带作用;在微观领域要充分利用农民、流通企业、加工企业、交易市场、科研机构等在粮食和食物安全领域的不同作用,整合各方力量,发挥合力效应,促进行业自律自治。最终在宏观、中观和微观领域形成对粮食安全的"善治"型治理结构,全面提升我国粮食安全和食物安全的竞争能力和可持续发展能力。

第 七 章
改善粮食品种结构的对策研究

保障国家粮食安全，首先是保障粮食供给的总量，但仅仅总量平衡的意义并不大，因为总量平衡了，结构不一定平衡；相反，从结构平衡入手，让总量平衡寓于结构平衡之中，就比较容易做到真正的平衡。

粮食在我国至少包括稻谷、小麦、玉米、大豆等主要品种，前三者产量占粮食总产约90%，大豆占到约4%。这四大品种都算作粮食，但相互之间不能完全替代，因为各自在消费用途、目标市场等方面存在着较大区别。粮食总量够，但不见得每一个品种的需求都能得到满足，占比不同，粮食市场同样可能出现波动。

改革开放以来的多次粮食供求失衡，多是由局部地区个别品种供求失衡引发。个别品种价格上扬，经某些因素放大后造成全国性的农产品价格上涨。从一定意义上说，在粮食连续8年增产、总产稳定在1.1万亿斤后，短期内总量问题对我国粮食供求平衡的影响正在显著趋于减弱，相反，结构问题的影响则显著趋于增强，甚至诸多总量问题就是由结构问题引发。在总量问题得到缓解后，结构问题需要逐步理顺，要把保障国家粮食安全的各项政策进一步细化落实到各粮食品种，并分门别类地采取有针对性的措施，提高政策效率。

第一节　我国主要粮食作物品种结构基本情况

一　我国主要粮食作物种植面积现状

如表7-1所示我国粮食作物在农作物总播种面积中所占比重总体呈下降

趋势，1978 年粮食作物播种面积占总播种面积的 80% 以上，2000 年降至 69%，2003 年更降至 65.2%，2007 年略有回升，粮食作物播种面积为 10563.8 万公顷，占农作物总播种面积的 68.84%。而且，粮食作物比重下降呈加快态势，在 1952 ~ 1978 年的 26 年里，粮食作物比重平均每年下降 0.29 个百分点。在 1978 ~ 2000 年，粮食作物比重下降了 12.2 个百分点，平均每年下降 0.55 个百分点。其中，在 1978 ~ 1990 年，粮食作物比重平均每

表 7 - 1　1978 ~ 2011 年我国主要粮食作物种植面积

单位：万公顷

年份	农作物总播种面积	粮食作物播种面积	谷物	水稻	小麦	玉米
1978	15010.4	12058.7	8356.5	3442.1	2918.3	1996.1
1980	14638.0	11723.4	8281.0	3387.8	2884.4	2008.7
1985	14362.6	10884.5	7898.2	3207.0	2921.8	1769.4
1990	14836.2	11346.6	8521.9	3306.4	3075.3	2140.1
1991	14958.6	11231.4	9407.3	3259.0	3094.8	2157.4
1992	14900.7	11056.0	9252.0	3209.0	3049.6	2104.4
1993	14774.1	11050.9	8891.2	3035.5	3023.5	2069.4
1994	14824.1	10954.4	8753.7	3017.1	2898.1	2115.2
1995	14987.9	11006.0	8931.0	3074.4	2886.0	2277.6
1996	15238.1	11254.8	9220.7	3140.6	2961.1	2449.8
1997	15396.9	11291.2	9196.4	3176.5	3005.7	2377.5
1998	15570.6	11378.7	9211.7	3121.4	2977.4	2523.9
1999	15637.3	11316.1	9161.7	3128.3	2885.5	2590.4
2000	15630.0	10846.3	8526.4	2996.2	2665.3	2305.6
2001	15570.8	10608.0	8259.6	2881.2	2466.4	2428.2
2002	15463.6	10389.1	8146.6	2820.2	2390.8	2463.4
2003	15241.5	9941.0	7681.0	2650.8	2199.7	2406.8
2004	15355.3	10160.6	7935.0	2837.9	2162.6	2544.6
2005	15548.8	10427.8	8187.4	2884.7	2279.3	2635.8
2006	15214.9	10495.8	8493.1	2893.8	2361.3	2846.3
2007	15346.4	10563.8	8577.7	2891.9	2372.1	2947.8
2008	15626.6	10679.3	8624.8	2924.1	2361.7	2986.4
2009	15861.4	10898.6	8840.1	2962.7	2429.1	3118.3
2010	16067.5	10987.6	8985.1	2987.3	2425.7	3250.0
2011	16228.3	11057.3	9101.6	3005.7	2427.0	3354.2

年下降 0.32 个百分点，在 1990～2000 年，粮食作物比重平均每年下降 0.84 个百分点，后者是前者的 2.6 倍。在粮食作物内部，主要粮食作物比重呈明显上升态势，粮食生产向主要粮食品种集中的趋势十分明显。粮食播种面积中水稻、小麦、玉米三种主要粮食作物所占的份额，由 1952 年的 53% 上升到 1978 年的 69.3%，2000 年又上升到 73.7%，2007 年上升到 81.2%，到 2011 年已上升到 82.3%。

（一）水稻

在 2000～2003 年的 4 年时间内，我国水稻种植面积累计调减 345.4 万公顷，是新中国成立以来面积持续下降时间最长的一段时期。2003 年水稻种植面积 2650.8 万公顷，已接近 20 世纪 50 年代初期的水平（2614.9 万公顷），占全国粮食作物种植总面积（9941.0 万公顷）的 26.7%。沿海经济发达地区的水稻面积调减幅度更大，在 2000～2003 年的 4 年时间里，浙江、广东、福建 3 省累计调减水稻面积 180 万公顷，占全国水稻调减面积的 52.1%。然而，到 2004 年，其播种面积又回升到 2837.9 万公顷，以后每年保持相对稳定，2007 年水稻播种面积为 2891.9 万公顷，2011 年水稻播种面积为 3005.7 万公顷，占全国粮食作物种植总面积（11057.3 万公顷）的 27.18%。

（二）小麦

1997 年以前，小麦播种面积和总产是仅次于水稻的，其是我国第二大粮食作物，但自 1998 年以来，我国小麦种植面积逐年减少，到 2002 年小麦种植面积已低于玉米，退居粮食作物第三位。1998～2003 年，小麦种植面积由 2977.4 万公顷下降至 2199.7 万公顷，比历史最大面积（3094.8 万公顷）减少 895 万公顷，减少了 28.9%。自 2004 年开始，小麦播种面积略有回升，2007 年小麦种植面积上升为 2372.1 万公顷，恢复到 2002 年的水平，2011 年小麦种植面积为 2427 万公顷。

（三）玉米

1999 年我国玉米种植面积 2590.4 万公顷，创下历史最高水平，随后播种面积开始下降，到 2003 年减少到 2406.8 万公顷，仅为 20 世纪 90 年代初的种植规模。其中，东北地区减少 57 万公顷，黄淮海地区减少 34.4 万公顷，西南地区减少 45.7 万公顷，西北减少 16.7 万公顷。从 2004 年开始又逐步回升，2007 年玉米播种面积已经上升到 2947.8 万公顷，大大超过历史最高水平（1999 年），增幅达 13.8%，2011 年玉米播种面积已达 3354.2 万公顷。

二　我国主要粮食作物种植需求现状

我国粮食的生产以谷物为主，根据 1991 年首次公布完整的谷物统计数据，在当年的全国粮食产量中，谷物产量占 90.9%；其后这一比例一直在 87% 和 91% 之间波动。分品种看，稻谷始终是我国粮食的第一大品种，小麦和玉米产量一度不相上下，甚至在 20 世纪 90 年代中期以前，多数年份的小麦产量超过玉米，成为我国粮食的第二大主要品种；但自 20 世纪 90 年代中期以来，玉米产量已基本稳定地超过小麦，居于我国第二大粮食品种的地位。尽管如此，1978～2007 年，玉米对我国粮食增产的贡献远远大于稻谷和小麦，接近粮食产量总增量的 1/2，成为我国粮食的第一大增产品种；小麦对粮食增产的贡献略超过稻谷。小麦和稻谷的增产量分别略超过和略低于粮食产量总增量的 1/4。

一般而言，食物消费与饮食结构有四个阶段的变迁：第一阶段为主食中的杂粮和薯类等有色谷物的比例减少，大米和小麦增加（白色革命）；第二阶段为大米和小麦等主食减少，肉、蛋、水产和植物油等副食比例增加；第三阶段为副食中的动物性蛋白食品和酒精类的消费增加；第四阶段为能够缩短调理时间的冷冻食品（熟食）、外食、家常配菜增加，进入所谓的"简化饮食"阶段，饮食流通大范围化，同时追求绿色食品、重视食品安全，此时也会出现将传统食品高级化的现象，饮食两极化是这个阶段的特征。

由于目前我国经济发展水平地区间、城乡间差异较大，虽然上述四种类型饮食并存，但饮食消费结构已进入第四阶段。在第四阶段，第二阶段和第三阶段出现的肉、蛋、乳品、水产和植物油消费增加的趋势依然存在。粳米、优质小麦等高品质食品以及精细加工食品消费需求增加，并伴随食品包装化、品牌化趋势。

从需求看，预计今后我国粮油食品的需求将进一步增长。其中，收入增长和人口增长仍将是推动我国粮油食品消费的主要驱动因素。受我国饮食结构变化影响，在人均消费变化与人口增长的共同作用下，稻谷、小麦的总消费量逐渐趋于稳定，玉米、植物油的总消费量将进一步增长。

　　不同粮食品种之间的替代性日益显著，影响粮食供求结构变化的不确定性增强。一是玉米转化成淀粉糖，替代食糖进入食品领域。我国食糖消费从2000年的685万吨增加到2009年的1143万吨，增长了67%，国内生产的增长未能完全满足需求增长，食糖进口量从102万吨增加到170万吨，也增长了67%。近年来，食糖价格迅速上涨，但是玉米价格在政府的调控下，上涨幅度较小，导致食糖和玉米的比价关系加大变化，2009年初，食糖和玉米的比价是1.93，截至2011年10月底，比价上升到2.94。玉米价格显得相对便宜，淀粉糖得以迅速发展，部分弥补了食糖缺口。二是小麦替代玉米，饲料原料结构变化明显。我国小麦、玉米正常比价应为0.95~1.05，价差应在 -100~100元/吨，历史上仅2007年突破了这一区间下限，极限价差达到 -200元/吨左右，成为小麦饲用消费的分水岭，消费量由800万吨/年的常量猛增至1350万吨/年。随后两年，随着价差回归，基本稳定在1000万吨/年左右，2010年增至1350万吨/年，2011年度在1750万吨左右。2011年上半年，小麦价格在政策调控下不断下行，国内玉米价格在深加工需求推动下逐渐攀升，造成小麦玉米差价逐渐缩小，至4月份开始转负，随着5月份玉米价格加速上涨，主要产销区价格全面转负，此时价差水平已经接近2008年的极限状态。6月份新麦上市价格走低，主要产销区价差进一步下滑，部分地区甚至进入 -300~ -400元/吨区间内，成为历史最大价差。这一价差运行趋势，带动了更多饲料企业对小麦替代添加的应用，添加比例也在提高。全国小麦饲料用替代消费已经开始增加，并伴随小麦玉米价格倒挂的时间延长而逐渐增多，年增量可能为700万~1800万吨，将会导致新年度玉米饲料用消费持平或略减，供求紧张状况得到缓解，小麦则出现近年来最低库存，但不会引发品种供求的质变。

　　玉米，曾经作为杂粮，并没有引起人们的重视。维持我国北方数省的广大居民生命的，就是玉米。在一个较长的时期，玉米依然是当地居民的主食。由于口感等众多因素，人们把玉米仅看成维持生命的一种食品。时过境迁，进入新时期，虽然玉米不再是人们必然选择的主食，但是，玉米的身价却发生了戏剧性的变化。肉禽蛋奶的迅猛发展，促进了养殖业对玉米的旺盛需求。根据海关统计数据显示，2002~2005年前我国玉米进口量较少，年进口量最多的为2002年的6280吨，2006年的进口量达到6.5万吨，其后两年的进口量继续保持较低水平，2009 年的进口量有所增长，达到 8.3 万吨。
2009 年东北地区发生严重旱灾，市场产量大幅下降，仅有 1.4 亿吨，供需
平衡相对紧张，同时玉米深加工快速发展，推动玉米工业消费较快增长，增
加了玉米进口的预期，推动 2010 年玉米的进口大幅增长，达到 157 万吨。
2011 年中国玉米进口数量达到 175.4 万吨，同比增长 11.7%。我国已经从
玉米出口国，变为玉米净进口国。正是由于玉米市场的广阔前景，我国的玉
米生产快速发展。2012 年全国玉米产量 20812 万吨，增产 1534 万吨，超过
稻谷产量 383 万吨，成为我国第一大粮食作物品种。

三　我国主要粮食作物产量现状

（一）水稻

如表 7-2 所示，水稻产量一直占据我国粮食生产的主体地位，但是自
1991 年以来，我国水稻产量占粮食总产量的比重总体呈下降趋势。1991 年
水稻产量为 18381.3 万吨，占粮食总产量的 42.2%；1998 年水稻产量达到
19871.3 万吨，占粮食总产量的 38.8%，比 1991 年下降了 3.4 个百分点；
2003 年水稻产量为 16065.6 万吨，占粮食总产量的 37.3%，比 1991 年下降
了 4.9 个百分点；2004 年水稻产量为 17908.8 万吨，占全年粮食总产量的
38.1%；2005 年水稻产量为 18058.8 万吨，占全年粮食总产量的 37.31%；
2011 年水稻产量为 20100.1 万吨，占全年粮食总产量的 35.2%。

表 7-2　1978~2011 年我国主要粮食作物产量

单位：万吨

年份	粮食	谷物	水稻	小麦	玉米
1978	30476.5	24671.5	13693.0	5384.0	5594.5
1980	32055.5	25771.0	13990.5	5520.5	6260.0
1985	37910.8	31820.0	16856.9	8580.5	6382.6
1990	44624.3	38437.9	18933.1	9822.9	9681.9
1991	43529.3	39566.3	18381.3	9595.3	9877.3
1992	44265.8	40169.6	18622.2	10158.7	9538.3
1993	45648.8	40517.4	17751.4	10639.0	10270.4
1994	44510.1	39389.1	17593.3	9929.7	9927.5
1995	46661.8	41611.6	18522.6	10220.7	11198.6
1996	50453.5	45127.1	19510.3	11056.9	12747.1

续表

年份	粮食	谷物	水稻	小麦	玉米
1997	49417.1	44349.3	20073.5	12328.9	10430.9
1998	51229.5	45624.7	19871.3	10972.6	13295.4
1999	50838.6	45304.1	19848.7	11388.0	12808.6
2000	46217.5	40522.4	18790.8	9963.6	10600.0
2001	45263.7	39648.2	17758.0	9387.3	11408.8
2002	45705.8	39798.7	17453.9	9029.0	12130.8
2003	43069.5	37428.7	16065.6	8648.8	11583.0
2004	46946.9	41157.2	17908.8	9195.2	13028.7
2005	48402.2	42776.0	18058.8	9744.5	13936.5
2006	49804.2	45099.2	18171.8	10846.6	15160.3
2007	50160.3	45632.4	18603.4	10929.8	15230.0
2008	52870.9	47847.4	19189.6	11246.4	16591.4
2009	53082.1	48156.3	19510.3	11511.5	16397.4
2010	54647.7	49637.1	19576.1	11518.1	17724.5
2011	57120.8	51939.4	20100.1	11740.1	19278.1

（二）小麦

我国小麦总产量呈现反复波动的走势。1991年我国小麦产量为9595万吨，占粮食总产量的22.0%，1997年我国小麦产量达到历史最高水平，为12329万吨，而从1998年开始，我国小麦产量出现下滑走势，直至2003年产量减至1991年以来的最低水平，为8649万吨，当年小麦产量占粮食总产量的比重为20.1%，此后几年，在小麦价格上涨和我国各项扶农政策的刺激下，我国小麦产量连续几年大幅反弹，至2005年我国小麦产量回升到9744万吨，比2003年增产1095万吨，增幅高达12.66%，2011年我国小麦产量为11740万吨，比2005年增产1996万吨，增幅高达20.48%。

（三）玉米

玉米产量约占全国粮食总产量的1/4，是我国主要的饲料粮和部分地区的主要口粮，目前已发展成为粮、饲兼用的作物，在整个国民经济中有着十分重要的地位。自改革开放以来，我国玉米产量及玉米占粮食产量的比重总体呈上升趋势，特别是自20世纪90年代初以来，随着我国玉米播种面积的显著增加，我国玉米生产有了快速的发展。1991年我国玉米产量为9877.3万吨，占粮食总产量的22.7%；1998年玉米产量达到13296万吨，占粮食总产量的 26.0%；2005 年玉米产量达到 13936.5 万吨，占粮食总产量的 28.79%；2011 年玉米产量达到 19278 万吨，占粮食总产量的 33.75%。

四 我国主要粮食作物单位面积产量现状

（一）水稻

1961 年以来，我国水稻生产基本保持了较快的增长速度。2011 年水稻产量为 20100 万吨，占三大粮食作物（玉米、水稻、小麦）的比重为 39.3%。1961～2011 年，仅有 16 年是负增长，其余年份均为正增长。分阶段来看，1961～1970 年，水稻单产从 2018 千克/公顷增长到 3398 千克/公顷，年均增长 5.3%；1971～1980 年，水稻单产从 3473 千克/公顷增长到 4130 千克/公顷，年均增长 1.7%；1981～1990 年，水稻单产从 4324 千克/公顷增长到 5726 千克/公顷，年均增长 2.8%；1991～2011 年，水稻单产从 5640 千克/公顷增长到 6687 千克/公顷，年均增长 0.8%。其中，2011 年水稻单产为 6687 千克/公顷，达到历史最高水平，与 1961 年相比，增长了 2 倍多。20 世纪 90 年代以来，水稻单产年际波动不大，除 1993 年达到 2.04% 以外，波动系数均未超过 ±2%。1997～2003 年水稻产量下降期间，水稻减产主要是因为播种面积减少，其效应达到 85%，并且在长江流域等水稻主产区，单产水平一直增加，其产量下降完全是由于播种面积减少所致。

（二）小麦

2011 年，小麦产量为 11740.1 万吨，其播种面积和产量分别占三大粮食作物的 26.7% 和 22.6%。分时期来看，1961～1970 年，小麦单产年均增长 5.1%；1971～1980 年，年均增长 5.7%；1981～1990 年，年均增长 4.1%；1991～2007 年，年均增长 2.5%。小麦单产波动较大，而且近几年有逐步加大的趋势，波动系数由 2003 年的 1.3% 上升到 2007 年的 4.06%。由于小麦在粮食生产中的重要地位，新中国成立伊始，我国政府就把发展小麦生产作为解决粮食问题的重点，各地在推广增产技术的同时，努力扩大种植面积，小麦生产迅速发展。2007 年，我国小麦产量为 10929.8 万吨，占三大粮食作物的比重为 24.4%，与 1960 年相比，产量增长了近 4 倍，年均增长 3.5%。长期以来，我国小麦单产水平较低，1974 年才开始突破 1500 千克/公顷。自农村实行家庭联产承包责任制以来，小麦单产显著提高，到

1986 年达到 3000 千克/公顷，与 1960 年相比，翻了近两番，年均增长 5%。与 1978 年相比，增长 67%，年均增长 5.8%。在此后近 6 年的时间里，小麦单产一直徘徊在 3000 千克/公顷。从 1992 年起，又开始快速增长，到 1997 年，单产突破 4000 千克/公顷，达 4102 千克/公顷。随后几年小麦单产有所下降，但基本都保持在 3700～3900 千克/公顷。在 1997～2003 年的小麦产量下降过程中，小麦减产的主要原因是面积减少，其效应达到 73.2%，但在华北地区小麦减产主要来自于单产减少，其效应为 53.5%。从 2004 年开始，随着技术的提升，小麦产量又持续上升，到 2011 年达到 4837 千克/公顷。

（三）玉米

目前玉米主要用作饲料和工业原粮，对粮食生产发展的贡献最大。玉米产量的快速增长，主要得益于单产的不断提高。2011 年，玉米产量为 19278.1 万吨，占三大粮食作物的比重为 37.1%，与 1960 年相比，玉米产量增长了 8.5 倍，年均增长速度为 4.9%。1960 年以来，玉米单产基本上每十年上一个台阶。1970 年玉米单产达到 2086 千克/公顷，与 1960 年相比，增长 83%，年均增长 5.7%。1980 年玉米单产突破 3000 千克/公顷，达 3116 千克/公顷，与 1970 年相比，增长 49%，年均增长 3.4%，是 1960 年的 2.7 倍。1990 年玉米每公顷产量达 4524 千克，与 1980 年相比，增长 45%，几乎是 1960 年的 4 倍。20 世纪 90 年代后，玉米单产基本在 4500～4900 千克/公顷波动，1996 年、1998 年曾突破 5000 千克/公顷，分别达到 5203 千克/公顷和 5268 千克/公顷。2004 年之后，玉米单产连续八年超过 5000 千克/公顷，2011 年创历史最高纪录达到 5747 千克/公顷。20 世纪 90 年代以来，玉米单产年际波动较大，1990 年、1991 年和 1993 年均超过了 4%，但近年来波动趋缓，2007 年波动系数为 0.96%。玉米单产的不断提高，除改革开放的政策因素外，良种的繁育、推广使用以及科学栽培方法的采用，都为玉米的持续增产提供了有力的支撑。在 1998～2003 年玉米产量下降的过程中，玉米减产主要来自于单产下降，其效应为 70.4%，面积下降效应为 29.6%，东北地区玉米单产下降对减产的效应更是达到了 88%。

五 我国种质资源及主要粮食作物品种选育的成就

我国是世界农作物种质资源最丰富的国家之一，通过两次大规模种质资源的征集活动，我国农作物种质资源的数量达到 37 万份，仅次于美国，仅在国家种质库中保存的资源就达到 33.2 万份，居世界第一位。

农作物良种是农业生产的物质基础。新中国成立以来，广大科技工作者通过各种途径和方法，先后培育了一批早熟、高产、优质、抗逆性强、适应性广的农作物新品种和新组合。据统计，1949～1998 年全国共育成并推广41 类大田作物品种 5600 个，粮、棉、油等主要农作物品种在全国范围内更换了 3～5 次，每更换一次，一般增产 10%～20%，并使农作物品种的抗性和品质得到改善。

（一）水稻

为提高水稻产量，我国投入了大量人力和物力，使我国的水稻品种选育一直处于世界领先地位。20 世纪 60 年代，水稻矮源的成功利用，增强了水稻品种的抗倒伏能力，使水稻的产量增加了约 30%，并先后选育了50 多个不同熟期、不同类型的矮秆良种，这是我国水稻育种史上的第一次突破；70 年代，水稻的不育系、保持系与恢复系三系配套成功，又使水稻产量上了一个新台阶，同时也开拓了水稻杂种优势利用的新技术，这是世界水稻史上的一个新飞跃，这项重大科技成果 1976～2000 年在全国累计推广 2.27 亿公顷；90 年代开始的超高产水稻育种、杂交稻的三系变两系、转基因水稻的育成，更加体现了我国在水稻行业的地位和作用。到目前为止，我国选育水稻品种 4085 份，每年进入全国区试的水稻新品系有 300 份左右。

（二）小麦

长期以来，在小麦品种的选育和推广方面，我国投入了大量的资源。通过杂交育种，我国培育出了一批又一批小麦品种，从 20 世纪 50 年代的抗锈、丰产品种碧蚂 1 号、南大 2419 等，到 60 年代的抗病、丰产品种济南 2号、北方 8 号等，再到 70 年代的北京 10 号、农大 311 等，以及 80 年代的丰抗 80 号、农大 139 等，以矮秆、抗病、丰产性好为特点的良种得到大面积推广，使我国小麦单产水平有了较大幅度的提高。近几年来，随着农业结构战略性调整和市场对优质专用小麦品种的需要，我国又相继培育了一批小麦专用品种。目前黄淮海麦区的 8901、济南 17 等品种，长江中下游麦区的宁麦 9 号、豫麦 50、皖麦 18 等品种，以及东北春麦区的龙麦 26、辽麦 10 号、小冰麦 33 等品种已有一定的规模，加上还有一批品种更优的品系或组合，为专用小麦的发展奠定了基础。2003 年 9 月，农业部评选推荐出 29 个比较适合当前推广的优质专用小麦品种，其中基本符合国标的优质强筋小麦品种 26 个，优质弱筋小麦品种 3 个。2003 年全国优质专用小麦种植面积达到 826.7 万公顷，已占小麦总面积的 37%，其中优质强筋与优质弱筋小麦达到了 266.7 万公顷。2004 年 2 月，农业部又在发布的农业主导品种中推介了川麦、鄂麦 18 等 15 个小麦品种。

（三）玉米

近年来，玉米种植面积已开始超过小麦，居粮食作物种植面积第二位。自 1949 年以来，我国玉米生产品种类型已经更替了 6 次，大体上可以分为农家品种、品种间杂交、顶杂交、双杂交、三交种以及单交种。而单交种也经历了 4 次更新：第一代单交种以新单 1 号、白单 4 号为代表；第二代单交种以群单 105 为代表；第三代单交种以丹玉 6 号、郑单 2 号、吉单 101 为代表；第四代单交种以中单 2 号、烟单 14 号、丹玉 13 号为代表。目前，我国正处于第五代玉米杂交种的更新过程中。由于优良杂交种在生产上的大面积推广，我国的玉米产量得到大幅度提高。

从玉米品质育种来看，我国自 1972 年开始了优质蛋白玉米的转育工作，并经历了三个阶段："六五"期间育成的高赖氨酸玉米杂交种中单 206；"七五"期间育成的高赖氨酸玉米杂交种鲁玉 13、农大 107 等；"八五"期间育成的优质蛋白玉米中单 9409、中单 3850、新玉 6 号等杂交种；高油玉米自交系选育工作开始于 20 世纪 70 年代末，1989 年，第一个高油玉米杂交种"农大高油一号"通过品种审定，并在 1991 年被纳入国家科委重点推广项目计划。中国农业科学院、长春市农业科学院等单位也陆续育成一批高油玉米新组合。近年来，各地积极开展专用玉米品种的培育引进和示范种植工作，农大 108、豫玉 22、鲁单 50、中单 9409、高油 115 等一批专用玉米品种开始在生产上大面积推广。

六　我国主要粮食作物品种结构变化及其特点

主要粮食作物品种的结构变化与特点突出表现为由以提高单产和抗逆水平的单纯追求产量的品种为主向以优质、高产、高效品种为主的方向发展。近年来，适应农业发展新阶段的要求，我国特别注重优质化、专用化品种的应用，并通过品种的优质专用提高农产品的竞争力。另外，由于我国幅员辽阔，区域间主要粮食作物品种多而繁杂，主推品种的区域优势还不突出。除了这些共性的变化外，四大粮食作物还存在一些自身的结构变化和特点。

（一）水稻品种结构变化及其特点

重视食用稻品种，忽视食品加工用稻品种，较少或几乎不关注饲用稻和工业原料用稻品种；品种结构上重视常规品种，轻视杂交稻品种；重视发展一季稻，忽视发展双季稻；在食用稻中注意发展粳稻品种，较少采用籼稻，忽视发展特色水稻品种的开发；在食品加工用稻品种中，优质专用稻品种没有得到开发。

（二）小麦品种结构变化及其特点

在优质专用小麦品种中，适用于加工面条、馒头的中筋小麦品种较多，约占优质专用小麦的80%；适用于加工面包的强筋小麦品种较少，约占优质专用小麦品种的15%；适用于加工饼干、糕点用的弱筋小麦品种更少，仅占优质专用小麦品种的5%。优质专用小麦品种的品质指标仍然较低，与国外小麦品种的品质相比有较大差距。东北、内蒙古种植的春小麦以及南方种植的冬小麦品种将逐步被淘汰。

（三）玉米品种结构变化及其特点

由粮食、经济作物、饲料及工业用一种多用向以饲料用和工业用为主的优质专用型品种转变；发展优质专用型玉米，重点是发展优质高蛋白玉米、高油玉米和高淀粉玉米品种；特色玉米品种，如彩色玉米、鲜食玉米（甜玉米、糯玉米）、爆裂玉米等开始受到关注。

第二节 我国主要粮食作物品种结构面临的问题

一 我国主要粮食作物产需品种不平衡

我国粮食库存品种结构与粮食消费需求结构不适应，加剧了粮食市场不稳定风险。虽然我国粮食产需在总量上已趋向平衡，但在品种结构上尚难以达到平衡。因为粮食生产具有明显的地域差异，粮食品种生产相对集中。然而，随着人口流动性的增强，人民生活水平的提高，粮食消费需求也逐渐呈现多样化的趋势，某一区域生产的粮食品种往往不足以满足当地的粮食需求。比如稻谷主要产区在南方，玉米、小麦主要产区在北方，但南方居民对小麦的需求也逐渐增多，北方居民则越来越喜食大米。因而，客观上要求加快发展现代粮食物流体系，以缓解产需结构的不平衡。

（一）谷物供求品种结构矛盾进一步显现

一方面，稻谷、小麦产需基本平衡，但保持平衡的压力越来越大。近几年人均稻谷和小麦消费量稳中趋降，总消费量增长趋缓。我国人均年稻谷消费量从历史最高水平 1991 年的 155 千克，下降至 2009 年的 143 千克。过去 5 年，国内稻谷消费年均增长 0.6%。人均年小麦消费量从历史最高水平 1988 年的 90 千克，下降至 2009 年的 78 千克。过去 5 年，国内小麦消费量年均增长 0.6%。产量稳步增长，过去 5 年，稻谷产量年均增长 1.8%，小麦产量年均增长 4.5%，由此使两者供求相对宽松。但是，稻谷口粮消费的比重逐步提高，粳米消费仍将继续增长，而南方地区水田不断减少，水稻种植面积大幅下降，恢复和稳定生产的难度很大，稻谷供求总量将长期偏紧。

另一方面，玉米供求缺口逐步扩大。近年来，养殖业、工业用玉米增长较快，使玉米供求日益趋紧，缺口逐步扩大。过去 5 年，玉米国内消费量年均增长 3.6%，略高于产量年均 3.5% 的增长水平，其中，饲用玉米消费保持年均 2% 的增长水平，5 年共增加 1100 万吨；深加工玉米消费在 2007 年底出台限制玉米深加工发展政策之前的增长率约 9%，之后降低到 4% 左右，5 年平均增长约 7%，共增加 1400 万吨。2009 年，玉米国内消费 1.56 亿吨，产量为 1.55 亿吨，供求缺口 100 万吨，标志着我国玉米供求关系正式转入供不应求的阶段。近两年玉米缺口进一步扩大，达到近 1000 万吨。

与此同时，我国玉米由净出口国转变为净进口国。20 多年来，除个别年份外，我国玉米保持净出口状态，年净出口量在 300 万~1500 万吨。自 2007 年度以来，随着国内饲料消费和深加工消费的增长，净出口量明显缩小。2009 年我国进口玉米 130 万吨，净进口 115 万吨，距关税配额 720 万吨还有较大空间。2010 年，我国进口玉米 157 万吨，2011 年进口 175 万吨。

（二）粮食消费结构升级，品种结构矛盾加剧

随着我国经济发展和人民生活水平的不断提高，食品消费结构不断升级变化，粮食直接消费减少而间接消费增加，粮食消费总量将刚性增长。未来我国粮食消费结构中，口粮消费随着人口增加而增加，人均口粮消费减少；饲料用粮平稳增加；工业用粮消费快速增长；种子用粮基本稳定。尽管近年来我国人口增速放缓，但是由于人口基数较大，我国将出现人口低增长率和高增长量长期并存的局面，人口刚性增长必然带来粮食需求的刚性增长。根据《国家粮食安全中长期规划纲要》的预测，到 2020 年我国粮食消费总量将达到 5725 亿千克以上。

二　我国主要粮食作物产需品质不平衡

长期以来，受"短缺经济"的影响，强调粮食商品的"特殊性"，而忽视了其作为商品的内在属性，对粮食的产、购、调、存、加、销等各环节的运作只重量而不重质。农民依然低头种田，只求高产和低耗，而不问品质与需求；粮食管理部门则按照上面下达的计划或合同封闭运行，包"购"，包"存"，却包不了"销"。随着经济迅猛发展，温饱问题基本解决，人们消费水平不断提高，粮食产需质量矛盾日益尖锐。目前，我国三大主要粮食作物稻谷、小麦、玉米，优质、高端品种产量占总产量比重均偏低，国内高端消费需求相当一部分依赖进口，低端品种则存在需求不足、产量过剩的问题。

全国以大米为主食的人口占 60% 多，然而，稻谷中很大部分是早籼稻和普通稻，优质稻和其他名、特稻占的比例较小。早籼稻口感差，加工碎米率高，用途单一，宜做工业原料，而不适宜做口粮。这使稻谷生产结构与消费结构严重脱节。陈化粮中早籼稻占有较大比例。如湖南是产粮大省，过去片面追求粮食总量，忽视粮食质量和消费需求，过去在粮食总产中 90% 以上是稻谷，稻谷总产中 90% 以上是籼稻。

小麦是北方广大地区居民主食和主食品工业化生产原料，但在全国小麦作物中，优质、专用小麦自给率只有 10% 多点，普通品种占绝大部分，且基本上以生产面筋含量不超过 30% 的软麦为主，面筋含量超过 35% 的硬麦所占比例上不去，至今仅占小麦总产量的 20% 以下。

近几年，随着需求量的不断上升，玉米成为我国第三大粮食需求作物，但我国玉米质量普遍较低，水分含量过高，其中，主产区东北玉米的水分含量最高达 31%，比安全水分高 16%。水分含量高，会带来收购难、储运难和利用难等一系列问题。

三　我国主要粮食作物种植品种杂而散

近年来，我国农村种植水稻品种虽然有所减少，一些劣质品种也逐步淘汰，但受到传统种植习惯影响，我国农村部分地区仍缺乏科学选种，种植品种多而杂，相对分散，一种多年，未形成区域化、规模化种植，导致粮食收获品质参差不齐，不利于粮食后续加工，严重影响产品质量和产品品牌。

2010 年全国优质稻种植面积下降，优质稻品质指标达标率低。究其原因：一是市场上的稻种多如牛毛，五花八门，种子品质参差不齐，粮农选择、辨识能力不足。二是不同稻种受环境影响较大，同一稻种在不同地区种植产量相差较大，优质稻种植效益不高。三是部分地区品种多而杂，未形成规模化种植，收购价格无法体现"良种高价""优质优价"。

四　粮食供给结构与需求结构不平衡

1982 年农业超常规增长背景下出现的卖粮难和 1989 年以后出现的卖粮难虽然在表面上看来有共同之处，表现为农民手中的粮食卖不出去，国营粮食部门不愿意收购，市场粮价低落，但两次卖粮难有重要区别：第一次卖粮难是在温饱需求的背景下出现的，主要原因在于我国的仓储运输及粮食加工能力不适应粮食生产的发展。第二次卖粮难是在温饱问题基本上得到解决之后，城乡居民的消费转向小康的过程中出现的。虽然在流通的物质技术条件方面还存在不适应的问题，但是主要原因在于粮食供应的地区结构和品种结构不适应变化了的消费需求。我国南方每年有近 2000 万吨稻谷喂猪，而东北粮仓却卖玉米难。广东省早稻积压，但同时进口大米，吉林积压的玉米都是产量高、粉质多、口感不好的粉质玉米，而南方产粮大省积压的粮食主要是早籼稻。以湖南省为例，市场畅销的粳稻、糯稻仅占稻谷总产量的 3%，籼稻占 94%，每年粮食收购总量的 90% 是早籼稻，而早籼米垩白度高，口感不好。

如果说从近几年我国粮食品种结构和地区结构来具体分析我国粮食供需平衡的态势，粮食供需失衡主要是结构性问题，那么，从长远看，我国粮食供需，既面临总量不足的问题也存在结构不平衡的问题。

尽管在 20 世纪 80 年代初出现全国性的卖粮难，但是这种粮食过剩是在以温饱需求为重心的粮食消费需求格局下出现的。这是由于仓储、运输条件跟不上，加上市场发育程度低造成的相对过剩。从未来粮食需求和供给的总体趋势分析，我国粮食总供给少于总需求的压力将趋于强化。

消费需求的增长主要来自新增人口、城市居民动物性食品消费水平的刚性以及农村消费结构的变化三方面的推动。我国每年新增加人口近 1600 万人，仅此每年需要增加 225 万吨粮食。消费结构的变化对需求的影响，一方面由于消费需求的刚性，现阶段我国城市居民恩格尔系数偏高的情况不可能在短期内得到改变，将保持较高的粮食间接消费水平的需求；另一方面，20世纪 90 年代是我国人均国民生产总值向 1000 美元上升的阶段，根据国际经验，这个阶段是食物结构转换较快的时期，其特点即动物性食品的消费需求由低速增长变为迅速增长。我国未来相当长一段时期内粮食需求增长主要来自农村城市化、城市人口增加所致消费结构的变化。即便考虑到 2000 年通过粮食相对价格的调整、中央增加对粮食生产的基础性投入和粮食进出口等从现在起平均每年增产粮食 500 万吨以上，从而实现十年规划的既定目标，但是，5 亿吨的目标是在这样一个假设条件上提出来的，即我国城乡居民的食物构成在城乡人口比例不发生大的变化基础之上，也就是说，我国总体上仍处于人均 400 千克满足温饱需求的水平。一般而言，一个国家人均年粮食消费量在 250 ~ 400 千克时处于温饱阶段，人均年粮食消费量在 400 ~ 600 千克时才进入粮食消费的小康水平，而我国人均占有粮食水平最高的时期是1984 年的 396 千克。事实上，工业化、乡村城市化已成为农业和农村发展的主旋律，随着农村剩余农业劳力的加速转移和农民身份变迁，以及城市流动人口的扩大，将大幅度推动粮食间接消费水平的上升，从而对粮食总供给产生巨大的压力。

但是，对我国粮食综合生产能力的未来变动趋势的担忧有足够的理由。近年来，一方面，粮食生产的发展由于粮田被占用、水利设施失修、农田灌溉面积趋于下降、粮食生产受到水资源短缺制约等诸多因素而出现持续发展后劲不足的问题。农业投入特别是中低产田改造和新垦荒地需要大量资金和劳动投入，必要的基础性投入的增加还得不到制度保证。另一方面，主要粮食品种提高单产的可能性受生物极限和化肥等现代生产要素投入报酬递减趋势的制约。

　　不利于我国粮食生产实现既定发展目标的另一主要因素是国民经济高速增长及市场化进程加速条件下粮农和地方政府缺乏发展粮食生产的积极性。近年来在非农产业发达地区较为突出的缩减粮食生产的经济行为使得我国粮食南粮北调的传统格局演变为北粮南调。令人担心的是：沿海发达地区的弃粮行为正在不同程度地向其他地区扩散，即从沿海向内地，从南方产粮区向北方产粮区转移。市场经济条件下粮农和粮食主产区地方政府发展粮食生产的积极性减低正在成为一种普遍的趋势。

五　现行购销体制和市场机制对我国主要粮食作物品种结构的影响

　　我国虽然已建成 500 多个商品粮基地县，479 个基地县耕地面积占全国耕地面积的 40%，所产粮食占全国粮食总产的 50%，可提供的商品粮占全国商品粮总量的 60%。但是，高产穷县的现象并不罕见，作为我国未来商品粮主要供应者的商品粮基地县，其地方政府的行为变化并不存在着生产更多适应市场需求变动的优质农产品的内在动力。调整粮食供应结构、增加饲料粮的供应是平衡粮食供需的主要任务。粮食作物和经济作物二元结构实现向粮食作物、饲料作物、经济作物三元结构的转换不仅需要政府采取强有力的产业政策，而且需要农民的积极配合，这将是一个较长时间的调整过程，因此在今后较长一个时期内，饲料粮短缺和优质农产品的不足可能持续下去。需求扩张和供给缩减的结果在我国相对低的外贸依存度的情况下必然导致国内粮食价格的大幅攀升，其宏观经济效应可能是：其一，粮价上涨带动和加剧通货膨胀；其二，由于改革开放以来我国粮食价格的上涨已经使得国内主要粮食品种的价格接近于国际市场粮价，因此，粮食价格的进一步上涨势必造成政府的两难窘境，或者是像日本那样，对粮食实行保护，背上越来越沉重的包袱，或者是放弃政府干预，冒政治风险任凭国内生产者和消费者受国际粮食市场的冲击。

六 转基因技术对我国主要粮食作物品种结构的影响

(一) 转基因技术对我国大豆行业的冲击

2009 年，世界大豆的原产地、中国大豆的主产区黑龙江省，在原本应该忙碌的春耕季节却遭遇史无前例的、来自进口大豆入侵的"寒流"。省内有一定规模的 68 家大豆加工企业，几乎全部停产，也没有一家收购大豆。而农民手中去年产的大豆还有 300 多万吨没有卖出去，甚至 2007 年的部分大豆也还压在手里。

从 2008 年下半年开始，进口大豆的价格一路下跌，达到每吨 3000元，2009 年 2 月下旬，国际大豆期货市场进入新一轮下滑通道，每吨进口大豆到达大连港口的价格只有 2900 多元。受进口大豆价格影响，黑龙江省内大豆价格也一路走低，从 2008 年 7 月份的 3.05 元/斤，下跌到 10 月份的 1.50 元/斤，跌幅超过 50%。对承包土地的农民来说，大豆一斤 1.7元才是成本价，现在是赔本卖豆。而黑龙江大豆企业面临的共同困境是：进口低价冲击、国储高价挤压、农民惜售短供以及南方沿海油厂的低价打压。在黑龙江本土油脂企业停产、停购的同时，一些外资巨头却正在黑龙江省开始行动，与当地企业接触洽谈，准备以入股、兼并或合资等形式进入黑龙江省。

转基因大豆出油率高（20%～21%，黑龙江非转基因大豆只有 17%）、成本低、价格低；进口转基因大豆还涉嫌低价倾销中国。每吨进口大豆到达大连港口的最低价格只有 2900 多元，这个价格在出口国也基本是成本价，已涉嫌倾销。受利益驱使，一些不法商贩已经开始将进口转基因大豆冒充当地产的非转基因大豆混进国储粮库，从中套取差价，进而扰乱国内市场秩序。

进口转基因大豆油在黑龙江已经占有 80% 的市场份额，当地产非转基因大豆油市场占有率不足 20%，并且还在持续下降。不仅如此，作为大豆加工下游产业的饲料加工业，也从南方大豆加工企业购入转基因豆粕，和转基因豆油一样，转基因豆粕已经占据了当地 80% 的市场。沃尔玛、家乐福等几家大型超市货架上的大豆油几乎已被转基因豆油占领。再这样下去，从种植、到油脂加工，直至包括大豆油在内的大豆产品所构成的黑龙江大豆产业链将全线崩溃。

（二）大豆行业沦陷对我国水稻、小麦、玉米行业的警示

2009 年，农业部为两个转基因水稻品系颁发生产应用安全证书，分别是华中农业大学作物遗传改良国家重点实验室的转抗虫基因水稻"华恢 1 号"及杂交种"Bt 汕优 63"。证书自 2009 年 8 月 17 日起，有效期为 5 年。据此，这两个水稻品系将可以在湖北省境内成规模种植。转基因水稻商业化种植，可能导致中国丰富的水稻基因资源的流失。由于大型生物技术公司垄断了基因技术并具有专利，在知识产权体制下，会加快中国资源流失的速度。我国一旦商业化种植涉及国外专利的转基因水稻，将不可避免地受到国外专利持有人的制约。转基因水稻种子价格的上涨将使得农民的生产成本大增，我国主粮的控制权也会落入他人之手，粮食主权和安全将面临巨大的威胁。因此，对转基因水稻的商业化不得不谨慎。

2001 年，当美国孟山都公司在自己的网站上宣布开始对世界上第一批转基因小麦进行田间试验时，这家转基因生物制造领军厂商似乎已经看到了由此带来的丰厚利润。然而，就在已经为此投资了数亿美元并耗时 3 年后，孟山都公司于 2004 年宣布终结曾经寄予厚望的新品种计划。让孟山都放弃转基因小麦计划的原因是几乎来自全世界小麦产业一浪高过一浪的反对声。由于日本、欧洲等美国小麦出口的主要市场对转基因小麦都表现出异乎寻常的反对态度，并进而导致美国国内农民对转基因小麦种植的排斥，孟山都这个转基因大鳄不得不宣布放弃向世界市场引进转基因小麦的计划。前事不忘，后事之师。转基因小麦商业化被扼杀在摇篮之中是由于欧美人的主食是小麦，他们对自己主食的转基因化非常谨慎；而中国主食是水稻，因此我们对转基因水稻的商业化也要非常谨慎。

早在 2001 年，广西已经和美国的孟山都公司合作推广转基因玉米，至今在广西已经推广了上千万亩"迪卡"系列转基因玉米。玉米在美国只是作为工业原料来种植，广西广大农民在不知情的情况下种了 1026 万亩。早在 2004 年和 2005 年，中国已经批准进口两种孟山都公司的转基因玉米。2010 年 1 月，中国农科院申报的转植酸酶基因玉米 BVLA430101 获得农业部安全证书，限在山东省生产应用。而奥地利研究人员发现，长期食用 MON810 型转基因玉米可能影响老鼠的生育能力；法国研究人员发现，长期食用转基因玉米的实验鼠多种器官受到损害以及易患肿瘤。2010 年，中国进口玉米 150 万吨；2011 年，进口玉米 175 万吨；2012 年，进口玉米 520 万吨；如果照此趋势发展，到 2020 年缺口会达到 1800 万~2000 万吨。面对日益增多的转基因玉米的进口，玉米行业会不会像大豆行业一样沦陷，值得深思和预防。

第三节　对策建议

根据粮食品种不安全等级，有计划地恢复可耕土地为粮田，调整如蔬菜、棉麻、瓜果等农地种植规模，增加粮食种植面积，根据需要调整主要粮食作物的品种结构。

一　按照口粮和饲料粮需要调整种植结构

长期以来，我国粮饲不分，粮食既供人们直接消费，又用作饲料，饲料作物不作专门的种植安排，饲料生产依附于口粮生产，饲料粮的多少依赖粮食总产中口粮需求量的增减变动，这样就会造成耕地、资本和劳动的巨大浪费，直接阻碍了农业生产结构的合理化和农民收入的提高。其实饲料与口粮需求的目标不一致，饲料要求粗粮化、高产化和能量饲料与蛋白质饲料的合理搭配；口粮消费则要求细粮化、改善品质和提高加工花色品种。口粮与饲料粮不分，使得有限的耕地受到无限提高籽实单产要求的压力，增加了粮食生产的难度。以玉米为例，美国饲用玉米单产平均 15000 千克/公顷，食用玉米单产仅 6000~7500 千克/公顷，在我国玉米产量的 80% 用作饲料的情况下，如果进行玉米品种改换，就可以节省大量耕地用于发展价值更高的其他作物，而没有必要每年种植这么大面积的食用玉米用作饲料。

二　压缩一般品种，扩大优质品种

从目前我国的粮食生产能力来看，我国的粮食安全是有保证的，但是随着居民消费结构的变动，对粮食的需求也将随之发生变动，如果这时粮食的生产结构没有发生相应的变动，就会发生某类粮食供求失衡的状况。如从我国的小麦供求来看，虽然近几年来，我国小麦的当年产量不及其消费量，但依靠其庞大的库存作为后盾，从 2002 年开始，我国就初步实现了小麦的净出口，2003 年小麦的净出口规模扩大到了 200 万吨以上，然而，与此同时，虽然我国小麦的优质化、专用化步伐不断加快，但优质、专用麦仍需大量进口，甚至小麦第一大省河南也不例外。随着居民收入的增长和消费结构的升级，居民对一般品种的粮食需求量将不会有很明显的增加，甚至随着消费结构的升级，对其需求量将会有所下降，但是对优质稻谷、专用玉米、专用小麦、优质大豆的需求将不断增加，未来我国粮食生产结构也必须随着粮食消费结构的升级而做出相应的调整和优化，这样才能保证我国粮食供求不至于失衡，粮食安全才有保证。

三 重视作为口粮的稻米和小麦的供给问题

一般而言，粮食按用途可分为口粮、饲料用粮和工业用粮。在这三者中，口粮直接用于满足人类的食物需求，更具有不可替代性，对粮食供求失衡的影响更具有先导性和敏感性。稻谷和小麦都主要用作口粮。稻谷是消费量最大、比重最高的粮食品种，1985 年之前，稻谷消费量甚至高于小麦、玉米消费量之和。目前，稻谷消费仍占粮食消费总量的 1/3 左右。从用途看，85% 以上的稻谷用于口粮，不到 15% 用作饲料或工业原料。小麦是稻谷之外口粮消费的第二大品种，同时，口粮消费占到了小麦消费的 80%。

口粮中，大约 30% 为小麦。因此，稻谷的地位显得更重要一些。一方面，因为我国以大米为主食的人口占到 60%，这一比重还在不断提高，大米直接食用的比例仍在上升。另一方面，全世界大米贸易量只有 2700 万吨左右，仅占当年产量的 7.0%，相当于我国每年大米产量的 17%。大米国际市场空间较小，并且，供给主要以东南亚国家的籼米为主，而我国需求主要以粳米为主，因此，很难借助国际市场来实现国内大米供求平衡。20 世纪 90 年代以来，历次粮食供求失衡，无论是供给严重过剩还是供给严重不足，往往都是先从稻谷开始再波及其他，最终形成全局性的粮食供求失衡。在此方面，稻谷的影响往往是其他主要品种远远不及的。改革开放以来，因稻谷减产而导致整个粮食市价出现较大幅度上涨的情况已多次发生。

对于稳定稻谷市场而言，主要的努力方向是稳步扩大供给，以跟上不断增长的需求。首先，要稳定水稻耕种面积。不仅要从粮食安全的角度认识保护稻田的重要性，还要从生态保护的角度来认识。稻田本身是生物多样性的重要载体之一，是一个重要的物种库和土壤种子库；此外，稻田可维持近10 厘米的水层，每公顷稻田比旱地可多蓄水 1500 立方米，长三角地区稻田蓄水量相当于两个半太湖。其次，要通过保护种粮农民积极性来提高复种指数。对近 10 年来的数据分析显示，对我国稻谷产量影响最大的因子是播种面积，影响播种面积最主要的因素又是复种指数。提高复种指数的根本，则在于调动种粮农民的积极性。要逐步提高最低收购价，提高水稻种植补贴标准，逐步建立农资综合补贴、灾害直接救助和农业保险并重的补贴机制，增加农田小型基础设施建设补贴，并对各种补贴进行有效整合；建立保护农民种粮积极性的长效机制。最后，提高稻米单产水平。在当前粮价水平下，每亩增产 100 千克，相当于农民增收 240～260 元，比补贴政策的激励效果强得多。常规稻、普通杂交稻和超级杂交稻平均单产水平分别为 370 千克、460 千克和 600 千克，而我国仍有一半为常规稻，推广良种的空间还很大。同时，加大有关投入，加强农田水利建设、农田生产能力建设和农田生态基本建设，并把资金集中到商品粮基地，体现向粮食主产区倾斜的原则，改善粮食生产条件。

对于小麦来说，供需状况基本上还是平衡有余的，只是品质结构矛盾较为突出。近几年我国小麦生产连年丰收，供求关系已由产不足需过渡到总量平衡有余的阶段。2010～2011 年度库存消费比已经达到 99.85%，是 2003～2004 年度以来的最高值。小麦连年增产，主要得益于单产水平的提高。我国小麦的单产水平虽已高于世界平均水平，但与农业发达国家相比还有一定差距，约相当于英国的 65%，法国、德国的 76% 左右。而且我国小麦单产的区域差异性较大，中低产田数量较多，今后一个时期实现均衡增产是开发小麦单产潜力的关键。北纬 33° 左右的地区是提高我国小麦单产、确保总产潜力最大的地区。江苏、安徽、河南、湖北、四川等省处于北纬 31°～35°区域，面积约 1 亿亩。未来随着我国在良种、配方施肥、地膜覆盖、节水灌溉、病虫害综合防治等方面的技术进步，这些地区小麦单产还有很大的增长空间。在解决总量问题的同时，还需要注意小麦供需的品质结构问题。当前最主要的矛盾是普通小麦供给过剩、优质小麦供给不足。特别是近两年小麦生长和收获期间遭遇极端恶劣天气，品质受到严重影响，小麦供应结构矛盾进一步激化，优质小麦价格自 2010 年 6 月开始明显上涨，进口小麦需求也大幅升温，小麦进口量达到 2006 年以来的最高水平。虽然我国优质专用小麦种植面积不断扩大，2009 年秋冬种小麦优质率达 71%，比 2004 年提高 30 多个百分点。但由于我国小规模农户分散种植的生产模式短期内难以改变，多品种混杂、单个品种数量少的问题将长期存在。一些国产优质麦品种在某个单项指标上可与进口麦媲美，但混收混储等现象造成优质麦整体品质下降，难以满足企业加工需求。因此，在保证小麦供应总量的同时推进品质提升，是今后我国小麦产业发展的主要目标。

四　采取综合措施稳定玉米供求平衡

在各粮食品种中，玉米的供求缺口最大，单靠扩大播种面积是不行的。从国家粮食安全战略考量，首先要保证口粮供应，不能把更多的耕地资源分配在玉米生产上。近期玉米种植面积只能小幅度增加，来源主要是东北地区。玉米种植面积是否还有进一步扩大的空间，要取决于玉米生产的比较收益。在外延性资源越来越少的条件下，内涵发展必然是实现玉米增产的根本出路。内涵发展的路径可以归结为两个方面：一是通过育种和施肥手段以及先进的栽培技术措施，提升玉米生物体的能量转化效率；二是改善农田生产条件，包括土地整理、农田水利设施建设等，为作物创造良好的生产环境条件。目前东北玉米主产区中低产田约占玉米种植面积的 2/3，其中干旱是主要限制因子。玉米主产区内部的单产存在明显差异，低产田是高产田产量的 2/3，按目前的单产水平分析，在未来的 10 年内，在改善农业生产条件上进行较大的投入，同时改良玉米品种，加大综合栽培技术措施，中低产区的单产有希望比目前提高 50%。

同时，要进一步调整优化玉米内部种植结构。20 世纪 80 年代以来，玉米的种植结构较为单一，普通玉米之外的专用品种很少。近些年来，专用玉米陆续发展，但总体看，玉米的供给结构与需求结构还存在一定差距。目前我国畜牧业对玉米饲料的利用还不尽合理，青贮玉米所占的比重还比较低，饲料的转化率不高。在玉米加工业领域，高油、高淀粉和支链淀粉的玉米种植比例仍很小。伴随着畜牧业和玉米加工业的发展，市场将对玉米生产提出多样化的消费需求，玉米品种必须向专用化方向发展，玉米品质结构也存在着一个优化升级的过程。

　　单纯提高产量、优化结构，还是不可能实现玉米市场供求平衡的，短期来讲如此，长期来看也是如此。和口粮需求比，加工需求的弹性很大，有很大的伸缩空间。如果不控制，只要能够盈利，就可以无限制地发展。因此，必须管住加工需求。2007年9月国家发改委《关于促进玉米深加工业健康发展的指导意见》规定，深加工用粮规模占玉米消费总量的比例要控制在26%以内。但目前实际加工用量早已突破此限制，导致玉米供求缺口不断扩大。在这种情况下，我们必须坚持玉米优先满足饲养业发展，控制粮食用于工业酒精、燃料乙醇等非食物链生产，禁止粮食深加工产品出口。

　　随着人民生活水平的提高，肉禽蛋奶等畜产品消费还会有一个快速增长的阶段，发展畜牧业是大的方向。生产动物性蛋白需要消耗4~9倍的饲料蛋白，完全靠玉米、豆粕做饲料是不可行的。未来一个大的战略就是，必须开辟新的饲料来源，寻找玉米饲料的替代品。和口粮消费不同的是，饲料消费的保障途径可以更加多样化。苜蓿就是一种很好的饲料，其蛋白含量高达45%~46%，是粮食蛋白含量的2~4倍，且含有18种氨基酸，是世界上最大的蛋白质资源，是公认的优质饲料。再如毛叶苕子，其干物质粗蛋白含量为46.7%。其他如油苋菜、氨基酸草，粗蛋白含量也分别达到了22.8%、29.8%。这些饲草可以广泛种植，我国南方地区有许多荒坡地和冬闲田，光热资源又充足，种植饲草的潜力还是很大的。而我国畜牧业的重心目前还在北方，今后要发展一些适合南方地区的畜禽良种，如奶水牛等，以更好地利用南方饲草。除此之外，在现有技术条件下，也可以完全实现饲草工厂化生产。饲草基质栽培、潮汐栽培技术都已经成熟，能够做到立体栽培、节地节水、常年生产、多次收获，每亩年产量可达到40~120吨。只要加以重视、大力推广，完全可以开辟新的饲料来源，依靠工厂化饲草生产和规模化畜养殖配套，减轻饲料消耗对玉米等粮食的依赖，并保证畜产品的充分供给。

五　科学调整粮食品种结构和成分

　　粮食单产和播种面积是影响粮食生产的两个基本要素，在我国目前耕地不断减少的前提下，保障粮食生产主要依靠提高单位面积产量已成为大家的共识。因此，在国家制定了《全国新增1000亿斤粮食生产能力规划（2009~2020年）》后，许多农业专家学者集中围绕如何提高粮食单产献计献策。但是单产提升的空间越来越小，目前在增加单产上，主要是缩小现有品种的大田实际单产与潜在能够实现单产（指区域高产示范产量）之间的差距。展望 2050 年，即使我国的人口能够控制在 16 亿人，对粮食的需要量也将翻一番，但可耕地面积却将减少 1/5。仅仅依靠提高单产是难以解决我国粮食安全问题的。一些农业专家学者对我国 1949～2007 年的粮食总产、单产、面积、复种进行的分析和研究指出粮食单产继续增加但增长率递减，单产对总产的相关系数由 0.986 下降到 0.558，而面积对总产的相关系数则由 0.418 上升到 0.641。可见，随着单产水平的提高，面积的作用越来越大。

食物承载力是指陆地为人类提供食物的能力。陆地包括林地、耕地、沼泽湿地和水域等，从净初级生产力和总生物量看，林地要远高于耕地，沼泽湿地和水域与耕地相比也不相上下。生长于林地的许多淀粉类经济林果实是很好的粮食资源，如板栗就素有"铁杆粮食"之称。同样生长于沼泽湿地和水域中的许多淀粉类经济植物如菱角、莲藕和荸荠等也是很好的粮食资源。根据"食物承载力"概念，这些粮食资源的有效利用能够逾越我国粮食面积的约束，依靠粮食品种外延的增大来缓解耕地减少的矛盾。之前学者提出的利用秸秆、草原和林下生态空间观点，笔者认为也是增大外延的一种合理选择。我国林地面积是耕地的两倍左右，加上数量可观的沼泽湿地和水域，可以有效地大幅度提高我国粮食的总产水平。这种方式我们称为"生物多样化立体粮食生产模式"，即在现有耕地的基础上，向山上要粮，向水下要粮，扩大了粮食生产的空间范围。过去，我们的粮食生产仅以有限的水稻、小麦、玉米、薯类、豆类、杂粮等主要农作物和特定的耕地为经营对象，而忽略了庞大多样分布在自然林地、沼泽湿地和水域的淀粉类经济植物，而如今已不能满足需要，应该说已到了必须研究粮食植物多样性的时代了。

为了合理有效地开发利用这些粮食资源，应采取多种途径优化结构和品种，首先，要树立两个新的粮食观念，即粮食生产经营的生物多样化粮食品种结构观念和粮食加工消费的营养多样化食品成分结构观念。其次，研究制定我国"生物多样化立体粮食生产模式"的发展战略体系，包括资源可持续利用、生产能力、科技支撑和政策支持体系等。在粮食生产经营环节有效地挖掘开发和协调优化立体粮食生产的品种结构和空间布局，组织攻关利用现代生态农业和生物技术开发培育适应于林地、沼泽湿地和水域的淀粉类粮食资源植物新品种，提高它们的单产水平。在粮食加工消费环节组织研究开发营养成分科学合理、经济的食用"调和粉"类系列产品，引导广大消费者选择科学营养的粮食食品。

六　加强对种粮农民的引导和帮扶

向粮农推介一批真正优质、收获质量达标、适合于当地气候环境的品种。向社会发布每年粮食质量调查和品质测报结果，引导粮农逐步淘汰种植效益较差的稻种，同时介绍或推介新的、有潜力的优良品种，使每个区逐步形成"3＋1"个稻谷品种，即3个主导品种，1个潜力品种。以区为单位召集种粮大户、粮食产业龙头企业和粮食购销企业，发布粮食品质信息，签订产销合同，引导农民按市场需求种植。

加强对农户的技术指导和服务，提高种植技术水平，加强田间管理，做到科学施肥，科学防病、施药，提高稻谷品质指标；推广机械化收割，提高稻谷的出糙率、整精米率等质量指标。引导农户将土地集中起来，连片种植少数几个优质品种，并按品种进行单收、单存、单独出售。这样可增强商品粮的一致性，有利于生产加工和市场销售，同时也提高粮食售价，增加农民收益。

鼓励粮油加工企业和龙头企业发展"公司＋农户"的种植经营模式，公司在播种前与农户签订产购合同，向农户提供稻种，农户按照公司要求进行种植，公司按合同约定价格收购，体现优质优价。

推进现代化粮食流通产业发展，从生产关系层面加大改革创新力度，进一步完善粮食价格形成机制。

第 八 章
优化我国粮食区域布局的对策研究

严峻的耕地资源态势、粮食需求的刚性增长及粮食生产发展面临的问题等，决定了中国的粮食生产面临两难境地。一方面是粮食的刚性增长。随着中国国民经济的快速增长，人民生活水平逐渐提高，人们的膳食结构发生了明显变化，对肉蛋奶等高蛋白食品的需求不断增加，畜产品需求总量增大，导致饲料用粮增加；我国人口数量持续增长，使粮食直接需求持续增长；能源价格上涨导致对乙醇燃料为原料的玉米需求量增加。另一方面是用于粮食生产的耕地面积和质量逐年减少，东南沿海地区随着工业化和城市化的快速发展，非农建设占用农业耕地现象突出；农业结构调整中"压粮扩经"为主，农业面源污染不断增加，如化肥过量使用、农药不合理使用和地膜残留等问题层出不穷，粮食供应在时间和空间上的分布均衡与否是影响我国粮食安全的重要因素。各省份的粮食生产差异性明显，目前粮食生产和消费格局已经被人为划分，如我国正在使用的粮食主产区、主销区和产区平衡区概念和格局，这种格局下的粮食生产会影响到中国的局部粮食安全。目前，粮食的规模化、标准化、专业化的现代生产模式已成为粮食生产发展亟须解决的首要问题，也是进一步解决粮食品种结构失衡和优化粮食生产布局的前提。

第一节　我国粮食生产区域格局的变化与成效

一　我国粮食生产区域格局的变化

20 世纪 50 年代，虽然北方粮食产区中的蒙新、青藏区的总产量占全国比重成倍增长，但因华北、东北、黄土高原等主要产区所占份额下降，北方粮食产区的 10 年平均贡献份额仅为 38.6%，比 1950 年的 42% 降低了 3 个百分点。同期南方粮食产区则居统治地位，占全国粮食总产量的比重 10 年平均为 60% 左右，其中长江中下游区 10 年平均为 30.3%、东南区 7.8%、西南区 8.6%、四川区 10.5%。20 世纪 60 年代，我国粮食生产的基本地域格局与 20 世纪 50 年代相比变化不大。北方区粮食总产量占全国的比重 10 年平均为 38.3%，而南方区（除四川区）各区的总产量均有提高。20 世纪 70 年代，传统的粮食生产地域格局开始呈变化端倪，北方区粮食总产量占全国比重的 10 年平均值提高到 41.0%。南方区的贡献份额自 1950 年至 1980 年首次低于 60%，南方区的绝对优势地位虽有动摇，但未有较大改变。

改革开放以后，我国粮食生产的区域格局出现了较大变化。本书选取 1980 年、1990 年、2000 年和 2010 年四个跨年代的节点数据，对我国粮食生产的区域变化来进行分析。

（一）我国粮食主产区、主销区和产销平衡区的粮食生产变化

从表 8 – 1 中的数据可以看出，我国 13 个传统粮食主产区的粮食产量和占全国的比重均有明显的增加，粮食产量 30 年增加了 85.5%，粮食产量占全国产量的比重增加了 6.1 个百分点，粮食属于大宗物品，1 个百分点的变化就能体现出百万吨的差距。主产区粮食播种面积总体变化不大，在我国粮食总播种面积下降的大趋势下，粮食播种面积占全国总播种面积的比重还能增加 6.5 个百分点实属不易。在全国耕地面积逐年减少的趋势下，2010 年我国主产区粮食播种面积却创造了 30 年来的辉煌达到了 82545.4 千公顷，体现了主产区发展粮食生产的积极性和主动性。总之，我国粮食主产区的粮食产量和播种面积均有增加，粮食生产一直居于主导地位。

11 个传统粮食产销平衡区粮食产量和占全国的比重均有增加，粮食产量增加了 91.5%，粮食产量占全国的比重增加了 2.1 个百分点。产销平衡区粮食播种面积占全国总播种面积的比重经过 30 年仅减少了 2.3 个百分点，但在不同时间段播种面积呈波动变化。由此可见，产销平衡区的粮食生产地位基本保持原状，粮食的产量一直处于增加的态势，30 年间粮食的产量增加了近一倍，但播种面积在波动变化中减少。总之，粮食产销平衡区的粮食自给能力基本还能保持平衡，除需要优质粮食品种的置换，基本不需要大

表 8 - 1　不同区域粮食作物产量和播种面积变化

区　域	年　　份	1980	1990	2000	2010
主产区 (13 省份)	粮食产量(万吨)	22205.0	32501.6	32607.4	41183.9
	占总产量的比重(%)	69.3	72.8	70.6	75.4
	粮食播种面积(千公顷)	80455.7	78939.6	73142.9	82545.4
	占总播种面积的比重(%)	68.6	69.6	67.4	75.1
产销 平衡区 (11 省份)	粮食产量(万吨)	5293.5	6897.5	9135.8	10139.2
	占总产量的比重(%)	16.5	15.5	19.8	18.6
	粮食播种面积(千公顷)	24259.2	23256.5	26424.9	20372.7
	占总播种面积的比重(%)	20.7	20.5	24.4	18.5
主销区 (7 省份)	粮食产量(万吨)	4557.0	5225.2	4474.4	3324.6
	占总产量的比重(%)	14.2	11.7	9.7	6.0
	粮食播种面积(千公顷)	12519.4	11269.8	8894.9	6957.9
	占总播种面积的比重(%)	10.7	9.9	8.2	6.4
	粮食总产量(万吨)	32055.5	44624.3	46217.5	54647.7
	粮食播种总面积(千公顷)	117234.3	113465.9	108462.5	109876

注：1980 年和 1990 年重庆市的粮食产量和播种面积被计入四川省的统计值里。

资料来源：《新中国农业 60 年统计资料》《中国农村统计年鉴 2011》。

量补充和调运额外的粮食。

7 个传统粮食主销区的粮食产量和占全国的比重均处于下滑状态，粮食产量减少了 27.0%，粮食产量占全国的比重减少了 8.2 个百分点。主销区粮食播种面积占全国总播种面积的比重减少了 4.3 个百分点，粮食播种面积从 1980 年到 2010 年减少了 44%。今后随着城市化、工业化的快速发展，主销区的粮食生产可能还有下滑的趋势。由此可见，主销区的粮食产量和播种面积均处于滑坡的态势，粮食生产地位越来越弱。粮食主销区的粮食自给能力也越来越弱，需要大量的进口或调运域外的粮食来补充。

（二）我国南北方粮食生产变化

由表 8 - 2 可以看出，南方粮食的产量处于略微增加或持平的态势，30 年间产量仅增加了 30%，粮食产量占全国总产量的比重一直处于下降的态势，30 年间南方粮食产量占全国总产量的比重下降了 14.2 个百分点；南方粮食的播种面积一直处于下降的态势，30 年间南方粮食播种面积占全国总播种面积的比重下降了 5.8 个百分点。北方粮食的产量一直处于增加的态势，30 年间产量增加了 130%，粮食产量占全国总产量的比重一直处于上升的态势，30 年间北方粮食产量占全国总产量的比重增加了 14.2 个百分点；北方粮食的播种面积一直处于增加的态势，30 年间北方粮食播种面积占全国总播种面积的比重增加了 5.8 个百分点。由此可见，我国粮食生产地域重心已由南方产粮为主向北方产粮为主转移。

表 8 - 2　南北方粮食产量和播种面积变化

区　域	年　份	1980	1990	2000	2010
南　方 （16 省份）	粮食产量（万吨）	19197.5	24707.9	25118.1	25006.7
	占总产量的比重（%）	60.0	55.4	54.3	45.8
	粮食播种面积（千公顷）	59264.7	57026.4	53111.9	49262.8
	占总播种面积的比重（%）	50.6	50.3	49.0	44.8
北　方 （15 省份）	粮食产量（万吨）	12858.0	19916.4	21099.1	29641.0
	占总产量的比重（%）	40.0	44.6	45.7	54.2
	粮食播种面积（千公顷）	57969.6	56439.5	55350.6	60613.2
	占总播种面积的比重（%）	49.4	49.7	51.0	55.2

（三）我国东部、中部、西部粮食生产变化

由表 8 - 3 可以看出，东部地区粮食的产量 30 年间增加了 31.8%，粮食产量占全国总产量的比重下降明显，降幅为 11.8 个百分点；东部地区的粮食播种面积一直处于下降的态势，30 年来下降了 26.7%，粮食播种面积占全国总播种面积的比重下降了 7.1%。中部地区粮食产量 30 年间增加了 110.6%，粮食产量占全国总产量的比重增加明显，增幅为 13.6 个百分点；东部地区粮食播种面积 30 年间减少了 26.7%，但在不同时间段播种面积呈波动变化。西部地区粮食产量增加明显，30 年间增加了 66.3%，但粮食产量占全国总产量的比重变化不大，降幅仅为 1.8%，西部地区粮食播种面积 30 年间变化不明显，总计下降了 4.0%，粮食播种面积占全国总播种面积的比重变化也不明显，增幅仅为 0.8%。今后西部地区随着退耕还林还草等工程的实施，可能的趋势是从中部地区或其他域外地区引进粮食予以补充。由此可见，我国粮食生产地域重心由东部或西部地区向中部地区转移的趋势正在加强。

表 8 - 3 东中西部地区粮食产量变化

区 域	年 份	1980	1990	2000	2010
东 部 (11 省市)	粮食产量(万吨)	11103.5	15682.5	13969.8	14635.7
	占总产量的比重(%)	33.6	35.1	30.2	21.8
	粮食播种面积(千公顷)	38241.7	35743.1	31339.7	28020.6
	占总播种面积的比重(%)	32.6	31.5	28.9	25.5
中 部 (8 省市)	粮食产量(万吨)	11669.5	17873.5	18211.5	24576.1
	占总产量的比重(%)	36.4	40.1	39.4	50.0
	粮食播种面积(千公顷)	43814.4	44063.4	42594.2	48059.3
	占总播种面积的比重(%)	37.4	38.8	39.3	43.7
西 部 (12 省市)	粮食产量(万吨)	9282.5	11068.3	14036.2	15435.9
	占总产量的比重(%)	30.0	24.8	30.4	28.2
	粮食播种面积(千公顷)	35178.2	33659.4	34528.6	33796.1
	占总播种面积的比重(%)	30.0	29.7	31.8	30.8

综上所述，我国粮食供求格局随着生产地域重心的改变正在发生着明显的转移，经过改革开放后的 30 年，我国粮食的生产格局已由以前的"南粮北调"格局向"北粮南运""中粮东运""中粮西运"的格局转变。

（四）粮食产能向优势产业带、粮食核心产区和产粮大县集中

2007 年我国粮食作物九大优势产业带初步形成，水稻、小麦和玉米集中度分别达到了 98%、80% 和 70%。九大粮食优势产业带对全国粮食增产的贡献率超过 85%，为粮食连续四年增产、自给率保持在 95% 以上做出了突出贡献。我国小麦、玉米优势产业带为东北地区、黄淮海平原、汾渭平原、河西走廊和新疆一线，稻谷优势产业带为长江中下游区（含浙闽、两广等部分地区）一线。

中国农业综合开发从 1988 年开始，目的是集中力量建设一批基础条件好、生产水平高和商品粮调出量大的核心产区，以改造中低产田、建设高标准农田为重点，集中力量把粮食核心产区建设成国家"永久性大粮仓""藏粮于地"。截至 2010 年，我国总计改造中低产田和建设高标准农田 40464.8千公顷，占我国粮食总播种面积的 40.0%。为提高粮食产量、保障国家粮食安全，我国初步拟定的目标是，到 2020 年全国高标准农田达到耕地面积的 50% 左右。这些高标准农田将按照田地平整、土壤肥沃、路渠配套、林网适宜的要求来建设，实现"旱涝保收、高产稳产"，目前我国各区域的粮食生产都在向粮食核心产区分配、集中。

我国 800 个产粮大县提供的粮食商品量占全国商品粮的八成左右，中央财政对产粮大县的投入和奖励不断提高，产粮大县的粮食生产聚集度和粮食产量均有明显增强。据统计，我国前 100 个产粮大县粮食产量占全国总产量的 21%。2010 年，中央一号文件提出"加快建立健全粮食主产区利益补偿制度，增加产粮大县奖励补助资金，提高产粮大县人均财力水平。有关扶持政策要向商品粮调出量大、对国家粮食安全贡献突出的产粮大县（农场）倾斜"。

二　我国粮食生产区域布局取得的成效

（一）优势粮食产业带初步形成，综合生产能力稳步提升

随着国家优质粮食产业工程、大型商品粮生产基地、动植物保护工程等重大项目建设和良种补贴、农机购置补贴、科技入户、测土配方施肥等重大财政政策的实施，重点向优势产区或优势产业带倾斜，有力地推动了优势产区或产业带内粮食生产全面发展，优势产业带内粮食的综合生产能力也在稳步提升。

（二）优势粮食产业化水平明显提高，产品竞争力不断增强

我国各粮食生产区域都加快了产加销、贸工农一体化的生产经营进程。如玉米优势产区内精深加工企业的聚集度不断提高，2007 年玉米订单生产面积达到 7940 万亩，比 2002 年增长 124%。优势粮食产品比较优势逐步显现。一是优势粮食品种、品质结构不断优化。2007 年，水稻、小麦和玉米的粮食品种优质化率分别达到 72.3%、61.6% 和 47.1%，分别比 2002 年提高了 21 个、31.2 个和 23 个百分点。二是优势粮食产品质量安全水平持续提高。我国无公害、绿色、有机粮食产品稳步发展，"三品"大米生产面积分别达到 5000 万亩、3000 万亩、50 万亩，无公害大米认证品牌近 500 个。三是优势粮食产品应对国际竞争的能力进一步增强。优质专用粮食品种的加快发展，有效替代了高品质粮食及产品的进口，小麦进口量稳中有降。粮食生产布局的不断优化，提升了优势农产品竞争力，有效拓展了国内国际市场。

（三）粮食产能向主产区集中，优势区域农民收入快速增长

2011 年，13 个粮食主产省（区）粮食产量占全国比重为 76%，比 1991 年增加 8%，与 2010 年相比约 95% 的增产都来自主产区。位居全国前 100 名的产粮大县粮食产量之和占全国粮食总产量的 21%。根据粮食跨省流通数据，2011 年 13 个粮食主产省（区）外销原粮占全国外销原粮总量的 90%。黑龙江、吉林、河南、江苏、安徽、江西、内蒙古、河北、山东 9 个主产省份净调出原粮占全国净调出原粮总量的 96%，其中黑龙江省净调出原粮位居首位。

农业结构的战略性调整，使优势粮食产品生产效益稳步提升，农民在优质化、科技化、产业化、品牌化和市场化等多个环节中获得的收益不断增多。据对吉林玉米、河南小麦优势区的典型调研，2006 年吉林种植玉米每亩实际纯收入 235.13 元，比上年增加 136.51 元，增长 138.4%；河南种植优质小麦比一般小麦的亩均收益净增 40 多元。优势粮食产品生产的发展，进一步挖掘了农业内部增收潜力，对促进区域内农民增收的作用日益显现。

（四）各粮食产区生产集约化水平提高，储运设施明显改善

随着劳动力价格上升，资本替代劳动力趋势明显，化肥、农膜、除草剂使用量增加，农业机械化水平不断提高。2010 年耕种收综合机械化水平达到 52.3%，比 2007 年提高 10 个百分点，"十二五"末期农作物耕种收综合机械化水平将达到 60% 左右。其中，小麦基本实现全程机械化，有效提高了劳动生产率。同时，粮食仓储运输能力逐步增强，全国粮食有效仓容和日烘干能力得到提高，六大粮食物流通道贯穿南北，为实现大范围粮食调运提供了保障。

（五）粮食区域发展观念保障了粮食安全

自 20 世纪 80 年代以来，国家先后提出了粮食主产区、粮食核心产区、产粮大县和优势农产品产业带等区域发展概念，陆续实施了优质粮食工程、粮食丰产工程、大型商品粮基地建设等重大的项目，在 1998 年后，中国采取以粮食主产区为重点的粮食安全保障措施，对支撑中国农业发展和粮食安全起到关键作用。粮食发展区域生产为我国粮食安全目标的实现做出了重要的贡献。

第二节　我国粮食生产区域布局的主要影响因素

　　粮食生产和区域布局与其所处的地理环境、社会经济和政治环境等因素关系紧密，改革开放以来我国各项体制改革与发展对粮食的生产和区域布局有着深刻的影响。全国粮食供求紧张的状况发生了根本改变，困扰国民吃饭的问题不但得到了彻底解决而且粮食开始有了剩余。"市场经济"的运行推动了农业生产的迅猛发展，对于粮食生产和区域布局变化发挥了明显的作用。本部分结合我国的粮食生产和区域布局变化情况，从自然资源、经济、市场、技术、政策、物流及消费结构等方面对粮食作物生产和区域布局影响因素进行分析。

　　粮食作物生产是自然再生产和经济社会再生产过程的统一。改革开放以来，在中国的粮食作物生产历史布局变化过程中，中国的社会经济环境也正逐步向市场化体系成熟转变。在这样的过程中，市场化对粮食作物生产布局起到了明显作用，市场在资源的配置方面发挥着主导作用。粮食消费需求结构向饲料粮（玉米）消费需求增加方向发展，粮食商品发展由流量较小、综合生产能力较低向流量较大、综合生产能力明显提高转变，社会发展阶段向"以工哺农"转变，科技发展水平由落后的生产水平逐步向新技术新品种推广发展转变。在这样的转变中，中国的粮食生产布局逐渐发生变化。

　　粮食作物布局形成是一个非常复杂的过程，各因素在不同时期产生的影响也不同。耕地资源、水利设施、比较效益、非农就业机会、市场需求、技术进步、政策、运输条件是影响粮食作物生产布局的关键因素。

一　自然资源

　　粮食作物在整个生长周期中，会受土壤、水分、养分、光照、温度、气候等自然因素的影响，区域自然因素的差异会对粮食作物产量和生产布局产生影响。耕地资源多、土壤肥沃、水资源丰富、自然灾害小的区域粮食产量相对要高，反之产量会降低。

（一）耕地资源

　　粮食的生产来源于耕地，耕地资源的优劣直接影响着粮食综合生产能力的高低。根据国务院两次全国农业普查公布的数据，截至1996年10月31日，全国耕地面积为130039.2千公顷（19.51亿亩）。从地区分布情况看，东、西部地区的耕地面积较少，各占28.4%；中部地区较多，占43.2%。截至2006年10月31日，全国耕地面积为121775.9千公顷（18.27亿亩）（未包括香港、澳门特别行政区和台湾地区的数据）。从地区分布情况看：西部地区分布的耕地较多，占36.9%；东部地区、中部地区和东北地区分别占21.7%、23.8%和17.6%。1996~2006年，净减少耕地8263.3千公顷（1.24亿亩），其中因为生态退耕政策即退耕还林、还草、还湖的耕地为4958.0千公顷（7440万亩），约占60%。

耕地面积减少，直接导致粮食播种面积减少。尤其是东南沿海地区，随着其工业化和城市化的快速发展，非农建设占用耕地量明显增加，仅2007年，建设占用耕地188.3千公顷，灾毁耕地17.9千公顷。高志强（1998）通过对1985~1995年耕地的重心变化分析认为，中国耕地重心10年间向东北、西北移动了28.3公顷，导致中国耕地生态背景质量下降了2.52%。

我国耕地资源的质量安全总体水平不高的具体原因主要是：优质耕地比例不高、坡耕地数量多、水土资源匹配不均衡、土壤养分缺乏问题严重、耕地障碍因素多面积大等5个方面。我国耕地资源质量的下降，不仅包括因有机养分投入比重下降、化肥用量持续增加比例不尽合理、水土流失等造成的土壤质量退化、耕地污染等导致耕地质量的静态下降，还包括片面强调数量平衡的以"占一补一"为核心的耕地动态平衡政策所导致耕地质量的动态下降。1996~2003年，除新疆标准耕地数量略有增加外，各生产区标准耕地总体上都是减少的。DNDC（脱氮—分解）模型模拟结果显示，我国耕地生态系统中SOC（土壤有机碳）储量长期入不敷出，现行耕地利用方式亟待改善，我国耕地质量安全形势不容乐观。

（二）水资源

水是粮食作物赖以生长的最基本条件，水资源的分布影响着粮食作物的生产和布局。我国每千克粮食耗水量是发达国家的2~3倍，中国水资源总量排在世界第六位，人均水资源量2200立方米，约为世界人均的1/4，在世界银行统计的153个国家中居第88位。中国水资源地区分布也很不平衡，长江流域及其以南地区，国土面积占全国的 36.5%，其水资源量占全国的 81%；长江流域以北地区，国土面积占全国的 63.5%，其水资源量仅占全国的 19%。中国目前有 16 个省（区、市）人均水资源量（不包括过境水）低于严重缺水线，有 6 个省、区（宁夏、河北、山东、河南、山西、江苏）人均水资源量低于 500 立方米。

2008 年全国用水消耗总量 3110 亿立方米，其中农业耗水占 74.7%，农田亩均用水量为 435 立方米（2008 年水资源公报），各省（区、市）的农业耗水量差别很大，亩均灌溉用水量大于 600 立方米的地区为西藏、新疆、青海、宁夏、海南、广东、广西和福建，小于 300 立方米的有天津、河北、山西、吉林、安徽、山东、河南、重庆和陕西，河南省亩均灌溉用水量最低，为 161.6 立方米/亩，海南亩均灌溉用水量最高，为 1406.2 立方米/亩，二者相差 8.7 倍。此外，在中国水资源最为贫乏的西北地区，绝大多数省（区、市）的亩均灌溉用水量却并不低，基本上都高于全国平均水平。

（三）气候条件

粮食作物具有独特的生长规律，要求有与之相适应的气候条件并受其影响，气候条件也影响着粮食产量和粮食作物的空间布局。有学者提出，根据研究和监测结果，近三十年来中国的水稻、小麦、玉米主产区的气温均呈现上升趋势，而日照时数均有所减少；粮食产区因气候变化发生了明显改变，水稻、小麦、玉米的产区也出现了结构性变化。温度上升、降水带北移使得水稻的生产区出现调整，历史上很少种植水稻的北方地区开始扩大水稻的种植面积，如被称为"北大仓"的东北平原如今已成为优质大米的产区。从北大荒到北大仓，温度的升高、降雨的增多是其中的重要条件，1980 年黑龙江的稻谷产量不到 100 万吨，到 2010 年增至 1844 万吨。历史上，中国的粮食产区布局一般以秦岭—淮河线为界，南水稻、北小麦。在干旱、低温的偏北地区、南方一些丘陵地区，则有玉米的种植区。气候变化对粮食生产的影响还将持续，随着时间推移，这种影响将更加深远。

农业自然灾害种类主要为旱灾、水灾、风雹灾、霜冻及农作物病虫害，灾害对我国粮食综合生产能力的稳定性和粮食生产区域格局的形成也有较大影响。全国各省（区）农业水、旱灾害的成灾面积比例越大，则相应的减产量比例也就越大。自然灾害就全国来看，因灾减产的比例占全国粮食比例的 15.3%，北方各省因灾减产比例较南方偏大；北方一般为 10% ~ 15%，南方为 5% ~ 12%（史培军，1997）。单独由自然因素决定，粮食生产和布局偏向于自然资源禀赋好、自然灾害少的地方，因其是区域农产品比较优势形成的基础条件。

二　经济因素

随着我国社会经济的发展，市场正在成为资源配置的主导力量，粮食生产在区域经济发展的比较优势表现出明显差异，各区域按其利益来构建经济发展格局，由于粮食生产的利润空间有限，在城市化和工业化的政策推动下，在市场经济的调节下，对粮食生产布局产生了较大的影响。

（一）区域经济发展

区域经济发展的差异性是中国主要粮食作物"向西、向北"转移和推进的动力。改革开放以后，东南沿海地区的乡镇企业迅速崛起，吸纳了大量农村劳动力，农民家庭收入格局发生了重大变化，粮食生产在农民家庭纯收入中的地位逐渐下降，于是农民种粮的积极性降低，粮食生产趋向萎缩。而中西部地区，经济一直相对落后，近些年虽然也开辟了一些新的经济增长点和地区收入来源，但从其总体结构上，目前农民从事粮食生产仍然是主要就业门路，由此获得的纯收入在人均收入中一般占 1/2 至 2/3，而且比较稳定，是大多数农民收入的主要来源，这些地方粮食生产保持稳定。

（二）种植粮食的比较效益

在市场机制的调节下，以广大农户为主的各类农业生产经营者在可能的外部条件下，理性地选择了比较效益较优的生产经营范围。反映在农业生产的空间布局上，表现为在全国范围内以及各区域范围内农业生产和粮食布局重心的空间转移，而这种转移的空间指向是逐渐从以粮食收入在家庭收入占比为主，向以粮食种植比较效益高的地区转移或集中。

中国粮食生产的空间变化，主要是各省份农户为获取比较效益和发挥粮食种植优势而自发调整的结果。随着市场化的推进，这种空间上的变化仍会继续下去，特别是中部一些传统的粮食主产区，如四川、湖南和湖北，已经出现了粮食播种面积快速缩减和粮食生产指数下降。

（三）工业化和城镇化

随着中国工业化、城镇化的发展，大量农村劳动力流入城市，从第一产业流向第二、第三产业。城市化和工业化的过程侵占了大面积的耕地，同时城市化对粮食消费影响明显，城市人口增加导致粮食消费数量和结构发生变化。我国第三次人口普查时流动人口只有657万人，到第六次人口普查时我国流动人口达到了2.6亿人，我国流动人口1980～2010年间增加了近40倍。

根据数据分析结果：一个居民从农村转移到中小城市，其口粮年消费量将减少58.3千克，转移到特大城市将减少64.2千克，而转移到中小城市其畜产品年消费量增加4.2千克，转移到特大城市增加7.2千克。在地域上，农民流出有从中西部向东南沿海流动的趋势，农民的膳食结构也从原来以小麦为主转变为以大米为主。居民外出就餐也随收入提高而不断增加，这也会导致谷物消费减少和畜产品、水产品、酒类等的消费增加。城市化发展，不仅会导致粮食需求总量的变化，也会导致粮食需求结构的变化，如对非口粮消费品的消费将大幅度增长，这会带动中国饲料粮、工业粮需求较大幅度的增加。每千克猪肉生产需消耗2.4千克粮食，每千克白酒折合粮食消耗3千克，每千克禽肉或蛋需消耗1.3千克粮食。

南方诸省改革开放以来出现了粮食消费量加大的趋势：一方面，每年流动人口大部分流动到南方沿海发达省份，这势必加大了南方粮食及其转化产品的需求数量；另一方面，南方沿海省份城乡居民消费水平位居全国前列，对肉蛋奶等畜产品需求量相对较大，这给当地畜牧业带来一定压力，同时增大了对玉米（饲料粮）的需求。

（四）市场需求

市场需求规模、结构差异及其变化对粮食生产区域布局形成具有决定性影响。粮食消费的主要问题集中在产量和结构方面，粮食的需求总量和结构不同，对粮食生产和布局有不同的需求，在一定程度上影响着粮食区域生产的形成及规模。在总量方面，从改革开放前的粮食不足到改革开放后的总量基本平衡、丰年有余，再到2004年以后连续七年增收，2010年我国粮食总产量达到54641万吨。在粮食产品结构方面，未来居民人均的直接性粮食消费趋于下降，而间接性粮食消费趋于上升，如随着人民饮食结构的变化饲料用粮将不断增加。玉米作为重要的动物精饲料，饲料用量占总量的80%左右，加上玉米的工业化消耗，致使玉米的需求量和生产规模不断扩大，北方玉米播种面积明显增加。在地区差异上，东部粮食消费朝品质型方向迈进，中部和西部还是维持数量型粮食消费模式。

目前粮食市场体系不够健全，生产经营活动不规范，产业链上各经营环节的利益分配严重不公。生产成本居高不下，而农民的种粮收益相对较低。下一步应在粮食生产地鼓励积极发展粮食产品深加工工业，使粮食在产地实现更大增值，使产地因为粮食的种植能得到更大的经济效益。

三　技术因素

随着科技的投入和新技术的出现与应用，粮食生产过程也在发生着深刻的变革，并对其生产布局产生着巨大的影响。科技进步和新技术的应用促进了粮食生产，农业技术推广体系便成为提高粮食产量的关键因素。我国农业技术通过基层农技服务人员、农业合作社、农资销售人员可以较快地宣传到农户，一些粮食新品种、新技术和新方法能够很快被宣传和推广到农村。如：粮食作物新品种的选育和改良、新品种的推广、精播半精播技术、间作套种技术、地膜覆盖技术、病虫害防控方法、节水灌溉技术、水稻旱育稀植等先进高产栽培技术在全国的推广与普及，使主要粮食作物品种的单产得到了较大幅度提高。

生物工程技术的发展正改变着农业生产，尤其在新品种的选育方面发挥了积极的作用，它大大缩短了普通技术育种的时间，而且能扩大育种的基因来源、提高育种的定向选择性、提高育种的效率。生物技术中的分子标记辅助育种、植物组织与器官的培养技术、植物原生质体培养与体细胞杂交、植物基因工程等都对选育优质、多抗、专用型新粮食品种有很大的贡献，这些选育后优良品种的推广使粮食产量得到较大幅度提高。还有已经商品化了的转基因产品产量和品质都得到了提升，如高油大豆品种比普通商品大豆含油率高4%左右。

设施农业、无土栽培等众多农业技术在粮食生产领域的应用，都成为粮食可持续增产的动力。2000年以来，各地针对自然灾害对农作物的影响和各地的实际情况，适时大面积地推广高产良种、温室育秧、测土配方施肥、玉米宽行密植、叶面施肥促早熟等技术，对农业增产均起到了关键作用。

目前我国农业技术服务体系有待进一步健全，新技术、新成果、新品种的入户率和到位率还有欠缺，距离标准化、规范化、专业化的现代农业生产还有较大差距，加之目前绝大多数从事粮食种植的农民文化水平不高，接受新技术、新事物需要一个漫长的过程，一家一户的生产随意性大，统一指挥调度难，对步入规范化生产、标准化分级、品牌化销售的发展轨道还有一定难度。

四　政策环境因素

在中国的粮食生产发展过程中，政策因素影响了全国的粮食生产与种粮农民的积极性。郑有贵等（2001）的研究表明，农业政策的调整和粮食产量的波动有着密切的相互影响。我国先后实施了土地管理法、农村土地承包法和基本农田保护条例，建立了最严格的耕地保护制度。取消农业四税（农业税、除烟叶外农业特产税、牧业税和屠宰税），实行粮食直补、良种补贴、农机具购置补贴和农资综合直补等政策，初步建立了发展粮食生产专项补贴机制和对农民收入补贴机制。对稻谷、小麦实施最低收购价政策，完善了对种粮农民的保护机制，市场粮价基本稳定。初步建立了稳定的农业和粮食生产投入增长机制。调整中央财政对粮食风险基金的补助比例，实施对产粮大县奖励政策，加大对粮食主产区的转移支付力度，促进粮食产业发展的信贷资金支持等。

政府对粮食的干预主要在生产和流通两个环节。在粮食生产环节，从"家庭联产承包责任制"到"再延长承包三十年"，并提倡"增人不增地，减人不减地"的延包政策。从2004年到2011年中国政府为保护和提高国内粮食综合生产能力，增加农民收入，连续七年的中央一号文件都支持"三农"发展。这些都是基于中国农业发展进入新阶段的实际情况，适时出台的一系列支持政策，主要有农业税费减免政策、实施财政补贴政策、支持粮食生产和加工的信贷支持政策、增加农业财政投入，制定了"多予、少取、放活"的方针，还包括对农业生产资料如种子、化肥、农药、燃油、电力等供应保证。近年来，随着国家粮食生产支持政策实施力度的不断深化、细化和扩大，对种粮农民的种植行为产生了深远影响。随着补贴标准的提高，粮食产量增加幅度也在提高。

在粮食流通环节，1992 年，粮食购销体制开始由 1985 年的"双轨制"向"市场化"转轨，到 1993 年将实施了 40 年的粮食统销制度彻底取消。1998 年以来，以市场供求为基础的粮食价格形成机制逐步建立，粮食收购市场和收购价格全面放开，市场机制配置粮食资源的基础性作用得到充分发挥。2001 年的粮食购销市场化改革，突破了"区域自给自足"的观念，用局部的市场化来解决资源配置和农民增收问题。以贸易为传导媒介，让主销区的市场机制来协调主产区的粮食生产资源，解决主产区市场滞后的问题。从 2004 年开始，国家全面放开粮食收购和销售市场，实行粮食购销市场化。但在市场价格阶段，国家为了保护农民利益，对小麦、玉米、稻谷等品种在部分省份实行了最低收购价政策。粮食市场价格是农民生产种植选择的主要考虑因素，对粮食生产布局影响明显，在不同区域，作物比较效益的不同，农民的种植选择也会不同。

五　物流因素

农业区位理论认为，在什么地方种植何种作物最为有利，完全取决于其纯收益，而作物纯收益的大小取决于运费的多少。物流因素直接决定运输费用，也是粮食作物生产布局的一个重要影响因素。粮食作物在产前、产中、产后各种生产要素投入和粮食进入流通领域都需要交通运输设备和设施。交通运输条件对粮食生产的资源利用、地域分工及产品基地的确立都会产生重要影响。

交通运输对粮食作物布局的影响主要体现在以下几个方面：第一，便捷的交通运输条件可以延长粮食产品的运输距离。第二，良好的交通运输条件能使粮食产品的交易效率提高，能使当地产品的集散程度提高。第三，随着农产品对运输依赖程度的降低，农业生产布局更趋合理化。交通运输对产业布局的影响强度随产业发展的不同而变化，这主要取决于运输费用在具体产业的产品价值中的比例。一般而言，运输费用所占比重较高的产品，其产业的市场范围和经济效益将受到交通运输的强约束作用，因此交通运输条件对这些产业至关重要。当一个地区运输条件改善时，给当地的生产销售带来了更加便利的条件，有利于促进其生产效益的增加，从而带动生产积极性。

六　食品消费结构

食品消费结构变化对我国粮食作物生产具有引导作用。食品消费结构变化是在市场供给与消费需求的双重作用下形成的。在我国，市场供给的种类与数量某种程度上受到国家政策的左右。20 世纪相当长的时期内，我国粮食生产的主要目标是解决全国人民的温饱问题，到了 80 年代中期，人均粮食占有量由新中国成立初的 240 千克增长到 400 千克。90 年代以后，国家制定了科学营养目标，把优化膳食结构纳入国家战略规划。1993 年我国颁布了第一部食物结构纲要，成为中国从温饱迈入小康的起点。1996 年我国政府发表的《中国的粮食问题》白皮书中明确指出要在进一步增加粮食生产的同时，发展食物多样化，既挖掘粮食生产潜力，也挖掘非粮食食物生产潜力，将引导居民食物消费，建立科学适度的食物消费模式。1997年国务院颁布《中国营养改善行动计划》，这是我国履行在世界营养大会上的承诺，将营养改善行动融入世界人类健康事业的标志。2001 年农业部、卫生部等七部联合公布的《中国食物与营养发展纲要（2001～2010)》着重指出，"今后 10 年，将是我国居民食物结构迅速变化和营养水平不断提高的重要时期"，而"调整农业产业结构，提高食品质量"是《纲要》提出的首要政策措施。

从实际的消费结构看，近 20 年来，我国居民食物消费朝着结构多样化，动物性食物增多的方向发展。玉米是重要的动物精饲料，随着对动物性食物需求的增加，再加上近年来人们饮食观念的改变，玉米作为一种健康食品越来越受到人们的青睐，对玉米的需求必然增加，由此可以理解为什么改革开放以来我国水稻和小麦的种植面积和产量均呈现下降趋势的情况下，玉米产量却一直上升。根据 2010 年食物和营养发展目标，今后几年，食物摄取量、结构和消费具有的发展空间分别为豆类 68.5%、奶类 65.6%、水果 50.5%、水产品 26.9%、蔬菜 25.2%、蛋类 21.3%、肉类 9.6%。由此可见，未来我国粮食种植结构仍将继续按照人们饮食结构的调整而调整，水稻、小麦、玉米等粮食作物的空间布局将进一步变动。

七　其他因素

空间互动效应。粮食生产布局需要考虑空间溢出效应，新空间经济学观点认为，经济的发展在空间地域上不是相互独立的，而是呈现出不同程度的空间相关性。对于粮食生产而言，相邻区域会对本区域粮食生产产生促进其产量增长或者抑制其产量增长的作用。如本区域作物生产新技术推广的发展应用，无形中会扩散到相邻区域对此项技术的吸收和借鉴，促使技术的扩散吸收，从而对粮食生产产生正面积极的影响，反之会产生消极负面的影响。

种植历史。历史文化影响、饮食传统习惯一旦形成，很难改变。国际上，水稻高度集中在亚洲；在中国，南方习惯种植水稻，北方习惯种植小麦。在中国南方水稻作为主要作物，除了有适宜的水稻生长环境外，还与其历史种植习惯有关。具有6000年历史的位于杭州湾南岸的宁绍平原及舟山岛的河姆渡文化遗址中，就发现有稻作农业的遗迹。考古学家在山东聊城校场铺遗址发现了4000年前的小麦遗存。

第三节　我国主要粮食作物的区域比较优势分析

在市场经济条件下，一个地区的区域优势和产业优势不是自封的，而是众多的市场主体选择、竞争的结果。要对我国主要农产品的空间布局进行优化，必须要从纷繁复杂的信息中识别现实比较优势的空间差异，以及比较优势演变的历史轨迹，然后进一步把握未来的发展趋势。

一　区域比较优势指标选取

指标选取遵循了两个原则，科学性原则和可操作性原则。通过比较选择使用了单产比较优势、规模比较优势和综合比较优势三个指标。

（一）单产比较优势

单产比较优势也被称为"效率比较优势"，主要反映资源、科技、经济因素等综合内涵生产力，单产比较优势指数越高，说明在一个区域内该粮食作物生产效率越高。一般某个区域内某种作物的单产水平很高，不能客观地说明该地区具有这种粮食生产的综合比较优势。单产比较优势指数计算公式如下：

$$A_{ij} = (Y_{ij}/Y_i)/(Y_j/Y)$$

其中，A_{ij} 是 i 省 j 种粮食的单产比较优势指数；Y_{ij} 表示 i 省 j 种粮食平均单产；Y_i 表示 i 省粮食作物平均单产；Y_j 表示全国 j 种粮食平均单产；Y 表示全国粮食作物平均单产。一般来说，某地区单产比较优势指数 A_{ij} 小于 1，表明 i 省 j 作物与全国 j 作物平均单产水平相比无优势可言，A_{ij} 大于或等于 1 则表明 i 省 j 作物与全国 j 作物平均单产水平相比具有单产比较优势，数值越大，表明优势越明显。

（二）规模比较优势

规模比较优势指数反映一个地区某种作物生产的集中程度和生产规模，规模优势指数越大，生产规模越大。规模比较优势主要反映了某地区该作物种植面积和规模在全国的比较优势。规模比较优势指数计算公式如下：

$$B_{ij} = (S_{ij}/S_i)/(S_j/S)$$

其中，B_{ij} 是 i 省 j 种粮食的规模比较优势指数；S_{ij} 表示 i 省 j 种粮食播种面积；S_i 表示 i 省粮食作物播种总面积；S_j 表示全国 j 种粮食播种总面积；S 表示全国粮食作物播种总面积。一般来说，规模优势指数 B_{ij} 小于 1，表示 i 省的 j 作物生产规模与全国平均水平相比无比较优势可言；规模优势指数 B_{ij} 大于或等于 1，表示 i 省的 j 作物生产规模具有一定的专业化集中度，而且规模优势指数越大，说明专业化程度越高。

（三）综合比较优势

综合比较优势指数能综合反映科技、市场、社会需求等方面的综合信息，它能较全面反映某地区某作物生产的优势度。综合比较优势指数计算公式如下：

$$C_{ij} = \sqrt{A_{ij} \times B_{ij}}$$

其中，C_{ij} 为综合比较优势指数；A_{ij} 为单产比较优势；B_{ij} 为规模比较优势。该模型是单产比较优势与规模比较优势的综合，它较全面地反映了某地区某作物生产的优势度。C_{ij}小于 1 说明 i 省 j 种作物的综合比较优势与全国平均水平相比无比较优势可言；C_{ij}大于或等于 1 表明 i 省 j 种作物的综合比较优势与全国平均水平相比具有综合优势，而且 C_{ij}值越大，优势越明显。

二　我国主要粮食作物区域比较优势度

本章研究使用的数据来自《新中国农业 60 年统计资料》（中华人民共和国农业部，2009）和《中国农村统计年鉴 2011》。本书选取了 1980 年、1990 年、2000 年和 2010 年的数据来进行计算和分析。

从作物单产、种植规模和作物综合优势度三个方面计算出了水稻、小麦、玉米的比较优势指数，然后分别从作物单产、种植规模和综合优势三个方面来考察三种主要粮食作物的比较优势度。

（一）我国水稻区域比较优势度指数

根据单产比较优势指数公式和规模比较优势指数公式计算出 31 个省（区、市）水稻的单产比较优势指数和规模比较优势指数，如表8－4 所示；再根据综合比较优势指数公式计算出 31 个省（区、市）水稻的综合比较优势指数，如表8－5 所示；最后对两个表格的数据分别进行分析。

水稻单产比较优势指数排前六位的省份是宁夏、陕西、甘肃、山西、内蒙古和河北，紧随其后的是天津、辽宁、吉林、黑龙江、山东、河南、四川、贵州、云南和新疆，这 16 个省份水稻单产比较优势指数平均都大于 1，剩余的 15 个省份水稻单产比较优势指数大于 0.5 小于 1。单独从水稻单产比较优势来研究，水稻单产比较优势指数排前六位的省份水稻有明显的单产优势，水稻单产也相对较高，这些省份最适合发展以水稻为主的粮食生产。水稻单产比较优势指数大于 1 的其他省份水稻单产也有比较优势，可以发展以水稻为主的粮食生产。水稻单产比较优势指数平均大于 0.5 小于 1 的省份水稻单产基本没有比较优势，这些省份不适合发展以水稻为主的粮食生产，如果考虑规模优势和粮食省内自给自足的前提下，这些省份也可以选择适宜水稻生产的区域发展以水稻为主的粮食生产，或局部适合种植水稻的小气候和小区域来选择种植。

表 8 – 4   各省（区、市）水稻单产和规模比较优势指数

省份 \ 指数年份	水稻单产比较优势指数				水稻规模比较优势指数			
	1980	1990	2000	2010	1980	1990	2000	2010
北　京	1.10	0.79	0.97	1.09	0.33	0.24	0.16	0.004
天　津	1.31	1.03	0.78	1.22	0.39	0.34	0.37	0.16
河　北	1.86	1.28	0.84	1.24	0.07	0.07	0.08	0.04
山　西	1.95	1.37	1.84	1.03	0.01	0.01	0.01	0.001
内蒙古	1.75	1.09	1.48	1.29	0.01	0.07	0.10	0.07
辽　宁	1.07	0.97	1.31	1.05	0.41	0.60	0.62	0.69
吉　林	1.16	0.82	1.02	1.07	0.25	0.41	0.55	0.52
黑龙江	1.25	1.03	1.36	0.92	0.10	0.31	0.74	1.12
上　海	0.67	0.84	0.79	1.13	2.14	2.08	2.46	1.90
江　苏	0.79	0.94	0.95	1.13	1.47	1.32	1.50	1.37
浙　江	0.74	0.78	0.80	0.89	2.55	2.26	2.52	2.64
安　徽	0.95	1.01	0.93	1.01	1.29	1.27	1.31	1.24
福　建	0.72	0.79	0.75	0.75	2.68	2.49	2.42	2.85
江　西	0.71	0.74	0.74	0.89	3.10	3.05	3.09	2.98
山　东	1.01	1.22	0.82	1.18	0.07	0.05	0.09	0.06
河　南	1.17	1.19	1.04	1.14	0.16	0.16	0.18	0.21
湖　北	0.88	0.98	0.96	1.10	1.75	1.74	1.74	1.70
湖　南	0.75	0.79	0.76	0.89	2.80	2.79	2.80	2.77
广　东	0.76	0.76	0.74	0.81	2.71	2.73	2.70	2.77
广　西	0.80	0.87	0.87	0.93	2.42	2.40	2.28	2.38
海　南	—	0.80	0.75	0.76	—	2.50	2.46	2.82
重　庆	—	—	1.17	0.80	—	—	1.01	1.56
四　川	1.02	1.11	1.06	1.04	1.01	1.09	1.12	1.26
贵　州	1.04	1.18	1.17	0.98	1.11	1.00	0.86	1.14
云　南	1.04	1.18	1.04	1.12	0.99	0.97	0.92	1.00
西　藏	—	0.89	0.77	1.00	0.01	0.01	0.02	0.02
陕　西	1.75	1.67	1.56	1.39	0.13	0.13	0.14	0.14
甘　肃	1.98	1.34	2.27	1.34	0.005	0.01	0.01	0.01
青　海	—	—	—	—	—	—	—	—
宁　夏	2.91	2.37	1.77	1.26	0.23	0.28	0.35	0.44
新　疆	0.96	0.97	0.98	1.31	0.14	0.16	0.19	0.11

表 8 - 5　各省（区、市）水稻的综合比较优势指数

省份 \ 年份 指数	1980	1990	2000	2010	平均值
北　京	0.60	0.44	0.39	0.07	0.37
天　津	0.71	0.59	0.54	0.44	0.57
河　北	0.36	0.30	0.26	0.22	0.29
山　西	0.14	0.12	0.14	0.03	0.11
内蒙古	0.13	0.28	0.38	0.30	0.27
辽　宁	0.66	0.76	0.90	0.85	0.79
吉　林	0.54	0.58	0.75	0.75	0.65
黑龙江	0.35	0.57	1.00	1.02	0.73
上　海	1.20	1.32	1.39	1.47	1.34
江　苏	1.08	1.11	1.19	1.24	1.16
浙　江	1.37	1.33	1.42	1.53	1.41
安　徽	1.11	1.13	1.10	1.12	1.12
福　建	1.39	1.40	1.35	1.46	1.40
江　西	1.48	1.50	1.51	1.63	1.53
山　东	0.27	0.25	0.27	0.27	0.26
河　南	0.43	0.44	0.43	0.49	0.45
湖　北	1.24	1.31	1.29	1.37	1.30
湖　南	1.45	1.48	1.46	1.57	1.49
广　东	1.44	1.44	1.41	1.50	1.45
广　西	1.39	1.44	1.41	1.49	1.43
海　南	—	1.41	1.36	1.46	1.41
重　庆	—	—	1.09	1.12	1.10
四　川	1.01	1.10	1.09	1.14	1.09
贵　州	1.07	1.09	1.00	1.06	1.06
云　南	1.01	1.07	0.98	1.06	1.03
西　藏	—	0.09	0.12	0.14	0.12
陕　西	0.48	0.47	0.47	0.44	0.46
甘　肃	0.10	0.12	0.15	0.12	0.12
青　海	—	—	—	—	—
宁　夏	0.82	0.81	0.79	0.74	0.79
新　疆	0.37	0.39	0.43	0.38	0.39

水稻规模比较优势指数排前六位的省份是江西、湖南、广东、福建、海南和浙江，紧随其后的是上海、江苏、安徽、湖北、广西、重庆、四川和贵州，这14个省份水稻规模优势指数均大于1，辽宁、黑龙江和云南三个省份的水稻规模优势指数平均大于0.5小于1，其余14个省份的水稻规模优势指数均小于0.5。单独从水稻规模比较优势来研究，水稻规模比较优势指数排前六位的省份水稻有明显的规模优势，水稻规模种植也相对较高，这些省份已经有了良好的水稻种植基础，最适合发展以水稻为主的粮食生产。水稻规模比较优势指数大于1的其他8个省份水稻规模也有比较优势，可以发展以水稻为主的粮食生产。水稻规模优势指数平均大于0.5小于1的省份水稻规模比较优势基本没有，这些省份不适合发展以水稻为主的粮食生产，如果考虑单产优势和粮食省内自给自足的前提下，这些省份也可以选择适宜水稻生产的区域发展以水稻为主的粮食生产。水稻规模优势指数平均小于0.5的省份水稻没有规模比较优势，理论上这些省份最好排除以水稻为主的粮食生产，但局部非常适合种植水稻的小气候和小区域可以继续选择种植。黑龙江的水稻生产在全国范围是一个特例，水稻规模优势指数从1980年的0.10增加到了2010年的1.12，该地区水稻的播种量一直处于增加的趋势，从其单产比较优势和规模比较优势考虑，推荐其可持续地发展以水稻为主的粮食生产。

水稻综合比较优势指数排前六位的省份是江西、湖南、广东、广西、浙江和海南，紧随其后的是上海、江苏、安徽、福建、湖北、重庆、四川、贵州和云南，这15个省份水稻综合比较优势指数均大于1，天津、辽宁、吉林、黑龙江和宁夏5个省份的水稻综合比较优势指数平均大于0.5小于1，其余11个省份的水稻综合比较优势指数平均小于0.5。从水稻综合比较优势来研究，水稻综合比较优势指数排前六位的省份水稻有明显的综合优势，水稻种植优势也相对较高，这些省份已经有了良好的水稻种植基础，最适合发展以水稻为主的粮食生产。水稻综合比较优势指数大于1的其他9个省份水稻也有综合比较优势，可以发展以水稻为主的粮食生产。水稻规模优势指数平均大于0.5小于1的5个省份水稻综合比较优势基本没有，这些省份理论上不适合发展以水稻为主的粮食生产，如果考虑单产比较优势、规模比较优势和粮食省内自给自足的前提下，这些省份也可以选择适宜水稻生产的区域发展以水稻为主的粮食生产。水稻规模优势指数平均小于 0.5 的省份水稻没有规模比较优势，理论上这些省份最好排除以水稻为主的粮食生产，局部非常适合种植水稻的小气候和小地域可以继续选择种植。

我国水稻总产量居前六位的省份（从高到低排列）：1980 年是湖南、广东、四川、江西、浙江和江苏，占全国总量的 62.1%；1990 年是湖南、四川、湖北、江苏、广东和江西，占全国总量的 60.4%；2000 年是湖南、江苏、四川、湖北、江西和广东，占全国总量的 54.6%；2010 年是湖南、江苏、黑龙江、江西、湖北和四川，占全国总量的 56.6%。这说明我国水稻生产的集中程度从 1980 年到 2000 年处于下降的趋势，从 2000 年到 2010 年处于上升的态势，从数据分析，我国水稻没有发挥出集中生产的优势，我国水稻生产还需要调整种植布局，使其能充分发挥集中生产的优势。

（二）　我国小麦区域比较优势度指数

根据单产比较优势指数公式和规模比较优势指数公式分别计算出 31 个省（区、市）小麦的单产比较优势指数和规模比较优势指数（见表 8-6）；再根据综合比较优势指数公式计算出 31 个省（区、市）小麦的综合比较优势指数，如表 8-7；最后对两个表格的数据分别进行分析。

小麦单产比较优势指数排前六位的省份是西藏、河北、河南、天津、新疆和陕西，紧随其后的是北京、山西、内蒙古、江苏、安徽、山东、甘肃、青海和宁夏，这 15 个省份小麦单产比较优势指数平均都大于 1。辽宁、吉林、黑龙江、上海、浙江、福建、湖北、广东、四川、重庆、贵州和云南的小麦单产比较优势指数大于 0.5 小于 1，其余 4 个省份小麦单产比较优势指数小于 0.5。单独从小麦单产比较优势来研究，小麦单产比较优势指数排前六位的省份小麦有明显的单产优势，小麦单产也相对较高，这些省份最适合发展以小麦为主的粮食生产。小麦单产比较优势指数大于 1 的其他省份小麦单产也有优势，可以发展以小麦为主的粮食生产。小麦单产比较优势指数平均大于 0.5 小于 1 的省份小麦基本没有单产优势，这些省份理论上不适合发展以小麦为主的粮食生产，如果考虑规模优势和粮食省内自给自足的前提下，这些省份也可以选择适宜小麦生产的区域发展以小麦为主的粮食生产。小麦单产比较优势指数平均小于 0.5 的省份，小麦没有单产优势，理论上这

表 8-6　各省（区、市）小麦单产和规模比较优势指数

省份	小麦单产比较优势指数				小麦规模比较优势指数			
年份	1980	1990	2000	2010	1980	1990	2000	2010
北　京	0.91	1.21	1.34	1.09	1.39	1.44	1.61	1.07
天　津	0.82	1.32	1.55	1.14	1.40	1.13	1.43	1.38
河　北	0.98	1.37	1.39	1.28	1.50	1.36	1.58	1.54
山　西	0.87	1.31	1.03	1.02	1.15	1.14	1.14	0.99
内蒙古	1.21	1.11	1.20	0.64	1.00	1.10	0.57	0.57
辽　宁	0.51	1.01	0.87	1.06	0.05	0.14	0.17	0.01
吉　林	0.70	0.45	0.56	0.60	0.16	0.06	0.08	0.003
黑龙江	1.34	1.05	0.57	0.63	1.17	0.89	0.31	0.14
上　海	1.53	0.81	0.73	0.73	0.42	0.68	0.90	1.06
江　苏	1.41	0.93	0.79	0.93	0.96	1.39	1.50	1.59
浙　江	0.83	0.70	0.67	0.65	0.39	0.32	0.31	0.23
安　徽	1.05	0.90	0.95	1.15	1.29	1.23	1.40	1.62
福　建	0.59	0.65	0.69	0.50	0.28	0.22	0.09	0.01
江　西	0.32	0.30	0.36	0.45	0.13	0.07	0.06	0.01
山　东	1.06	1.16	1.09	1.14	1.76	1.88	2.07	1.98
河　南	1.34	1.19	1.14	1.23	1.80	1.89	2.22	2.19
湖　北	1.03	0.75	0.59	0.68	0.98	0.96	0.83	1.03
湖　南	0.41	0.36	0.41	0.50	0.17	0.14	0.10	0.03
广　东	0.43	0.62	0.61	0.58	0.18	0.08	0.02	0.001
广　西	0.28	0.29	0.38	0.33	0.04	0.02	0.02	0.01
海　南	—	—	—	—	—	—	—	—
重　庆	—	—	0.62	0.45	—	—	0.68	0.42
四　川	1.05	0.87	0.77	0.64	0.83	0.83	0.95	0.98
贵　州	0.56	0.71	0.56	0.20	0.56	0.64	0.73	0.53
云　南	0.79	0.76	0.78	0.27	0.67	0.58	0.62	0.52
西　藏	1.72	1.68	1.41	1.50	1.20	0.80	1.05	0.84
陕　西	1.18	1.30	1.09	1.01	1.50	1.51	1.64	1.63
甘　肃	1.48	1.28	1.00	0.75	1.91	1.87	1.73	1.67
青　海	1.73	1.49	1.18	0.70	1.98	1.97	2.09	2.46
宁　夏	1.50	1.19	0.93	0.68	1.59	1.57	1.48	1.37
新　疆	1.26	1.13	1.02	1.14	2.53	2.37	2.33	2.21

些省份最好排除以小麦为主的粮食生产，但局部非常适合种植小麦的小气候和小区域可以继续选择种植。

表8-7 各省（区、市）小麦的综合比较优势指数

省份＼年份指数	1980	1990	2000	2010	平均值
北 京	1.12	1.32	1.47	1.08	1.25
天 津	1.07	1.22	1.49	1.25	1.26
河 北	1.21	1.36	1.48	1.40	1.37
山 西	1.00	1.22	1.08	1.00	1.08
内蒙古	1.10	1.10	0.83	0.60	0.91
辽 宁	0.16	0.38	0.38	0.10	0.26
吉 林	0.33	0.16	0.21	0.04	0.19
黑龙江	1.25	0.97	0.42	0.30	0.73
上 海	0.80	0.74	0.81	0.88	0.81
江 苏	1.16	1.14	1.09	1.22	1.15
浙 江	0.57	0.47	0.46	0.39	0.47
安 徽	1.16	1.05	1.15	1.36	1.18
福 建	0.41	0.38	0.25	0.07	0.28
江 西	0.20	0.14	0.15	0.07	0.14
山 东	1.37	1.48	1.50	1.50	1.46
河 南	1.55	1.50	1.59	1.64	1.57
湖 北	1.00	0.85	0.70	0.84	0.85
湖 南	0.26	0.22	0.20	0.12	0.20
广 东	0.28	0.22	0.11	0.02	0.16
广 西	0.11	0.08	0.09	0.06	0.08
海 南	—	—	—	—	—
重 庆	—	—	0.65	0.43	0.54
四 川	0.93	0.85	0.86	0.79	0.86
贵 州	0.56	0.67	0.64	0.33	0.55
云 南	0.73	0.66	0.70	0.37	0.62
西 藏	1.44	1.16	1.22	1.12	1.23
陕 西	1.33	1.40	1.34	1.28	1.34
甘 肃	1.68	1.55	1.32	1.12	1.42
青 海	1.85	1.71	1.57	1.31	1.61
宁 夏	1.54	1.37	1.17	0.97	1.26
新 疆	1.79	1.64	1.54	1.59	1.64

小麦规模比较优势指数排前六位的是新疆、青海、河南、山东、甘肃、陕西，紧随其后的是北京、天津、河北、山西、江苏、安徽和宁夏，这13

个省份小麦规模比较优势指数均大于 1，内蒙古、黑龙江、上海、湖北、重庆、四川、贵州、西藏和云南的小麦规模比较优势指数平均大于 0.5 小于1，其余 9 个省份的小麦规模比较优势指数均小于 0.5。单独从小麦规模优势来研究，小麦规模比较优势指数排前六位的省份小麦有明显的规模优势，小麦规模种植也相对较高，这些省份已经有了良好的小麦种植基础，最适合发展以小麦为主的粮食生产。小麦规模比较优势指数大于 1 的其他 7 个省份小麦也有规模比较优势，可以发展以小麦为主的粮食生产。小麦规模优势指数平均大于 0.5 小于 1 的省份小麦基本没有规模优势，这些省份不适合发展以小麦为主的粮食生产，如果考虑单产优势和粮食省内自给自足的前提下，这些省份也可以选择适宜小麦生产的区域发展以小麦为主的粮食生产。小麦规模比较优势指数平均小于 0.5 的省份小麦没有规模优势，理论上这些省份最好排除以小麦为主的粮食生产，但局部非常适合种植小麦的小气候和小区域可以继续选择种植。小麦的规模比较优势指数从 1980 年到 2010 年全国普遍存在下降的趋势，说明小麦的播种规模和面积在全国处于下滑的状态，这与小麦平均亩产偏低、净利润偏低有关。

　　小麦综合比较优势指数排前六位的是新疆、青海、河南、山东、甘肃和河北，紧随其后的是北京、天津、山西、江苏、安徽、西藏、陕西和宁夏，这 14 个省份小麦综合比较优势指数均大于 1，内蒙古、黑龙江、上海、湖北、重庆、四川、贵州和云南 8 个省份的小麦综合比较优势指数平均大于 0.5 小于 1，其余 9 个省份的小麦综合比较优势指数平均小于 0.5。从小麦综合比较优势来研究，小麦综合比较优势指数排前六位的省份小麦有明显的综合优势，小麦种植优势也相对较高，这些省份已经有了良好的小麦种植基础，最适合发展以小麦为主的粮食生产。小麦综合比较优势指数大于 1 的 8 个省份小麦也有综合比较优势，可以发展以小麦为主的粮食生产。小麦规模优势指数平均大于 0.5 小于 1 的 8 个省份小麦综合比较优势基本没有，这些省份理论上不适合发展以小麦为主的粮食生产，如果考虑单产比较优势、规模比较优势和粮食省内自给自足的前提下，这些省份也可以选择适宜小麦生产的区域发展以小麦为主的粮食生产。小麦规模优势指数平均小于 0.5 的省份小麦没有规模比较优势，理论上这些省份最好排除以小麦为主的粮食生产，局部非常适合种植小麦的小气候和小区域可以继续选择种植。

我国小麦总产量居前六位的省份（从高到低排列）：1980 年是河南、山东、江苏、四川、黑龙江和河北，占全国总量的 63.2%；1990 年是山东、河南、江苏、河北、四川和安徽，占全国总量的 65%；2000 年是河南、山东、河北、江苏、安徽和四川，占全国总量的 73.6%；2010 年是河南、山东、河北、安徽、江苏和新疆，占全国总量的 80%。这说明我国小麦生产的集中程度从 1980 年到 2010 年一直处于上升的态势，从数据分析，我国小麦生产的集中优势正在发挥，我国小麦生产还要以这种态势来继续调整种植布局，使其能充分发挥集中生产的优势。

（三）我国玉米区域比较优势度指数

根据单产比较优势指数公式和规模比较优势指数公式计算出 31 个省（区、市）玉米的单产比较优势指数和规模比较优势指数（见表 8 - 8）；再根据综合比较优势指数公式计算出 31 个省（区、市）玉米的综合比较优势指数，如表 8 - 9 所示；最后对两个表格的数据分别进行分析。

我国玉米单产比较优势指数排前六位的省份是青海、宁夏、内蒙古、山西、甘肃和陕西，紧随其后的是黑龙江、北京、天津、河北、辽宁、吉林、山东、河南、贵州、西藏和新疆，这 17 个省份玉米单产比较优势指数平均都大于 1，其余 14 个省份玉米单产比较优势指数均大于 0.5 小于 1。单独从玉米单产比较优势来研究，玉米单产比较优势指数排前六位的省份玉米有明显的单产优势，玉米单产也相对较高，这些省份最适合发展以玉米为主的粮食生产。玉米单产比较优势指数大于 1 的其他省份玉米单产也有优势，可以发展以玉米为主的粮食生产。玉米单产比较优势指数平均大于 0.5 小于 1 的省份玉米基本没有单产优势，这些省份理论上不适合发展以玉米为主的粮食生产，如果考虑规模优势和粮食省内自给自足的前提下，这些省份也可以选择适宜种植玉米的区域发展以玉米为主的粮食生产。

玉米规模比较优势指数排前六位的是吉林、辽宁、北京、天津、河北和山东，紧随其后的是山西、内蒙古、黑龙江、河南、贵州、云南、陕西、广西和新疆，这 15 个省份玉米规模比较优势指数均大于 1，重庆、四川、甘肃和宁夏的玉米规模比较优势指数平均大于 0.5 小于 1，其余 12 个省份的玉米规模比较优势指数均小于 0.5。单独从玉米规模优势来研究，玉米规模比

表8-8 各省（区、市）玉米的单产和规模比较优势指数

省份 \ 年份	玉米单产比较优势指数				玉米规模比较优势指数			
	1980	1990	2000	2010	1980	1990	2000	2010
北　京	1.17	0.93	0.86	1.16	2.10	2.45	2.07	1.94
天　津	1.22	0.97	0.81	1.13	1.75	1.87	1.78	1.58
河　北	1.22	1.06	1.01	1.10	1.82	1.58	1.69	1.43
山　西	1.59	1.42	1.55	1.38	1.23	1.03	1.17	1.58
内蒙古	1.83	1.76	1.60	1.13	0.98	1.06	1.38	1.85
辽　宁	1.07	1.06	0.90	1.02	2.57	2.32	2.34	1.96
吉　林	1.08	1.03	0.98	1.00	2.79	3.34	2.70	2.18
黑龙江	1.21	1.30	1.25	0.88	1.50	1.55	1.08	1.62
上　海	0.96	0.97	0.98	1.09	0.11	0.13	0.09	0.07
江　苏	0.85	0.85	0.89	0.91	0.34	0.38	0.38	0.23
浙　江	0.49	0.37	0.68	0.68	0.11	0.07	0.11	0.07
安　徽	0.85	0.78	1.04	0.81	0.16	0.35	0.37	0.39
福　建	—	0.35	0.60	0.58	0.004	0.05	0.09	0.12
江　西	0.34	0.38	0.64	0.89	0.01	0.02	0.04	0.01
山　东	1.20	0.98	1.08	1.12	1.48	1.56	1.54	1.22
河　南	1.15	1.08	1.00	1.02	1.11	1.24	1.15	0.91
湖　北	0.65	0.58	0.89	0.85	0.44	0.39	0.48	0.41
湖　南	0.33	0.35	0.76	0.98	0.16	0.12	0.26	0.18
广　东	0.37	0.43	0.70	0.80	0.05	0.08	0.27	0.21
广　西	0.60	0.52	0.67	0.81	0.79	0.78	0.79	0.56
海　南	—	0.52	0.73	0.92	—	0.13	0.16	0.17
重　庆	—	—	0.92	0.69	—	—	0.85	0.97
四　川	1.03	0.84	0.83	0.82	0.89	0.92	0.85	0.78
贵　州	0.97	0.91	1.18	0.98	1.73	1.25	1.09	1.18
云　南	0.86	0.84	1.12	0.96	1.80	1.45	1.25	1.28
西　藏	1.13	0.94	0.87	1.30	0.05	0.08	0.07	0.07
陕　西	1.28	1.09	1.27	1.13	1.46	1.31	1.30	1.25
甘　肃	1.47	1.40	1.65	1.06	0.63	0.55	0.78	1.18
青　海	—	—	2.07	1.45	—	—	0.03	0.22
宁　夏	1.65	1.63	1.85	1.33	0.22	0.56	0.76	1.08
新　疆	1.12	1.09	1.22	1.15	1.49	1.28	1.23	0.96

表8-9　各省（区、市）玉米的综合比较优势指数

省份 \ 年份指数	1980	1990	2000	2010	平均值
北　京	1.57	1.51	1.33	1.50	1.48
天　津	1.46	1.35	1.20	1.34	1.34
河　北	1.49	1.29	1.31	1.25	1.34
山　西	1.40	1.21	1.35	1.48	1.36
内蒙古	1.34	1.37	1.49	1.45	1.41
辽　宁	1.66	1.57	1.45	1.41	1.52
吉　林	1.74	1.85	1.63	1.48	1.67
黑龙江	1.35	1.42	1.16	1.19	1.28
上　海	0.32	0.36	0.30	0.28	0.31
江　苏	0.54	0.57	0.58	0.46	0.54
浙　江	0.23	0.16	0.27	0.22	0.22
安　徽	0.37	0.52	0.62	0.56	0.52
福　建	—	0.13	0.24	0.26	0.21
江　西	0.06	0.09	0.16	0.09	0.10
山　东	1.33	1.24	1.29	1.17	1.26
河　南	1.13	1.16	1.07	0.96	1.08
湖　北	0.53	0.48	0.65	0.59	0.56
湖　南	0.23	0.20	0.44	0.42	0.32
广　东	0.14	0.19	0.43	0.41	0.29
广　西	0.69	0.64	0.73	0.67	0.68
海　南	—	0.26	0.34	0.40	0.33
重　庆	—	—	0.88	0.82	0.85
四　川	0.96	0.88	0.84	0.80	0.87
贵　州	1.30	1.07	1.13	1.08	1.14
云　南	1.24	1.10	1.18	1.11	1.16
西　藏	0.24	0.27	0.25	0.30	0.27
陕　西	1.37	1.19	1.28	1.19	1.26
甘　肃	0.96	0.88	1.13	1.12	1.02
青　海	—	—	0.25	0.56	0.41
宁　夏	0.60	0.96	1.19	1.20	0.99
新　疆	1.29	1.18	1.22	1.05	1.19

较优势指数排前六位的省份玉米有明显的规模优势，玉米规模种植也相对
较高，这些省份已经有了良好的玉米种植基础，最适合发展以玉米为主的
粮食生产。玉米规模比较优势指数大于 1 的其他 9 个省份玉米也有规模比
较优势，可以发展以玉米为主的粮食生产。玉米规模优势指数平均大于
0.5 小于 1 的省份玉米基本没有规模优势，这些省份不适合发展以玉米为
主的粮食生产，如果考虑单产优势和粮食省内自给自足的前提下，这些省
份也可以选择适宜玉米种植的区域发展以玉米为主的粮食生产。玉米规模
比较优势指数平均小于 0.5 的省份玉米没有规模优势，理论上这些省份最
好排除以玉米为主的粮食生产，但局部非常适合种植玉米的小气候和小区
域可以继续选择种植。

我国玉米综合比较优势指数排前六位的省份是吉林、辽宁、北京、内蒙
古、山西和河北，紧随其后的是天津、黑龙江、山东、河南、贵州、云南、
陕西、甘肃和新疆，这 15 个省份玉米综合比较优势指数均大于 1，江苏、
安徽、湖北、广西、重庆、四川和宁夏的玉米综合比较优势指数平均大于
0.5 小于 1，其余 9 个省份的玉米综合比较优势指数平均小于 0.5。从玉米综
合比较优势来研究，玉米综合比较优势指数排前六位的省份玉米有明显的综
合优势，玉米种植优势也相对较高，这些省份已经有了良好的玉米种植基
础，最适合发展以玉米为主的粮食生产。玉米综合比较优势指数大于 1 的其
他 9 个省份玉米也有综合比较优势，可以发展以玉米为主的粮食生产。玉米
规模优势指数平均大于 0.5 小于 1 的 7 个省份玉米综合比较优势基本没有，
这些省份理论上不适合发展以玉米为主的粮食生产，如果考虑单产比较优
势、规模比较优势和粮食省内自给自足的前提下，这些省份也可以选择适宜
玉米种植的区域发展以玉米为主的粮食生产。玉米规模优势指数平均小于
0.5 的省份玉米没有规模比较优势，理论上这些省份最好排除以玉米为主的
粮食生产，局部非常适合种植玉米的小气候和小区域可以选择继续种植。

我国玉米总产量居前六位的省份（从高到低排列）：1980 年是山东、河
北、辽宁、四川、河南和黑龙江，占全国总量的 60.5%；1990 年是吉林、
山东、黑龙江、河南、河北和辽宁，占全国总量的 65.1%；2000 年是山东、
河南、河北、吉林、黑龙江和内蒙古，占全国总量的 56.1%；2010 年是黑
龙江、吉林、山东、河南、河北和内蒙古，占全国总量的 61.3%。这说明

我国玉米生产的集中程度从 1980 年到 2010 年处于上下波动的状态,依据数据分析,我国玉米生产的集中优势还没发挥出来,玉米生产还需要调整种植布局,使其能充分发挥集中生产的优势。

三　区域比较优势结论

在华东区、华中区(除河南)、华南区和西南区(除西藏)的水稻综合比较优势极为明显,历年平均优势指数在 1.1 以上,最高的是江西达到了 1.53。在这些地方则不具备玉米的综合比较优势,其综合优势指数均在 1.0 以下。华北区、东北区和西北区则不具备水稻的综合比较优势,其综合优势指数均在 1.0 以下。

在东北区和华北区的玉米综合比较优势极为明显,历年平均优势指数在 1.3 以上,最高的吉林达到了 1.68。河南玉米的综合比较优势指数约为 1.1,但河南玉米同时具有单产优势和规模优势,河南玉米的总产量占全国总产量的 9% 左右。东北和华北则不具备水稻的综合比较优势,其综合优势指数均在 1.0 以下。西北区和西南区玉米的综合比较优势指数大于 1.0,这两个区域除贵州、云南、陕西和新疆具有规模优势,其他地区规模优势均小于 1.0,所以西北区和西南区玉米的总产量相对低。华东区、华中区和华南区玉米综合优势指数均在 1.0 以下,不具备玉米的综合比较优势。

在华北区、华东区(江苏和安徽)和西北区的小麦综合比较优势极为明显,历年平均优势指数在 1.0 以上,最高的是新疆达到了 1.64。河南小麦的综合比较优势指数平均为 1.57,但河南小麦同时具有单产优势和规模优势,其小麦的总产量在全国位列第一。东北区和华南区小麦综合优势指数均在 1.0 以下,不具备小麦的综合比较优势。

第四节　我国粮食区域布局存在的主要问题

粮食生产区域分布格局一直处于变化中,各区域的粮食生产和粮食安全形势也随之改变,局部粮食格局劣势频显,粮食区域生产格局问题和矛盾依然存在。为了掌握粮食主产区和主销区农民粮食生产现状及意愿,直观体现粮食目前格局存在的主要问题,我们以农户、县乡级农业部门工作人员及从事农业相关产业的人员为对象进行了问卷调查，调查结果的统计分析和文献的总结分析，可以更直观体现目前我国粮食区域格局存在的主要问题，这对于制定和调整粮食区域分布格局具有重要意义。

一　调查问卷

选取粮食主产区的黑龙江、江苏、河南和四川四个省份，粮食主销区的北京、浙江和广东三个省份，粮食产销平衡区的新疆、贵州和山西三个省份，共计十个省份进行了 2011 年"粮食区域生产情况和存在问题的问卷调查"，问卷一共设计了十个问题。

（1）粮食作物的收益情况。玉米（包括春玉米、夏玉米）每亩平均现金收益_____元，净利润_____元；小麦（包括春小麦、冬小麦）每亩平均现金收益_____元，净利润_____元；水稻（包括粳稻、早籼稻、晚籼稻）每亩平均现金收益_____元，净利润_____元。

（2）您所在地区农民家庭主要收入来源情况。A. 以外出务工（到乡镇及以外）收入为主；B. 以种植粮食收入为主；C. 以种植经济作物收入为主；D. 以本地做零工（包括家庭养殖）收入为主。

（3）您所在区域作物一个生长季节需要浇几次水？A. 雨水充沛不用浇；B. 赶到旱季时浇一次水就行；C. 一般得浇两次水；D. 得浇水三次及以上。

（4）一个农户的现有土地一般分为几块不接壤的地块？A. 一块；B. 两块；C. 三块；D. 四块及以上。

（5）您是否赞成土地流转实现土地规模化经营，粮食规模化生产？A. 赞成，因为规模生产会提高粮食产量；B. 反对，因为土地流转或租赁中还存在不少问题；C. 中立态度，不管地多少各自经营挺好。

（6）农户对本村水利、田间道路等基础设施的看法。A. 损毁、老化严重；B. 一般；C. 较好；D. 非常完好。

（7）您所在地域农业科技服务和投入能满足农户的基本需求吗？A. 能保证新品种的及时引入和推广；B. 能保证及时指导田间生产；C. 农户太分散做不到田间指导但每年能保证对农民有培训；D. 农技人员缺乏基本看不到人、已经没有农业技术服务网络、农技服务缺乏资金工作难以为继、农技人员知识陈旧面窄。

（8）您所在区域从事粮食精加工、深加工企业或从事农产品深加工的企业有几家？A.0～2家；B.3～5家；C.6～8家；D.9家以上。

（9）影响地方发展粮食生产积极性的主要因素是什么？A.粮食价格偏低；B.粮食生产对地方税收贡献很小；C.粮食属于初级农产品创造的相对价值太低；D.粮食作物种植的各项补贴均需地方配套；E.粮食主要生产地区因粮食外调造成利益流失。

（10）在农业结构调整过程中，您主要选择种植什么？A.种植经济作物；B.继续种植粮食；C.种植蔬菜；D.设施农业生产。

调查对象为农户、本省县乡级农业部门工作人员、从事粮食加工的中小企业从业人员，共发放无记名问卷3000份，每省份300份，回收有效问卷2093份。这十个省份五个位于南方产区，五个位于北方产区，四个省份位于东部地区，三个省份位于中部地区，三个省份位于西部地区，这样收集调查的结果分析起来更有针对性，结果的真实性和可利用性都很强。

所收回的调查问卷按不同区域分别统计为：主产区849份、产销平衡区613份、主销区631份；南方产区1046份、北方产区1047份；东部地区829份、中部地区649份、西部地区615份。对所收回的问卷分析时，没有规律可循的数据没有使用表格进行统计分析，对有规律的数据使用了表格进行统计分析。

二　调查结果统计

关于"粮食作物的收益情况"的统计结果：玉米（包括春玉米、夏玉米）每亩平均现金收益541元，净利润217元；小麦（包括春小麦、冬小麦）每亩平均现金收益317元，净利润105元；水稻（包括粳稻、早籼稻、晚籼稻）每亩平均现金收益659元，净利润286元。粮食作物的亩收益情况在主产区、产销平衡区、主销区，南北方产区，东中西部地区没有明显的差异。

关于"您所在地区农民家庭主要收入来源情况"的调查结果：外出务工（到乡镇及以外）收入占29%；种植粮食收入占43%；种植经济作物收入占21%；本地做零工（包括家庭养殖）收入占7%。具体占比情况如表8-10所示。

表 8 – 10　不同区域农民家庭主要收入来源情况

单位：%

区　　域＼收入来源	外出务工	种植粮食	种植经济作物	本地做零工
南 方 产 区	35	34	22	9
北 方 产 区	23	52	20	5
主 　产 　区	18	56	19	7
主 　销 　区	45	24	22	9
产销平衡区	24	49	22	5

由表 8 – 10 可以看出，在北方粮食产区和粮食主产区农户还是以种植粮食为主要收入来源，在南方粮食产区和主销区农户以外出务工为主要收入来源。

关于"您所在区域作物一个生长季节需要浇几次水？"的调查结果："雨水充沛不用浇"占 32%；"赶到旱季时浇一次水就行"占 30%；"一般得浇两次水"占 36%；"得浇水三次及以上"占 2%。具体占比情况如表 8 – 11 所示。

表 8 – 11　不同区域作物一个生长季节需要浇水情况

单位：%

区　　域＼浇水次数	不用	一次	两次	三次及以上
南方产区	55	35	10	0
北方产区	9	25	62	4
东部地区	52	37	10	1
中部地区	26	28	44	2
西部地区	18	25	54	3

由表 8 – 11 可以看出，南方粮食产区和东部地区雨量比较丰沛，作物一个生长季节可以节省一定数量的灌溉费用；而北方粮食产区和西部地区所需灌溉次数明显增加。这同时说明北方粮食产区和西部地区相对处于缺水状态。

关于"一个农户的现有土地一般分为几块不接壤的地块"的调查结果为：一块占 3%；两块占 17%；三块占 55%；四块及以上占 25%。由此可见，我国农村的土地分配模式存在明显的缺陷，造成每个农户的土地分布很零散。

关于"您是否赞成土地流转实现土地规模化经营，粮食规模化生产"

的调查结果为："赞成"，因为规模生产会提高粮食产量，占31%；"反对"，因为土地流转或租赁中还存在不少问题，占29%；"中立态度"，因为土地已经承包各自经营挺好，占40%。由此可见，农村被调查的群体对我国土地规模化经营还认识不到位，主要是小农意识和个人经营土地的自由度促使农民不愿将自己承包的土地流转出去。另外，农民对土地流转、出租或出让还不放心，要继续推广土地规模经营还有很多工作要做。

关于"农户对本村水利、田间道路等基础设施的看法"的调查结果为："损毁、老化严重"占50%；"一般"占29%；"较好"占18%；"非常完好"占3%。由此可见，我国农村的水利、田间路网等基础设施欠缺太多。

关于"您所在地域农业科技服务和投入能满足农户的基本需求吗?"的调查结果为："能保证新品种的及时引入和推广"占11%；"能保证及时指导田间生产"占3%；"农户太分散做不到田间指导但每年能保证对农民有培训"占14%；"农技人员缺乏基本看不到人、已经没有农业技术服务网络、农技服务缺乏资金工作难以为继、农技人员知识陈旧面窄"占72%。由此可见，我国目前农村十分缺乏农技人员和农业技术服务网络，多种原因造成农民在从事农业生产或粮食生产的时候缺乏必要的技术和信息。造成我国的一些新技术难以到达农户的手中，粮食种植和市场信息不对称形成卖粮难，使农民增产增收不能同步。农技服务和投入的欠缺对粮食主要生产区域会有较大的影响。

关于"您所在区域从事粮食精加工、深加工企业或从事农产品深加工的企业有几家?"0~2家占58%；3~5家占29%；6~8家占11%；9家以上占2%。具体占比情况如表8-12所示。

表8-12　不同区域粮食精加工、深加工企业或从事农产品深加工的企业数量情况

单位：%

区　　域＼企业数量	0~2家	3~5家	6~8家	9家以上
主　产　区	65	28	6	1
产销平衡区	58	28	12	2
主　销　区	51	31	15	3
南方产区	53	31	14	2
北方产区	63	27	8	2

由表 8 – 12 可以看出，主销区和南方粮食产区粮食或农产品精深加工企业更多，粮食主产区和北方粮食产区粮食或农产品精深加工企业要少，粮食加工业分布与粮食生产能力不相匹配。

关于"影响地方发展粮食生产积极性的主要因素是什么？""粮食价格偏低"占 21%；"粮食生产对地方税收贡献很小"占 26%；"粮食属于初级农产品创造的相对价值太低"占 21%；"粮食作物种植的各项补贴均需地方配套"占 15%；"粮食主要生产地区因粮食外调造成利益流失"占 16%。由此可见，影响地方发展粮食生产积极性的主要因素很多，粮食生产对地方税收贡献作用排在首位，粮食价格和粮食相对价值的影响作用位列其次，这说明经济和市场是地方发展粮食生产积极性的主要抑制因素。

关于"在农业结构调整过程中，您主要选择种植什么？"的调查结果为："种植经济作物"占 21%；"继续种植粮食"占 46%；"种植蔬菜"占 18%；"设施农业生产"占 15%。具体占比情况如表 8 – 13 所示。

表 8 – 13　不同区域农业结构调整时的选种情况

单位：%

区　域　　种植选择	经济作物	粮食	蔬菜	设施农业
主产区	12	73	7	8
产销平衡区	21	44	20	15
主销区	30	21	27	22
南方产区	25	41	24	10
北方产区	17	51	12	20

由表 8 – 13 可见，在农业结构调整过程中，农民更倾向选择经济收益高的经济作物、蔬菜或农业设施生产，仍选择种植粮食的农户大部分分布在粮食主产区和北方粮食产区。

三　我国粮食生产区域格局存在的主要问题

（一）耕地资源和水资源的矛盾

以大兴安岭—长城—兰州—青藏东南边缘为界，中国东、西部的水土资源匹配指数分别为 1.01 和 0.79；以秦岭—淮河—昆仑山—祁连山为界，南、北方水土资源匹配指数分别为 2.26 和 0.30；七个区域中水土资源匹配指数最高的西北地区，高达 32.38，最低的华北地区，其水土资源匹配指数仅为 0.12。水土资源匹配不均衡在某种程度上直接影响耕地质量的适宜性和粮食生产的布局。

我国耕地资源在空间上的分布是南少北多、中部多东西部少，水资源在空间上呈明显的南多北少、东多西少分布状态。即水多的地区耕地少，耕地多的地区水少。我国北方地区耕地相对较多占全国耕地面积的 58.5%，东部耕地面积仅占全国耕地面积的 25.8%。"南粮北移""中粮东运"的粮食生产格局虽然有利于实现粮食的耕地规模化生产，在短期内能够保证我国粮食总量供需平衡，但从中长期来看，北方水资源量仅占全国的 19%，北方水资源的严重匮乏，以及水利等基础设施建设的严重滞后，使北方粮食产区面临粮食增产的巨大压力。这种水和耕地资源不匹配的矛盾使我国北方主产区的粮食生产面临严峻挑战，在很大程度上会影响我国粮食的区域布局，并制约我国粮食综合生产能力的提高。问卷调查结果显示，北方粮食产区、中部粮食产区和西部粮食产区需浇水次数明显多于南方粮食产区和东部粮食产区，问卷调查结果和文献资料共同体现出了我国水资源和耕地资源不匹配的现实状况，水资源丰富的地区耕地资源少，耕地资源丰富的地方水资源少。

（二）粮食主要生产区域和产粮大县经济发展与粮食生产的矛盾

我国粮食主要生产区域往往都是经济欠发达地区，第二、第三产业发展缓慢，农村青壮劳动力趋向有现金收入的行业，大部分向经济发达地区流动，导致粮食生产人力投入下降，粮食生产率增长缓慢。与此同时，随着粮食主产区城市化、工业化水平的逐步提高和经济发展，非农就业机会的增加，将进一步导致主产区粮食生产能力的下降。产粮大县经济发展被边缘化倾向越来越明显，农业大、工业小、财政穷、经济社会发展滞后的矛盾日益凸显，经济基础薄弱，自我发展能力差，主要经济指标与发达地区的差距逐年加大。产粮大县的社会经济问题日益突出，使地方政府在促进地方社会经济发展和确保粮食增产两者间难以兼顾。问卷调查结果显示，影响地方发展粮食生产积极性的主要因素是经济发展和市场定价，影响量占 68%。在全国各地都抓经济发展的大环境下，地方抓粮食生产的积极性并没有"空前高涨"。

随着粮食主要生产区域生产能力的提高和市场需求形势的变化，以单一粮食经济为主的粮食主产区和产粮大县却遇到了前所未有的困境。首先是粮食"卖难"问题突出。由于国内外经济环境的变化，在我国粮食供给明显增加的同时，人们饮食结构却在发生着变化，出现了普通粮食的较大节余、普通农产品和初级农产品的"卖难"问题及结构性过剩问题。其次是粮食的纯利润太低。问卷调查显示，小麦的净利润 105 元/亩；玉米的净利润是217 元/亩；水稻的净利润 286 元/亩。由于粮食是特殊商品，它们创造的相对价值量低，这常常使得粮食主产区粮食增产与农民增收不能同步，问卷调查结果显示主产区农户家庭收入粮食生产占 56%，主销区农户家庭收入粮食生产占 24%。粮食生产与粮食主产区和产粮大县的经济发展如何协调将直接受到农民的收入和县域的经济发展方向的影响。

（三）农村土地分散与粮食规模生产和经营的矛盾

第一，现行农村土地是集体所有，实行家庭联产承包责任制，农户各自为政、农民在选择种植作物时要先预算一下收益。农业基础设施建设（尤其是农田水利建设）面临国家顾不上、集体没能力、各户不愿投入的尴尬局面。第二，农户土地经营规模小而散，根据 2010 年的统计数据，我国人均耕地 1.38 亩，户均耕地 0.61 公顷（9.15 亩），每户的耕地依据耕地等级不同还要分成不接壤的好几块。这种小规模家庭经营使我国农业生产停留在半自给自足的经济阶段，粮食生产比较效益低。第三，小规模的家庭经营无法统一种植技术标准、不利于田间统一管理、不利于机械化作业，粮食产品产量和质量无法得到保障。第四，市场经济条件下，分散种植的农户，不具备抵御市场经济风险的能力，难以获得金融、信贷支持。这种体制与机制的存在很难保证粮食主产区的粮食持续增产和粮农持续增收。第五，兼业型的粮食生产方式，对粮食产量的增加有一定的负面作用，当前中国的粮食生产中"拥挤"着过多的劳动力，专业化生产和规模经营难以实现，遂使粮食生产和供给具有较大的不确定性。粮食价格下降的条件下，陷入短期内粮食增产不增收、长期内既不增产也不增收的境地，粮食生产和农民增收常陷入"低水平的均衡陷阱"之中。调查问卷结果显示，一个农户的现有土地一般分在一块的仅占 3%、分为两块的占 17%、分为三块的占 55%、分为四块的占 21%、分为五块的占 4%，可见我国的耕地被分得零零散散，短期内达到专业化、规模化和现代化生产很难。我国目前粮食的纯利润太低，尤其是户均耕地少的地域依靠粮食生产来增加收入是很困难的。

（四）主产区的利益缺失与地方粮食发展的矛盾

我国粮食主产区经济利益流失严重，主要表现在农资生产企业、粮食产业化企业、育种企业在粮食主产区的分布少于粮食非主产区，主产区在购进农资和相应农产品的加工品时，利益随购进物品转给了粮食非主产区。主产区大多数的农业资源因未能深度开发而长期处于原料供应和输出的地位，造成低价输出原料和高价购回加工农产品双重流失。中央各种涉农投入都要求地方配套资金，如农业综合开发项目，中央财政投入一般占1/3，地方财政配套约占1/3，项目实施地自筹1/3；粮食政策性保险地方（省、市、县三级）需要配套45%的保费，这对财政不宽裕的粮食主产区又增加了一大笔农业投入。粮食风险基金地方配套制度实施了17年，粮食主产区因经济原因造成粮食风险基金借款。农业基础设施和水利设施的兴建与管护基本靠地方政府筹集资金和村集体资金的积累。最后地方配套的这些利益和村集体投入的利益都随粮食的调出而流失。粮食从主产区调往主销区时，利益从经济不发达的地区流失到了经济发达的地区，出现了穷省补贴富省的尴尬局面，主产区生产粮食越多，调出的粮食越多，补贴的利益流失的也越多，这极大地挫伤了主产区和产粮大县发展粮食生产的积极性。

（五）粮食主要生产区域的农业科技投入与粮食生产要求的矛盾

在多数粮食主产区，所谓"线断、网破、人散，公共服务能力弱"的农技服务特点表现得越来越明显，农业技术推广体系薄弱、公共服务不足长期存在。近些年来，由于产粮大县和粮食主产区县级经济发展落后、财政困难，乡镇农技站工资和工作经费难以完全保障，农技干部身份有的是全额拨款事业编制、有的是差额拨款事业单位、有的是自收自支事业单位，还有的是临时聘用人员，形成了政治上没有奔头、经济上没有看头的状况，农技人员流失严重，农技服务水平和质量严重滞后，农技推广体系陷入"缺钱、缺人、缺技术"的境地。由于农技推广队伍的不足，粮农很难得到科学种植、合理施肥、适时防治病虫害等实用新技术服务。加之我国从事农业生产经营的农户有2亿户，想做到新农业技术快速普及太难了。问卷调查结果显示，农技服务能保证及时指导田间生产的仅占3%，以不同方式能接受到农技服务的占 25%，因不同原因对农技服务不满意的占 72%。由此可见我国目前农村十分缺乏农技人员和农业技术服务，造成我国的一些新技术难以到达农户的手中，粮食种植和市场信息不对称形成卖粮难，农技服务和投入的欠缺对粮食主要生产区域会有较大的影响。

（六）粮食供求的品种结构矛盾

粮食品种结构不断优化。稻谷、小麦、玉米三大粮食品种结构逐渐适应消费市场变化，玉米占粮食总产量的比重由 1978 年的 18.0% 提高到 2007 年的 28.9% 再增至 2010 年的 32.4%，2010 年玉米产量是 17725 万吨，玉米大幅度增产使我国粮食生产结构得到进一步改善，保证了饲料及工业用粮的需要。小麦的比重由 1978 年的 18.0% 提高到 2007 年的 21.1% 持续到 2010 年的 21.1%，这一过程小麦增加幅度不大，但优质、专用品种比重逐步提高。稻谷的比重由 1978 年的 45% 减至 2007 年的 37.2% 再降至 2010 年的 35.8%，这个过程早籼稻减少，粳稻增加，适应了口粮需求变化。

稻谷在居民口粮消费中约占 60%，依靠国际市场调剂国内需求的余地极为有限，战略地位十分重要。我国水稻截至 2010 年已连续七年持续增产，目前产需基本平衡。南方地区水田不断减少，水稻种植面积大幅下降，恢复和稳定生产的难度很大，稻谷供需总量将长期偏紧。另外，中国粳稻的主产区在东北地区，而主销区在北京、天津、上海、广州、杭州等大中城市，受流通、运输等发展滞后的影响，增大了市场调控的难度，将使粮食供应的品种结构性矛盾更加突出。

小麦是我国的基本口粮作物，在居民口粮消费中约占 21%，在粮食安全、生态环境保护中的作用突出。2004 年以来，我国小麦基本实现全程机械化，播种面积恢复增加，单产和总产持续快速增长，小麦供需总量基本平衡。但是，我国小麦品种优质率还有待进一步提高，河南作为小麦生产大省，在普通小麦严重过剩的同时，优质、专用小麦不足的问题仍比较突出。高档强筋小麦和弱筋小麦仍需从国际市场进口。随着消费需求的刚性增长，加之受资源约束趋紧影响，确保小麦基本自给、满足优质化需求的难度依然较大。

玉米是我国重要的粮食、饲料和工业原料兼用作物。2010 年玉米总产量占全国粮食产量的 31.6%，近年来，我国玉米供需关系趋紧，南方地区玉米的产销存在较大的缺口，需要从东北地区调入大量玉米补充。目前我国玉米生产仍受优良品种和专用品种相对较少、区域性适用技术普及率低、机械化收获技术尚未普及以及农田基础设施落后等因素的制约，增产幅度难以跟上消费增长速度，实现玉米供求平衡任务艰巨。据估测，近几年来，广东、湖南、上海、浙江、江西、福建、湖北、四川、广西、湖南等南方省份每年共需调入玉米 1000 万吨以上。粮食品种间（如东北大豆、玉米、水稻）争地矛盾将长期存在。

（七）农业结构调整与兼顾粮食作物布局的矛盾

农业结构调整中，种植面积此消彼长，选择粮食作物种植还是经济作物种植需要综合考虑。农业结构调整的目的是更充分地利用生产资源和生产要素，全面提高农产品的质量、生产效率和经济利益，以满足市场需求和获得效益而增加农民收入，而不是生产项目简单的增减和生产资源及要素用途的简单转移。在农业结构调整实施过程中，有些地方出现了与调整相悖的做法，常常把农业结构调整片面地理解为对粮食作物生产面积的缩减和多种经营产品的增加，致使粮食作物生产面积迅速下降。农业结构调整下，利益和粮食作物生产很难兼顾，粮食作物的调减和不合理布局将成为粮食生产布局发展中的关键问题。近年来农业结构调整中，调减的面积主要是粮食作物面积。调查问卷结果显示，我国农民在农业结构调整中选择继续种植粮食的仅占46%，选择种植经济作物蔬菜和设施农业的占54%。农业结构调整必须要以稳定粮食总产、保护粮食生产能力为前提条件，避免调整农业结构就是减粮扩经或减粮抛荒的片面认识。农产品特别是粮食供给充足是农业结构调整的前提，农业结构调整为粮食生产能力储备创造了条件。在农业结构调整时期，必须加强粮食生产能力储藏与保护，以便在农业遇到自然灾害或国际社会动荡时，能够通过具体生产过程的组织运筹与调控，使储备的生产能力转化为粮食产量，确保我国的食物安全，这是实现中国农业持续发展的根本。

（八）粮食产业布局与粮食生产格局的矛盾

当前农业比较优势的发挥，已不仅仅取决于初级农产品在数量和价格上的竞争优势，很大程度上还要取决于农产品加工业的发展程度。也就是说，发达的农产品加工体系可以在一定程度上弥补农业生产的资源劣势，提高比较优势。粮食加工品可以不受季节和地域限制，市场半径大，价格选择余地大，加之现代营销方式对整个产业体系的影响非常巨大，而最终表现为层层增值和整体规模扩大，提高了农村经济的整体效益。目前发达国家农产品加工产值是农业产值的 3 倍多，我国还不到 80%，发达国家加工食品约占食物消费总量的 80%，我国还不到 30%。调查问卷结果显示，主销区和南方粮食产区粮食或农产品精深加工企业更多，粮食主产区和北方粮食产区粮食或农产品精深加工企业要少，粮食加工业分布与粮食生产能力不相匹配。如果搞农产品加工，原料可以就地取材，适应了农业的季节性生产和农副产品的鲜活性，有利于贮藏和保鲜，成本低，附加值高，可较大地提高农业的比较效益，改变初级农产品"卖难"局面，还可以减轻城市用地、用水、能源和环境压力。

第五节　我国粮食区域布局的优化原则和目标

一　我国粮食区域格局优化原则

（一）保证区域粮食总产量

粮食生产区域布局首先要以粮食总产量为目标。一要通过保护耕地来稳定粮食生产能力，各区域必须保证留有粮食作物的种植面积，以备粮食调运不及时的自给。二要努力提高粮食单产水平或粮食复种指数，在耕地面积总体减少的大环境下，提高单产或复种指数是保证粮食增产的前提。三要使粮食生产区域内匹配有最佳的自然资源，底线也要通过加强田间基础设施建设来保证水土资源的匹配，使粮食单产和总量均达到最佳状态。

（二）提高粮食品质和优化粮食结构

我国难以满足现实粮食需要问题已从"数量"转化为"品质"，主要是水稻、小麦和玉米的品质和种植结构不尽合理，表现为优质化专用化的小麦、稻谷和玉米播种面积偏少，难以满足需求。如在河南这样的小麦大省，在普通小麦严重过剩的同时，优质、专用小麦不足的问题仍然比较突出；我国稻谷的积压主要是早籼稻；我国玉米高效益及高附加值的具有特殊营养功能的专用优质品种相对较少，无法满足居民消费结构变化，迫切需要大力发展青贮、高淀粉、鲜食玉米生产，满足对玉米的多样化需求。在提高粮食品质和优化粮食种植结构的过程中要积极调整粮食作物品种结构，增加优质、专用粮食的播种面积，如将部分地区普通小麦品种调整为强筋小麦或弱筋小麦；将部分地区籼稻调整为晚籼稻或粳稻；将部分地区玉米调整为发展籽粒与青贮兼用和青贮专用玉米或适度发展鲜食玉米；目的是全面提高粮食品质。总之，调优粮食结构必须以人们膳食结构调整为依据。

（三）提高粮食种植效益

粮食种植效益的提高主要靠粮食单产水平提高、销售价格提高和投入降低分别作用或共同作用的结果，科技将是农业增产、增效的最大空间。高产高效粮食作物种植，要以市场为导向，提高粮食种植和生产的综合经济效益。

（四）兼顾地方经济与粮食发展

一般给人的印象是产粮大县财政穷县，好像地方经济的发展与粮食发展不能协调。其实一个地方的粮食生产和地方经济发展，两者并不矛盾，发展粮食生产本身也是发展经济的一个重要组成部分，也是农民收入的基础性来源，不仅可以直接促进农产品加工业发展，同时也可以为第二、第三产业发展提供一个有利的条件和广阔的空间。地方经济特别是第二、第三产业的发展，使地方经济实力增强了，财政收入提高了，反过来，可以拿出更多的财力反哺农业，改善生产条件，提高综合生产能力，促进粮食生产的持续健康发展。

（五）生态保护与发展粮食生产兼顾

目前我国加强生态环境建设涉及退耕的主要项目有退耕还林、退耕还草、退耕还湖和湿地保护等，这些项目是从生态、社会、经济条件实际出发，将不适合农耕的土地转为林地和草地的措施，或为了维护一种生态环境将围湖造田和湿地开发形成的农田恢复成原来状态。自第一次国务院全国农业普查以来，我国生态退耕的土地占耕地减少量的大部分，但我国粮食产量并没因为退耕农地的减少而减少，1996 年我国粮食总产量为 50453.5 万吨，而 2010 年为 54647.7 万吨。生态保护与发展粮食生产并不矛盾，反而还可以相互促进，良好的生态环境是粮食种植和发展的基础。我国要全面形成保护耕地、水域、森林、草原和湿地等自然生态资源和粮食种植资源的激励机制。

二　我国主要粮食作物优化目标

（一）我国主要粮食作物布局优化目标

水稻区域布局优化目标要着力建设东北区、华东区、西南区和华中区四个优势区。东北区的水稻优势区主要位于黑龙江、吉林和辽宁三省的三江平原、松嫩平原、辽河平原，着力发展优质粳稻。西南区的水稻优势区主要位于四川、重庆、云南和贵州的四川盆地、云贵高原丘陵平坝地区；华中区的水稻优势区主要位于湖南、湖北和河南的南部地区、沿淮和沿江平原与丘陵地区；华东区的水稻优势区主要位于安徽、江西、江苏的鄱阳湖平原、洞庭湖平原、江汉平原。这三个地区着力稳定双季稻面积，逐步扩大江淮粳稻生产，提高单季稻产量水平。东南沿海的上海、浙江、福建、广东、海南五个主销区和广西共 6 个省份，主要稳定水稻面积，着力发展优质高档籼稻。

小麦区域布局优化目标要着力建设华北区、华东区、华中区、西南区和西北区五个优势区。华北小麦优势区包括河北、山东、北京、天津、山西中南部及内蒙古河套地区着力发展优质强筋、中强筋和中筋小麦；华东和华中小麦优势区包括河南、江苏、安徽和湖北北部等省份，着力发展优质弱筋和中筋小麦；西南小麦优势区包括四川、重庆、云南、贵州等省份，着力发展优质中筋小麦；西北小麦优势区包括甘肃、宁夏、青海、新疆、陕西北部，着力发展优质强筋、中筋小麦。

玉米水稻区域布局优化目标要着力建设东北、西北黄淮海和西南 3 个优势区。东北和西北的玉米优势区包括黑龙江、吉林、辽宁、宁夏、甘肃、新疆和陕西北部等省份，着力发展籽粒与青贮兼用型玉米；华北的玉米优势区包括北京、内蒙古、山东、天津、山西、河北、江苏和安徽淮河以北的玉米种植区，着力发展籽粒玉米，积极发展籽粒与青贮兼用和青贮专用玉米，适度发展鲜食玉米；西南和华中玉米优势区包括重庆、四川、云南、贵州、广西及河南、湖北和湖南西部的玉米种植区，着力发展青贮专用和籽粒与青贮兼用玉米。

（二）粮食种植与加工产业协调发展

水稻的种植及其协调发展要立足国内生产，满足消费需求，稳步发展粳稻，大力发展优质稻，不断优化品种和品质结构，提升产业发展水平。一是稳定和扩大种植面积，加强稻田保护，稳定和增加双季稻生产；二是加强优质水稻品种选育与推广，加大病虫害综合防治力度，加快全程机械化进程，提高水稻单产和品质；三是加强大中型骨干水利工程和田间配套设施建设，增强防灾减灾能力，稳定提升生产能力；四是扶持龙头企业，加快优势区域稻米产业化步伐，打造世界稻米名优品牌，提高经济效益。

　　小麦的种植及其协调发展要围绕小麦基本自给、满足市场需求，在稳定发展的前提下，不断优化品种结构，大力发展优质专用品种，着力提高小麦种植效益和加工制品质量。一是千方百计稳定种植面积，进一步巩固、提升小麦生产机械化水平，大力推行规模化种植，形成稳定的商品生产能力；二是实行标准化生产和管理，大力推行节水灌溉、精量半精量播种、覆盖栽培、科学施肥等先进适用技术，着力降低生产成本，提高小麦单产水平；三是优化品种结构，积极发展强筋、中强筋、中筋和弱筋小麦，改善品质，提升质量；四是大力发展产业化经营，促进生产和流通协调发展，打造特色鲜明、效益显著的优势产业带，全面增强小麦综合生产能力和市场竞争能力。

　　玉米的种植与其协调发展要以满足国内需求和增加农民收入为目标，坚持食用消费优先为原则，在发展玉米生产的基础上调节好消费需求。一是充分挖掘复种指数潜力，稳定增加玉米播种面积。加强农田基础设施和耕地质量建设，提高农机作业水平，不断改善玉米生产条件。二是大力推广以"一增四改"（合理增加种植密度、改种耐密品种、改套种为平播、改粗放用肥为配方施肥、改人工播种收获为机械化作业）为重点的高产配套技术，着力提高玉米单产水平。三是巩固并加强北方玉米优势区和黄淮海玉米优势区的地位，积极挖掘西南玉米优势区生产潜力，着力扶持和发展青贮玉米。四是坚持"不与人争粮"的方针，严格控制玉米燃料乙醇等工业消费增长速度，合理调节玉米深加工产品的生产及出口，适当增加玉米储备，不断提高宏观调控能力。

第六节　政策建议

一　进一步完善土地管理政策

首先，要严格落实耕地保护责任。制定严格的耕地保护政策，层层落实责任，修改完善《农村土地承包法》和有关政策，采取有效措施，遏制和防止耕地抛荒现象。综合治理城乡闲置土地。对城市中闲置、撂荒的开发区尽快恢复其农业功能，禁止城市盲目扩张；着力治理农村"空心村"现象，坚决抵制农村建房外延，对农村已经出现的空闲地，应将其合理开发为农田。

其次，要严格落实耕地占补平衡政策。各地非农建设占用耕地，应立足于本行政辖区内补充耕地，本行政辖区内确实难以补充耕地的，可由省国土资源部门统筹安排，在省内其他地区进行，但必须确保补充耕地的数量和质量相当。切实做到占用耕地要先补后占，落实好建设用地项目补充耕地与土地整理复垦开发项目的挂钩、补充耕地储备库和台账管理等制度；在新一轮土地利用总体规划修编和年度计划指标分配时，应充分考虑当地耕地后备补充耕地潜力等因素；要防止和杜绝只占不补、先占后补、多占少补和占优补劣的现象发生。

最后，建立健全基本农田保护政策，基本农田一经划定，要严格保护，不得占用，对于符合条件，确需占用基本农田的，必须论证、听证，依法报批，并要及时补划，确保基本农田总量不减少，用途不改变，质量有提高。加快重点产粮区基本农田示范建设进度，加大对基本农田的投入，不断提高质量。对承担耕地保护任务重、基本农田保护数量多的产粮大县，应争取国家对其建立补偿机制。

二　不断创新农村经营制度

首先，要稳定农村基本经营制度。中共十七届三中全会指出，以家庭承包经营为基础、统分结合的双层经营体制，是适应社会主义市场经济体制、符合农业生产特点的农村基本经营制度，是党的农村政策的基石，必须毫不动摇地坚持。稳定基本经营制度，赋予农民更加充分而有保障的土地承包经营权，现有土地承包关系要保持稳定并长久不变，不得违法违规任意调整农民承包地。加大土地确权、登记、颁证工作力度，加快推进农村土地登记。

其次，要推动农村土地承包经营权流转。加快农村土地承包经营权流转，是发展多种形式的适度规模经营、促进粮食生产由自然半自然经济向社会化大生产转变的前提条件。应通过立法和政策修订，完善农村土地承包权，依法保障农民对承包土地的占有、使用、收益等权利。按照依法自愿有偿原则，在不改变土地集体所有性质、不改变土地用途、不损害农民土地承包权益的前提下，鼓励农民以转包、出租、互换、转让、股份合作等形式流转土地承包经营权。鼓励结合发展优质粮食丰产片和生产基地，成片集中流转承包地，鼓励土地承包经营权中长期流转。

最后，积极发展粮食规模经营。要实现粮食安全和农民增收的双重目标，农民的生产必须达到一定规模，这就要求土地适当集中，积极发展粮食规模经营。应通过政策导向，积极发展种粮大户、家庭农场、农民种粮合作社等规模经营主体，探索发展多形式、多途径、多领域的粮食规模经营模式。采取各种方式，加大对种粮大户的扶持，引导种粮大户加大资金、技术等要素投入，提高家庭经营的规模化、集约化水平。大力引导和支持发展农民种粮专业合作社和协会组织。鼓励农民以土地承包经营权入股进行粮食合作生产，组建土地股份合作社。

三　充分发挥价格对粮食生产的调控作用

第一，坚持对粮食的价格保护政策。一旦出现粮价低迷和"卖粮难"现象，要确保按最低收购价敞开收购农民手中余粮，保护粮农基本利益。完善粮食价格市场形成机制，理顺比价关系，充分发挥市场价格对粮食增产增收的促进作用，使国内粮价逐步与国际粮价接轨。完善对市场粮食价格的调控政策，建立"降价吸储、涨价抛储"的动态管理机制，对市场价格形成有效引导，处理好粮食生产者与消费者的利益关系，使粮价稳定在较为合理的水平。

第二，适当提高粮食最低收购价。粮食价格的合理上涨是平衡生产者与消费者利益的有效杠杆，当前由于生产成本高，种粮比较效益低，粮价上涨有其合理性。虽然粮价上涨对食品价格有直接影响，但食品消费占居民消费的比重在逐步降低，且这些年居民收入大幅度提高，粮价适当上涨是完全可以承受的，对于城市低收入居民，则可以通过提高低保标准或通过定量供应低价粮等补贴措施来解决。因此，从确保粮食安全和权衡社会各方利益关系的全局考虑，应提高粮食最低收购价。

第三，努力搞活粮食加工与流通。立足发挥传统产区粮食产业优势，把发展粮食加工业作为推进农业产业化和新型工业化的战略重点来抓，大力扶持发展粮食粗加工、精加工和深加工企业，使粮食种植和加工形成产业化。完善粮食加工企业与农民的利益联结机制，发展粮食订单生产，支持粮食龙头企业创办优质粮食生产基地和种粮专业协会，带动农民增加种粮收入。搞活粮食市场流通，是平衡市场供求关系、提高生产经营效益、促进粮食可持续发展的重要手段。应进一步深化粮食流通体制改革，健全粮食流通政策，真正做到宏观调控、张弛有序、流通顺畅，促进生产和需求两旺，保证供需平衡，建立和健全既符合市场经济惯例，又适合各地省情的粮食流通体制。

第四，健全粮食市场体系。在认真贯彻敞开收购、顺价销售等政策的同时，积极自觉地为粮食发展创造良好的市场环境，逐步建立起宏观调控下的统一、开放、竞争、有序的现代粮食市场体系。完善粮食流通产业政策，强化粮食市场管理，根据"统一收储，管住批发，放开零售"的原则，进一步完善粮食市场准入制度，加快研究制定国内粮油收购、销售、储存、运输、加工等领域产业政策，完善管理办法。尽快制定全国粮食批发市场规划，支持区域性粮油综合批发市场建设，支持农村粮食流通企业发展，积极培育农村粮食流通大户和中介组织，通过机动灵活的内外市场运作，最大限度地化解粮食的市场风险。

第五，建立完善粮食储备制度。建立粮食储备调节基金，基金来源可以多渠道筹集，但对粮食主产区，要取消省及省以下粮食风险基金的配套。制定粮食专项储备的人员编制测算、定编定岗、人员经费补助、人员培训等问题，有关部门应尽快出台具体的、操作性强的政策和意见，便于基层把握和实施。

四 完善补贴政策

首先，要扩大补贴规模。有报告指出，经合组织成员国的农业补贴已经高达每年3000多亿美元，他们依靠高额补贴进行农产品廉价倾销，占领国际市场后再以高价谋利。相对来说，我们现在对粮食和其他农业生产的补贴还十分有限。国家财政应进一步加大对农业的支持保护力度，尤其是进一步扩大对粮食生产的补贴规模。在保持现有种粮补贴政策的稳定性、持续性、有效性的同时，进一步提高种粮补贴标准，扩大补贴范围，并建立补贴逐年稳定增加的长效机制。

其次，要改进补贴方式。可以实行分散补贴和集中补贴相结合的办法，在现有对种粮农户进行分散补贴的同时，集中一部分补贴资金，用于粮田建设、水利建设和推进农业机械化等公共建设补贴，由乡村集体掌握，集中力量办大事，不断提高粮食生产能力。探索改进农资综合补贴办法，实行对农户的补贴与对农资生产销售商家的补贴相结合，完善与农业生产资料价格上涨挂钩的农资综合补贴动态调整机制，发挥农资补贴平抑农资市场的积极性作用。改进补贴发放方式，力求做到"谁种粮、补贴谁，多种粮、多补贴"。

最后，加强监督管理。各级地方政府应不折不扣地落实中央的种粮补贴政策，确保补贴资金按时、足额发放到农民手中。有关部门要加强对补贴发放的监督管理，将其纳入农民权益保障和农民负担监督管理体系，严肃查处违纪违规行为。

五 加大对粮食生产的信贷支持力度

首先，创新农村金融体制。放宽农村金融准入政策，加快建立商业性金融、合作性金融、政策性金融相结合的，资本充足、功能健全、服务完善、运行安全的农村金融体系。加大对农村金融的政策支持力度，拓宽融资渠道，综合运用财税杠杆和货币政策工具，引导更多信贷资金和社会资金投向农村。

其次，强化金融机构为农服务功能。各类金融机构都要积极支持农业生产和农村改革发展。坚持农业银行的为农服务方向，进一步强化面向"三农"的市场定位和责任，稳定发展农村服务网络，逐步提高涉农贷款的总量和比重。拓展农业发展银行和国家开发银行支农领域，加大政策性金融对粮食生产、农业产业化、农业开发和农村基础设施建设中长期信贷支持。扩大邮政储蓄银行涉农业务范围。鼓励区域性股份制商业银行在县城或重点镇设立营业网点。县域内银行金融机构新吸收的存款，主要用于当地发放贷款。

再次，发展新型农村金融组织。规范发展多种形式的新型农村金融机构和以服务农村为主的地区性中小银行。支持发展村镇合作银行，允许农村小型金融组织从金融机构融入资金，用于发放涉农贷款。大力发展小额信贷，放宽小额信贷上限标准，鼓励发展适合农村特点和需要的各种微型金融服务。支持有条件的农民专业合作社开展信用合作，规范和引导民间借贷健康发展。

最后，加快农村信用体系建设。建立政府扶持、多方参与、市场运作的农村信贷担保体系。推进"集中担保，分散使用"和"限额担保，周转使用"等灵活有效的担保方式。扩大农村有效担保物范围，推广应收账款、仓单、订单、专利、商标等权利抵押（质押）信贷，探索用土地承包经营权、林地林权、农村宅基地及房屋产权、渔权等作为有效担保物进行贷款，鼓励开展农户联保贷款。

六　为粮食生产提供有力的科技服务支撑

首先，要加快粮食科技创新和推广应用。进一步加大对农业科技的投入力度，充分发挥农业科技创新优势，整合科技资源，支持科技创新，使整个粮食产业链的技术和附加值有大的提高。重点在良种培育、生物技术、丰产栽培、疫病防控、精深加工等领域取得重大突破。大力推广地膜覆盖、节水灌溉、测土配方施肥、无公害和绿色栽培、病虫害综合防治等实用新技术，运用高新技术对传统粮食生产进行改造，不断提高粮食生产水平。扶持发展农业机械化，加快先进适用小型农业机械的研发推广，提高粮食生产的机械化水平。

其次，要从确保粮食安全和农产品有效供给的战略高度，加大对农业技术推广的保障投入力度，并形成稳定的长效投入机制，以强化基层农技推广机构的公益性服务职能，确保"有人做事、有事可做、有钱做事"，建立基层农技人员待遇补助机制。设立农业技术推广专项基金，争取中央加大转移支付，并明确省级的配套比例，专项用于农业技术推广的公益性服务支出。对基层农技服务人员参与实施的农业项目，应明确一定比例作为工作补贴经费。

再次，要提高农技推广队伍整体素质。近年来，中央和省级财政在农村劳动力转移培训上投入资金相当大，作为培训师资的基层农技人员却没有纳入任何培训计划。应争取国家参照农村劳动力转移培训工程项目，设立基层农技推广人员知识更新培训工程，采用中央负担大部分，省里补贴一部分，有计划、有步骤地提高农技推广人员的素质。同时，出台引导鼓励人才到农村服务的激励机制，一方面，大力发展农业专业技术教育，像培养师范生一样，每年拿出一些高招指标招收农林水专业学生，实行定向培养，免费教育；另一方面，在安排的村官助理中，应较多比例招录农林水专业学生，充实到村一级担任科技副村长，为发展粮食生产和现代农业服务。

最后，要加强基层农技推广体系建设。贯彻落实国务院下发的《关于深化改革加强基层农业技术推广体系建设的意见》，主要是推进基层农业技术推广机构改革，促进农业技术社会化服务组织发展，加大对基层农业技术推广体系的支持力度和改革工作的领导。

七　强化财政对农业基础设施的投入保障

首先，要推动国民收入分配和国家财政支出重点向"三农"倾斜。各级政府要按照存量适度调整、增量重点倾斜的原则，不断加大财政支农力度，保证各级财政对农业投入增长幅度高于经常性收入增长幅度。调整财政支出、固定资产投资的相关政策措施。

其次，要切实加强农业基础设施建设。稳步提高耕地基础地力和产出能力，花大力气加强农业基础设施建设，如农田水利建设、农田林网建设、农田路网建设等工程。加快完成粮食主产区大型排涝泵站更新改造，提高粮食主产区排涝抗灾能力。加快实施大型灌区续建配套与节水改造及其末级渠系节水改造，完善灌排体系建设。强化耕地质量建设，稳步提高耕地基础地力和持续产出能力。大力推进农业综合开发和基本农田整治，加快改造中低产田，实行良种、良法、良田配套，建设高产稳产、旱涝保收、节水高效的规范化农田，大幅度增加高产稳产农田比重。同时要强化我国的水土流失治理、土地平整和节水灌溉等工作。

最后，通过农田水利建设调整粮食生产的水土资源匹配。通过大规模投入开展农田水利基础设施和农田水利工程建设，重点加强小型农田水利建设，完善农田灌排体系，在粮食主产区、粮食核心产区、产粮大县建设旱涝保收的高标准农田，使我国的水资源可以按需排灌，使粮食产区做到最大化的水土资源匹配。这是提高农业抵御洪涝灾害和旱灾的迫切需要，是保障粮食有效供给和发展现代农业的迫切需要。

八　完善促进粮食发展的政策法制保障

首先，要落实粮食安全责任。建立健全省、市、县粮食安全分级责任制，全面落实粮食行政首长负责制。省级政府全面负责省内耕地和水资源保护，粮食生产、流通、储备和市场调控工作。要将保护耕地和基本农田、稳定粮食播种面积和充实地方储备纳入地方政府绩效考核体系，要不断完善政策，进一步调动各地区、各部门抓粮食生产的积极性。

其次，要健全粮食宏观调控。完善粮食统计调查手段，加强对粮食生产、消费、进出口、市场、库存、质量等监测，加快建立粮食预警监测体系和市场信息会商机制。成立粮食市场调控协调小组，建立健全高效灵活的粮食调控机制。健全和完善粮食应急体系，增加投入，加强对重点地区粮食加工、供应和储运等应急设施的建设和维护，确保应急工作需求。完善对特殊群体的粮食供应保障制度，保证贫困人口和低收入阶层等对粮食的基本需要。建立健全与物价变动相适应的城乡低保动态调整机制，确保城乡低收入群体生活水平不因物价上涨而降低。加强粮食行政管理体系建设。

最后，要推动粮食法制建设。认真贯彻执行《中华人民共和国农业法》《中华人民共和国土地管理法》《中华人民共和国农业技术推广法》《农村土地承包法》《粮食流通管理条例》《基本农田保护条例》《中央储备粮管理条例》等法律法规，加大执法力度，依法保护粮食生产，加强粮食市场监管，保证粮食质量和卫生安全，维护正常的粮食流通秩序，规范粮食经营和交易行为。

九　推进无公害和绿色农业发展

无公害农业和绿色农业是一种先进的农业生产方式，是生态效益、社会效益和经济效益相统一的产业，其生产依赖高新技术，也离不开传统农业技术，而且需要较多的劳动力，其产品开发以市场信誉为首要条件，需要科学管理及法律保障。发展无公害农业和绿色农业是增强农业综合竞争力的迫切需要。我国要采取有力措施，全面推进无公害农业和绿色农业发展，首先要统筹规划、分类指导，各地根据当地的资源、行业特点和质量安全状况，有目的、有计划、有重点地加快发展无公害农业和绿色农业；

其次要发挥资源优势，扩大无公害农业和绿色农业的总量规模；再次要加快完善标准体系，大力推进标准化；最后要加强技术培训，规范生产经营行为。

十　立足于结构优化配置

我国优化粮食区域布局要把握粮食种植的区域变化规律，根据地域经济发展、自然因素、科技投入来进行粮食作物的区域布局调整，使农民在粮食种植过程中能获得最大的比较效益。充实销区和薄弱地区粮食库存，设定非粮食主产区的自给率底线，粮食安全责任要由主产区和非主产区共同承担，逐步提高粮食储备区域结构，提高京津沪渝等特大城市、东部沿海主销区和贫困缺乏粮地区的储备比重。同时在东南沿海将粮食储备重点布局在重要港口、大中城市和交通枢纽地带，便于及时运输调拨大宗粮食。以加强主产销区对接、畅通粮食物流为重点，健全现代粮食物流体系。

在粮食主产区、主销区、产销平衡区的大框架下对粮食核心产区、产粮大县和粮食作物优势产业带、粮食种植专业合作社给予政策的支持，国家要出台鼓励粮食种植的政策，如农业保险、农业金融和信贷服务、粮食保护价制度。要保护其耕地质量、增加科技投入、进行巩固性投入，进一步提升这些已有布局的粮食专业化生产水平，提升生产潜力；提高其粮食商品化水平和粮食产业化。

发展特色粮食品种的种植，在保证我国粮食总产量的前提下，可以适当利用国际市场来调节我国粮食布局，对离口岸近的地区可以通过进口部分粮食来满足地方的需要，东北地区的粮食可以出口朝鲜、韩国、俄罗斯等国家，用特色粮食产品来弥补粮食进出口的贸易差。

我国各区域间农业资源禀赋差异明显，应该在确保粮食基本安全的前提下，充分发挥国内区域间比较优势和国际竞争比较优势，适度进口我国比较优势弱的粮食产品，相应出口我国比较优势强的粮食产品。合理调整粮食区域布局，实现我国粮食布局结构优化和国家粮食安全的"双赢"目标。

第 九 章

完善政府调控下的粮食市场
体系对策研究

第一节 我国粮食市场体系建设及存在的问题

20世纪70年代，美国国务卿基辛格预言："谁控制了石油，谁就控制了所有国家；谁控制了粮食，谁就控制了所有的人"（李经谋，2009）。随着时代的变迁，"粮"不再仅仅是"食"的问题，它日渐演化成政治问题、金融问题、城市化和工业化的问题（李经谋，2009）。从世界来看，粮食政治属性和金融属性的强化趋势，要求各国政府不断完善粮食市场体系以确保粮食安全，避免粮食安全受到威胁，进而波及政治、金融、能源及其他领域，影响本国经济的发展和政治的稳定。从我国来看，30多年的改革开放，打破了粮食行业封闭半封闭状态，国际大粮商频频介入我国粮食行业，国内粮食市场与国际粮食市场的联系日益紧密。为减少国际粮价波动对我国粮食市场的冲击，我国政府从粮食安全的战略高度出发，充分利用两个市场、两种资源，加强我国粮食市场体系建设，培育具有国际竞争力的大型粮食"航空母舰"，以应对来自国内和国际两个市场的竞争与挑战，保障国内粮食供求平衡。2008年世界粮食危机证明了我国政府调控下的粮食市场体系建设的重要性。

2008年，全球粮价暴涨，谷物期货价格连创新高，大大超出了因灾减产造成粮价波动的正常范围。许多发展中国家的饥民买不起粮，吃不饱饭，致使骚乱频发，联合国粮食及农业组织（FAO）敲响了"世界粮食危机"

的警钟。在世界粮食危机的大形势下，我国国内市场却是一番"粮食库存充裕，食品供应丰富，价格相对稳定"的景象。这是我国多年来立足粮食自给方针、强化粮食扶持政策、严格保护生产资源、健全粮食储备体系和完善粮食市场体系的必然结果（李经谋，2009）。

虽然取得了上述成果，但也还存在一系列问题，如限制粮食出口损害了农民的经济利益、各级地方政府严格保证粮食耕种面积加剧了农民的不满、巨额的粮食储备补贴增加了政府的财政负担等，急需进一步完善政府调控下的粮食市场体系。

一　我国粮食市场体系的基本构成要素

随着粮食流通体制[①]改革的不断深入，粮食购销市场已全面放开，我国粮食市场对粮食资源配置的基础性作用也日益增强。我国加入 WTO 后，国际国内两个粮食市场相互影响，既为粮食资源全球配置和利用国际市场资源调节国内粮食市场提供了便利，也给我国粮食安全保障和粮食市场平稳运行带来了新的挑战。在粮食流通市场化、国际化的大形势下，如何积极培育粮食市场，加强粮食市场体系建设，确保国家粮食安全成为当前我国粮食工作的一个重大课题。

（一）粮食市场体系的含义

根据专业文献对粮食市场体系的界定及本研究的分析，结合粮食市场的外延和市场体系的内涵，本研究对粮食市场体系做出以下界定：粮食市场体系是指各类粮食市场及其运行机制的有机统一体，其中运行机制包括价格、竞争、供求等市场机制。各类具体粮食市场在我国粮食流通中分别承担着不同的经济职能，有着不同的运行模式，但通过市场运行机制的作用，可以使一个市场的价格和供求状况传导到另一个市场，从而使各个市场相互影响、相互制约、相互依赖，并按其内在联系形成一个有机整体（聂振邦，2008）。研究粮食市场体系不仅要认识它所包括的具体市场，还应认识和把握各层次市场及其运行机制所构成的系统。

---

① 粮食流通体制是指对粮食流通过程中的经营主体、流通渠道、流通方式、购销政策和价格政策的制度安排（贺涛，2004）。

(二) 我国粮食市场体系的基本构成要素

粮食市场体系作为一个有机整体，其构成要素在确保粮食市场健康运行方面起着相当重要的作用。只有清楚认识我国粮食市场体系的构成要素，才能解剖粮食市场体系，就体系内部和整体层面提出问题和对策建议，进而完善我国粮食市场体系。我国粮食市场体系是由粮食市场结构、粮食市场机制、粮食市场组织、粮食市场主体以及粮食市场规则和法律体系这五个基本要素组成（聂振邦，2008）。

第一，粮食市场结构。按照时序结构划分，有现货市场、期货市场、批发市场、收购市场和零售市场；按照空间结构划分，有城市市场、农村市场以及国内市场、国际市场；按照运行结构划分，有买方市场、卖方市场和均势市场。其中，在时序结构的划分中，现货市场和期货市场是按粮食商品流通时间来划分的，批发市场、零售市场和收购市场是按粮食商品流通顺序来划分的。但是，在研究有关粮食具体问题时，往往需要综合考虑两种或两种以上的结构划分方式。如在分析粮食零售市场时，需要考虑农村和城市市场的不同特点；在市场运行环境方面，有必要考虑国际、国内两个市场及其相互影响。

第二，粮食市场机制。市场体系是供求、竞争、价格等市场机制在相互联系、相互制约、互为因果的作用中形成的有机体系；市场机制是市场运行的组织系统，市场机制的有效运转，能够促进市场体系自身的裂变，推动市场内在关系的发展，促进市场体系的进一步发育和完善（聂振邦，2008）。市场机制的作用是通过供求、竞争、价格三种形式实现的。其中，价格与供求息息相关，而价格与供求之间关系的实现是以竞争为前提的。可见，市场机制作用的核心是价格机制，价格机制充分发挥作用是市场体系得以完善的必要前提。由于粮食对于国家安全具有特殊性，我国政府对粮食价格干预较多。直至2004年，政府决定全面放开粮食市场价格，以价格机制为核心的市场机制在粮食市场资源配置中的作用才得到比较充分的发挥。

第三，粮食市场组织。市场组织的状况，在一定程度上反映了市场体系的完善程度，形成并完善高效率的粮食市场组织是粮食市场体系建设的重要内容。在我国，粮食市场组织主要有粮食市场流通组织、粮食市场中介组织和粮食市场管理组织三大类。

如图 9 - 1 所示，目前，我国粮食市场流通组织有：产销分离型流通组织，如粮食购销企业；产供销结合型流通组织，如集产、销于一体的粮食产业化龙头企业；产销合一型流通组织，如粮食生产者和消费者直接见面的农村集贸市场和城市集贸市场。我国粮食市场要健康有序地运转，就需要自律性的社会服务组织或机构为粮食市场活动中的当事人提供媒介、服务或手段，而这些自律性的社会服务组织或机构就是粮食市场中介组织。我国粮食市场中介组织有三类：第一类是具有法律效力的评估认证仲裁机构，如粮食企业资产资信评估机构、粮食仲裁机构、粮食质量检验检测认证机构等；第二类是粮食市场主体的同业组织和利益保护组织，如各类粮食行业协会、农民合作组织、粮食经纪人合作组织等；第三类是为市场主体提供交易活动的机构，如粮食批发市场、粮食商品交易所（期货）等。值得一提的是，在粮食批发市场和粮食商品交易所的市场活动中，电子商务作为一种交易方式开始被应用到粮食交易活动中。2004 年，国务院印发《关于进一步深化粮食流通体制改革的意见》，指出"加强粮食市场信息网络建设，提倡应用电子商务等多种交易方式，降低粮食流通成本"，为粮食电子商务的发展提供了政策支持。在粮食交易活动中，电子商务除了有信息公开、交易公平、简

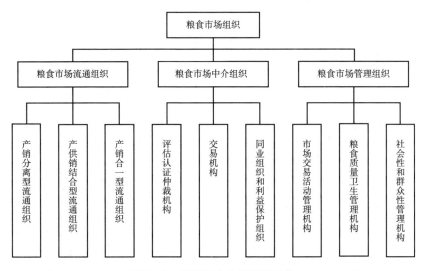

图 9 - 1 我国粮食市场组织结构

资料来源：根据聂振邦（2008）整理而成。

洁方便等优越性外，还能在某种程度上回避粮食现货市场价格剧烈波动所带来的风险，减少现货交易中非市场的人为因素对交易行为及其结果的干扰。另外，由于粮食电子商务涉及大量的中远期交易，因此，在某种程度上间接指导着未来粮食生产的方向，促进粮食产业结构的优化。

第四，粮食市场主体。不同于一般行业的市场主体，粮食市场主体除了企业之外，还包括粮食生产者。粮食企业作为粮食市场主体中最主要的构成要素，需要自主经营、自负盈亏，并在搞活粮食流通中发挥重要作用。而从粮食安全的角度来看，粮食生产是粮食流通的基础，粮食生产者则应是粮食市场最基本的构成要素，也是国家产业政策应当保护和发展的主体。在市场经济条件下，粮食生产者应当根据市场反馈的信息进行种植结构的调整，生产适销对路的粮食商品；粮食企业应根据市场需求引导粮食生产，使粮食供求状况趋于平衡。

第五，粮食市场规则和法律体系。从我国粮食市场实际看，除了《公司法》《合同法》等一般通用性法律外，与粮食市场直接相关的法律有《农民专业合作组织法》《农产品质量安全法》，粮食市场管理的专门法律法规目前只有《中央储备粮管理条例》和《粮食流通管理条例》，相比于发达国家健全的市场法律法规体系，我国粮食市场立法相对比较滞后，特别是缺少粮食流通管理的基本法律。

粮食市场体系的这五个构成要素，分别从不同的方面说明了粮食市场得以健康、有序、平稳发展的必要条件，也为发现我国粮食市场体系中所存在的问题、提出相应的对策建议提供了一个合理且具体的思路。

二　我国粮食市场体系的历史演变与建设进展

（一）我国粮食市场体系的历史演变

新中国成立以来，我国粮食市场体系发展经历了多次改革和变迁，并取得了突破性进展。新中国成立初期，我国沿用了原来的粮食自由购销方式，粮食集市贸易占主导地位。1953年，为适应计划经济体制和工业化发展的需要，国家对粮食开始实行统购统销制度。在计划经济体制下，政府控制着粮食商品的命脉，粮食市场只是徒有其名，这种状况一直延续到20世纪70年代末期。20世纪80年代以来，随着改革开放的发展和粮食流通体制改革的深入，我国粮食市场体系逐步发展，其过程可分为四个阶段。

一是1979～1989年，城乡粮食集贸市场恢复发展时期。十一届三中全会后，随着一系列农村政策的贯彻落实，我国粮食集贸市场开始恢复发展，农民开始把完成统购任务后的部分余粮和自留地生产的粮食在集市上出售，在满足城乡人民生活需要方面起到了积极的作用。到20世纪80年代中期，随着粮食流通双轨制的实行，国有粮食企业议购议销部分的粮食开始进入市场交易，市场流通的粮食日益增多。1984年，市场交易的粮食已占粮食流通总量的12.7%（祝业辉、朱显平和刘笑然，2004）。1985年，合同订购制取代了统购制，开始了市场流通体制的市场化改革，但是大宗粮食交易没有固定场所，粮食市场仍处于低层次发展阶段。

二是1990～1993年，粮食批发市场发展时期。1990年10月，郑州粮食批发市场成立，标志着我国粮食市场体系建设进入新阶段，高层次的粮食市场开始运行，大宗粮食开始进入市场交易，现代粮食市场的一些功能开始发挥作用，粮食市场体系框架已见雏形。

三是1994～2003年，粮食市场体系酝酿时期。自1993年5月郑州商品交易所建立以来，高层次的粮食市场——粮食期货市场开始在我国发展起来，粮食市场体系形成的条件日渐趋于成熟。从1997年至2003年底，国家对主要粮食品种实行保护价收购，不允许国有粮食购销企业以外的其他市场主体直接到农村购粮，并要求大宗粮食交易和跨地区粮食交易都要到县以上粮食批发市场进行，这促进了粮食批发市场建设，但也限制了市场机制在粮食收购方面的作用及粮食市场主体的发展和集贸市场、期货市场的发展，不利于现代粮食市场体系的形成。

四是2004年至今，粮食市场体系形成和完善时期。2004年，我国粮食购销市场全面放开，粮食市场体系初步形成。2005年，商务部启动"万村千乡市场工程"，推动农村连锁经营和统一配送。2007年，国家粮食局印发了粮食行业第一个市场建设专项规划——《全国粮食市场体系建设"十一五"规划》，提出了粮食零售、收购、批发和期货市场建设的任务，推动了粮食市场体系健康有序发展。目前，我国已初步建立了多元市场主体、多种交易方式、多层次市场结构的粮食市场体系，粮食市场体系建设步入了快速发展和完善时期。

（二）我国粮食市场体系的建设进展

60多年来，我国粮食市场的发展与变革体现在我国粮食市场体系的蜕变中。我国粮食市场体系经历了从无到有、从有到好的转变，具体来说，粮食市场体系的突破性进展主要体现在以下几个方面。

1. 粮食市场结构更具层次性，发展趋于多元化和合理化

在全国统一开放、竞争有序的粮食市场大环境下，为避免粮食交易出现"有市无场"现象，确保粮食交易尤其是大宗粮食交易有序进行，政府在重要粮食产销区设立了国家粮食交易中心，在县级及其以上行政区域设立了省、市、县级粮食批发市场，而在乡、镇等农村地区设立集贸市场。2009年，已经建立800多个粮食批发市场、20余个国家粮食交易中心、一批城市成品粮交易市场以及大量集贸市场。为减少粮食季节性供求变动对粮价的影响，除现货市场更趋完善外，我国粮食期货市场发展稳健，对活跃粮食市场起到了举足轻重的作用，尤其在2008年，当冰雪灾害、汶川大地震、全球金融危机和经济衰退、原油价格暴跌、基金大举平仓影响经济大局势时，我国粮食期货市场却交易活跃，交易量达到6.8亿手，交易额达到28.05万亿元，同比分别增长51.18%和108.58%，交易量占全国期货交易总量的49.86%，在国内期货市场发展过程中具有重要的地位和作用。在经济形势动荡的市场情况下，我国期货交易所各项风险控制制度有效地化解了市场风险，保障了交易的平稳运行，使2008年国内粮食期货市场总体交易规模较2007年仍有大幅增加，具体情况如表9-1所示。

2. 粮食市场机制调节作用更加明显，粮食供求状况趋于平衡

粮食市场机制的核心是价格机制。粮食作为生活必需品，其价格机制的作用机理具有特殊效应，即外溢效应与连锁反应。一般来说，粮食生产供给紧张状况与市场价格波动越严重，一般价格水平发生波动的概率越高。一方面，粮食市场价格波动往往传导到粮食产业以外，引起一般价格水平和国民经济的波动，甚至政治动荡；另一方面，由于粮食价格波动特别会引起一般价格水平的波动，其价格波动也将引发农业生产资料价格的波动，进而推动粮食价格的再次波动。粮食价格波动的外溢效应与连锁反应，使绝大多数主要粮食生产国的政府多年来都在直接参与粮食的经营或者长期干预粮食的产销。这使得粮食市场不再是一个供求自由自愿的市场，国家干预下的不完全

表 9 - 1　2008 年郑州商品交易所、大连商品交易所粮食期货交易情况

交易所名称	品种名称	2008 年累计成交总量（手）	2007 年同期成交总量（手）	2008 年累计成交总额（亿元）	2007 年同期成交总额（亿元）
郑州商品交易所	强筋小麦	55017028	77956702	11407.17	15127.48
	普通小麦	328418	51438	59.57	8.51
	总额	55345446	78008140	11466.74	15135.99
大连商品交易所	黄大豆1号	227363100	94865442	95190.20	37440.63
	黄大豆2号	85582	40062	37.79	15.88
	玉米	119836920	118873484	21571.47	19821.83
	豆粕	162530878	129438932	54157.90	39138.73
	豆油	89391986	26567732	83290.12	21735.87
	总额	599208466	369785652	254247.48	118152.94
全国粮油期货交易总额		654553912	447793792	265714.22	133288.93

注：这里的粮食概念主要指小麦、稻谷、玉米和大豆，即排除中国粮食概念中的大麦和薯类等，这些所占比例极低，作为直接食用的粮食更少。

资料来源：李经谋：《2009 年中国粮食市场发展报告》，中国财政经济出版社，2009，第 43 页。

自由市场成为这一市场的常态，而国有购销企业、国有粮食进出口企业就成为国家干预粮食市场的主体。长期来看，粮食价格机制的特殊性在逐渐减弱，其作为市场机制的一般性在增强。随着工业化的推进，人均收入水平不断提高，直接消费粮食不断减少，间接消费粮食不断增多，口粮市场虽仍具有特殊性，但饲料粮、工业用粮需求却有较高弹性。从粮食价格机制来看，粮食市场由单纯的口粮市场演变为特殊的口粮市场与相对一般的间接粮食需求市场的二元市场，粮食价格机制趋于一般化。因此，粮食市场由封闭向开放、由直接管制向间接管制的转化就成为一种必然趋势。

基于粮食流通市场化的趋势，我国政府将粮食经济从发展初期的统购统销、之后的"双轨制"的政策中解脱出来，在 2004 年全面放开粮食经营，促进了粮食市场化改革，有利于保障国内粮食供给。自 2004 年粮食购销全面放开后，我国粮食产量出现拐点，2007 年突破 5 亿吨，2008 年达到 5.285 亿吨。2009 年，我国粮食总产量有所增长，达到 10616 亿斤[①]，实现连续 6

[①]　张平：《2009 年粮食总产量达到 10616 亿斤》，http：//finance.qq.com/a/20100826/006692.htm，2010 年 10 月 4 日检索。

年增产，粮食供大于求，国家储备充足①。从总量上看，粮食需求取决于人口自然增长率和粮食人均消费量。根据 1990 年以来近 20 年的粮食供求和价格变化分析，我国人均粮食需求量（包括大豆）约为 380 千克。我国人口的自然增长率明显下降，从 1987 年最高的 1.661%，下降到 2008 年的 0.508%，人口的净增数量也大为减少，从 2004 年到 2008 年，每年净增人口都在 700 万人左右。与此同时，我国粮食需求的增量也明显下降，每年大约是 266 万吨，5 年合计在 1330 万吨左右。2008 年底，我国人口总数约 13.28 亿，人均消费粮食按照 380 千克计算，粮食需求总量为 5.046 亿吨，而 2008 年我国粮食总产量达到 5.285 亿吨，能够保证充足的粮食供给，粮食供求状况趋于平衡②。

3. 粮食市场组织更加合理，运作趋于信息化

经过多次粮食市场化改革后，我国粮食市场组织更加合理。这主要体现在三个方面。第一，集产销于一体的粮食产业化龙头企业通过"公司＋基地（协会）＋农户"的形式，将粮食生产、加工、销售连接起来，形成一条龙，拉长了粮食产业链条，推动了农业产业化进程。2007 年 11 月底，全国国有粮食企业的粮食产业化龙头企业达到 1631 家，其中购销企业 938 家。第二，经过农产品流通体制改革，商品交易所由最初的 40 多家整合为 3 家（未包括中国金融期货交易所），其中郑州、大连商品交易所以农产品交易为主。这有利于中远期粮食交易的集中和粮食期货市场的监管。第三，政府确立了国家粮食质量检测体系，即在遵循布局合理、择优选用、因地制宜、共建共享原则的基础上，国家粮食局在各省（自治区、直辖市）挂牌设立国家粮食质量检测中心，逐步在省以下设立若干区域性国家粮食质量检测站，初步形成以国家粮食局标准质量中心为核心，覆盖全国粮食主产省份和人口密集城市的粮食质量检测体系，对确保粮食质量和口粮食用安全具有重要作用。

在粮食市场组织变革的进程中，粮食批发市场作为一种粮食市场中介组

---

① 国务院发展研究中心：《我国粮食供求现状、前景及对策（2）》，http：//info.315.com.cn/sltinfodetail? id=2278481，2010 年 8 月 26 日检索。

② 国务院发展研究中心：《我国粮食供求现状、前景及对策》，http：//finance.sina.com.cn/roll/20100414/09237746649.shtml，2010 年 8 月 26 日检索。

织，其发展也伴随着粮食交易的信息化历程。从 1998 年中国第一笔粮食网上交易在郑州粮食批发市场集成信息网上成交之后，国内企业和网站，尤其是中华粮网，开始研究和推广粮食电子交易的模式。中华粮网在中国储备管理总公司和郑州粮食批发市场的大力支持和实践指导下，不断尝试新的电子商务模式，2002 年推出了网上栈单交易模式；2004 年研制了无线网络与机读卡模式的竞价、招投标粮食交易系统；2005 年完成了"多模式粮食电子商务系统"的建设，在 2006 年开始的国家临时储备粮油竞价销售中发挥了举足轻重的作用，带动了粮食电子商务发展的进程。自 2006 年以来，大连北方粮食批发市场、中国玉米市场网、中国谷物网及山东龙鼎电子商务等建立的网上粮油交易平台积极实践和发展新型的粮食电子商务模式，为促进粮食电子商务的发展进行了尝试和实践。2008 年，全国各地粮食批发市场借助国家发展和改革委员会重点农产品批发市场信息化建设国债项目的支持，利用电子商务手段开展地方粮油的购销交易活动，吉林、宁夏、甘肃、山西、天津、福州等省市粮食批发市场通过中华粮网粮食电子商务系统销售和采购各类粮油 110 多万吨，成交金额达 11.3 亿元。中华粮网粮食电子商务系统作为国内开发最早、投入最大、技术含量最高的粮食电子交易平台，10 年来已累计交易近 400 场（次），交易国家临时存储粮、中央和地方储备粮、贸易粮近 8000 万吨，累计成交金额达 1280 多亿元。电子商务在粮食行业的应用已愈加广泛，且随着国家对粮食现代物流的重视和投入，粮食电子商务将成为我国现代粮食流通业的发展趋势。

4. 粮食市场主体趋向多元化，国有粮食企业改革成效明显

随着粮改的日益深化，粮食流通由高度垄断、高度集中和封闭的传统计划经济体制转变为购销市场化的粮食流通体制，粮食市场主体趋向多样化，我国粮食行业呈现粮农、国有粮食企业和非国有粮食企业多元化发展的格局。除传统的粮农这类市场主体外，农村近年来出现了粮农专业合作社。它是以其成员为主要服务对象，提供粮食生产资料的购买，粮食的销售、加工、运输、储藏以及与农业生产经营有关的技术、信息等服务。更为突出的是，粮农专业合作社在粮食生产中的自觉性、在粮食市场中的适应性比单个的粮农强，有利于促进生产环节与流通环节的良性匹配。在粮食产业化过程中，多种企业融入粮食产业链，尤其是粮食加工环节中，呈现多元化的发展

态势。2006 年全国报送粮油加工业统计报表的 11791 个粮食加工企业，有民营企业 10342 个，占 88.2%；外商及港澳台商投资企业 125 个，占 1.1%；其余为国有及国有控股企业。

尽管粮食市场主体趋向于多元化，非国有粮食市场主体的作用日渐明显，但是国有粮食企业在控制粮食流通方面仍起着不可替代的作用。改革开放以来，通过国有粮食企业改革，我国粮食行业基本实现政企分开，中央和省级粮食行政管理部门基本上与原直属机构脱钩，而一些市、县级粮食行政管理部门采取了粮食局与国有粮食购销公司分设的形式，部分国有粮食企业成为自主经营、自负盈亏的市场主体。为优化国有粮食企业布局、优化企业结构，我国对国有粮食企业进行了改组联合、股份合作、资产重组、国有民营等形式的战略性改革，实现了投资主体多元化。2007 年底，全国国有粮食企业总数 21439 个，其中购销企业 14778 个。与粮食流通体制改革初期的1998 年相比，分别减少 31801 个、15656 个，减幅为 59.7%、51.4%。1998 ~2007 年，国有粮食企业累计改制企业数 21838 个，其中，购销企业14314 个。2007 年，国有粮食企业改革初见成效，企业经济利益有所提高，全国国有粮食购销企业盈亏统算盈利 1.67 亿元，这是自 1961 年以来首次盈利，盈利省份达到 17 个。

5. 国家粮食宏观调控体系建设不断加强，政策支持体系日臻健全

2003 年以来，粮食宏观调控政策进一步完善，国家粮食宏观调控体系建设不断加强。在中央统一调控的基础上，政府在完善粮食省长制、充分发挥地方政府发展粮食商品生产积极性的同时，还建立了中央和地方两级粮食储备体系，以及中央和省级政府两级粮食安全应急保障机制，夯实了政府对粮食市场实施宏观调控的物质基础。为确保政府调控政策的落实，政府确立了委托中国储备粮管理总公司为粮食购销主体的体制，2005 年起由中国储备粮管理总公司以最低收购价向农业发展银行贷款，进行粮食收购，同时，储备粮管理总公司对储备粮实行规范化管理，主动服务于政府调控粮食市场的需要，以确保国家粮食安全和粮价稳定。2008 年，世界粮食市场动荡，粮价上涨，为稳定国内粮食价格，国家启动了政策性储备粮吞吐机制，累计销售最低收购价小麦 3308 万吨、稻谷 539.49 万吨，销售国家临时存储进口小麦 5.73 万吨、中央储备玉米 366.15 万吨，并连续提高小麦和稻谷的最低

收购价格，提前公布 2009 年最低收购小麦价格，减轻了世界粮食危机对国内粮食市场的冲击，国内粮价趋于稳定。

除加强国家粮食调控体系建设之外，我国政府还根据目前国家经济发展状况和财政状况，制定了现行粮食支持政策，以生产性补贴和农民收入补贴相结合、综合补贴与专项补贴相配套的补贴政府框架以及以粮食市场供求为基础、粮食最低收购价为保障的粮食支持政策体系初步形成。我国现行粮食支持政策的主要方式有直接补贴和间接补贴。具体来说，包括"四取消""四补贴""一支持""一保险""一奖励"。农业四税（农业特产税、农业税、牧业税、屠宰税）取消后，全国农民每年减负约 1250 亿元，人均减负约 140 元。四补贴（粮食直接补贴、良种补贴、农机具购置补贴及农资综合补贴）政策实施后，粮食直接补贴在 2006 年被提高到粮食风险基金的50％以上；水稻、小麦、玉米良种补贴范围 2009 年在全国实现全覆盖；2009 年农机具购置补贴计划资金高达 130 亿元，补贴范围覆盖全国所有农牧业（县）场；2006 年农资综合补贴资金达 120 亿元，2008 年达到 716亿元，成为增长最快、补贴力度最大的补贴种类。"一支持"主要是通过在主产区对主要粮食品种实行最低收购价政策，以增加农民收入。"一保险"政策将农业保险纳入农业支持保护体系，2004～2007 年，农业保费收入达 71.9 亿元，保险金额达 2420 亿元，同期农业保险赔付 47.26 亿元，且在 2008 年中央财政大幅增加了对农业保险的补贴支持，保费补贴预算由 2007 年的 21.5 亿元增加到 60.5 亿元，表明"绿箱"政策成为我国保护农业发展的重要手段之一。"一奖励"是中央财政对产粮大县直接奖励的政策，2005～2008 年，中央财政奖励资金总规模达到 400 亿元，缓解了县乡财政困难，调动了地方政府重农抓粮的积极性，形成了中央、地方与农民共同发展现代农业的良好局面。这些现行的粮食支持政策保障了粮食供应安全，提高了粮农收入，共同构成和完善了我国粮食政策支持体系。

三　我国政府调控下的粮食市场体系存在的突出问题

随着粮食市场化改革的不断深化，我国粮食流通效率有了很大提高，粮食市场体系也得以发展和完善。但由于我国粮食市场近年才逐步放开，市场

建设起步较晚，市场主体发育不够充分，还难以适应国际贸易新形势下宏观
调控的需要和充分发挥市场配置粮食资源基础性作用的客观要求，粮食市场
体系建设还面临着一些问题。归结起来，我国粮食市场体系建设主要存在以
下几方面的突出问题。

（一）粮食市场价格传导不畅，加剧粮食供给失衡状况

改革开放以来，我国粮食市场价格改革取得了巨大的成绩。近年来，
受市场供求矛盾、生产成本推动、自然灾害及国际市场传导等因素的影响，
我国粮食价格发生了几番波动。在正常情况下，粮食市场价格波动将及时、
顺畅地传导到粮食生产领域，使粮食产量受到影响，但是由于我国粮食市
场体系发展还不完善，粮食价格信息不能顺畅地传递给粮食生产者。一般
而言，粮食生产如果出现暂时的供应短缺，政府通过释放库存粮食来平抑
粮价，确实可以缓解当前的矛盾，但同时也使供应不足的价格信息不能及
时传递给生产者，从而造成供应长期不足，积累到一定程度就会出现价格
暴涨。在这种情况下，粮食价格暴涨，一方面说明了粮食市场价格信息传
导不畅，另一方面也要求政府对粮食宏观调控，尤其是对储备粮 "吞吐"
制度进行反思，即在释放粮食库存、稳定粮食市场价格的同时，要采取必
要措施，使价格信号能够准确地传递给生产者，发挥价格的市场调节功
能。

（二）粮食市场主体发育不足，市场缺乏活力

国有粮食企业在执行国家粮食购销政策、实施粮食宏观调控等方面继续
发挥着重要作用，与此同时，社会多元主体积极参与入市，搞活了粮食流
通。2008 年，全国取得粮食收购资格的粮食经营者已有 7.3 万个，其中非
国有的经营者占 70% 以上。与计划经济时期相比，现在多数粮食市场主体
经营行为市场化，提高了市场配置粮食资源的效率。但是，我国各类粮食市
场主体还发育不足，主要体现在：粮食生产者参与市场竞争和抵御市场风险
能力较差；部分国有粮食企业还没有建立起现代企业制度，经营机制转换还
不到位，盈利能力较弱，如从 1961 年至 2006 年，全国国有粮食购销企业从
未实现盈利；多元市场主体数量多，如 2008 年 11 月底，全国国有粮食企业
总数 18989 个，其他多种所有制粮食企业有 10 万多个，但是规模小、实力
弱，缺少一些大型的、有国际竞争能力的粮食企业集团。

（三）粮食市场运行不规范，粮食市场规则和法律体系尚待健全

目前，我国各类粮食市场虽已建立起来，但国家对粮食市场尚没有一套有效的管理办法，粮食市场运行呈现不规范的状态。这主要体现在以下几个方面。第一，除《粮食流通管理条例》外，粮食市场管理再没有专门的法规规章，市场监管薄弱。粮食交易活动缺乏相应的约束和规范，秩序混乱，合同履约率低；大多数市场内部管理制度不健全，交易规则也不完善，对企业进入、退出市场，交易办法和粮油质量标准等都缺乏明确规定。与中国形成鲜明对比的是，在粮食市场化程度很高的澳大利亚，在粮食流通的各个方面都拥有相应的法律作为保证，建立了健全的粮食市场交易法律体系，从而使澳大利亚的粮食市场交易井然有序。如小麦有《小麦销售法》，大麦有《大麦销售法》，粮食散装储运机构有《贮运经营法》，粮食科研有《粮食发展与研究法》，生产者组织有《联合会法》，农村的综合发展有《乡村调整计划法》等。第二，市场管理政出多门，职责不清。按照《粮食流通管理条例》规定，粮食部门对粮食储存中的质量以及粮食经营者的库存和统计制度执行情况进行监督检查，工商部门对粮食销售中以次充好等扰乱市场秩序和违法违规交易行为进行监督检查，卫生部门对粮食销售、加工中的卫生以及成品粮储存中的卫生进行监督检查，各部门的职责有所交叉。这种分割管理的状况对各监管部门协同配合管理的要求比较高，难度大。第三，国家对粮食市场的投入少，扶持力度不够，粮食市场不能适应现代经济发展的要求。政府对市场基础设施建设资金投入不足，一些市场设施简陋、经营环境差；促进粮食进场交易的税收、运输、金融等优惠政策较少，扶持市场发展的政策措施不多，同时很难落实到位。

在我国粮食市场法制建设不完善的环境下，由于非国有粮食企业在粮食收购过程中，没有保护价的限制，得到的大多为具有质量和成本双重优势的粮源，且由于执法工作面临的情况复杂，操作难度较大，非法粮食经营的处罚成本和机会成本均较低，因而可以获得更多的超额利润。而国有粮食企业一般都会选择合法经营。在非国有粮食企业与执法部门的这场博弈（见图9-2）中，非国有粮食企业选择非法经营，而执法不严则成为执法部门的选择，这种组合（非法经营，执法不严）构成纳什均衡。

	执法部门	
	执法不严	严格执法
非法经营	· 可得到非国有粮食企业的"一些"好处 · 低风险、高收益	· 对自己"好处"有限,却可能有坏处 · 风险增大、收益降低
不非法经营	· 得不到非国有粮食企业的任何"好处" · 无风险、无收益	· 要花费一定的成本和精力 · 无风险、无收益

（左侧纵向文字：非国有粮食企业）

图 9 - 2　非国有粮食企业和执法部门的博弈

资料来源:徐振宇:《从博弈的角度看新一轮粮改》,《中国农村观察》2001 年第 2 期,第 50 页。

　　非法经营行为长期存在、执法部门执法困难这种现象说明了粮食市场法制体系有待完善,粮食市场立法、执法、司法秩序亟待整顿,粮食市场运行不规范的现状需要通过市场规则和法律体系建设加以遏制,以保证粮食市场健康稳定有序发展。

（四）粮食省长负责制难奏效,区域分割和逆向调节问题普遍存在

　　《国家粮食安全中长期规划纲要（2008～2020)》指出,我国要完善粮食省长负责制,进一步强化省级人民政府在粮食生产和流通方面的责任;要将保护耕地和基本农田、稳定粮食播种面积、充实地方储备和落实粮食风险基金地方配套资金等任务落实到各省（区、市),并纳入省级人民政府绩效考核体系,建立有效的粮食安全监督检查和绩效考核机制。实行和完善粮食省长负责制有利于保护省级地方政府的积极性,保证各省级行政区内的粮食供给。在我国这样一个人多地少的发展中国家,粮食省长负责制作为保障各行政区粮食供给的手段,有利于保证全国范围内的粮食安全。粮食省长负责制虽然在保障粮食安全方面具有一定的必要性,但是在具体实施过程中,出现了一些问题。如保证行政区内的耕地面积难以实现粮食增产总目标,限制粮食流出本辖区加剧了区域分割等。

　　在行政区域内,为保证粮食供给,省级政府通过奖励耕种或行政强制等手段,以保证其辖区内的粮食耕种面积。但由于政府经济激励或行政强制的作用不足于抵消种粮的机会成本,粮农种粮主要是为得到政府奖励或避免行政处罚,并未发挥其生产积极性,导致单位耕地的产出少,

粮食生产的效益低，粮农利益无法得到有效保障。因此，粮食省长负责制虽然使粮食种植面积有保证，但粮食单产却未必同步提高，有时甚至有所下降。

粮食省长负责制的具体衍生措施除了保证粮食耕种面积之外，还包括限制粮食流出本辖区以保证辖区内的粮食供给。但近年来的研究成果和实践经验表明，市场容量巨大的国际市场比一个有效率的国内市场更为稳定。以此类推，市场容量较大的全国市场比一个有效率的省级行政区域市场也更为稳定。由于在粮食省长负责制下，一旦出现粮食市场供应紧张情况，粮食的跨区流动就会受到行政干预，加剧了粮食市场的区域分割，不利于形成供求平衡的粮食市场。

粮食省长负责制的另一个弊端还在于其有可能引发逆向调节问题。我国目前施行的是中央和地方两级粮食储备体系。在该储备体系下，中央储备粮食的财政压力在某种程度上得以减轻，但与此同时，也产生了逆向调节问题。一般而言，当粮食市场上供不应求、出现粮食紧缺和价格上涨时，中央政府和地方政府都应该释放储备粮来稳定粮价。但是，现实情况下，当市场上粮食紧缺时，中央政府放粮平抑价格，部分地方政府却加紧收购粮食，增加粮食储备，以保证其辖区内的粮食安全。地方政府的这种逆向调节部分抵消了中央储备粮吞吐机制稳定粮食价格的作用，加大了中央调节粮食市场、稳定粮价的难度。

（五）粮食区域供需不平衡，粮食调运能力有待加强

粮食供需平衡分国家和区域两个层次，每个层次都包括总量平衡和结构平衡两方面。国家层面实现了总量和结构平衡，并不意味着区域层面上的平衡；但区域层面实现了总量和结构平衡，则国家层面上总量和结构一定平衡。所以区域平衡更为重要。

区域内的粮食品种是否平衡，是由区域粮食生产结构决定的。我国粮食生产具有明显的地域差异，南方15省份中有14个省份是以稻作为主；北方以旱作为主，主要生产小麦、玉米、大豆等，稻谷生产量不多。水稻主产区是南方，尽管北方水稻发展较快，但南方稻谷产量占全国稻谷总产量的比重一直在90%以上，1952年为95.9%，1965年为94.7%，1975年为93.3%，1984年为93%，1994年为90.3%；北方稻谷产量占全国稻谷总产量的比重长期在10%以下。尽管北方居民以面食为主，但大米消费仍占一定量并逐步增加，北方大米的供求状况将更为紧张。北方作为玉米主产区，其玉米产量占全国玉米总产量的比重逐步提高，由20世纪50年代的接近70%提高到90年代的80%以上。其中，1952年为69.1%，1965年为67.8%，1975年为78.2%，1984年为77.4%，1994年为81.3%。改革开放以来，随着现代饲料加工业的发展，特别是南方饲料工业的快速发展，南方对玉米的需求量大为增加，加剧了南方玉米的供需矛盾。

为缓解南北方粮食供需矛盾，就需要南粮北运和北粮南运。南粮北运主要是南方稻谷流向北方，北粮南运则主要是北方玉米流向南方。粮食在南北运输中存在三方面的问题：①由于我国铁路运粮设施落后，粮食在运输途中损耗较为严重，损耗率高达2%~3.5%。②这种南北方远距离、大数量的粮食调运运程远、费用高。③我国交通运输还不发达，铁路货物运力供求缺口较大，很难做到"货畅其流"，如1995年国家宏观调控采取强有力措施，从吉林等地调用国家专储玉米200万吨到南方，困难重重。在短期内粮食生产结构无法大幅度调整、区域供需不平衡的情况下，增强南北方粮食调运能力、保障产销区域间粮食的合理流动是实现粮食区域供需平衡的重要举措。

（六）储备补贴分配不合理，加剧了粮食供求不平衡

随着物价水平的提高，各项管理成本费用不断上涨，直接影响到粮食储备工作。由于南方气候温湿，北方气候干冷，南方的粮食承储企业保管成本，要比北方粮食承储企业的保管成本大；经济发达地区物价水平较高，所以储备费用也高，经济不发达地区物价水平较低，所以储备费用也低。在粮食轮换中，销区的粮食价格波动要比产区大，销区的粮食承储企业风险，要比产区的粮食承储企业风险大；稻谷的市场价格波动比小麦价格波动大，轮换稻谷的粮食承储企业，要比轮换小麦的粮食承储企业风险大。而在目前的补贴标准中，粮食储备费用补贴没有考虑粮食储备环境和物价水平对成本的影响，轮换费用仅考虑不同品种和轮换周期，没有考虑市场风险。[①] 目前，

---

① 《政府粮食储备体系只能加强不能削弱》，http://www.ceh.com.cn/ceh/jryw/2009/10/27/54827.shtml，2010年10月14日检索。

全国补贴标准和范围十余年未变，不同类型的地区之间、企业之间储备费用补贴标准基本一样，导致财政资金效率不高，粮食储备倾向各异。与此同时，相当一部分南方销区省份的地方储备粮费用补贴标准高于中央储备粮储备费用的补贴标准，影响中央储备粮的地区合理布局。东南沿海地区因为存储地方粮补贴很高，而存中储粮补贴很低，造成这些粮库不愿存中储粮，加剧了地方粮储备不足时供求紧缺的情况。

第二节　加强粮食宏观调控体系建设

粮食宏观调控是指国家采取经济、法律、行政等手段，对粮食市场进行干预，确保国家粮食安全，保持市场粮价在合理水平上基本稳定（粮食大辞典编辑委员会，2009）。粮食宏观调控是一个与市场调节机制相对应的概念，是政府维护粮食市场稳定，保护粮食生产者利益的行为。为解决粮食市场体系建设中的突出问题，在充分发挥市场配置资源的基础性作用的前提下，就必须加强政府的宏观调控，以有效的市场调节和强有力的宏观调控实现粮食市场稳定发展的目标。

政府要加强宏观调控可以采取经济、法律及行政等多种手段，并对社会经济活动进行财政税收监督、银行监督、统计监督、市场监督、质量监督等多种经济监督。这样，政府在实行和完善宏观调控的过程中制定的经济目标及采取的各种措施就形成了宏观调控体系。

政府加强粮食市场宏观调控、完善粮食宏观调控体系的举措，是保障粮食安全的重要手段。而实现对粮食市场有效调控的前提是确定合理的粮食宏观调控的短期及中长期目标。改革开放以来，我国粮食宏观调控的实践说明粮食数量、价格、结构及粮食流通体制等方面都是粮食宏观调控体系建设的重要内容。据此，短期和中长期粮食市场宏观调控目标体系得以建立，如图9-3所示。

我国粮食市场宏观调控短期目标包括以下内容：提供数量充足、价格稳定的粮食，保障民生大计；考虑口粮和饲料粮的供需情况，对粮食种植结构进行适当的调整；培育健全的粮食市场体系，促进大宗粮食进入市场交易，深化粮食市场化改革；加大粮食生产的技术含量，提供高产、优质的粮食产

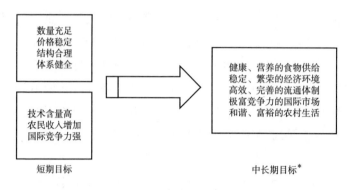

数量充足
价格稳定
结构合理
体系健全

技术含量高
农民收入增加
国际竞争力强

短期目标

健康、营养的食物供给
稳定、繁荣的经济环境
高效、完善的流通体制
极富竞争力的国际市场
和谐、富裕的农村生活

中长期目标*

图 9 - 3 粮食市场宏观调控短期与长期目标

注：＊原文是"长期目标"。

资料来源：毛德智：《WTO 框架下粮食市场宏观调控目标体系构建》，《农业技术经济》2006 年第 2 期，第 48 页。

品；减轻农民负担，增加农民收入，保证农民的生存和生活权利；积极参与国际市场，适度进行粮食对外贸易。在实现粮食宏观调控短期目标的过程中，政府力图保障健康、营养的食物供给，培育稳定、繁荣的经济环境，建立高效、完善的流通体制，开拓极富竞争力的国际市场以及创建和谐、富裕的农村生活。要实现我国粮食市场宏观调控短期与中长期目标，政府需要在以下三个方面加强粮食宏观调控体系建设，以完善政府调控下的粮食市场体系。

一 深化粮食流通体制改革，健全粮食宏观调控长效机制

深化粮食流通体制改革是完善政府调控下粮食市场体系的一项重要内容。继续积极稳妥地推进粮食流通体制改革，应在国家宏观调控下充分发挥市场机制在配置粮食资源中的基础性作用，充分调动粮食主产区和种粮农民的积极性，推动粮食企业转换经营机制，依法加强粮食市场管理，切实加强和改善粮食宏观调控；健全粮食宏观调控的长效机制，应紧紧围绕确保国家粮食安全的总要求，以体制创新和机制创新为动力，以科技创新和管理创新为支撑，以市场化和产业化为重点，统筹各方面利益关系，积极推进现代粮食流通产业发展，加快构建供给稳定、储备充足、调控有力、运转高效的粮食安全保障体系，更好地实现确保国家粮食安全目标。通过与美国、日本粮

食流通体制的比较得知，我国深化粮食流通体制改革、健全粮食宏观调控长效机制还应做好以下工作。

第一，协调粮食流通产业链中的各方利益，理顺流通体制关系。我国粮食流通环节中的主体是粮食企业、国家和农民，理顺流通体制关系，需要理顺这三者的利益关系。当前，部分粮食企业——国有粮食企业是政府粮食政策的微观主体，具有双重身份和职责。一方面，代理国家收购、储存粮食以及行使稳定粮食市场的职能；另一方面，国有粮食企业又是独立核算、自主经营、自负盈亏的经济实体。在收购粮食上，国有粮食企业与国家是委托代理关系，而与农民仅仅是粮食商品的供销关系，其利益与农民和国家并不完全一致。因此，在实践中，当政府利益和企业经营利益冲突时，国有粮食企业往往首先保全自身利益，从而伤害到国家和农民利益。例如，一些国有粮食企业执行国家粮食政策不严格，削弱政策的正面效应，甚至用补贴资金弥补自身经营亏损，不仅使国家大量的粮食补贴资金没有真正补贴到农民和农业生产中，而且使这些国有粮食企业丧失了自主经营与发展的动力。

为防止粮食政策性收储和市场性经营混淆不清，美国政府的粮食收储主要是通过粮食信贷公司进行。粮食信贷公司作为中介，虽然受联邦政府所托发放贷款给粮食企业用于收购粮食，但其并非通过粮食购销维持经营，而是靠政府所提供资金形成的贷款等金融性经营实现其自主经营，粮食政策性收储与粮食市场经营并未交融不清。中国粮食流通体制要实现深化改革，同样也要将执行政策性经营的粮食收储企业和一般粮食经营企业相分离，理顺国家和粮食经营企业的关系，实现粮食经营企业购销市场化及其经营机制的转变；理顺粮食企业和财政的关系，国家储备和其他专项粮食储备所需的资金由财政负担，而企业自主经营所需的资金和费用由企业承担，划清政策性经营和非政策性经营的界限；理顺粮食购销企业和国有银行的关系，购销企业和银行之间形成正常的债权债务关系，双方依照合约履行责任；理顺粮食购销企业与农民的关系，粮食购销企业和农民形成纯粹的商品供销关系，促使企业改变经营方式，形成由市场需求引导粮食生产的拉动机制；理顺国有粮食经营企业和其他粮食经营者的关系，政策性经营等因素得以排除，在国有粮食经营企业与其他粮食经营者之间形成平等竞争关系。此外，就我国目前所实行的中央和地方两级粮食储备体系来看，其虽然在某种程度上减轻了中央储备粮食的压力，但逆向调节问题无形中增加了中央储备粮食的负担。更重要的是，粮食安全应建立在国家层面上，而不应受限于各行政区域层面。因此，为防止各地方政府在做决策时过分地将保障其辖区内的粮食安全作为彰显政绩的方式，避免逆向调节问题，我国应该在理顺中央和地方财权和事权的基础上，由中央政府统一实行中央粮食储备体系，以确保储备粮调节国内供给的作用得以充分发挥，保障粮食安全。

第二，健全市场准入机制，推动行政法规建设，加强粮食市场调查统计和经营报告制度，以实现政府对粮食市场的进一步管理。日本为避免1993年的大米危机，加强政府对粮食市场的管理，在1995年的大米流通体制改革中实行了大米经营的登记制，主要通过规定经营条件，设置进入粮食市场的"门槛"，明确经营者的权利和义务，加强对大米生产购销活动的调查统计，并于1995年规定，从事大米经营的组织，必须定期向政府主管部门提交经营报告，接受调查和监督，必须不断改善经营设施和服务，自主米流通法人①还必须向政府报告大米储备情况；如发现经销商不再满足粮食法规定的各种条件，政府将取消其经营资格。虽然我国粮食流通体制改革市场化趋势明显，但是为加强粮食市场监管，防范非法经营，我国仍需健全粮食市场准入制度，推动粮食行政复议②工作。各地要根据本地区实际情况，加强调研，尽快制定出符合当地收购市场实际情况的相关办法和规定，增强对已经获取收购经营资格的市场主体的监督和检查；各级行政管理部门需启动粮食行政复议程序，积极化解行政管理部门与法人、其他经济组织等行政管理相对人之间的行政纠纷，以确保粮食市场有序发展。

---

① 日本政府于1969年在大米流通中引入市场机制，允许非政府流通渠道经营大米，称为自主米流通，相应地由政府收购和销售的大米称为政府米。而被政府批准进行自主米收购和销售的企业被称为自主米流通法人（冀名峰，2000）。

② 行政复议是指国家行政机关根据公民、法人或其他组织提出的申请，对于被认为侵犯其合法权益的具体行政行为是否合法适当进行审查，并作出相应决定的行政司法行为。参见曾庆敏《法学大辞典》，上海辞书出版社，1998，第563页。

二　加强粮食安全监管和法制建设

长期以来，粮食安全①问题一直是中国政府十分重视的一个问题，解决粮食安全问题也是中国各级政府的重要目标之一。因此，加强粮食安全监管、保障粮食安全就变得非常重要。具体来说，加强粮食安全监管，认真开展粮食收购资格核查、统计制度和库存制度执行情况等专项检查，规范粮食经营行为，做好粮食收购特别是最低收购价政策落实情况的监督检查，把中央的惠农政策落到实处；加强对政策性粮食购销活动的监督检查，重点针对储备粮油库存管理情况开展专项检查，完善监管措施，确保储备粮油数量真实、质量良好、储存安全。切实加强对粮食质量安全的监管，围绕粮食流通质量安全监管的重点环节、重点区域和重点对象，深入开展调查研究，建立健全覆盖粮食收购、储存、运输环节和政策性粮食购销活动全过程的质量安全监管体系。

为确保我国粮食安全监管有法可依、有法必依、执法必严、违法必究，我国政府需推进粮食法制建设，加强粮食执法队伍建设，健全粮食监督检查执法体系，推动监管工作向规范化、制度化、常态化、科学化发展，并进一步落实安全生产责任制，以提高安全事故的防范和应急处置能力。

三　建立粮食安全预警系统和应急机制

20世纪80年代中期以来，粮食生产和供给的波动常常引起强烈的市场价格波动。由于我国幅员辽阔、人口众多，口粮和工业用粮需求量都很大，一旦出现大范围的粮食紧缺，将会严重影响我国国民的日常生活和经济稳定。因此，有必要建立应对粮食供给危机的应急机制，并为这种机制的运作规定前提条件。1993年的大米危机使日本政府认识到建立应对短缺机制的必要性和重要性。日本新粮食法规定，当出现大米供给持续大幅下跌，流通

---

① 粮食安全有多方面含义，从主体对象角度看，包括宏观层次（国家）、中观层次（地区）和微观层次（家庭）的粮食安全；从供应链环节角度看，包括生产、流通、消费等环节的粮食安全；从内容上看，按照有关国际组织的解释和人们通行的理解，包括数量上的充分供应，质量上的安全可靠，购买力上的足够、有效，可得性上的及时、便捷，这四个方面涉及粮食生产、流通、消费诸环节，缺一不可，否则，粮食安全就没有保证（马有祥，2004）。

计划难以实现，危及国民生活和整个经济的稳定时，政府可以采取以下措施：一是可以对自主米流通法人、收购商、批发商、零售商等大米购销、储运活动的时间、区域、价格和数量进行管制。二是可以要求生产者在一定时间内向收购商出售规定数量的大米，如生产者拒绝，则可要求其直接将大米出售给政府。三是在上述措施不能奏效时，政府可实行配给制，可对大米购销活动实行全面的管制。我国政府可以借鉴 1995 年日本大米流通体制改革的经验，建立粮食安全预警系统和应急机制。这不仅将政府对粮食市场进行不同方式管理的条件透明化，防止粮商操纵市场，而且有利于增强人们对国内粮食供应的信心，为粮食市场的稳定发展提供良好的制度环境。

粮食安全预警系统的主要目标就是对我国粮食供给与需求增长变动趋势及供需平衡态势做出系统的分析判断，及时向政府决策部门预报我国粮食供需平衡的景气状态，以便于政府采取相应的政策措施，保证我国粮食基本供需平衡（李志强、赵忠萍和吴玉华，1998）。大致说来，建立粮食安全预警系统必须做到以下三点：首先，必须对我国粮食生产与消费运行过程进行监测，正确分析粮食生产与消费变动规律，准确刻画不同时期粮食生产与消费运行态势，避免盲目决策。其次，对监测结果进行识别，判断其处于何种景气状态。最后，分析预测未来一段时期粮食的发展变动趋势，分析引起变动的主要原因，及时把这些信息传递给政府部门。

当粮食安全预警系统失灵或预警效果不明显时，为避免粮食供需不平衡的情况蔓延和恶化，我国就需启动应急机制。充分发挥粮食安全应急机制，调控已失衡的粮食市场，就需要进一步完善粮食应急加工、储运、供应网络系统，细化和完善储备粮应急动用预案，健全应急机制，增强应急保障能力，做到需要时有粮可用、有粮可调、有粮可供。各级粮食部门在各级政府的领导下，加快本地粮食应急预案的修订和完善工作，健全应急机构，充实管理人员，明确工作职责，以尽快形成以中央为主导的全国统一、反应快速、调控有力的粮食应急体系，保障各项应急措施的贯彻落实。

第三节　稳定粮食价格并完善农业补贴

完善政府调控下的粮食市场体系，既要充分发挥市场机制在调节粮食市场方面的基础性作用，又需要政府在市场机制调节作用失灵时，对粮食市场进行适当的宏观调控。一方面，价格机制作为粮食市场机制的核心，保障其对粮食市场的正常调节作用以及借助宏观调控手段理顺粮食价格是完善粮食市场体系的基础性课题。另一方面，由于农业补贴是政府粮食调控的重要方式和手段，完善农业补贴，调动农民生产积极性，实现农民增收，是解决"三农"问题、加强粮食市场体系建设的前提。因此，要健全粮食市场体系，就要夯实基础，理顺粮食价格并完善农业补贴。

一　切实加强粮油市场调控，确保市场供应和价格合理稳定

中国作为人口大国与粮食消费大国，粮食供给必须立足于维持较高的国内粮食自给率。根据《国家粮食安全中长期规划纲要（2008～2020）》，保障国家粮食安全的主要指标之一就是将粮食自给率维持在95%以上。在充分发挥粮食市场机制基础调节作用的前提下，加强粮油市场调控，是保证我国国内较高粮食自给率和粮食供给安全的必要措施。为确保粮食市场供给充足，中央政府有关部门要制定合理的粮食最低收购价，认真做好国家临时储存粮食的收购工作，加强与地方政府部门协调，合理配置粮食收购网点；督促国有粮食企业发挥主渠道作用，引导多元市场主体积极入市收购；按照市场规则，建立以政府储备和政府扶持商业储备相结合的多层次粮食储备体系。根据国外粮食储备实践，美国是成功运用政府粮食储备和政府支持粮食储备相结合的粮食储备体系的国家。美国作为世界上的主要粮食出口国，占有世界近1/3的粮食储备，除500万吨政府粮食储备外，其余均由政府支持的农场主所储备。1986年底，美国农场主的谷物仓库设备容量已占全国总容量的62%。美国政府储备和政府支持的农场主储备相结合的粮食储备体系，使农民获得了储存费用，保护了农民销售粮食的自主性，也缓解了政府库存压力，减轻了储备粮在"吞吐"过程中的调运成本和压力，有利于减少粮食供给的不稳定性和平抑市场粮价。基于我国的粮食生产供给实行的是小型家庭农业生产供给模式，而这种模式不便于农民自己进行集中且大规模的粮食储备行为。因此，借鉴美国支持农场主储备粮食的政策，一方面，通过向农民低价提供适用于家庭的小型储备设备和技术，鼓励农民家庭储备粮食；另一方面，鼓励自主经营的大型粮食经营企业建立商业性自由储备体

系，形成以政府储备、政府扶持商业储备、农户储备相结合的多层次粮食储备体系，以缓解政府仓储压力，在粮食紧缺时确保粮食市场供给。

政府释放储备粮短期内可以缓和粮食供求紧缺的状况，也将导致粮食供应不足的价格信息不能及时传递给粮食生产者，进而使粮食供应长期不足。因此，政府在释放储备粮的同时，为使粮食紧缺时期的价格信息真实、及时、顺畅地传导给粮食生产者，应该提前公布当年的库存粮销售情况和下年库存粮销售计划，并根据粮食历年的供给弹性发布下年提高了的收购价格，以便使下年的粮食生产量有所增加（至少不减少），进而缓解粮食供给紧缺的状况，避免粮价持续地大幅度上涨。

粮食供给安全除了对储备数量具有依赖性之外，还必须考虑到粮食供需区域不平衡的问题。如表 9 - 2 所示，2007 年，北方对全国粮食总产的贡献率已超过 50%，对全国粮食增产的贡献率也快速攀升，甚至超过 100%，而从 1984 年开始，南方对粮食增产的贡献率持续降低，到 2007 年对全国粮食增产的贡献率为 - 12.14%，影响了全国粮食增产。这说明我国粮食生产中心已发生了由南方向北方的转移。由于我国南方人口密度大，经济快速发展，粮食需求量大，南方成了粮食主销区，而北方粮食主产省份也蓬勃发展起来。为平衡南方粮食主销区的供需平衡，我国需要提高区域间粮食的调运能力，特别是铁路部门要安排更多的运力进行"北粮南调"。

表 9 - 2　我国南、北方对全国粮食生产的贡献情况

单位：%

地区	项　目	1984 年	1996 年	2007 年
北方	对全国粮食总产的贡献率	41.10	48.12	52.32
	对全国粮食增产的贡献率	43.19	74.48	112.14
南方	对全国粮食总产的贡献率	58.90	51.88	47.68
	对全国粮食增产的贡献率	56.81	25.52	- 12.14

资料来源：李经谋：《2009 中国粮食市场发展报告》，中国财政经济出版社，2009，第 246 页。

政府在切实加强国内粮油市场调控的同时，应当利用 WTO 框架下的国际粮食市场调节国内粮食供给。在国内市场与国际市场联系日益紧密的环境下，我国应该根据国内实时的供给状况，建立和完善协调统一的粮食内外贸

体制，改变粮食内外贸分割、"两张皮"的状况（王玲、王燕，2000），保障我国口粮、工业用粮和饲料粮供给，进而保持国内粮价的合理稳定。

二　加大农业补贴力度，调整农业补贴方式

农业补贴是我国政府重视粮食生产、增加农民收入的惠农政策之一。目前，我国地区间粮食补贴水平不均衡，如内蒙古每亩平均补贴 20 多元，有的盟市只有几块钱，如乌兰察布市每亩平均补贴只有 2 元左右，与全区平均水平相差高达 10 多倍；补贴发放的行政组织成本高，每年 150 多亿元的直接补贴最后到农民手里平均只有十几元；补贴数额过少，粮食补贴政策促进农民增收的效果不明显。例如，发达国家对农民的直接补贴约占农民收入的 30%～50%，有的国家甚至高达 70%。与发达国家相比，我国农业直接补贴占农民收入的比例相距甚远。基于我国农业补贴支持政策的现状，我国政府需要加大农业补贴力度，调整农业补贴方式。

为有效利用国家农业补贴资金，我国政府应逐步减少补贴发放的中间环节，增加补贴中用于粮食科研、教育和技术推广的份额，提高粮食产量和粮食自给率。1998 年，曾有学者对在加入世界贸易组织情况下中国粮食供给、需求和贸易情况进行预测，研究表明，如果国家对农业粮食科研投入的年增长率从 4% 提升到 6%，到 2015 年我国粮食自给率可提高到 92%，到 2020 年基本可达到政府制定的 95% 的粮食自给率目标。这项预测性研究说明粮食科研投入对提高粮食自给率、确保粮食安全具有重要的促进作用。在增加补贴总额、加大农业补贴力度的基础上，为提高资金使用效益，我国粮食支持补贴政策应从保护价格为主的价格支持政策，逐步转向以直接收入支付和反周期支付为主、直接补贴和与价格挂钩的不固定补贴相结合的补贴政策。

三　创新对贫困地区、特别是自然条件恶劣地区的补贴机制

联合国粮农组织称，2010 年世界上有近 1/6，即 10 亿人口长期遭受饥饿[①]。正如研究背景所述，2006 年，全国有 2365 万人未解决温饱问题。近

---

① 联合国粮食和农业组织：《10 亿人长期处于饥饿》，http：//www.1billionhungry.org/，2010 年 8 月 31 日检索。

年来，虽然我国政府继续加大扶贫工作，致力于解决贫困人口的温饱问题，贫困人口数量有所减少，但这部分人口仍不容小觑。从统筹城乡和区域发展的科学发展观出发，解决这些贫困人口的粮食安全问题，要继续加大对贫困地区和贫困人群的支持，特别是改善其食物生产条件。例如，对全国特别是对广大中西部地区改造 25 度以下坡耕地成为永久梯田的农业建设，建立直接补贴制度。其具体办法是：①补贴对象为把 25 度以下坡耕地改造成为永久梯田的农户。②梯田要求是以石头砌墙建成的具较强蓄积雨水、防止水土流失作用的永久性梯田。③补贴数额是按照农户建设成功的永久梯田面积乘以"直补"标准。④蓄水池补贴是对在梯田上建造蓄积雨水的水泥蓄水池，按面积（平方米）向农户提供直接补贴。这种蓄水池既可防止坡田水土流失，又可用蓄积的雨水灌溉梯田作物（北京交通大学中国产业安全研究中心课题组，2009）。

创新对贫困地区，特别是条件恶劣地区的补贴机制，需要对这些地区的农业生产进行扶持，使其逐步自力更生。其一，增加对这些贫困地区的直接补贴资金，使其改善生活条件，免于挨饿。其二，加大粮食科研、教育培训和技术推广等方面的补贴，使这些地区的农民自力更生，提高粮食产量，解决温饱问题。其三，加强贫困地区农业补贴和农业生产扶持的多功能性，支持农业生产结构调整，搞好植树种草，防止沙漠化和水土流失，改善生态环境和农业发展环境，调节供求总量，最终实现增加农民收入的目的。

第四节　完善粮食市场体系构成和构建连锁营销网络

粮食市场是粮食交易的载体，随着粮食流通体制的深化改革，我国粮食逐步向商品化、市场化迈进，粮食流向变得错综复杂。为保证粮食区域平衡、供给稳定，完善粮食市场体系的建设显得尤为重要。

完善粮食市场体系建设，必须要有明确的目标，即建成以粮食收购市场和零售市场为基础、批发市场为骨干、国家粮食交易中心为龙头、期货市场为先导，商流与物流、传统交易与电子商务、现货与期货有机结合，布局更合理、功能更完善、制度更健全、运行更规范，统一开放、竞争有序的现代粮食市场体系。当前随着粮食在国民经济和国家安全稳定方面所起作用的日渐突出，完善粮食市场体系的任务更加紧迫。健全的粮食市场体系能够发挥市场的价格发现功能，引导粮食生产和农业产业结构调整，使生产者和经营者能够利用市场规避风险，并为政府对粮食市场进行有效调控提供决策信息和施行载体。

本章将从粮食市场主体、粮食市场载体、粮食连锁营销网络三方面入手，阐述完善粮食市场体系的对策建议。

一　培育多元化粮食市场主体

社会主义市场经济体制的深化，使粮食市场化进程不断加快，粮食市场主体作为粮食流通的参与者（邓大才，2002），其建设程度直接关系着粮食市场化过程中问题的解决。粮食市场体系的复杂性决定了粮食市场主体的多元性，各主体在市场中亦发挥着不同的作用，如何在发挥各个市场主体独特作用的同时发挥其整体功效，形成多元互补的粮食市场主体，成为完善粮食市场体系的重要组成部分。本书认为，健全粮食市场主体，实现粮食市场主体的多元化应从以下两方面着手：一是从微观层面上按市场化的要求培育各市场主体；二是从宏观层面上对各市场主体进行结构性的整合。

从微观层面上来看，主要是积极培育粮食市场主体，发挥国有粮食企业和其他所有制企业各自的优势，使其功能互补，共同推进粮食市场化的建设进程。现阶段我国粮食市场主体主要有四类，即国有粮食企业、农户、私营粮商、外资企业等，其中国有粮食企业交易量占市场的主要份额。为发挥好各类粮食市场主体在粮食市场体系中的作用，首先，应深化国有粮食企业改革，着力推进国有粮食企业兼并重组、改革改制，支持国有粮食企业做大做强，提高它们的竞争力和影响力，发挥市场主渠道作用。其次，规范农户、外资企业和私营粮商的粮食收购、加工、销售等经营行为。最后，要积极培育和发展粮农专业合作社等市场主体，规范粮食经济人行为，引导和鼓励多元主体积极入市，搞活粮食流通。

（一）深化国有粮食企业改革

自 2004 年我国进一步实行粮食改革以来，我国国有粮食企业改革的步伐一直在探索中前进。经过三十多年的改革，我国对国有粮食企业的改革力度不断加强，改革措施更加完善。图9-4显示了近年来国有粮食企业总数的变化趋势。

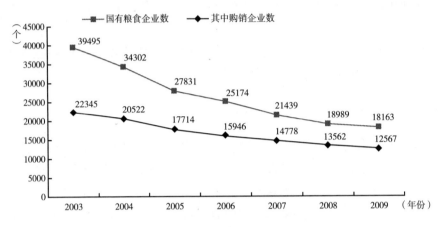

图9-4　2003~2009年我国国有粮食企业数变化趋势

资料来源：根据聂振邦在全国粮食局长会议上的相关工作报告（国家粮食局网站）整理。

　　由图9-4可以看出，我国国有粮食企业数以及其中的购销企业数呈逐年减少的趋势，说明我国对国有粮食企业的改造力度不断增强。据国家粮食局统计数据显示，2007年，全国国有粮食购销企业盈亏统算共盈利1.67亿元，是自1961年以来首次盈利。2008年，全国国有粮食企业实现统算盈利20.9亿元，比上年增加1174%。2009年全国国有粮食企业统算盈利52.4亿元，为历史最好水平。① 由此可见，随着国有粮食企业改革的深化，国有粮食企业的盈利水平自2007年以来实现了连年盈利且逐年提高，这进一步肯定了改革的绩效，但是，国有粮食企业还存在诸多问题，仍有待完善。

　　一是当前国有粮食企业历史遗留问题还没有彻底解决，截至2009年11月，全国国有粮食购销企业还有约738亿元经营性粮食财务挂账没有解决，

---

① 曲哲：《稳粮保供》，http：//www.chinagrain.gov.cn/n16/n6994/n7016/n7136/4469801.html，2010年8月28日检索；曲哲：《上半年国有粮食企业统算共盈利12.99亿》，http：//spzx.foods1.com/show_810441.htm，2010年8月28日检索。

每年仅利息就要支付近40亿元[①]，加上前几年国有粮食企业分流安置富余职工有较大资金缺口，企业包袱仍然较重，发展受到制约。二是部分地区基层国有粮食购销企业产权制度改革滞后，经营管理机制不活。由于政企没有彻底分开，加上有求稳怕乱的思想，有的地方推进国有粮食购销企业产权制度改革的积极性不高，改革进展不平衡，制约企业打破区域限制进行兼并重组，企业资源没有进行有效整合，竞争力仍然较弱。一些基层国有粮食企业经营规模小，管理方式比较粗放，经营机制不活，缺乏经营活力。三是企业经营发展中政策环境不够完善。一方面，在某些地区，改革后的国有控股或参股粮食企业不能享受原有的增值税优惠政策；有些地方对国有粮食购销企业土地税、房产税等税收减征和免征政策尚未完全落实。另一方面，由于经营性挂账多，资产质量较差，竞争力不强，按现行农发行贷款规定，大多数基层国有粮食购销企业难以满足自主收购粮食贷款条件，从而制约了企业的粮食经营业务的发展。四是支持现代粮食流通产业发展的手段与实际需要不相适应。基层国有粮食购销企业仓储设施陈旧，有的地方仓容不足，不能满足国家政策性粮食管理和企业开展粮食购销的需要，同时，在粮食产业化发展中，由于产业化龙头企业缺少政策和资金支持，仍存在龙头企业规模小、数量少、产业组织化程度低、产业链条连接不紧密等问题，难以发挥其有效的带动作用。

针对以上存在的问题，国有粮食企业市场化改革亟待进一步推进，这就需要从实际情况出发，充分发挥市场机制在配置资源方面的基础性作用，加快企业在组织结构、产权制度、管理方式等方面的改革，逐步建立现代企业制度，成为适应社会主义市场经济要求的市场主体。

1. 继续研究解决企业历史遗留问题的方案

历史遗留问题一直是影响国有粮食企业建立现代企业制度的一大瓶颈，因此备受国家和企业的关注，这个问题的解决要靠中央政府、地方政府和国有粮食企业的共同努力。针对粮食财务挂账问题，国家有关部门应进一步出台有关政策性挂账消化处理政策；各地地方政府要狠抓企业经营管理，提高

[①] 《巩固成果 创新机制 努力保持国有粮食企业经营管理的良好态势》，http：//www. chinagrain. gov. cn/n16/n6994/n7046/n7306/4421324. html，2010 年 8 月 29 日检索。

经济效益，积极消化企业经营性财务挂账；企业则可以根据政府出台的相关政策，通过贷款重组、呆坏账核销政策，处理企业经营性财务挂账，减轻企业负担。针对安置企业富余职工资金缺口的问题，各地要加强对国有粮食企业减员分流的指导工作；国有粮食购销企业要按照经营业务量和正常的盈利水平，合理定员定岗，在妥善处理好拖欠职工工资等债务问题的基础上，对企业多余职工采取向社会推荐就业、创造就业机会，依法有偿解除劳动关系等措施和办法，实行下岗分流和再就业工作，改革企业的用工和分配制度。

2. 大力推进国有粮食企业产权制度改革

加大国有粮食购销企业产权制度改革力度，推进战略性调整，支持企业创新体制，完善粮食购销网络。支持大型国有粮食经营企业依据有关规定，以资产为纽带，兼并重组基层粮食购销企业，增强购销服务功能和市场竞争力。对规模小、资产质量差、没有区位优势，在粮食流通中不能发挥有效作用，又不能被兼并重组的企业实行租赁或拍卖。积极培育多元市场主体，鼓励和支持多元市场主体参与粮食经营，发挥其在发展经济、搞活流通、增加就业方面的积极作用。[①]

首先，确保企业具有完整的所有权。国有粮食企业通过联合、兼并、租赁、出售、股份制、破产等形式，以资产为纽带，明晰企业产权。在此过程中，要避免政府运用行政手段对企业的日常经营活动进行干预，使企业成为真正的所有权主体，企业经营者可以通过对经营权进行监控，引导企业参与市场竞争，实现利益最大化。

其次，主张外部人的改革模式。在产权转让、拍卖、租赁的过程中，产权最好由企业之外的具有真正所有权的人或投资者掌控，这些所有者与政府联系少，与原企业没有历史纠葛，更容易建立现代企业制度，建立适应市场竞争的新机制。

最后，建立多元化产权结构。产权理论显示，合理的资源配置有赖于清晰的产权界定，国有粮食企业通过兼并重组等改革后，更有利于实现产权结构多元化，实现多元资产重组。

---

① 曲哲：《稳粮保供》，http://www.chinagrain.gov.cn/n16/n6994/n7016/n7136/4469801.html，2010年8月28日检索。

3. 转换经营机制，改进企业经营方式

国家粮食局数据显示，2009 年国有粮食企业的数量虽然只占全社会粮食市场主体的 25%，但 1～9 月累计收购粮食 2531 亿斤，占各类粮食企业收购量的 61.5%，国有粮食企业继续发挥着市场主渠道的作用[①]。各地要充分发挥国有粮食购销企业购销网点多、竞争力强的优势，通过合理转换经营机制，提高其综合经济效益。

国有粮食企业应转变观念，运用企业流程再造[②]的思想对企业中的工作流程、经营模式、组织结构、产权制度进行根本性的改革，发展上游和下游产业，延伸企业的价值链。一方面，积极向生产领域延伸，通过与农民签订粮食收购经济合同，发展订单粮食，与农民建立稳定的粮食购销关系，做到利益共享、风险共担，发挥国有粮食企业的主渠道作用。另一方面，国有粮食企业要逐步改变"收原粮，卖原粮"的经营方式，向粮食加工领域延伸，充分利用国有粮食企业的粮源优势和加工企业的加工能力及销售渠道，实现委托加工和联营，形成互补优势，通过加工转化增值，提高粮食产业的附加值。有条件的国有粮食购销企业可以与粮食加工企业和科研单位等采取多种方式，组成生产、收购、加工和销售一体化的经济联合体。通过市场机制的作用，促进一批有基础、有前景的国有粮食购销企业发展成产业化的龙头企业，创出自己的品牌，提高经济实力和竞争能力。同时，国有粮食购销企业要因地制宜，充分利用现有资产和在农村的网络体系，在不挤占农发行收购资金贷款的前提下，开拓经营门路，开展代农加工、代农储粮和品种兑换业务，增加企业收入。

4. 切实加强企业内部管理，不断提高经营管理水平

指导企业按照现代企业制度要求，建立和完善法人治理结构，提高管理和决策水平；建立和完善企业激励约束机制，鼓励资本、技术、管理等要素

---

① 《任正晓副局长在国有粮食企业改革和发展研讨会上的讲话》，http://www.chinagrain.gov.cn/n16/n1077/n1737/4415191.html，2010 年 8 月 28 日检索。

② "企业再造"（Business Process Reengineering，BPR）最初是由美国麻省理工学院教授迈克哈默（Michael Hammer）与詹姆斯·钱皮（James Champy）在 1993 年提出的关于企业经营管理方式的一种新的理论和方法。它以工作流程为中心，重新设计企业的经营、管理及运作方式，企业需要对其工作流程、运作机制进行根本性的变革，以适应新形势的需求。

参与收益分配，调动企业全员积极性；全面实行劳动合同制，建立和完善岗位能上能下、人员能进能出的灵活用工机制；加强企业财务管理，建立健全内部控制制度，规范会计核算，有效运营资产，降低成本费用；加强资金管理，改善资本结构，减少资金沉淀和不合理占用，提高资金使用效益；强化企业仓储管理，提升粮食仓储核心竞争力，降低粮食损失损耗。

5. 积极争取政策支持，努力改善企业经营环境

一是协调配合财政、税务部门，及早完善下发地方储备粮承储企业的相关税收政策文件，跟踪落实情况，及时研究方案以解决存在的问题。二是加强与农发行的沟通，积极提供粮油产业化龙头企业正常生产经营所需的短期流动资金贷款、流动资金循环贷款，固定资产购置、技术升级改造、技术研发引进、粮食生产基地建设和食品安全及检测能力建设等中长期贷款，以及龙头企业开展粮食订单收购和粮油工程建设所需资金，并争取地方政府安排专项资金，给予专项补助或贷款贴息。三是尽快落实国家已安排的粮库、储油罐和粮食烘干项目建设，抓住国家扩大内需的机遇，争取中央和地方政府对基层国有粮食企业仓储物流设施维修和建设的支持，进一步增强企业仓储和购销能力。

（二）鼓励其他所有制粮食企业的发展

自 2004 年我国全面放开粮食购销市场后，粮食收购企业不再限定所有制性质，既可以是国有企业、集体企业，也可以是农户、私营粮商和外资企业，经过近十年的发展，其他所有制粮食企业成为我国粮食市场主体的重要组成部分。据国家粮食局数据显示，截至 2008 年，全国具有粮食收购资格的各类粮食市场主体达到 77498 家，其中 70% 以上是多元主体。[①] 其他所有制粮食企业比重的增加，充分说明了其在粮食市场主体中的重要地位，因此，我国必须鼓励其他所有制粮食企业的发展，并为其发展提供有利条件。

一方面，鼓励农户、私营粮商、外资企业市场主体的发展，有利于形成竞争格局。在国有粮食企业占据垄断地位时期，国有粮食企业掌控着全国绝大多数粮源，因此，也就不存在实际意义上的竞争，企业内部普遍存在着依

---

① 《2009 年 1 月 12 日聂振邦局长在全国粮食局长会议上的工作报告》，http：//www. chinagrain. gov. cn/n16/n1077/n1617/n4295644/4298589. html，2010 年 9 月 3 日检索。

赖国家的老观念，从而也导致了所谓的"三老"问题。其他所有制粮食企业的发展，使市场主体趋于多元化，各主体公平竞争，国有粮食企业不再享有任何优惠政策，通过不断的改制，已于 2007 年实现了首次盈利。竞争对于各粮食市场主体的发展无疑是十分重要的。

另一方面，其他所有制粮食企业的发展适合现阶段我国粮食市场的发展需要。2004 年《国务院关于进一步深化粮食流通体制改革的意见》中强调，加快国有粮食购销企业产权制度改革，因地制宜实行企业重组和组织结构创新，推行股份制，使企业真正成为自主经营、自负盈亏的市场主体。目前，我国一直在强调国有粮食企业产权制度的改革，而私营、股份制企业正是国有粮食企业改革的一个方向，通过明晰产权，优化资源配置，真正达到保障我国粮食安全的总目标。

（三）借鉴国际经验，发挥专业合作社优势

粮农是我国粮食市场的主体，大力推动粮食市场体系的建设，需要把真正的粮农合作制引入农业产业化经营中，粮农专业合作社正是随着我国粮食市场体系的不断完善而发展起来的。粮农专业合作社[1]是指在农村家庭承包经营基础上，同类农产品的生产经营者或者同类农业生产经营服务的提供者、利用者，自愿联合、民主管理的互助性经济组织（黄珺，2009）。粮农因其经营规模小、提供商品数量有限、分布分散等因素，很难进入市场，"小生产大市场"的矛盾仍然存在，粮农以专业合作社的形式进入市场，在一定程度上弥补了自身的不足。因此，发挥粮农专业合作社优势，对于完善粮食市场体系的建设十分重要。

据中国农业部网站，截至 2010 年 7 月，我国已发展起来的各类专业合作社已超过 27 万家[2]，它们作为粮食市场主体的一部分，对于健全粮食市场体系发挥着重要的作用，其作用主要表现在以下三方面：一是降低交易成

---

[1]　粮农专业合作社的另一种解释是指两个或两个以上从事某一类农产品生产的农户或农民，为了降低生产成本，节约交易费用，增强对市场的应变能力，更好地发展专业生产，增加收益，按照合作社的基本原则自愿组成的一种合作组织。参见陈岱孙《中国经济百科全书》，中国经济出版社，1991，第 152 页。

[2]　顾仲阳：《农民专业合作社发展迅速，已超 27 万家》，http：//www.moa.gov.cn/fwllm/jrsn/201007/t20100719_ 1601677.htm，2010 年 10 月 3 日检索。

本。建立专业合作社，粮农联合起来集中进行信息搜集、价格谈判、合同签订、客户联络、纠纷排解、产品运销等交易环节，通过交易量的扩大而分散和降低市场交易成本。二是发布信息、提供服务。随着粮食专业化、商品化经营的发展，粮农对服务内容的需求日益多样化，集中的表现就是对服务的专业化、系列化要求越来越高。而专业合作社以其服务的专业性、开放性、垂直性等特点，集技术指导、信息传递、物资供应、加工销售、资金融通等服务功能于一体，从而成为农业社会化服务体系中一支充满活力的新生力量。三是增加盈利机会。就国际而言，粮食是一个弱质产业，而专业合作社是从事弱质产业的弱小经营者的协作联合，联合的过程就是一个由弱变强的过程：专业合作社可以通过科技服务，提高粮食的产出水平；通过销售服务，促进初级产品价值的顺利实现；通过加工服务，实现粮食转化增值；通过内部利益机制运作，扩大粮农受益的机会；通过联合协作，降低经营风险和交易成本等。

鉴于粮农专业合作社在降低交易成本、提供专业化服务、增加农民收入等方面的优势，我国必须合理地引导发展粮农专业合作社，在此，我们可以借鉴国外发展粮农专业合作社的成功经验，表 9-3 对国外的几种粮农专业合作社经营模式进行了比较。

发达国家粮食合作社的成功经验对于提高我国粮食专业合作社功能具有重要的启示作用：在农业产业化过程中，合作社可以有效地把分散的小规模农户与千变万化的农业市场连接起来，降低市场风险，发挥规模经济效益，增强其市场竞争和能力。我国具体应从以下几方面进一步发展粮农专业合作组织。

1. 转换合作社的经营机制，增强其加工增值能力

从传统功能看，农业合作社主要是为农户提供一种横向联合机制，以利于分散的农户参加市场活动。20 世纪 50 年代以来，发达国家的粮食合作社不断拓宽其业务领域，增加服务内容，逐步改进服务形式，进而提高了服务质量。横向合并，使合作社规模扩大，市场占有率有所上升；纵向一体化，拉长产业链条，使合作社的增值能力大幅上升，足以与垄断资本相抗衡（见表 9-3）。我国的粮农合作社要摆脱单纯原料生产者的地位，把发展纵向一体化经营作为努力方向，通过加工、配送等服务增加粮食的附加值，提高农业合作社的经营水平。

表 9 - 3　主要发达国家的农业合作社

国家及地区	合作社名称	职能	经营特点	备　注	共同点
欧盟	农业合作社	为粮食生产者提供产前、产中、产后服务,帮助农民增收	a. 横向合并。合作社之间通过合并,实现业务的集中,人员和机构的精简,资本规模的扩大,技术设备淘汰和更新,有效地提高了合作社的经济效率 b. 纵向一体化,合作社通过一条龙服务(收购、分拣、加工、销售),使农产品以最短的时间到达消费者手中	粮食流通的主体。	a. 在农业生产领域把农民组织起来,帮助农民快速进入粮食市场 b. 发挥合作社在信息收集、价格谈判、客户联络等方面的优势,降低单个农户在交易时的风险和成本 c. 发挥规模效应,提高整体效益 d. 大力发展粮农合作社的加工增值服务,使合作社拥有自己的产品,以便进一步发展
美国	谷物合作社	收购农民粮食,提供就近服务以及帮助农民进入粮食市场	a. 传统的粮食销售合作社将成员的粮食按品种和等级收集起来,由合作社决定销售时间和价格 b. 新一代粮食合作社拥有自己的粮食加工厂,实现粮食的转化增值,生产具有商标品牌的商品,向固定的销售渠道提供商品	合作社数量近2000个,控制国内谷物销售的50%,提供谷物总出口量的40%。	
澳大利亚	粮食协会	保护农民利益,通过与政府协商和控制农民选票,影响政府的粮食政策制定		代表澳大利亚75%的农场主,粮食协会设立粮食专业委员会,包括小麦管理委员会和大麦管理委员会。	
日本	农业协会	组织生产、提供服务、代销农产品、教育培训和信用及保险等业务,代表农民与政府制定农业保护政策,保护农民利益	a. 农业生产资料的合作购买和粮食的合作销售 b. 为农民提供信用保险服务 c. 对农户进行农业经营和科技指导 d. 农业设施共同利用	支撑粮食流通的重要组织基础。该组织分为基层农协、县农协经济联合会及全国农协联合会三级机制。	

资料来源:黄延信:《中国 - 澳大利亚粮食市场制度比较研究》,《中国农村观察》1997 年第 1 期,第 12 ~ 19 页;赵素丽:《发达国家管理粮食生产和流通的主要经验、做法及启示》,《宏观经验研究》2005 年第 6 期,第 59 ~ 63 页。表格由上述文献整理得出。

2. 加强政府对粮农专业合作社的支持力度

粮农专业合作社作为一种粮农自发形成的经济组织,尽管农民就其共同利益达成了共识，但在具体运行过程中仍可能存在诸多问题。在发达国家，合作社的发展壮大得益于政府和各利益集团的大力支持，就我国而言，加强政府对粮农专业合作社的支持显得尤为重要。粮食合作社虽然有着独特的经济、社会价值，但其客观上存在着投资积极性不高、市场竞争力不强的问题，因此，我国必须采取政府推动、引导和帮助的方式，在经济上对合作社给予扶持，从税收、财政、信贷、保险等方面鼓励其发展，增强其吸引力和带动力，并及时出台一些相关法律，保证合作社的合法地位和利益，推动合作社的健康运行。

3. 创新发展思路，提升发展空间

尽管合作社有其存在的合理性，但是合作社在市场经济条件下与国有粮食企业、其他所有制企业还是无法抗衡的，为了适应市场竞争的需要，合作社必须开展多种形式的合作制度，不断探索组织制度和运行机制的创新与完善。

4. 宏观调控上立足大局，发挥整合效应

粮食市场体系在经历了几十年的改革探索之路后，各市场主体逐渐发展成为成熟、独立的个体，并在市场运行过程中发挥着各自的优势，尽管就其个体而言，各市场主体之间存在激烈的竞争，但就其整体而言，它们的发展完善都是为建立健全粮食市场体系服务的，因此，必须以全局视角对各市场主体进行整合，形成互补优势。

市场主体整合是粮食市场化的自身要求。因而，对各粮食市场主体进行整合是促进全国粮食市场一体化的重要措施。目前，我国粮食市场的信息网络、交通网络、商业网络规模经济显著且趋于成熟，各主体可以从中受益：交通基础设施的完善、交通网络的形成，使交通运输能力提高，费用降低；信息网络的成熟使需求信号准确、及时地得以传递，从而促进价格的权威性、市场的统一性、运行的平稳性，实现商品流通的准确性；商业网络的完善使货币流通更加顺畅，能够满足更大更多交易的支付要求，为主体拓展生存空间。因此，市场主体走向整合是市场发展的自身要求。市场主体的整合使社会分工更明细，各主体的流通方式更多样化、交换更频繁，从而使各主体在整合中共同发展。

市场主体的整合只有遵循一定的原则，才能更好地发挥整合效应。一是突出个性，推动各市场主体培育自己的特色。各主体间的差异性是其整合的起点，而各主体的特色来自准确定位的发展方向。二是循序渐进。粮食市场主体是经济发展的结果。在生产力水平既定的条件下，交易成本的高低决定其市场的范围。如果超过主体支付能力而肆意进行整合，那么主体将退出市场，市场终将萎缩。因此，市场主体的整合并非一日之功，必须遵循与市场发育程度、经济发展水平相适应的渐进原则。三是政府合理干预，弥补市场缺陷。粮食市场主体无法选择最优发展道路，且其自我成长是一个缓慢的过程。这要求作为宏观调控主体的政府进行合理干预，弥补市场缺陷。

目前我国粮食市场主体的整合可以从结构性整合着手。粮食市场主体的结构整合是主体系统内的约束性整合，结构性整合可以分为纵向整合与横向整合两个层面。纵向整合是指粮食市场主体系统内不同层次之间的整合，主要表现为全国性粮食市场主体与区域性粮食市场主体、初级粮食市场主体的整合，其整合的目标是各司其职。横向整合是指主体内同一层面的整合。横向整合的目标是打破条块分割，按市场需要配置粮食市场主体。

二　完善多层次粮食市场体系

粮食市场体系的完善以市场载体（粮食集贸市场、粮食批发市场、粮食期货市场和外贸市场等）① 的发展为前提，建立和完善以粮食期货市场和全国性粮食批发市场为主导，以区域性粮食批发市场为骨干，以城乡粮食集贸市场和粮食购销网点为基础的现货与期货、传统与电子商务相结合的多层次粮食市场体系，从而为粮食市场主体进行粮食交易提供稳定的环境，保证粮食流通顺畅。

"十五"期末，我国各类粮食批发市场 600 多家，粮食成交量达 8000 多万吨，成交金额 1230 亿元，粮食期货合约交易近 25800 万手，交易总额达 53376 亿元，由此可见，我国多层次粮食市场体系已基本建成。各层次市场在粮食市场体系中有不同的定位和功能。粮食集贸市场是面向消费者的市场，是农民余粮出售和城镇居民口粮采购的主要渠道，在沟通产销、满足当地群众生活需要方面发挥着重要作用；它的主要缺陷是交易层次低、数量

---

① 粮食市场载体包括粮食集贸市场、粮食批发市场、粮食期货市场和外贸市场等（邓大才，2002）。

小、批次多、透明度差、辐射力和影响范围有限，无法形成反映粮食供求关系的权威价格。粮食批发市场是粮食的集散中心，主要在沟通大宗粮食交易、调节粮食供给、发现价格方面发挥作用，并承担国家和地方储备粮食轮换和陈化粮处理等任务，是国家对粮食进行宏观调控的主要载体，但现货市场本身也有很大的局限性，如只能反映即期需求，缺少分散风险机制。粮食期货市场是粮食远期价格形成中心，具有发现远期价格、回避交易风险等作用，可以弥补现货市场的缺陷。粮食电子商务市场是粮食市场在信息时代形成的新型市场，它是以信息流为核心、物流为根据、商流为主体的全新运作方式，在加强粮食市场信息网络建设、降低粮食流通成本方面做出了较大的贡献，但我国粮食电子商务的发展明显滞后，多数网站层次偏低，地区发展很不平衡，企业应用水平差。针对我国粮食市场的发展现状，要进一步完善我国的粮食市场体系，必须加强对各层次粮食市场的建设，使各层次粮食市场发挥其应有的功效。

（一）规范粮食集贸市场，加大管理力度

粮食集贸市场是整个粮食市场的基础，在我国粮食市场化的进程中发育最早、分布最广。虽然粮食集贸市场的辐射范围有限，每笔交易的成交量不大，但由于集贸市场和粮食生产者、消费者最接近，其交易方式为直接见面式，粮食集贸市场在一定程度上调节着一定范围内的粮食供给与需求。

粮食集贸市场作为粮食交换的初级市场，以其特有的方式，发挥着一定的作用。首先，有利于促进和引导粮食生产。粮食集贸市场点多面广，是农民和消费者进行交易的直接纽带，农民可以根据集市上粮食品种需求的变化和价格的涨落，适时调整自己粮食生产的品种结构。同时，集贸市场在一定程度、一定范围内反映了粮食的供求状况，农民可以根据集贸市场的供求信息，安排自己的粮食生产。其次，有利于对小范围内的粮食供需进行调剂。目前，我国粮食主产区和主销区存在数量和品种上的不平衡，这就产生了地区间粮食调剂的矛盾。尽管粮食批发市场和期货市场满足了大范围粮食的余缺调剂，但对于小范围的调剂却无法完全触及，而集贸市场的存在，就弥补了这个缺陷，使小范围的余缺调剂成为可能。最后，粮食集贸市场有利于粮食市场的繁荣。在市场经济条件下，各种经济成分、经营主体不需要任何资质条件就可以入市开展粮食购销，这样有利于活跃粮食流通，繁荣粮食市场。

　　近年来，粮食集贸市场发展迅速，在粮食市场中占有重要地位，但仍存在硬件设施落后、法规体系不健全、管理弱化等问题，需要从以下几方面做出努力：一是要加强粮食集贸市场的软硬件建设。按照"谁投资，谁受益"的原则，鼓励多种经济成分投资建设粮食集贸市场，完善各项功能，同时，健全粮食集贸市场的网络体系，收集、加工、整理、分析网络信息，指导粮食生产。二是加强法律法规建设。健全粮食集贸市场交易规则和法律法规体系，明确交易人的权利和应尽的义务。各有关部门要密切配合，把粮食集贸市场搞活、管好。尤其对各种违章行为，应就其情节的严重程度，根据相关法律法规严肃处理。维护流通秩序，保证粮食集贸市场的正常运行。三是强化对集贸市场的管理。坚持管放结合的原则，消除粮食市场自发调节的不利影响，保护正常贸易。

（二）整顿粮食批发市场，搞好规划布局

　　1990 年 10 月，我国第一家规范化的国家级粮食批发市场——中国郑州粮食批发市场的正式开业，对我国现代粮食批发市场发展具有里程碑的意义。自 2006 年起，国家分别将郑州粮食批发市场和安徽粮食批发市场确定为郑州国家粮食交易中心、合肥国家粮食交易中心，定点销售国家临时存储粮，从而形成了以两大中心为主市场，以若干省级市场为分市场的新格局。

　　粮食批发市场作为粮食市场的子系统，在粮食市场体系中发挥着极其重要的作用。一是理顺流通，调节供求。粮食批发市场使粮食交易相对集中在场内进行，利用批发市场中较为完善的交易机制，把粮食交易纳入规范、有序的轨道。同时，批发市场通过举办粮食交易会等，引导企业入场交易，为加强产销区之间的联系和协作起到了纽带作用。二是节约了交易成本，合理配置资源。粮食批发市场的建立和发展为买卖双方提供了一个进行粮食交易的平台，增加了客户的交易机会，提高了流通效率，节约了成本。三是有利于在一定范围内形成相对统一的价格，传递粮食市场的信息。粮食批发市场交易量大，交易规范，市场内价格能全面客观地反映粮食的供求情况，这不仅对粮食生产和经营发挥着引导作用，而且也为政府部门进行宏观调控提供了依据。四是充当国家调控粮食市场的载体。当市场调控作用失灵时，政府就可通过全国性粮食批发市场抛售储备粮等方式达到平抑市场价格、稳定市场的作用。

　　鉴于粮食批发市场在粮食市场体系中的重要作用，进一步推进粮食批发市场建设成为完善各层次粮食市场的重要工作。本研究提出以下对策建议：一是明确各类批发市场的划分和定位。以商流为主的全国性批发市场是全国的大宗粮食交易中心、价格形成中心、信息中心和国家粮食宏观调控的"支点"，必须要达到相当规模；全国性的粮食批发市场应在市场竞争中自然形成，不能完全由国家有关部门批准认定。区域性粮食批发市场主要面向本区域进行粮食交易和集散，可以是一个省或地区的，也可以是跨省或跨地区的，某些品种可以面向全国。在运行上，粮食批发市场应以粮、油现货批发交易为主，使商流和物流相结合，并有步骤地开展中远期合同业务。二是按照区域、商品自然流向和辐射面调整批发市场布局与结构。从我国的粮食生产、流通、消费和经济区划看，以商流为主的全国性粮食批发市场只需保留3~5家，大体分布在华中、中原、东北；交易品种各有侧重，主要是稻谷、小麦、玉米、大豆，但不宜人为地划定各市场的交易品种，例如，设在东北的全国性粮食批发市场，就可以同场交易稻米、玉米和大豆三个品种。其他以商流为主的粮食批发市场应向商流和物流相结合的区域性粮食批发市场转变。区域性粮食批发市场建设也要符合经济原则，切忌用"行政区域"取代"经济区域"，造成重复建设，浪费资源。对一些交易量少、辐射面小，相互距离较近的市场，要采取兼并、联合、关闭等办法进行整合，而缺少区域性粮食批发市场的地方要积极建设。三是健全各项规章制度和管理办法，提高市场管理水平、扩大市场功能、降低交易费用，靠规范化的管理和一流服务增强市场的吸引力和凝聚力，吸引广大经营者进场成交。四是明晰市场产权制度和性质，借鉴国外经验，探索市场主办单位股份制和会员制改革的路子，促进市场投资主体多元化，将市场逐步由"行政主办型"转为"企业主办型"，提高市场运行效率。

（三）发展粮食期货市场，完善市场功能

期货市场是在现货市场发展的基础上产生的，我国粮食期货市场最早源于1990年郑州粮食批发市场在小麦交易中引进的期货交易机制。1993年5月28日，在郑州粮食批发市场基础上建立了郑州商品交易所（CZCE），正式推出小麦（白麦）、大豆、玉米等期货交易品种，这标志着中国粮食期货市场的建立。1993年6月30日，上海粮油交易所（SHFE）也开始小麦（花麦）、大豆、大米、豆油等粮油期货交易。此外，大连商品交易所

（DCE）推出了谷物期货交易，一系列期货市场相继建成。[①] 据统计，"十五"期末，粮食期货合约交易近 25800 万手，交易总额达 53376 亿元（白玉兴等，2009）。

粮食期货市场是市场制度的创新，是现货经营者进行价格发现、套期保值[②]、规避现货风险的有效手段。以 2000 年黑龙江省对轮作区的 400 万亩大豆实行"订单生产"为例，在大豆播种前，大商所 2000 年 11 月和 2001 年 1 月大豆期货价格已经上涨到 2400 元/吨，省农垦集团下属农场根据期货价格进行测算，扣除由产地到大连的运费以及其他整理费用约 300 元/吨，倒推回产地收购价格约为 2100 元/吨。于是农场以 2000 元/吨的价格与农民签订了合同，并在大连期货市场上进行了卖出套期保值，锁定利润 100 元/吨。后来，由于市场变化，现货价格跌到 1800 元/吨（农民的种植成本一般在 1800 元/吨），但农场和农民的利益都没有受到影响。粮食经营者成功利用期货市场规避了市场风险，由此可见，期货市场为现货市场有效避险寻找了出路，成为粮食市场上不可或缺的组成部分。进一步发展粮食期货市场，需从以下几方面着手。

1. 增加粮食期货交易品种

目前我国期货市场上的上市交易品种只有十几种，造成很多农产品和工业品的价格风险没有转移的场所和机会，远远不能满足众多需要进行套期保值交易来规避现货市场价格风险的生产经营者的需求，制约了期货市场套期保值作用的发挥。我国粮食期货市场要想巩固发展，就必须不断开发新品种，尤其是开发生产量和消费量大的大宗商品。当前粮食期货品种创新的空间十分巨大，应尽快开发并使那些条件成熟的品种上市，特别是市场化程度高，在国民经济中作用明显的粮食品种。例如，2009 年 4 月，我国最大粮食品种期货交易早籼稻期货在郑州商品交易所上市交易，早籼稻作为稻谷中一个市场化程度较高的品种，它的上市不仅填补了我国大宗粮食品种没有稻

---

① 《中国粮食期货市场的现状与问题》，http：//www. qikan. com. cn/Article/lsjc/lsjc200816/lsjc 20081630. html，2010 年 8 月 30 日检索。

② 套期保值：买进或卖出与现货市场交易数量相当，但交易地位相反的商品期货合约，以期在未来某一时间通过卖出或买进相同的期货合约，对冲平仓，结算期货交易带来的盈利或亏损，以此来补偿或抵消现货市场价格变动带来的实际价格损失或利益。参见 http：//baike. baidu. com/ view/15549. html？wtp = tt。

谷期货交易的空白，也使我国成为世界上第五个上市稻谷类期货的国家，有利于逐步形成稻谷的"中国价格"，有效维护了国家粮食安全。

2. 进一步完善期货市场的监管机制和自律机制

首先，充分发挥粮食期货市场交易所和期货行业协会的作用，逐步取消对交易所的不合理限制，协调其与证监会之间的权力分配；建立统一的自律体系，协调好粮食期货交易所与期货公司、中国期货业协会和地方期货业协会之间的关系等。其次，提高监管效率。加强实时监控，严控虚假开设或多头开设期货账户、资金账户等现象；丰富监管手段，赋予相关监管机构行政裁量权等。最后，完善中小投资者制度保障体系。完善投资者教育机制，提高投资者理性投资意识；完善投资者诉讼与赔偿机制，当投资者权益受到侵犯时能真正得到法律的保护，并获得相应赔偿等。

3. 继续优化粮食期货市场的运行体系

一是培育机构投资者，改善市场主体结构。逐步放开资金准入限制和投资者准入限制，大力培育大型期货公司和期货投资基金等机构投资者，这对稳定期货市场起着至关重要的作用；鼓励和支持国有粮食企业（粮食购销企业、粮食加工企业、饲料企业）根据自身实际情况，积极参与套期保值交易。引导有条件的农业产业化龙头企业积极参与期货市场。加快建立农工商联合企业，积极推动多种形式的农业产业化模式发展，鼓励订单企业利用粮食期货市场转移风险。鼓励农民合作经济组织和行业协会更好地利用粮食期货市场，使广大农民能通过这些中介了解市场信息，逐渐参与期货市场。二是适时推出期权等衍生工具。期权交易能有效地锁定市场参与者的成本，是一种理想的再保值工具，对机构投资者和套期保值资金等显得尤其重要。适时推出期权等衍生工具，已成为我国粮食期货市场发展能否再度取得突破的关键。三是继续深化粮食流通体制改革，发挥粮食期货市场的信息导向和规避风险的作用。深化粮食流通体制改革，实现粮食购销市场化目标，实现粮食现货市场与期货市场的有机结合。充分利用粮食期货市场发挥其价格发现功能和风险规避功能，及时传递准确的信息，从而引导生产者调整和优化粮食生产结构。

4. 加快粮食期货人才培养

采取多种方式培养和引进粮食期货管理人才及专业人才，为我国粮食期货市场发展提供智力支撑。构建合理的粮食期货人才激励机制，鼓励高等院校尽快开设相关粮食期货相关专业，加强国内三大粮食期货交易所、相关高等院校、公司与国外粮食期货市场的联系，尽快培养粮食期货技术人才，推动中国粮食期货市场的健康发展。

（四）推进粮食电子商务市场，发展新型交易模式

电子商务是一种以互联网为基础、以交易双方为主体、以银行电子支付为手段、以客户数据为依托的全新商务模式。粮食作为一种战略物资，其流通备受国际关注，我国也一直在探索粮食流通的新途径，粮食电子商务市场应运而生。

目前，我国粮食电子商务市场是典型的 B2B 运营模式，即粮食的买卖双方都是企业。2000 年，我国第一家粮食电子商务网站——中华粮网正式成立，它是集粮食 B2B 交易服务、信息服务、价格发布、企业上网服务等功能于一体的粮食行业综合性专业门户网站，自此拉开了我国粮食电子商务市场发展的序幕。经过十几年的发展，粮食网上交易初步走上了较为规范的运行轨道，其网上交易的一般流程如图 9-5 所示。

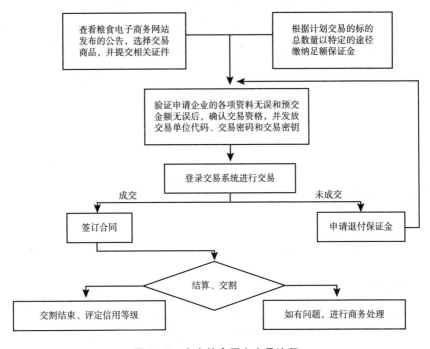

图 9-5　大宗粮食网上交易流程

从图 9 - 5 可以看出，粮食电子商务市场实现了粮食交易过程中商流、物流、信息流和资金流的有机结合，大大降低了交易的成本，买方可利用互联网掌握大量的粮食交易信息，可以足不出户、货比三家，选择合适的商家进行交易，卖方则可以以"价值链"为纽带，实现产供销一条龙服务，最大限度地减少中间环节，从而提升行业的整体优势。

粮食电子商务市场是粮食行业未来发展的趋势，如何有效利用电子商务平台实现粮食流通，使电子商务服务于传统粮食企业，实现传统与现代的结合，是政府需要重新审视的问题。

要进一步推进粮食电子商务市场的发展，必须做到以下几个方面：首先，加强对粮食电子商务市场的发展规划。电子商务作为新兴行业，它的发展必须得到有关部门的大力支持，不仅需要建设必要的信息基础设施，包括信息传输网络的建设、信息传输设备的设计、业务管理软件系统的开发应用等，而且要完善相应的电子商务法律法规，保障粮食网上交易的安全性。其次，探索新的大宗粮食交易机制。粮食行业运用电子商务交易平台开展大宗粮食交易具有较强优势，可设计出与期货市场相互转换的交易机制。当卖方企业在期货市场需要进行实物交割时，可以通过粮食现货电子商务交易采购，转化为仓单；当期货市场买方企业不便提货或卖方企业需要销售期货仓单时，可以通过粮食现货电子商务交易卖出。这种新的交易机制将成为现货与期货市场的纽带，是粮食电子商务交易的方向。再次，构建粮食批发市场新格局。粮食批发市场作为粮食市场体系的重点，可以通过电子商务的运用，对交易信息、交易价格进行合理的资源整合，构建粮食网上流通的新格局。最后，加快粮食物流建设。电子商务的发展在很大程度上依赖物流建设，发展第三方粮食物流，缩短供应链，寻找新的利润源泉。

三　构建连锁营销网络

"连锁"是将共同进货、统一配送、统一质量标准、统一价格标准、统一核算、统一管理或授予特许经营权经营内涵连接起来，共享规模效益的一种商业组织形式和经营方式（刘雨田、李权根，1996）。建立以生产区和主销区为依托、产供销一体化的大型粮食企业集团，应大力发展规范化的连锁营销网络，形成全国统一的大市场。

连锁营销作为粮食流通过程中产生的一种新型经营方式，有利于企业在日趋激烈的市场竞争中稳操胜券，更重要的是能赢得较好的社会效益，为居民提供品种繁多、适销对路而又物美价廉的商品，从而满足居民的消费需求。本研究以包头市粮食零售企业实行的连锁经营为例，分析构建粮食连锁营销网络的优势。

包头市粮食零售企业连锁经营新探索

1997 年包头市在市三区粮店连锁经营试点基础上，成立了家乐粮油食品总店，将分别隶属市三区粮食分局的部分粮店，采取资产、人员一次性划转的办法，经过统一装修、改造后相继开业。在总店领导下，实行了商品采购、配送、价格、管理、核算等六个方面的统一，采用了开架自选的现代化营销方式，经过近一年的发展，到 1998 年，连锁店已发展到 43 家，其中直营店 34 个，加盟店 9 个，形成了遍布全市的销售网络，现有在册职工 420 人，资产 1800 万元。

家乐粮油食品总店将一个个势单力薄、竞争乏力的小型门店，通过连锁，形成了一体化规模经营，提高了市场竞争能力和抵御市场风险的能力。总店对各连锁店实行统一管理，将零售经营活动按照购进、保管、配送、销售等专业环节制定工作标准，明确岗位职责，树立全店一盘棋的管理思想。通过连锁营销方式，家乐粮油食品店降低了营运成本，增加了企业效益，将真正的实惠给予消费者。如通过统一采购、配送商品和统一定价，使采购商品形成了批量，可以得到优惠价格，减少运输费用；统一组织营销策划、广告宣传，投资相对较少，各店可以共同受益；将降下来的费用让利于消费者，可加速资金周转。同时，商品可以店间调配，减少积压，降低经营费用。据统计，总店流动资金 300 万元（包括贷款、借款），直营店 34 个，平均每个店占用资金不足 10 万元，月均销售额却达 120 万元左右，比单店资金运行仅利息一项每月节约支出 1.2 万元。

资料来源：粮食零售业连锁经营的新探索，http：//www.xinyuwen.com/cf/ShowArticle.asp？ArticleID = 89959，2010 年 10 月 5 日检索。

从以上案例分析可得，粮食连锁经营通过统一经营管理，实现了总店和各分店之间的规模经济，从而大大降低了粮食交易过程中的成本。同时，连锁网络的形成有利于粮食的合理调度，以满足消费者的需要。由此可见，连锁营销作为一种有效的经营方式，它对于加速粮食流通、降低企业成本有着重要的作用。我国在发展粮食市场体系的过程中，应该根据我国的国情和粮情大力构建全国性的粮食连锁营销网络，充分发挥其经营优势，具体要从以下几方面着手。

（一）减企增点，实现网络化

按照经济区划整合、减少粮食企业数量、扩大企业规模，以一个本部为基础，跨区域、跨省份构建不同的经营网点，同时，增设农村服务网点，即在行政村或大村增设不同服务形式的农村服务网点（可统称为连锁服务店），形成城乡一体化的粮食连锁营销体系。

（二）发掘内部潜力，搞好配送中心

完备的内部运作机制、健全的配送中心是成功实现连锁营销的关键所在。美国著名的连锁商业公司沃尔玛以其先进的物流配送系统、合理的分销管理计划，成为世界上最大的连锁零售企业。就我国粮食实现连锁经营而言，应当着眼于行业内部的专业分工与协作，立足粮食储运企业现有仓容和储运设施，通过必要的更新改造和配套完善承担粮食连锁经营中的配送业务，以现有场地、仓容和设施，改造、改建成配送中心，以充分发挥粮食仓储运输企业的经营潜力，这是挖掘企业现有资源内部潜力，节约连锁经营成本的有效途径。同时，还应在连锁部门之间建立完善的信息管理系统，打破"部门割据"，以便掌握粮食的供求信息，实现即时统一调运。

（三）转换经营机制，突出经营特色

连锁经营不仅仅是经营网点的结合，更重要的是"质"的提高。也就是说，实行连锁经营起点要高，要着眼于大市场、大流通、大商业，致力于理顺内部经营关系，拓宽经营内容，扩展营销市场，推进制度建设，转换经营机制，提高整体水平，以利于创造良好的规模经营效益。粮食企业实行连锁经营，应做好市场定位，找准相应的切入点，使连锁企业能以适度的辐射范围服务于我国的粮食市场。

第五节　加强粮食加工体系和物流体系建设

粮食加工和粮食物流是粮食市场体系建设中极其重要的两个环节，粮食加工是连接粮食生产和消费的纽带，是实现粮食增值的必要工序，而粮食物流则是粮食流通顺畅的保障，因此，加强粮食加工体系和物流体系建设显得尤为重要。

一　加强粮食加工体系建设，增加粮食附加值

（一）粮食加工业在粮食市场中的作用及其现状

粮食加工作为粮食从生产到消费的中间转换环节，在粮食流通过程中起着举足轻重的作用。在粮食市场上，粮食需求主要是由生活用粮和生产用粮构成，生活用粮包括城镇居民口粮和农村居民口粮消费，生产用粮主要包括饲料用粮、工业用粮和种子用粮等，粮农生产的粮食必须通过粮食加工转化制成半成品粮、成品粮、粮油食品及其他产品，才能最终满足生活、生产需求。粮食加工业作为连接生产与消费的纽带在粮食市场中发挥着重要的作用。

首先，粮食加工业是粮食再生产过程中的重要环节，是国民经济的基础性行业。它是粮食产业化链条中不可缺少的一环，是粮食产业化经营中产加销一体化经营的客观要求。其次，在产业划分上，粮食加工业属于食品工业，介于第一产业和第二产业之间，有"1.5产业"之称。因为粮食加工业一头连接粮食生产，牵动着农户，另一头连接城乡居民的餐桌，关系粮食生产者和消费者的利益，是粮食生产到消费之间的一个重要环节，也是粮食流通的重要组成部分。最后，粮食通过加工特别是精深加工可提高产品的附加值，粮油加工业吸纳了机械制造业、化工、生物、信息等新的技术成果，产品科技含量相对较高，经济效益显著。以玉米深加工为例，玉米（产值为1.0倍）→淀粉（1.2倍）→高果糖浆（1.5倍）→变性淀粉（2~4倍）→乳酸（2倍）→聚乳酸（4倍），经过精深加工，玉米的产值提升了3倍。

目前，我国现代粮食加工业的总体水平低，产品加工深度不够，加工转化和增值率低。这首先表现在加工总量不足。以粮食为例，我国粮食产品加

工率只有 40% ~50%，其中二次以上深加工仅 20%，粮食加工业总产值与农业总产值比例为 0.43:1，而发达国家的农产品加工率一般在 90% 以上，农产品加工产值大多是农业产值的 3 倍以上。① 中国粮食产品加工总量不足，直接导致加工总产值偏低。其次是粮食加工企业规模化水平和科技水平偏低。中国粮食加工企业数量超过世界上任何一个国家，但多为中小型企业。发达国家的粮食加工业已经是一个技术密集型的高科技集约配置体系，而中国现阶段粮食加工业还基本上是劳动密集型的诸多分散的中小实体的集合。中国目前粮食加工企业的技术装备水平 80% 处于 20 世纪七八十年代的世界平均水平，15% 左右处于 20 世纪 90 年代的世界平均水平，只有 5% 左右达到世界先进水平②，这直接导致产品国际竞争力不足。同样是由于企业规模小和科技水平低，精深加工能力自然不足。仅就一般的稻谷加工而言，中国的稻谷加工还大多停留在"磨、碾"的水平，碎米和杂质含量高，品种混杂，口感与食用品质低；而外国稻谷制米加工有精碾、抛光、色选等先进技术处理，成米一般可分成十几个等级，使用功能确切，食用质量好，整齐度高，可满足市场的多样选择，适于优质优价。再如中国的大豆加工技术只能开发出两百多个加工品种；美国大豆加工技术已能开发出两万多个加工品种，而且这些深度加工开发技术大多已在加工企业中推广。由此可见，我国粮食加工业较世界先进水平相对落后，提升空间很大。

（二）提升粮食加工能力的对策建议

1. 做大做强龙头企业，促进粮食加工业快速发展

围绕小麦、稻谷、大豆等主导产业，做大做强粮食加工企业，提高粮食的附加值。在小麦加工方面，要培育和支持重点龙头企业发展专用粉和深加工产品。在稻谷加工方面，要优化布局、重点扶持米糠稻壳综合深加工利用项目。在大豆加工方面，依托高蛋白、高油和非转基因优势做大初加工部

① 《我国粮食供应链问题研究》，http://www.chinagrain.gov.cn/n16/n1092/n315206/n2095791/n2095845/2114315.html，2010 年 8 月 30 日检索；《黑龙江省粮食局课题组关于发展粮油加工业推进粮食产业化经营》，http://www.chinagrain.gov.cn/n16/n1062/n1212/9531.html，2010 年 8 月 30 日检索。

② 南京财经大学经济研究所：《中国粮食产业化经营战略研究》，http://www.chinagrain.gov.cn/n16/n1092/n315206/n2095791/n2095845/2145590.html，2010 年 8 月 30 日检索。

分，做强精深加工，限制和淘汰落后生产能力。与此同时制定粮食加工业优化升级方案，探索粮食加工企业与农户直接进行交易的新型交易模式，通过"公司＋协会＋农户"、"公司＋基地＋农户"、农民入股等方式加强产销关系的稳定性，从而促进粮食加工业快速发展。

2. 加快粮食加工企业资产重组和制度创新

通过龙头企业自身发展来实现扩张重组，同时采取租赁、收购、兼并、股份制、股份合作制等多种方式，推动粮食加工企业资产重组。抓住国有粮食企业改革的契机，促使龙头企业充分利用粮库、烘干等闲置资产盘活存量，创新体制机制，提高管理水平，加快粮食加工整合步伐，从而使推进粮油加工业发展的目标如期实现。

3. 改建现有粮食加工企业，延伸粮食加工产业链条

粮食加工产业的广阔发展空间得益于粮食加工业本身就是一个长链条的产业，通过延伸粮食加工产业链条，大力开发粮食产品的精深加工，提高产品的科技含量，提升粮食加工产业的整体竞争水平。粮食加工企业可以从横向和纵向两方面延伸其产业链条：就横向而言，可以发展分支机构、进行服务拓展或业务外包等；就纵向而言，粮食加工业可以扩展其与上游企业和下游企业的经营范围，采取开展中介服务、发展订单农业或基地农业、进行精深加工、直销或进军连锁超市等，形成产业化经营格局，如图9-6所示。

粮食企业可通过以下途径延伸粮食企业加工产业链条。首先，各主产区可利用原粮的产量、质量、品种等资源优势培育粮食深加工产业链。如水稻可向精细食品、医药、保健、能源延伸；大豆可向保健、医药、化工、纺织延伸；玉米可向医药、燃料、酒类酿造、化工等领域延伸；杂粮可向精品、饮品、复合食品等领域延伸。通过深加工产业链条的延伸，可以使粮食加工产业向具有高端竞争优势的产业升级模式发展。其次，应用高新技术，注重粮食加工副产品的综合利用，进行广度开发。如对米糠、稻壳、豆粕等副产品进行开发和深加工可以大大提高粮食加工副产品的增加值。最后，大力发展饲料生产与开发。中国饲料工业1980～2002年的情况相当于美国、日本等工业发达国家20世纪60～70年代的发展水平，因此，饲料工业在中国有很大的发展空间。应充分利用粮食资源，推动粮食加工产业增值，提高国内饲料市场占有率。

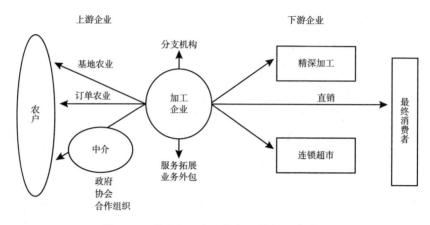

图 9 - 6　粮食加工企业纵向、横向拓展模式

资料来源：南京财经大学经济研究所：《中国粮食产业化经营战略研究》，http：//
www. chinagrain. gov. cn/n16/n1092/n315206/n2095791/n2095845/2145590. html，2010 年
8 月 30 日检索。

4. 整合粮食加工企业资源，构建产业集群

粮食加工产业整体上较分散，中小加工企业数量多，加工能力过剩，企业生产设备与技术水平落后，总体生产水平较低，产品结构不合理等问题比较突出。数据显示，2005 年末，粮食加工企业 4600 家，但规模以上的加工企业仅占 14.34%，粮食加工企业的设备利用率平均水平为 50% ~60%，有的仅为 30% 左右，加工能力过剩，产品结构不合理（徐小平、李桂荣，2007）。要想提高粮食加工业的整体竞争能力，必须有效地整合粮食加工企业资源，构建产业集群，即把与粮食加工产业相同、相近和相关的要素、企业聚集在具有优势的地方，同时把相关服务业吸引进该地，从而形成一个高效运营的粮食加工产业经济群体。

构建产业集群，可以选择以"轮轴式"产业集群为主，"网状式"产业集群为辅的产业集群形式。"轮轴式"产业集群是以大企业为轴心，众多中小企业拱卫环绕的产业集群。可以通过率先发展起一批大规模的、现代化的粮食加工龙头企业，充分发挥大型企业品牌竞争优势和集团化带来的专业化、规模化效益，并发挥大型企业高新技术上的示范作用、带动作用和凝聚作用，取得规模效益以提高粮食加工企业的综合竞争力。

通过多元化的投融资体制促进产业集群的形成与发展，提升粮食加工产业的整体竞争水平。具体来说，可以大胆探索以下 4 种投融资方式：以政府资金扶持竞争性领域，实行间接投资；以政府资金启动民间投资的市场化运作方式；促进国家资金良性循环、有效使用的有关体制、机制的探索；探索政府投资方式，完善相应的决策程序和监督、评价机制。

在我国某些条件适宜的区域，通过规划和发展一批粮食加工产业集群，将会有力促进粮食加工业的整体升级，对解决"三农"问题和保障国家粮食安全发挥应有的作用。

综上所述，我国粮食加工业与发达国家相比还有较大差距，粮食精深加工技术水平落后，但同时，我国粮食加工业具有很大的发展空间，要想充分挖掘原粮产品的附加价值，提高粮食企业的盈利水平，必须大力发展粮食加工企业。这就需要国家以及各级地方政府、相关企业共同努力，对现有粮食加工企业进行合理改制，发展新型粮食加工企业，引进先进技术研发农业生物技术，争取在最短的时间建立适合我国国情、充分发挥我国优势的现代粮食加工体系。

二　加强粮食物流体系建设，搞活粮食流通

（一）建设粮食物流体系的必要性及其现状

粮食物流作为全社会物流的一个重要组成部分，在实现粮食流通中一直发挥着重要的作用，因此，备受政府和企业的重视。下文将从粮食物流的相关概念着手，阐述粮食物流体系建设的必要性，并针对我国当前粮食物流的发展现状，发现粮食物流体系存在的不足并提出相应的对策建议。

1. 相关概念

粮食物流是指粮食从生产、收购、储存、运输、加工到销售服务的整个过程中的实体运动以及在流通环节的一切增值活动。它是涵盖了粮食运输、仓储、装卸、包装、配送、加工和信息应用的一条完整的环节链（侯立军，2002）。粮食物流是一个全局性的概念，它不仅仅是传统意义上的粮食运输，而且是粮食生产布局和品种流向的确定、粮食实体运动所必需的装卸存运及粮食加工增值的环节链系统，因此，在加强粮食物流体系建设的过程中，必须以整体视角完善粮食物流的各个环节，强化粮食物流效率。

粮食物流中心是发展粮食现代物流的重要内容。从某种意义上来讲，粮

食物流体系的发展规划就是粮食物流中心的规划，因此，有必要对粮食物流中心做一个科学的界定。国家标准《物流术语》将物流中心定义为：从事物流活动的具有完善的信息网络的场所或组织。而且应符合下列要求：主要面向社会提供公共物流服务，物流功能健全、辐射范围大，存储、吞吐能力强，能为转运和多式联运提供物流支持，对下游配送中心提供物流服务。而粮食物流中心是指接受并处理下游用户的粮食订货信息，对上游粮食供应方的大批量粮食进行集中储存、加工等作业，并向下游用户进行批量转运、配送的场所或组织（胡非凡、施国庆、吴志华，2007）。

2. 建设粮食物流体系的必要性

首先，加强粮食物流体系建设有利于促进粮食行业结构的调整和优化，节约粮食流通费用，增加粮食供给。搞好粮食物流体系建设，有利于粮食系统根据粮食商品流通的实际需要和市场经济规律合理规划粮食仓、厂、站、点布局，加大对短缺的粮食基础设施建设的力度，调整和压缩过剩的基础设施和生产加工能力，并按节约费用和提高效率的要求，促进粮食流通各环节的协调运作。其次，搞好粮食物流体系建设，有利于粮食系统根据行业特点和实际需要设置组织机构，使粮食物流协调有序、运转灵活。最后，搞好粮食物流体系建设还可促使粮食企业加大技术引进力度和新产品开发的投入，在粮食的深加工、精加工和综合利用上采取切实措施，提高粮食加工增值水平。

3. 粮食物流体系的建设现状

我国政府及有关部门对粮食物流工作一直给予高度重视，无论是在计划经济时期还是市场经济条件下在组织粮食物流上都做了大量的工作。特别是在市场经济条件下，随着粮食经营的放开，粮食物流环境发生了很大变化，不可控制因素变得更加复杂，科学组织粮食物流的难度越来越大。尽管如此，政府部门和粮食企业对粮食物流工作的重视并未改变，对在粮食市场主体多元化情况下如何推进粮食物流的科学运作进行了一系列有益的探索。具体表现在：通过明确将国家扶植的粮食品种按保护价收购等措施，推动粮食种植结构的调整，为粮食物流的合理化提供优质粮源保证；加大投资力度新建了数百亿千克的仓容并配备了先进的技术设备和管理手段，对一些旧的粮仓进行了必要的改造，使物流作业衔接、配套，提高了粮食储运环节的机械化、自动化水平，并通过东北、长江、西南、京津四大走廊建设实现了公铁、水铁运输方式的一体化，直接提高了粮食物流效率；通过改组、改制，对粮食工业企业的资源进行重组，淘汰落后的生产能力，使资源发挥最大的效率。在继续推广深加工、精加工的基础上，加大对副产品的综合利用和新产品开发的研究，在粮食加工增值的同时，也做到了资源的合理利用。

然而，我国目前的粮食物流仍存在许多同市场经济要求不相适应之处。粮食生产布局不尽合理，"大而全""小而全"的种植结构在一些地区仍然存在，区域间违反流向的粮食实体运动时有发生。政府对粮食物流市场投入少，缺乏统筹规划，粮食仓容总体不足，露天存放还有不小的数量，粮食主产区库存压力较大，而一些销区仓容利用率还不到70%。粮食运输多头组织、各自为政，重复装卸、对流、倒流及回程空载现象比较严重。加工网点虽经重组、调整，仍存在过于分散、布局不合理、开工不足、设备利用率不高的问题，尤其是新产品开发、副产品综合利用方面与发达国家相比差距十分明显。这些问题不管是遗留的、还是在改革中出现的，都需随着粮食流通体制改革的不断深化和完善逐步予以解决，使粮食物流科学化、规范化真正成为现实。

（二）粮食物流案例分析

通过案例可知，北良公司发展粮食物流的过程中，在充分利用自身所具有的区位优势和市场优势的基础上，积极挖掘发展现代粮食物流所需的软硬件条件，从而使其在我国粮食物流领域中处于领先地位。首先，北良公司对粮食物流的基础设施进行了大力改进，包括粮食的装卸和转运工具、粮食检验监测设施等，为开展粮食物流提供了基本的保障。其次，加强了对物流信息平台的建设。北良公司充分运用计算机网络技术，将各港口、仓库的信息予以整合，实现了跨地区的物流作业，保障了商流、信息流、资金流的顺畅。再次，北良公司大力发展第三方物流，以专业化的物流操作流程为粮食购销企业提供物流服务，而公司则通过规模优势赢得发展。最后，北良公司建设了国际物流园区，将众多物流企业聚集在一起，实行专业化和规模化经营，发挥整体优势，促进了物流技术和服务水平的提高，从而加快了北良公司整个粮食物流的运作效率。

北良公司发展现代粮食物流的成功案例,可以为完善粮食市场体系中物流体系的建设提供借鉴。在此案例基础上,可以试探性地提出一些提升我国粮食物流水平的对策建议。

北良领跑中国粮食物流

大连北良有限公司(简称"北良公司")成立于1993年,在十几年的发展过程中,北良公司积极挖掘自身资源优势,不断的深化改革,成为国内粮食物流的"领跑者"。北良公司之所以在粮食物流领域占据优势地位,除与其区位优势和市场优势有关,还得益于北良公司一直致力于现代粮食物流的开拓发展。

1. 区位优势

北良所在的大连,是我国东北的粮油集散地和交易中心,以我国"大粮仓"东北三省加上内蒙古东部地区的粮食产量,占全国的18%~20%,东北粮食大部分通过大连实现北粮南运,内销到南方或出口到韩国、日本、东南亚及世界各地。同时,大连有著名的大连商品交易所,北方粮食批发市场和粮油仓库群、加工群,形成了完整的国内外互相联结的粮油流通链。

2. 市场优势

东北地区不仅是粮食的主产区,同时还是一个大有潜力的大市场。作为一个老工业基地,东北地区有1亿多人口,随着近年来经济的高速发展,东北农民的收入仅次于东部沿海地区。有专家预测,东北农民的购买力将进一步提高。这使北良不仅具有出口优势,也有巨大的进口潜力。

3. 现代粮食物流的发展

(1)专业性基础设施建设。北良公司在充分利用其区位和市场优势的同时,大力发展粮食物流的基础设施。北良公司在装卸、转运、仓储、计算、检验、粮情监测等各环节,拥有自动化控制及配套的东北产粮区60个铁路中转库和270个产区收纳库,同时,配备了将近1800辆散粮专用运输车,具有运输成本低、集港速度快、装卸效率高、粮食损耗小等特点。这些基础设施的建设为其自身发展物流提供了基本保障。北良公司在向现代物流企业过渡的过程中,对粮食物流的硬件设施做了进一步的改进。1999年,北良L18新型散粮专用车投入运行,由于L18车装卸作业效率高、车辆周转快，大大促进了北良公司粮食运转效率。自 2003 年 4 月份以来，北良先后开通了从黑龙江、吉林两省粮食产区直达北良港的 10 个"散粮班列"或固定循环车组，从而使东北走廊粮食外运铁路运行周期缩短了一半以上，每吨粮食的铁路运输成本下降了 45 元左右，打开了我国散粮铁路运输的新局面。

（2）储运方式改进。长期以来，我国粮食储运一直是传统的袋装方式，这种运输、装卸、包装成本高、损耗大的方式，早已为发达国家所摒弃。针对这一国内相对落后的局面，北良加紧了国际化的建设步伐，一改传统的以包装为主的粮食储运方式，取消了包装物，实现了粮食物流的散装、散卸、散储、散运"四散化"。据有关人士统计，东北地区通过北良港及其铁路专用车中转储运粮食，平均每吨粮食可节省港口装卸费用、包装和搬倒费用近 70 多元人民币；运输中的损耗也由袋装的 5%～8% 降低到 0.2%～1%，每年为社会创造效益在 10 亿元以上。

（3）信息资源的整合。随着 IT 时代的来临，信息化越发凸显其重要地位，北良公司逐渐加速自身信息化建设的进程。目前北良公司创建的物流信息平台将适时显示产区库容、港口仓容、销区库容以及产区到港口的车辆运转、船舶动态，将产区与销区之间的物流、资金流和信息流有效地结合了起来。作为北良临港产业兴起的另一个标志，投资 3500 万元兴建的物流信息平台，为北良在现代化物流系统领域增加了又一份能量。这个物流信息平台运用了先进的计算机技术、网络技术、通信技术构建跨地区、跨行业的物流生产系统，将库、港及其相关各项设施有机地联系在一起，将北良公司已有的硬件基础设施优势提升为系统优势，实现跨地区物流作业，从而保证商流、物流、资金流的顺畅。信息平台的建设，使北良公司成为一家传统储运经营业务与信息技术紧密结合的现代化大物流企业。

（4）第三方物流的发展。为了更大程度地开拓市场、挖掘潜力，北良领导层对北良在第三方物流领域发展的可行性做了充分的调研和分析。调查显示，作为北良客户的粮食企业，其主营业务本身是粮食的购与销，其利润就是去除中间环节费用的差价。就目前来说，大部分粮食企业在粮食购销业务的同时，不得不使用的人力、物力、财力去完成粮食从产区到销区的物理性移动。而作为专业性的物流公司，北良完全可以发挥自身的独特整体资源优势，凭借规模优势"多、快、好、省"地完成这项工作。同时，发展第三方物流能增加北良的服务功能,从粮食的组织、运输、仓储、加工到报检及租船订舱,甚至对客户索赔工作的处理均可由北良第三方物流发展部来完成。第三方物流为粮食购销企业带来了新的"利润源泉",从而受到越来越多企业的欢迎,也成就了北良公司物流业的进一步发展。

(5) 物流园区的建设。为充分挖掘港口资源,北良把"建设国际物流园区,吸引投资"纳入企业发展战略。2002 年 6 月,北良国际物流园区如火如荼地开工了,这个物流园区规划占地面积 13.47 平方公里,计划在 5 ~ 7 年时间内投资 150 亿元,形成产值 500 亿元的产业规模。一年多过去了,以发展现代临港粮油加工业和综合物流业为主攻方向的北良国际物流园区已签约项目 15 个,总投资 35 亿元;已开工项目 8 个,完成投资 22.75 亿元。其中,与东北粮食产区和大连市相关企业合资建设的 35 万吨粮食中转库,北良公司独资建设的 3 万吨级植物油码头及配套的 15 万立方米储油罐,与中石油和吉化集团合资合作石油铁路中转设施、北良物流信息平台运行中心等重大项目相继竣工并陆续投入使用;外商独资 3000 吨大豆加工与筛选项目、与松源集团合资产的玉米筛选厂、与中石油合资建设的 4 个成品油码头及配套的储油罐区和管廊等一批有影响力的项目相继开工建设;完成了大型集装箱码头和 50 万吨原油码头、高科技生物食品集团的规划、设计、开工准备。

资料来源:《物流案例分析 – 北良领跑中国粮食物流》,http://edu.21cn.com/wuliu/g_70_245756-1.htm, 2010 年 10 月 9 日检索。

(三) 提升粮食物流水平的对策建议

1. 加快粮食物流基础设施建设,提高粮食物流效率

粮食物流基础设施的建设重点应放在"四散"上,增加散粮自动接卸、计重设备和专用运输工具,适度提高集装箱运粮的比重。搞好现代化粮库的物流配套设施,进一步加大改造力度,对已建成的粮食仓储设施,如浅圆仓等,应进行技术设施的配套,包括配备粮情监测、谷物冷却、环流熏蒸、机械通风设备,使其尽早地发挥效用。同时,政府要加大对粮食物流设施建设项目的投入力度,扶持粮食物流业的快速发展。

2. 发展信息网络技术,提高粮食流通信息化水平

现代物流是借助信息网络技术及先进适用的物流设备实现的,这也是现

代粮食物流得以发展的必备条件。这需要加快以下几方面的建设工作：一是构建粮食物流中心型企业的计算机集成管理系统和信息管理系统。具有长期可持续发展战略要求的粮食物流中心型企业，应追求长期价值，要积极采取多种形式、多种渠道培养和引进现代物流人才和技术；完善物流中心粮食竞价拍卖交易、粮油质量监测和物流配送调度等信息系统；对关键业务信息如计划信息、物流控制与执行信息、库存信息、运输信息、订单与销售信息、业务结算信息、市场情报、资金收支等，应进行集成管理和科学调度，全面满足粮食物流、商流、资金流的管理需求，形成和完善粮食物流的全程规范化、自动化管理体系；使管理信息化贯穿于现代粮食物流中心购、销、调、存、人、财、物管理的各个环节，并能够与粮情测控系统、熏蒸系统、低温储粮系统、粮食干燥系统和其他商业自动化系统进行有效对接，能够将称重计量、理化检验和粮情测控等系统中的数据自动读入系统中，实现数据的自动采集与交换，达到信息共享，力争使粮食物流整体的工作效益达到最优。二是加强粮食物流技术标准化体系建设。对现代粮食物流的各项建设，均应按标准化和规范化的要求组织实施。宜大力推进粮食物流业各类运输装备、物流器具、信息接口等的标准化建设，通过托盘化率、条形码、电子数据交换（Electronic Data Interchange，EDI）技术的应用，实现粮食物流的高效运作；进而加大对粮食物流用语、计量标准、技术标准、数据传输标准、作业和服务标准等的研究，使粮食物流系统的运作科学规范，真正做到快捷、高效。三是构建粮食物流现代化评价体系。可选择若干典型对象加以具体考察，依据电子商务下的物流配送中心应具备的基本条件和业务运作的特征，设计具有中国特色的粮食物流现代化指数评价体系。

3. 发展第三方物流，提升物流服务水平

随着社会专业化分工的进一步细化，越来越多的企业更加青睐于将本企业不擅长的物流作业外包给专业化的物流公司，以此来寻求企业成本的降低，第三方物流也就应运而生。粮食物流亦如此，粮食购销企业对于专业化物流的需求成就了粮食第三方物流的产生，发展第三方物流成为发展现代粮食物流的重要组成部分。第三方粮食物流企业应从以下两方面着手，来推进粮食物流体系的建设。一方面，粮食物流企业要对粮食的仓储、运输、加工等环节予以整合，充分利用仓库、确定最佳运输路线、调配合理运输量、进行必要的分拣，从而为粮食购销企业提供高效的物流服务。另一方面，粮食物流企业要加强电子商务的发展。第三方物流正是由于运行高效才得以发展，而粮食电子商务为其实现提供了可能性，粮食物流企业可以通过电子商务及时掌握购销企业的物流需求，实时追踪粮食流向，从而使企业能够准确做出调度决策，提升物流服务水平。

4. 建设规范化的粮食物流中心，确定合理的粮食流向

现代物流中心是粮食流通产业的发展方向，是粮食流通企业发展的最佳选择。目前应着重发展两种类型的粮食物流中心：一是从事粮食流通专业的大型产供销一体化的专项多品种粮食物流中心。一些大中型粮食批发企业、储运企业、中转库都可以发挥场地、设施、组织网络等优势，在利用批发市场或物流中心的聚焦与辐射能力基础上，进一步扩大规模，改造基础设施，提高机械化程度，拓展和整合收购、仓储、运输、加工、包装、配送等功能，与上下线的粮食生产、加工单位及零售商建立稳定的订单购销和配送业务关系，对粮食流通实行产业化和集约化经营，形成产供（加）销"一条龙"服务。二是以粮食流通业务为主并利用其剩余生产能力代理其他业务建设社会化的综合性多品种粮食中心。属于此类的传统企业由于专业业务受粮食季节性影响而不稳定，常有一些生产能力处于闲置状态，并受计划经济局限而常常亏损，对其进行适当改造，盘活存量资产，拓展并配套相关功能，以自有配送与代理配送相结合的方式，为连锁店、超市、食品加工单位提供中介服务，从而发展成集商流与物流一体化的物流中心，不断拓宽社会化的物流配送业务范围。只有这样，企业才能在日益激烈的市场竞争中继续生存下去。政府应顺应企业市场化改革的需要，打破行业封锁，允许其一业为主、多种经营，依托资源优势和大型龙头企业，加快培育粮食物流中心。

5. 强化政府宏观调控职能，促进粮食物流进一步发展

解决目前粮食物流中的无序流动问题和体制不顺导致的物流部门间分割而且缺乏相互协调的问题，需要发挥政府的宏观调控职能。这里讲的调控是通过反映商品流通规律、市场经济运行规律及加入WTO后国际粮食市场运作要求的经济手段、行政措施、法律法规来约束粮食市场主体行为，规范粮食商品的实体运动过程。主要措施是：①成立粮食物流调控机构，统一协调

政策性和经营性两部分粮食物流的组织和运行。②规划和协调分品种的粮食流向及粮食仓、厂、站、点的布局，并负责协调和参与论证粮食库、厂建设规模和建设类型，从源头上为粮食物流运作的科学合理创造条件。③制定相应的政策、法规来约束粮食物流组织者、参与者的行为，规范和监督粮食商品运作过程，协调和处理所发生的粮食物流纠纷。④为粮食物流提供信息服务和政策指导，减少和避免实际工作中的盲目性。⑤理顺粮食物流体制，在全社会范围内经济合理地进行物流的整体统筹，制定物流发展的长远规划，使粮食物流工作纳入整个社会物流的范畴。

6. 培养粮食物流人才，提高物流人员业务水平

现代粮食物流是一个涉及多学科、多领域的行业，从事物流业务人员自身的知识水平和业务能力对粮食企业的经营绩效有直接影响。近年来，随着粮食流通体制改革的不断深入，粮食企业人员变动比较大，从事这方面工作的新人员需要尽快熟悉粮食物流方面的理论知识和业务技能。同时，加入WTO也要求我国粮食物流运作同国际粮食物流对接，而国际粮食贸易和粮食物流的组织对我们来说又是全新的知识，需要尽快熟悉和掌握，否则就无法应对国际市场的竞争。粮食企业应重视和加强物流人才的培养，政府有关部门也应给予支持和帮助。培养方式应侧重于岗位理论和业务培训，符合条件的可选送到高等院校的相关专业学习或派人到物流发达国家学习深造。立足培养的同时也应注意引进所需的人才，包括聘请国外的专家参与国内粮食物流的经营和管理，在同国外专家的交流、合作中提高国内专业人员的水平。在物流人才的培养方面，既要重视粮食物流技术、管理知识方面的培训，又应注意将这些专业知识与我国的粮食物流实践相结合，以迅速改变我国粮食物流落后的一面，早日实现我国粮食物流的科学化运作。

综上所述，粮食物流体系的建设在粮食市场体系中占据重要地位，尽管我国近年来加大了对粮食物流的支持力度，粮食物流水平有了显著提高，但是与发达国家相比还有很大差距，粮食物流体系的建设必须在政府宏观调控下，加强对粮食物流的软硬件建设，从而全面提高粮食物流过程各个环节的效率，使粮食物流体系建设迈上新的台阶。

第 十 章

建立开放型粮食市场体系的对策研究

第一节　国外建立的开放型粮食市场体系

随着世界人口的快速增加和粮食安全形势的日益严峻，国际粮食贸易已成为实现全球粮食安全的重要途径，国际粮食价格波动不仅关系到全球的粮食安全，而且间接影响全球的经济安全和社会稳定，加强国际粮食价格分析和预测具有重要的理论意义和应用价值。国际粮食价格自 20 世纪 70 年代以来，逐渐成为国内外众多学者关注的热点。国际粮食价格历史分析是国际粮食价格研究的起点，而国际粮食价格时间变化特征分析是国际粮食历史分析的核心内容之一。

由于全球范围粮食减产，世界粮食需求增加，以及美国次债危机引发金融市场混乱，大量投机资金流入农产品期货交易市场，世界粮食价格大幅攀升。在粮价上涨的同时，世界粮食储备也在减少，据 FAO 的估计，目前粮食储备已降至 30 年来的最低点，粮食安全问题日益突出，并带来了严重的经济、政治和社会危机。面对粮食危机，泰国和越南等东南亚国家稻米出口国纷纷限制粮食出口，而菲律宾等稻米进口国因担心国内粮食供应短缺加紧进口大米。从当前形势看，粮食价格上涨仍将持续，所以，借鉴不同国家构建开放型粮食市场体系的做法就显得尤为重要。

一　美国的完全开放型粮食市场

美国是世界第二大小麦生产国，仅次于中国，年产量在 6000 万吨左右，其中约有一半用于出口，是世界第一大小麦出口国。美国国内粮食市场基本是完全放开的，从小麦贸易的起点麦农开始到最终出口，大多以市场的方式开展经营。

（一）　美国小麦的国内贸易过程和交易方式

麦农是小麦贸易的起始点。小麦收获后，麦农选择较多：可以直接按市场现价卖给乡村仓储商；可以自储或是由乡村仓储商代储，待价而沽；可以卖小麦期货。乡村仓储商的小麦一般面向面粉或食品加工厂，或是卖给终端仓储商。

大型小麦加工企业小麦用量大。一般从终端仓储商处购买小麦，不从乡村仓储商直接采购。近些年农民的小麦销售价格变动幅度较大，1995~2008年价格高的时候每蒲式耳可达5.7美元，低的时候每蒲式耳仅2.2美元，价格走向呈U形变动趋势。

小麦价格的大幅度变动导致其交易风险也变大。为避免价格风险，小麦交易一般采取套期保值（hedge）方式。小麦交易有两种方式：现货交易和期货交易。现货交易一般出现在麦农与乡村仓储商间。而大宗小麦贸易主要采取套期保值手段，因而与期货交易密切。美国小麦期货交易全部通过三大交易所完成：芝加哥交易所（CBOT）、堪萨斯城交易所（Kansaseity BoardofTrade）和明尼阿波利斯谷物交易所（Minneapolis Grain Exchange）。三家交易所的交易的小麦品种不同：软红冬在芝加哥交易；硬红冬在堪萨斯城交易；硬红春和白麦在明尼阿波利斯交易。

（二）　美国小麦的出口贸易

在美国有多家经营小麦出口的公司，美国小麦出口商可以分为三类：①大型私人跨国公司，此类公司一般采取垂直型的组织形式，并在小麦主要进口国都设有代表处。②中小型私人跨国公司，此类公司并不直接拥有或经营主要的谷物储运设施，但是拥有一个国际性的进口国小麦代理代表网络。③合作制小麦经销公司或麦农自己所有的合作社。但在实际的小麦出口经营活动中，主要被嘉吉公司（Cargill）、ADM公司（Archer-Daniels-Midland Company）、LDC公司（Louis Dreyfus Coporation）和全农公司（Zen-Noh Grain）等大型跨国公司所垄断。这些出口商占据了美国大部分谷物出口市场。嘉吉公司是一家私人公司，年贸易额为1000亿美元左右，从美国出口的谷物量最大，约占美国谷物总出口量的 35%，小麦出口占美国小麦总出口量的近 20%。ADM 是一家美国上市公司。LDC 是欧洲的私人公司。全农公司是一家日本合作制公司。

美国小麦出口市场存在公开招标（Public Tender）、私下招标（Private Tender）和公开市场（Open Market）三种方式。出口海外的小麦主要经过四大港口：①墨西哥湾港口，美国小麦出口的近一半经由该处的港口；②西岸的太平洋港口，约 44% 的出口小麦经此装船；③大湖区和圣劳伦斯海道，经此出口的小麦占全美小麦出口的 5%；④大西洋港口，经该港口出口的小麦仅占全美小麦出口的 2%。

二　日本的开放型粮食市场的危机处理

日本一直被称为"资源贫乏"的国家，尤其是其有限的耕地面积，必然限制其粮食总产量。而其多年来所实施的"海外屯田"政策，貌似"天衣无缝"，实则潜在危机重重。像日本这样一个"资源贫乏"型国家，能够在战后迅速崛起，而一度跃居美国之后，成为全球"第二经济大国"，这本身就是一个"奇迹"。日本在构建开放型粮食市场的过程中，始终处于较为积极的态度，应对目前的危机。

（一）打破国内粮食自给率低的局限，降低对外粮食需求依存度

根据 2009 年最新统计数据，日本总面积为 377835 平方公里（世界排名 60），其中土地面积 374744 平方公里，水域面积 3091 平方公里，耕地面积 52884.72 平方公里（约占土地面积的 14.1%），水稻面积占全国耕地面积的 40%。人口密度高达 3054 人/平方公里，排世界第二位，仅次于埃及（3503 人/平方公里）。人口总数为 1.27 亿（截至 2010 年），世界排名第 10，占世界人口的 1.85%，人均耕地面积十分狭小。如果按每人每天吃掉 1 斤粮食计算，每人每年约要吃掉 365 斤粮食，全国人口按 1.27 亿人计算每年要吃掉 4635500 万斤粮食，即 2317.75 万吨，而根据 2008 年数据统计，日本的粮食产量为 850 万吨。显而易见，日本的粮食大部分要依赖进口。和中国相比，日本的人口密度是中国的 2.44 倍，位居世界第 30 位。然而，中国却用占世界 7% 的土地养活了占世界 22% 的人口。其原因主要是日本境内约有 71% 的国土面积是山地和丘陵，所以，即使其森林覆盖率高，也不适合农

耕。日本是除水稻以外的"世界第一大粮食进口国"。据统计，2010年日本大米年产量约772万吨，95%用于满足国内消费，进口仅70万吨，基本上可以自给自足。而据美国农业部（USDA）估算，2010年日本进口玉米量达到1610万吨，居世界第一位，几乎100%依赖进口；同时，大豆的进口量达到340万吨，居世界第四位，几乎90.7%依赖进口。

目前，虽然日本是世界第三经济大国，但是，粮食自给率却低得可怜。据报道，2010年日本粮食自给率约为39%，较上一年下降1%。换言之，日本国内的粮食产量不能满足本国约60%的人口。而美国和法国的粮食自给率均超过120%，德国的粮食自给率达到99%，中国的粮食自给率保持在95%左右。要想使日本的财政收支平衡，不得不从提高自身的粮食自给率，避免浪费，同时，减少粮食进口方面考虑。

（二）实施"海外屯田"政策的发展思路

根据联合国人口基金会公布的统计数据预测，到2011年10月底，地球总人口数将突破70亿大关，同时，根据美国商务部的估计，全球人口迟早会突破100亿。而根据牛津大学研究，地球人口应当控制在30亿左右。换言之，目前，地球的人口已经超出合理承受值的2倍还多，粮食危机已经完全显现出来。据粮农组织估计，全球目前约有9亿人正处于饥饿或营养不良状态。而据联合国表示，受气候变化、土地退化及流失、水资源匮乏等因素影响，到2050年全球粮食产量可能下降最多25%。如此情形如果再不增加国际援助和农业投入的话，后果可想而知。面对严重的世界粮食危机，像日本、韩国等土地资源贫瘠的国家，不得不"穷"则思变，把目光投向海外市场。其实，这种做法，并不算是时代的产物，而是有着100多年的历史。日本海外屯田有1200万公顷，相当于本国农田面积的3倍，其"海外屯田"政策主要有以下两种方式：一种方式是与当地人联营，几乎没有自己完全独资的农场，外国提供土地，日本人提供农业机械、基础设施；另一种方式是直接与当地农户签订购买合同。因为直接经营农场的收益很低，所以，其选择不直接在海外农场种植的方式。以上两种方式的弊端是，一旦世界粮食出现严重危机，"土地国"必然要哄抬地价，向谁租赁土地的主动权必然牢牢掌握在"土地国"手中，利益驱动下，日本未必是最后的赢家。

三　澳大利亚的国营贸易制度

Kosteeki（1982）将国营贸易定义为政府或具有政府背景的机构决定进出口的主要条件（价格和数量）。依据该定义，在小麦出口中，加拿大和澳大利亚的小麦出口属于典型的国营贸易。加拿大和澳大利亚的小麦进出口分别由加拿大小麦局（CWB）和澳大利亚小麦局（AWB）负责经营，实行小麦出口专营制度。

加拿大小麦局在全球 70 多个国家和地区拥有合作网络。从性质上看，CWB 属于一种农民合作组织，也是农民自己的公司，是一种市场销售机构。但是它在联邦政府扶持下对全国小麦实行专营统销，实施预付款项目，加拿大小麦局对农民的大小麦收购价款，由联邦政府提供担保，按预测销售收入的 75% 预付给麦农。

根据加拿大法律规定，西部三省和不列颠哥伦比亚省皮斯河流域生产的小麦和大麦由加拿大小麦局统一收购、销售和出口，其他省的粮食自行购销。加拿大小麦局对农场制定每年小麦和大麦的配额，粮食收获以后，按配额进行收购。收购后，由小麦局对国内加工厂和国外进行销售，只有少量的谷物由小麦局认可的出口商出口销售。

目前澳大利亚国内的粮食贸易都是由各省分治：西澳大利亚主要是 CBH 集团。南澳大利亚主要是澳大利亚大麦局（ABB）、新南威尔士主要是 Graincorp。这些公司仅仅在各省拥有谷仓设施，但是并无管理整个贸易环节的经验，类似于中国的吉林粮油。小麦出口一直由小麦局（AWB）垄断经营，小麦局是个半官方半民间的组织，既是政府法定机构，又是主产者的合作经济组织。1989 年以前小麦局（AWB）完全由政府拥有，1989 年改制为由广大农民和金融机构控股的股份制企业——AWB 有限公司（AWB Limited），但仍垄断小麦出口。关于加拿大小麦局和澳大利亚小麦局的具体运作，下文将进行详细讨论，这里就不再具体分析。

由此可见，上述国家在构建开放的粮食市场过程中的成功经验和遇到的问题，非常值得我们借鉴，据此本节在总结上述三个国家在构建开放型粮食市场的经验基础上，结合本书提出的相关的分析模型，提出了构建适合于中国国情的开放型粮食市场的对策建议。

第二节 建立面向国际市场的开放型粮食
市场体系的对策建议

到"十一五"末,我国涵盖粮食购销多个环节、多元市场主体、多种交易方式、多层次市场结构的粮食市场体系已经基本形成,但同时,国际国内市场联系日趋紧密,国际市场粮食供求和价格变化对国内市场稳定影响加大。在这种情况下,要实现在"十二五"期间建立统一开放、竞争有序的现代粮食市场体系的目标,除需要在收购、零售、批发、期货交易、信息体系等环节继续加强国内市场体系的建设外,还需要采取有效措施来应对国际粮食市场波动的风险以及国际粮企的跨国布局所带来的挑战。为此,做好以下几点是非常必要的。

一 发展多元化贸易,丰富粮食国际供应链

改革开放以来,我国人均粮食产量由 1978 年的 316.6 千克增加到 2007 年的 379.5 千克,人均净增 62.9 千克。不仅做到了温饱有余,而且实现了总体小康,为发展中国家自力更生解决粮食问题做出了榜样。[①] 但受到人口、耕地、环境、技术等方面的限制,我国的粮食供应长期内都会存在一定的缺口。在这种情况下,选择立足国内、适度进口的粮食战略是必要的。

总体而言,30 年来我国的粮食进口基本可以划分为两个阶段。第一阶段是中国加入 WTO 之前(含 2001 年)。这一阶段粮食进口的总量不大。1980~2001 的 22 年里,年平均进口量只有 1233 万吨,不足国内年均消费量的 3%,进口年平均增长率不到 4%。第二阶段是 2002 年至今。这一阶段我国的粮食进口量逐年增加。除 2002 年进口量为 1417 万吨以外,其他各年度均超过"入世"前 1995 年的最高进口量。同时,粮食进口占粮食消费的比重不断上升。[②]

在我国粮食进口中,大米、小麦、玉米、大豆占总进口量的 80% 以上。

---

① 宋廷明等:《粮食改革开放三十年:成就与经验》,《中国粮食经济》2009 年第 3 期。
② 董银果、韩立彬:《粮食进口对我国 CPI 的影响分析》,《上海金融学院学报》2011 年第 1 期。

受世界粮食生产和贸易高度集中的影响，我国玉米、小麦、大米和大豆进口来源国（地区）都比较集中。其中，玉米进口在 2007 ～ 2009 年主要来自东盟的老挝和缅甸，两国占我国玉米进口的 80% 左右；2010 年自美国进口占比达到 95.5%。小麦进口主要来自澳大利亚、美国和加拿大，3 国占我国小麦进口总量的 90% 以上；我国从澳大利亚进口呈上升趋势，从 2001 年占比 6.8% 提升至 2010 年的 74.9%。大米进口一直高度集中于泰国，占我国大米进口的 90% 以上。大豆进口集中于美国、巴西和阿根廷，3 国占我国大豆进口量的比重高达 97% 以上。[①]

　　进口来源地的集中会产生对某些国家粮食市场的进口依存度过高，这使我国国内市场的粮食供应容易受到某些出口大国出口政策的限制，从而使我国粮食市场的稳定供应受到影响。解决这一问题的方式是发展多元化贸易，丰富粮食的国际供应链。具体的策略主要是：第一，选择更稳定的粮食进口市场。如有学者对 20 世纪 90 年代中国粮食进口的依赖系数进行了测算，据此，阿根廷、丹麦、荷兰、墨西哥、日本、土耳其、西班牙是我国进口小麦最不容易受到冲击的进口市场，而美国是我国进口小麦最容易遭到供应中断打击的市场。考察玉米进口市场的稳定性发现，如果只考虑贸易因素，澳大利亚、荷兰、马来西亚、缅甸、南非、越南、新西兰是我国玉米进口最不容易受到冲击的市场，而从美国、阿根廷、泰国、西班牙等国家进口玉米是最容易受到冲击的。对我国稻米进口依赖关系的分析结果表明，单从贸易经济的角度看，我国从菲律宾、老挝、意大利等市场进口稻米最不容易受到冲击，而从美国、日本、朝鲜、印度、泰国等市场进口稻米最不牢靠。分析表明，我国大豆进口最稳定的市场是泰国，最不安全的是从美国那里进口大豆。[②] 我们应加强对粮食进口依赖性的研究，以便根据情况加强与稳定市场的联系。第二，根据粮食国际供应链的变动趋势，增加从新兴市场的进口。技术的进步、生产能力的增加，会使粮食的国际供应链出现变化。例如，泰国大米出口商协会会长柯伯苏克在接受新华社记者采访时说，以世界最大大米出口国闻名的泰国，正在遭遇来自越南、印度、缅甸的挑战，不久以后可

---

① 李艳君：《我国粮食贸易特点和发展趋势》，《农业展望》2012 年第 2 期。
② 傅龙波等：《中国粮食进口的依赖性及其对粮食安全的影响》，《管理世界》2001 年第 3 期。

能失去在大米出口行业的领先地位。① 2012 年，越南对华大米出口猛增，出口量同比增长 3 倍，出口额增长 2.5 倍。2012 年一季度，中国已与越南签订进口约 100 万吨大米的合同。为积极推动对华大米出口，越南粮食协会（VFA）在胡志明市成立了优质大米出口促进中心。该协会将争取 5 月份在广州设立分支机构并正式挂牌。② 我们应注意粮食国际供应链的这种变化趋势，增加从新兴市场的进口，以减少对传统市场的依赖。

二　加强农业国际合作，推动区域性国际粮食市场的衔接

作为一个粮食进口大国，加强与世界各国的农业合作是具有重要意义的。通过合作，可以提高东道国的粮食生产能力，这对于增加世界粮食市场的供应、稳定世界粮价有重大作用，同时对中国拓展国际粮食市场也有促进作用。随着农业对外开放的深入发展，中国农业国际合作多双边机制不断拓展和深化，为推动中国农业"走出去"和"引进来"做出了积极贡献。③ 截至 2011 年 6 月，中国已与世界 91 个国家和地区建立了长期稳定的双边农业合作关系，签订各类农业国际合作双边协议 189 个，涉及种植业、畜牧业、渔业和水产养殖等领域。中国与东盟、大湄公河次区域（GMS）成员、上海合作组织、联合国粮农组织（FAO）、世界银行（WB）、联合国世界粮食计划署（WFP）、非洲联盟等组织或国家建立了长期稳定的农业合作关系，签订了多个农业多边合作协议，形成了东盟与中日韩（10 + 3）农业合作、上海合作组织农业合作、中国与 FAO "粮食安全特别计划"框架下的南南合作、中国与中东欧国家农业合作论坛等机制。目前"金砖"国家农业合作机制正在形成。多边合作涉及种植业、畜牧业、养殖业、渔业、农产品加工业、农业机械等领域。在地方国际合作方面，据不完全统计，1991 ~ 2010 年，黑龙江、辽宁、浙江、江西、山东、湖北、湖南、广西、海南、云南、新疆等 11 个重点省份与国外农业部门或政府部门签署 45 个农业合作协议（或备忘录）。合作对象主要涉及美国、德国、日本、韩国、加拿大、越南、老挝等国相关地方州、省政府，或外国农业部所属种植业司、农业

① 参见 http：//www. liangqicn. com/do/bencandy. php？ fid = 61&id = 14071。
② 参见 http：//www. liangqicn. com/do/bencandy. php？ fid = 113&id = 25417。
③ 杨易等：《中国农业国际合作机制的发展现状、问题及政策建议》，《世界农业》2012 年第 8 期。

厅、农业局或农业行业组织等。合作领域包括农资、农业机械、种植、畜牧、动物检疫等多个方面，合作形式主要为建设农业示范基地、互访和考察、互派研修生、科技合作研究、技术培训等方面。但是，合作中签订的多数协议涉及的是科技、信息和人力资源合作开发的内容，涉及市场准入、贸易等实质性磋商谈判和形成协议的不多，各方在粮食供需方面的合作还有待深入。

为减轻世界粮食市场的波动给我国带来的不利影响，我国应加强与东盟各国及日韩的合作，推动国内粮食市场与我国周边区域各国粮食市场的衔接，实现粮食进出口关系上的优势互补。

粮食安全对中国和东盟国家都显得至关重要，建立区域性的国际粮食市场体系，实现区域内不同国家粮食市场的衔接符合我国与东盟各国的共同利益。中国自改革开放以来，依靠技术进步、流通体制的改革等措施，基本实现了粮食的自给，但因耕地的减少、环境的污染、消费结构的升级等因素，中国的粮食供应还存在一定的缺口，需要从国际市场进口来补充国内市场的供应。东盟各国在粮食的生产与供求方面是不平衡的，其中，泰国、缅甸、越南等国属于大米的传统出口市场，而印度尼西亚、菲律宾、马来西亚和新加坡等国，则大多依靠进口，粮食对外依赖度很高。正是由于进出口市场的这种互补性，使得这些国家间具有共同的利益。中国与东盟加强合作，能够建立一种互取所需的粮食进出口国际合作机制。一方面，来自中国的杂交水稻新品种和水稻种植技术在越南、柬埔寨、文莱等国广受欢迎，对当地粮食生产的稳步增产发挥了重要作用，从而增加了区域内粮食的供应；另一方面，中国为对泰国、越南等国提供了一个稳定而广阔的需求市场，从而可以使它们生产的大米等优势产品能够保持稳定的出口趋势，而中国的优势农产品也可以输入这些国家，这种粮食进出口方面的互补关系增进了我国与东盟各国的共同利益，有利于保证中国与东盟的粮食安全，抵御世界粮食市场波动的风险。正是看到了这种共同利益，中国与东盟各国及日韩从 2009 年以来就开始举办粮食安全合作会议。2011 年 11 月 9~10 日，在由中华人民共和国农业部主办的第三届东盟与中日韩粮食安全合作战略圆桌会议上，中方提出了加强 "10＋3" 区域粮食安全合作的五点建议：①完善合作机制，强化区域粮食安全保障。②发挥比较优势，形成合理的区域产业格局。③加强科技与信息交流，丰富和夯实合作领域和方式。④促进贸易便利化，加快推进东亚自贸区建设。⑤鼓励企业开展农业国际合作，推动农业企业参与国际投资和竞争。这些建议获得与会代表的一致赞同。① 可以说，建立区域性的粮食市场体系的衔接机制已日益成为中、日、韩与东盟各国的共识。

三　发挥国际粮商的积极作用，提高我国粮食龙头企业的国际竞争力

过去，我国实行粮食统购统销的政策，粮食企业附属于政府部门，政企不分，机构臃肿，人浮于事，管理粗放，导致粮食的流通机制运行不畅，国家的粮食供应也因此无法满足人民群众的需要。改革开放之后，针对粮食管理和流通体制的这种弊端，一方面实行政企分开，对粮食企业进行市场化改革，实行资产重组、自主经营，一方面引进竞争机制，特别是开放国内粮食市场，引进国际大粮商的资金、技术和先进的管理经验，积极发挥国家大粮商的"鲶鱼效应"，从而激发了我国粮食市场的竞争活力。我国在粮食管理和流通体制方面的改革取得了很大的成就，培育了大批生产规模大、市场占有率高、竞争能力强的粮食龙头企业，为建立统一开放、竞争有序的现代粮食市场体系奠定了坚实的基础。

截至 2008 年 11 月底，全国规模以上粮食加工企业 11977 家，其中国有粮食产业化龙头企业 1324 家。国家粮食局和中国农业发展银行重点支持的粮食产业化龙头企业 1684 家，在粮食收购、技术改造、基地建设等方面获得贷款 997.7 亿元。粮油产品精深加工技术得到推广，"放心粮油"进农村、进社区工程全面推进，粮食品牌建设取得显著成效，涌现出一大批全国名牌产品，全国 1379 个企业生产的 2652 个产品被命名为"放心粮油"。目前，由现代粮食市场体系、粮食宏观调控体系、粮食产业化体系和粮食流通行政执法监督保障体系共同构成的现代粮食流通产业雏形已然形成。②

但是，与国外大型粮食企业集团相比，我国粮食企业在规模、资金、产业链控制、市场占有率等方面还存在不小的差距，我国国有及民营的粮食龙

---

① 参见 http：//www.liangqicn.com/do/bencandy.php？fid=70&id=11255。
② 颜波、陈玉中：《粮食流通体制改革 30 年》，《中国粮食经济》2009 年第 3 期。

头企业与国际大粮商相比还处于竞争劣势。

以四大跨国粮商而言，美国 ADM 公司和新加坡 WILMAR 集团共同投资组建的益海（中国）集团是 ADM 在中国扩张的典型代表。益海集团成立于2001 年，目前该集团在国内直接控股的工厂和贸易公司已达 38 家，另外还参股鲁花等多家国内著名粮油加工企业，该集团是国内最大的油脂、油料加工企业集团之一。在大力发展油脂、油料加工项目的基础上，该集团又全面进军小麦、稻谷、棉籽、芝麻、大豆浓缩蛋白等粮油精深加工项目，同时又先后投资控股和参股铁路物流、收储基地、船务、船代等辅助公司，向着多品种经营和多元化发展。益海集团已在东三省及内蒙古部分地区建立了完善的粮油业务网络。嘉吉在中国建有 27 个独资和合资公司，其总部位于上海，在中国大部分省份建有饲料厂、榨油厂、高糖果厂等各类加工厂，并已在布局中国的化肥市场。嘉吉在华已经建立了全资的山东嘉吉化肥有限公司，以及合资的云南三环中化嘉吉化肥有限公司等。除了种植领域外，嘉吉在华的链条基本搭建完成。在中国，成立于 1994 年的路易达孚（北京）有限公司，就是大商所和郑商所的自营会员，而在中国期货市场上，有国际背景资金的规模往往比国内资金要大。从 2006 年开始，路易达孚（北京）有限公司从中国政府手中获得玉米国内贸易的许可证后，积极拓展中国市场。进入中国市场较晚的邦吉，在全世界 32 个国家拥有 450 多个工厂，在四大粮商中，以注重从农场到终端的产业链完整性而著名。[①]

从对产业链的控制而言，现在国内的大企业还没有能力与四大跨国粮商抗衡。目前，中储粮作为全国最大的粮源控制企业，具有较强的实力，却没有粮食加工业务。中粮集团有加工业务，却不能掌控粮源，销售网络也不够。华粮集团虽然在全国属于比较大的企业，但实力与跨国公司不能相提并论。[②]

应对跨国粮商垄断布局的对策主要是：第一，提高其进入粮食加工流通领域的门槛，严格小麦、大米等口粮加工产业的外商准入制度，控制外资进入的速度和规模。第二，培育具有国际核心竞争力的本土粮食龙头企业和企

---

① 参见 http://www.xyshjj.cn/bz/xyjj/seb/200902/31599.html。
② 《全球四大粮商瞄准中国市场或控制肥料抬粮价》，《瞭望新闻周刊》2008 年 6 月 18 日。

业集团。我们要加大对农业产业链的整合力度，通过政策引导和资金支持，加快推进国内粮食加工业的结构调整和产业升级，促进国内粮食企业向产业链上下游领域的延展，鼓励有条件的粮食企业通过联合、兼并和重组等形式，发展形成管理科学、技术水平高、市场竞争力强的大型粮食加工龙头企业和企业集团。

四　鼓励企业走出去，建立海外粮食供应基地

建立开放的粮食市场体系还需要鼓励我国的粮食龙头企业实施走出去的发展战略。近年来，我国企业国际化意向日益明显，大型企业跨国经营发展也初见端倪，在国际市场上取得了一定的地位。加入 WTO 以来，国内大型粮食企业伴随着其他大型跨国企业或者单独进入国际市场的数量不断加速，速度越来越快。绝大部分粮食企业依托跨国集团为切入点，进入国际市场后迅速延伸，如中粮集团开拓中亚市场，华粮集团开拓东南亚市场等。我国粮食企业的跨国发展不仅仅局限于美、日、欧和港澳台地区等发达市场，还不断向新兴经济体以及广大欠发达地区延伸；不仅积极开拓一级市场，对广大二级市场也产生了浓厚的兴趣，分支机构几乎延伸到每一个角落。但是，我国粮食企业在跨国经营方面还存在一些亟待解决的问题，主要是自身实力不足，国际竞争实力较弱，粮食企业自身性质定位不明确，服务理念跟不上国际化发展的需要，缺乏具有国际经营能力的管理人才和专业人才。[①] 因此，我们要制定鼓励企业"走出去"的战略发展目标，对企业进行资金、技术、人才方面的支持，鼓励企业更新经营理念、改进管理体制，加强技术创新和人才引进工作，鼓励企业组建促进粮食企业发展的国际战略联盟，提高国际竞争力。

实施"走出去"发展战略的一项重要内容是建立海外粮食供应基地。我们要鼓励粮食企业在做好国内粮食生产经营的同时，积极向海外发展。我们要与那些耕地自然资源丰富但无力开发和缺少粮食的亚非拉发展中国家建立长期稳定的粮食经贸合作关系，共同建设粮食产业基地，合作开发粮食资源，努力发展互利互惠的粮食加工和贸易。目前已经有海湾国家在苏丹、肯

---

① 汪迪棣、马晓辉：《对中国粮食企业跨国经营的实证研究》，《国际经济合作》2011 年第 3 期。

尼亚购置大量土地进行农业开发和粮食生产加工，缓解自身土地资源紧缺的矛盾，中国可以借鉴其经验，在综合考虑国际舆论和东道国社会反应的同时，统筹把握农业对外投资合作的形式和渠道，支持国内的粮食企业到南美、中亚、俄罗斯、东南亚等资源丰富的国家去开拓市场，积极加强中非战略合作，增加援助非洲农业示范中心的数量，在非建立农业开发区或者粮食生产示范基地，开展粮食深加工合作。

目前，我国企业在建立海外粮食基地方面已取得了一定的成绩。截至2012年6月，已有50万浙商在全球40多个国家和地区从事农、林、牧、渔等产业，承包土地面积300余万亩；跨省承包5000万亩土地务农开发，面积已超本省耕地，相当于再造一个浙江农业。① 截至2012年，吉林省企业在俄罗斯、哈萨克斯坦、菲律宾、赞比亚、斯洛伐克等国家投资建设8个以玉米、水稻、大豆为主的示范农场。② 这些粮食企业在遵守所在国产业政策的基础上，根据国内市场的需求来选择种植品种，从而有效弥补了国内市场的不足。今后，我们应继续加强对国内粮食企业在海外种田方面的政策支持，这不仅能有效补充国内市场的粮食供应缺口，而且对所在国粮食产业的发展也有促进作用，从而促进中国与所在国的合作共赢。

五 完善粮食储备制度，增加中长期粮食贸易合同的比例

考虑到国际市场粮食价格波动对国内市场的冲击，我国应当完善现有的针对国际市场供求关系变动的粮食缓冲库存机制。为取得粮食进口的最佳效益，避免少数年份国际市场粮价过高而带来的损失，国家应在沿海各省份兴建相当数量的粮食库存，这种短期投资可以使我们更主动地利用国际市场，带来长期的效益。

出于降低国际市场风险的考虑，我们应适当提高中长期贸易合同的比例。增加贸易的透明度，规避短期投机行为，改善我国粮食进口的国际商誉。中长期的进口合同有利于减少风险。20世纪80年代初，美国即使对苏联实施"粮食禁运"时，还是履行了已有的贸易合同。我们自己的经验表

---

① 参见 http://www.21cbh.com/HTML/2010-12-20/1MMDAwMDIxMTM1Mw.html。
② 参见 http://www.txyhsl.com/bbx/news-535966.html。

明，临时性的调剂、"随行就市"，是被动的行为，无法影响市场价格，反而受市场的摆布，会在被迫增加进口的时候付出高价。[①] 因此，根据我国粮食市场的需求状况，根据对国际粮食市场供求关系的分析，以合理的价格与加拿大、澳大利亚、阿根廷等粮食出口大国签订长期的粮食（主要是小麦和玉米）进口协议，有利于规避国际市场粮食价格上涨的风险。

---

① 宁国强、杨芹：《中国粮食安全问题——从粮食现状看进口策略》，《内蒙古科技与经济》2008年第 5 期。

第 十 一 章

完善粮食储备体系的对策研究

粮食储备是政府调控粮食市场、确保粮食安全的重要手段。粮食越是走向市场，越需要建立储备粮制度，以加强对市场的调控。而政府对粮食市场能否有效控制，关键在于政府是否真正掌握了充足、随时可以动用的储备粮。建立高效、灵活的粮食储备调节制度，是政府调节粮食供求关系，平抑粮食市场价格波动的主要手段，也是保证粮食安全的必要手段。

第一节　现行粮食储备体系存在的问题

一　主导目标错位

从国际情况来看，FAO（1974）根据储备性质和作用，将粮食储备划分为周转储备和后备储备两个组成部分。周转储备属于市场储备的范畴，主要是粮食经营主体的商业性储备，目的在于克服粮食生产的季节性、地域性与消费的连续性之间的矛盾。后备储备则属于政府储备的责任，主要目的在于化解因粮食歉收造成的供给不足或平抑粮食市场价格的波动造成的粮食公共危机。按照联合国粮农组织安全标准，一个国家或地区的粮食储备总量占消费总量的比值（库存消费比）应超过17%，其中，周转储备占粮食消费总量的比值超过12%，后备储备占粮食消费总量的比值超过5%，就视为达到安全储备标准。从国内情况来看，由于我国人口众多，加之工业化和城市化进程中粮食供求矛盾较为突出，我国的粮食储备体系主要包括战略储备（安全储备）、后备储备和周转储备三个部分。与国际划分标准有所区别的是，我国的战略储备主要是指政府用于备战备荒的储备粮。[①]

国务院 2004 年 5 月 26 日颁布施行的《粮食流通条例》中规定"国家实行中央和地方分级粮食储备制度。粮食储备用于调节粮食供求，稳定粮食市场，以及应对重大自然灾害或者其他突发事件等情况"。可见，国家粮食储备制度在具体目标的设计上主要有：粮食安全目标、稳定价格目标、稳定供求目标，其中粮食安全目标是根本性的主导目标。但是，近几年的实践中，却将价格支持和稳定生产者收入作为粮食储备的主要目标。其后果在于，过度平抑粮价的结果导致季节性差价过小，周转储备无利可图甚至亏本，就会使相关的工业、商业组织减少自身用于周转的粮食库存，从而导致政府不但要承担储备的责任，还要负担周转储备的成本，造成沉重的财政负担，在稳定生产者收入上，我们的相关政策没有一个"度"和"质"的概念，加之补贴方式单一，不仅不利于农业结构的调整，长远看也不能保护好生产者利益，同样又形成巨大的财政压力。

二　规模过大，布局不合理

我国现有的中央储备粮规模，已远远超过 FAO 提出的后备储备占当年消费量 5% ~ 6% 的界限。据专业银行计算，按平均三年储存期计，三年后国家利费补贴就达到储备粮价值的一半，可见大规模储备的后果。在三大品种的布局上与产销市场和交通运输脱节，不少地方出现轮出时当地没有销路，轮入时又要从产区组织粮源，增加轮换成本，并形成较大的轮换亏损。

三　质量缺乏市场竞争力

主要反映在三个方面：一是品种结构上，国内平衡有余、轮换经营困难的稻谷比例偏大，而耐储性强的小麦，国内自产不足的大豆比例偏小；二是

---

① 贾晋：《我国粮食储备的合理规模、布局与宏观调控》，《重庆社会科学》2012 年第 2 期，第 82 ~ 94 页。

品质结构上，一般品种多，专用优质品种少，不能满足多元化市场需求；三是储存期较长，即使没有陈化，也已失去市场竞争力。

四 粮食储备与进出口经营事权分割

中国粮油进出口总公司与中央储备粮管理总公司分属不同系统，严重制约了中储粮轮换与进出口经营的有机结合，影响在必要情况下储备粮轮换时对"两个市场"的利用。

五 粮食储备轮换与市场脱节

第一个层面是作为储备粮轮换的载体——粮食市场体系很不健全。区域性批发市场的功能和价格指导作用未充分发挥，场外交易大于场内交易；产销区的衔接多在企业一对一的方式中进行，价格的随意性较大；电子商务、栈单交易也刚刚开始，期货市场的发育和运作还处于发展初期，这就使储备粮轮换的"阳光交易"受到极大的阻滞。另一层面是现有的轮换报批机制仍带有浓厚的计划经济色彩，层层审批后往往失去"商机"。在实际运作过程中，为应对市场变化，有时应作为区域性国家储备粮整体操作进行统一购进销出的，未能很好地协调形成对市场的正面推动力；有时应由承储企业决策的，束缚又太多，使承储企业错失良机。

第二节 明确目标定位，合理控制储备粮规模

对国家储备粮明确定位，是合理确定国家粮食储备规模的前提。从近几年粮食储备运行看，价格支持和稳定生产者收入日益成为专项储备粮的主要目标。事实证明，国家粮食储备不可能担负这么多的政策目标。国家粮食储备的主要目标，应该是保证粮食在紧急情况下的安全供给，而平抑市场价格，稳定生产者收入及经济效益只能作为其衍生目标。要认识到，维持粮价总体平衡不等于粮价的一成不变，应该允许粮价在不影响安全目标的前提下合理波动，以促进市场机制在资源配置中基础性作用的实现。

粮食储备规模的确定，理论上以"储备"与"年消费总量"的比例作为参考，实际上以适应全国非农业人口口粮及应付突发性事件所必需的粮食

量确定。应将省级储备纳入全国整体计划，现有中央储备粮规模，可减少20%～30%，足以满足需求。同时，作为储备意义的国家粮食储备，只需建立中央和省两级，以便统筹调控。目前，在市、县两级建立储备粮的做法值得商榷，作为落实粮食工作各级行政首长负责制确保一方平安，无疑是一种有效措施，但从国家宏观调控的角度，不仅有碍于国内粮食市场的统一性和自由流通，甚至抑制各地资源优势和市场机制的正常发挥。

第三节　优化粮食储备主体结构

我国现行的粮食储备制度为中央、省、市、县四级储备并存的格局，中央、省、地及部分县共建粮食风险基金，储备的开支由中央财政和地方财政分级负担。这对于调动各级政府与财政调控粮食的积极性，减轻国家与省财政压力有积极作用，但受到地方财力的制约，往往形成责任与财力不相称的局面。特别是一些贫困县财政自身收支难以平衡，根本没有能力落实有关的政策和责任。另一方面，粮食市场上存在多个不同层次的调控主体，各自有各自的利益，不利于分清责任，从而难以在时空和力度上协调一致，往往导致"逆向操作"。这种层层建立储备的做法和高度分散化的决策方式与市场经济的基本原则相冲突，不仅造成国家调控粮食市场乏力，而且也有碍于国内统一市场的形成和粮食的流通。粮食市场是一个大市场，管理与调控相对集中有利于价格、储备机制的协调配合。未来的改革应逐步提高中央储备粮在粮食储备中的比例，缩小地方储备粮的比例，取消县级地方储备粮，建立以中央储备为主体，省级储备为辅助的粮食储备体系。

一　进一步完善中央储备粮管理

从我国国情和粮情出发，建立健全中央和地方责权分明、协调配合的调控体系十分重要。中央政府主要负责全国粮食的总量平衡、国家粮食储备的管理、重大灾害救灾、粮食进出口和协调各省间的供求关系，平抑全国性的市场波动。要将一部分粮食周转库存转为中央储备粮，集中调控力度，确保储得进、存得住、调得出，真正发挥其抵御风险、平衡供求、平抑物价的宏观调控功能，既可以使国有企业减轻粮食超储负担，又可以增强国家对粮食的宏观调控能力，保证国家粮食安全。

二　改革地方粮食储备结构，完善地方粮食储备制度保障

地方政府在中央政府的宏观调控下，负责本地区的粮食生产、流通和地方储备，调控本地区的粮食市场，保证供应。但根据规定及国际通行标准测算，目前我国储备粮规模特别是地方储备粮规模不足问题十分明显。以江苏省会南京市为例，该市是典型的粮食销区，2012 年常住人口 816.1 万人（百度百科），流动人口 180 余万人（凤凰网），全年消费粮食约为 600 多亿公斤，月均消费量约为 50 多亿公斤。按此标准测算，考虑到中储粮和省储粮在南京地区的规模，南京的市级储备粮规模应在 20 万吨左右。然而，南京的市级储备粮规模只有 7.5 万吨，与有关标准相差甚远。南京地处经济发达地区，地方财政实力较强，其政府在确定地方储备粮规模时尚存有如此大的缺口，那么全国其他省市地方储备粮规模不足的问题应可想而知了。

三　主动引导农户储备行为，鼓励扩大民间储备

农户储备的性质以零散储备为主，不易集中且储备成本高。随着工业化的推进、城市化的不断发展，以及粮食购销体制的放开，农户的粮食储备行为也开始发生了一些变化：农户储粮积极性逐渐下降，越来越多的农户粮食消费要依赖市场供应，民间农户储备量增长趋缓，部分地区甚至出现负增长，我国农村居民家庭粮食储备已从 1999 年的 605 千克/人下降到 2008 年的 492 千克/人[1]。在民间粮食储备量下降的情况下，国家粮食储备（包括中央和地方两级储备）需要相应增加以保证粮食安全，即"国代民储"，有学者分析部分地区农户储备仅能维持 3 个月消费，粮食安全问题已推向社会[2]。

但政府粮食储备每年都需要极高的保管和轮换费用，储粮成本非常高，

---

[1]　数据来源于 2000~2009 年《中国统计年鉴》。
[2]　史清华、徐翠萍：《农家粮食储备：从自我防范到社会保障——来自长三角 15 村 20 年的实证》，《农业技术经济》2009 年第 1 期，第 30~37 页。

国家每年都要拿出大量资金来补贴库存，即使这样，国家粮食储备仍然暴露出效率低、时效性差、透明度不够等弊端。因此，西方的一些经济学家一直主张国家直接补贴私人库存，增加民间分散储粮来减少政府的储备。

农户粮食储备对国家粮食安全起着重要作用，我们在重视中央储备的同时，也应该大力鼓励和发展民间储备，特别是要着力抓好农户的粮食储备。要采取相应的政策，主动引导农户的粮食储备行为。可以采取类似于粮食银行、合作组织等做法，鼓励农民集中存粮。

（一）进一步增加直接补贴

国家从粮食风险基金中拿出部分资金，用于主产区种粮农民的直接补贴，针对广大农民有存粮习惯的实际，各级政府要因势利导，加大宣传力度，鼓励农民户户存粮，实施"藏粮于民"。通过"以贷换储，先贷后储，交储扣贷，财政贴息，并补粮食储备费"的方式，加大对农户的信贷支持与财政补贴，保护和调动广大农民种粮的积极性，使农民始终保持发展粮食生产和储备粮食的热情。

（二）大力扶持科学储粮

目前，我国农户储粮大多采用传统方式，存在着"一多、一少、一差、一大"问题，即鼠、虫、霉害多，防护措施少，仓储设施条件差，同时，为农户储粮服务机制不健全，农民缺乏科学储粮知识，导致我国粮食产后损失浪费巨大。

据粮食部门抽样调查，一个农户储存粮食 2 吨，储存期 6 个月，损失粮食 160 千克，损失率达 8%。随着小型粮仓技术的不断创新和推广，从技术层面解决了传统储粮的浪费问题。

减少农户储粮损失是保障国家粮食安全的重要举措，相当于为国家开发"无形粮田"。要继续研发不同规模、不同区域、不同品种、不同性质的新装具和小型粮仓，扩大主产区"科学储粮减损示范户"的数量和规模，带动全国广大农户实现科学储粮加大扶持力度，发放农户储粮新装具购置补贴，将农村小粮仓建设纳入国家农业基础设施建设公共财政范畴。

（三）着重帮扶粮食银行

粮食银行是面向农民开展的一项以存储、销售和加工粮食为主要经营业务，服务于农民的新型组织形式。粮食银行在农村有着深厚的发展背景和社会基础。首先，从农民个体角度来看，传统落后的家居储粮方式损耗巨大，且随着新农村建设的推进和城乡一体化进程的加快，农民生活水平和住房条件的逐步改善，现代化的家居设施与传统的储粮方式格格不入，农户粮食散储的弊端逐渐暴露，呼唤新的先进的专业储粮方式。在这样的情况下，将稻谷存入粮食银行，交由粮库保管、随用随取，无疑是最好的选择。其次，从社会流动角度看，大量农村劳动力流向周边县市和省外城市，留在农村的多劳力弱、体质差的妇女、老人和儿童。农忙收获季节，农民工从全国各地返回农村收割粮食，既容易造成企业季节性缺工和交通的阻塞拥挤，减少农民工的收入，同时也给社会治安和人身、财物安全造成了不良影响。如今，只需提前电话预定，根据事前合同，粮食银行就可以替农民完成农作物的收获、运输和销售，粮食直接入库，农民就可以按比例提取油、面或者卖给粮食银行。再次，从粮食企业的角度看，通过粮食银行与散居的农民建立紧密联结的通道，可以有效降低成本，实现规模效益。以往粮食分散于农户家中，企业无法及时准确地了解各家各户的存粮数量和使用意向，信息的不对称增加了企业交易成本。粮食银行一边连接着广大储户，一边连接粮食加工企业，有助于将农户与粮食加工龙头企业、农户与专业市场紧密地联系起来，既可以解决农民储粮难题，又可以快速地掌握大量粮源，降低企业生产成本，建立起产加销一条龙、贸工农一体化的粮食产业运行机制，从而提高我国粮食企业的市场竞争力。最后，从国家粮食储备角度看，现有的粮食储备运营机制和运作方式尚未走出传统的计划管理体制，无法适应粮食市场化流通体制。以银行理念市场化运作的粮食银行能够及时实现新旧粮的转换，并从事粮食升值增值的市场业务。把其纳入国家粮食安全储备体系，由中央政府统一协调管理，形成行使政府宏观调控行为的粮食银行储备机制。

在各地实践过程中，形成了三种主要的运作模式。

1. 以粮食企业为主导的运作模式

这是比较普遍的一种组织形式。粮食加工企业为了获得稳定和优质的粮食来源，积极引导农民把多余口粮存入银行，同时为农民提供日常生活必需的食油、面粉等，既解决农民存储困难的问题，又为企业降低了交易成本，建立了农民和企业的利益联结纽带。湖北枣阳市三杰麦面有限公司，在枣阳市18个镇、办事处、开发区、农场开设粮食银行，扩建了5000吨仓容，为粮农办理"代农加工、代农储存、兑换米面"业务。粮农将家中余粮放在粮食银行后，领取由企业统一制作的粮食存折，凭粮食存折可在全市任何一家三杰粮食银行兑换点，按比例进行米、面、杂粮等10多个粮食品种的兑换。同时农民还可以在市场价格比较高时向粮食银行出售粮食，也可以在需要粮食时提取。三杰麦面公司还将粮食储户列为订单农户，为他们提供品质好、产量高、抗病强的小麦良种及系列技术服务。这样促进了农业产业化和现代化，形成了农业的规模效益，实现了生产、销售和加工的一体化，帮助农民抵御了自然和市场风险，能够充分享受到农业产业化的利润，增强农民进入市场的能力。

2. 以政府粮食部门为主导的运作模式

随着农业税的取消，政府粮食部门的任务主要是按保护价来收购粮食，确保国家粮食储备，完成国家收购任务。部门功能比较单一，职能比较简单，面对粮食流通市场化体制的改革，粮食部门以及国有粮食企业逐渐暴露了管理体制上的弊端，不能适应市场化竞争。重庆荣昌县国家粮食储备库积极适应新环境、探索新形式，以切实为农民解决问题，增加农民收入和提高为农民服务水平为出发点，转变工作作风和工作职能，以市场化手段为主，增强自身工作能力，增加粮食储备。该库成立了首家粮食银行，其措施是：一是开通粮食服务热线，上门服务，免费替农户运输粮食入库；二是由粮库正规的仓房保管免费储藏，定时由工作人员检查、杀虫、通风等；三是农户将粮食储存在该粮库后，粮库保证其数量和质量；四是在粮食银行内储粮的农户可以随时按市场价销售给粮库，也可以随时取走再销售或作他用。武陟县粮食部门充分发挥粮食企业库所多、容量大等优势，开办了免费代储小麦业务，并承诺：代农民存粮一年内不收保管费、手续费，粮价上涨，农民满意了，可卖给粮库；如不愿卖给粮库，农民可随时出仓。虽然这种模式并没有为农民提供日常生活用品的兑换，但能够有效地解决农民储粮难题，很受农民欢迎。

3. 以农民小业主为主导的运作模式

这种模式仍然带有很强的原始韵味，是20世纪80年代粮食银行雏形的深化发展，在农村有很大的存在空间。农村中有很多的小油坊、面粉厂和面条作坊，这些个体作坊满足了农民日常生活的需要，是农民日常生活不可缺少的一部分。过去，农民缺乏现金，用粮食去换面换油，这种生活习惯的发展演变为农民把粮食直接存到作坊里，随时按照自家需求兑换相应比例的物品。福建农民杨天明经营着一个小型磨坊为村里人磨面，从事家庭储粮换面业务，办起了粮食银行。村里人来存粮，只需填写一张存粮卡，凭卡可用粮换面，也可以按5%的折扣长期存放，极大地方便了群众。山西省吉县农民葛建章和葛建军兄弟俩，共同开了小面粉加工作坊，农户可以存入粮食，按比例随时领取面粉。面粉作坊则依托大量的粮食从事销售和加工，提高了经济效益。这类粮食银行规模小，储藏设施不很先进，但由于立足于农村，满足农民日常需要，市场空间很大，生存潜力也很强。

粮食银行是服务于农民生活自发产生的经济组织，是新时期新环境下农民新的制度创新。它以农民储备粮为基础，以粮食部门、企业为依托，把农民利益与企业利益、国家利益联系在一起，实现了多方共赢的良好效果。现实中，各地粮食银行运作模式有很大不同，还有待于规范和完善。政府应该出台相应的管理办法和法规，制定统一的标准和要求，防范市场风险带来的利益损失和矛盾纠纷，保护农民合法权益也维护粮食企业的正当利益。引导粮食银行在有利的政策环境中发展壮大，促进农业发展，提高农民收入，实现企业利润增值，保障国家粮食安全。

4. 鼓励发展合作经济组织

随着产业结构的调整和经济的发展，粮食生产的机会成本的上升和比较效益的下降，粮食的"弱质"产业特性更加凸显。建立合作经济组织，在"自愿、协作"的原则基础上联合广大分散农户，具有明显的群众性、专业性、互利性和自助性。由于组织创建成本较低，农户经营自主性较高，容易形成良好的示范带动效应，因而具有强大的生命力。

合作经济组织在形式上表现为各类农业协会或合作社，内容丰富，既有松散的统购统销型，也有比较专业的技术互助型，还有股份合作型；功能多样，有的负责传递市场行情，有的负责技术指导，有的专门进行会员利益协调和分配，还有的具备经济实体职能。按照组织内部协作机制划分，主要包括以下几种类型：①能人带动型，如盐城市响水县张集乡圩角村蔬菜协会，最初由种菜能手王海林组织8户农民承包乡大棚示范基地而形成，目前已发展会员152户；②行业协会型，如淮安市楚州区南马厂乡西瓜专业协会，成立以来注重收集市场信息，对瓜农进行指导，成功打响了"南马厂"西瓜品牌；③股份合作型，如连云港市赣榆县的富林生态农业有限公司，由当地群众自发成立、自愿入股，下设果树种植园、家禽养殖场等数个子公司，有50户农民参股而成为股民。

第四节　完善粮食储备品种结构

一　优化储备粮品质结构

根据我国居民的消费习惯，不同地区居民口粮消费的粮食主要品种分别是大米和面粉，消费习惯有很强的刚性，这决定了其他品种的替代性很差，一旦大米或面粉出现较大的供需缺口时，很难用其他粮食品种的粮食库存来平抑短缺品种粮食市场，因此，在确定粮食储备规模时，不能仅考虑总量，还要充分考虑粮食品种的差别。

从全国范围看，我国居民对市场的需求主要是大米和面粉，因此，储备粮应以稻谷、小麦为主，再考虑到吃油问题，适量储备大豆。在地域布局上，应在习惯以大米为主食的地区，储备稻谷，在习惯以馒头、面条为主食的地区储存小麦。储存少量大豆，是为了市场食用植物油短缺时，及时提供大豆加工，缓解市场食油供应紧张的局面。

中央储备粮是面向全国的，常有跨省调运，储备时间相对长一些，因此以原粮储存为主。小麦容易储存保质费用低，是储备优先考虑品种。地方储备应兼存原粮和成品粮，并应根据各地口粮消费习惯和工业用粮品种以及不同粮食品种的储藏特性确定，以防储备结构与消费结构的不匹配降低了粮食安全的保障力度。另一方面从储存形态看，要有一定数量的成品粮库存（面粉、大米等），否则在救灾或突发事件需要紧急动用时，首先要找加工厂进行加工，相对延误了投放时机。

二　建立应急成品粮储备

在粮食储备中既要有一个科学的储备量，还应有一定数量的成品粮的储备，特别是小包装粮的储备。否则，一旦消费者集中购买时，极易造成粮食市场脱销。货运的充足和及时供应，可减少居民的恐慌心理，保持粮食价格稳定。

第五节　合理调整粮食储备布局

合理的储备布局应考虑到，当粮食供大于求时，要有利于粮食收购；当粮食供不应求时，要有利于粮食的抛售。要结合农业区域规划中三大粮食品种的生产种植带和生产基地建设、销区的规模与市场需求、铁路运输状况以及必要时结合国际粮食市场的"南进北出"大流通，建立同时兼顾产区与销区、生产与消费的国家粮食储备的区域性布局规划，以形成便于调度、利于吞吐、减少成本、保障供给的粮食安全储备与运行网络。从我国目前粮食储备的布局和储运现状来看，重点要做以下几个方面的调整。

一　调整中央储备布局

从我国储备粮分布现状来看，已经形成了以粮食产区为主进行粮食储备的基本格局。主产区由于仓容不足所造成的露天储粮比例逐年提高。随着市场化改革的推进，我国粮食主销区的粮食库存量所占比例会有所变化，但不会超过25%，这主要是由于近年来较为充足的粮源形势和粮食储备的低成本目标所致。而粮食主产省份则面临着较为严峻的安全保粮任务。因此，近期国家粮库建设应以粮食主产省份为重点，并适当兼顾主销省份。

当然国家储备粮库建设布局不能把主产区和主销区之间的分配作为唯一标准，应综合考虑以下几方面因素：一是库点摆放应重点考虑战略和交通枢纽的位置，确保国家储备粮在调拨时吞吐迅捷。二是应将一些比较分散的国家储备库的粮食合并、调整，将国家储备粮存放在管理水平较高的大、中型粮库。三是国家储备粮库布局应与市场体系建设相协调，使粮食仓储网络与已经形成并逐渐发育的初级市场、区域批发市场和期货市场的分布相吻合。四是国家粮库布局应与粮食加工业的布局相衔接，促使粮食储备与加工的有机结合。只有这样，国家粮库建设才能更加符合市场配置资源要求，而跳出行政区划的窠臼。

二　整合地方储备库点

目前我国地方储备库点多且分散，虽然有利于收购，但不利于储备粮的统一管理。一是由于库点较多，每个库点的人员支出却是一定的，无形中增加了储备粮总体的管理费用。二是库点分散，不便于全面掌握各库的实际储备情况，一旦某地发生了较大的粮食安全问题，当地的储备粮无法完全满足市场需要，而周边的小粮库首先考虑自身风险，人为控制粮食调出，则不利于控制整个地区的粮食风险。三是从库点本身建设来说，库点规模越大，储备量越多，管理费用等固定成本就占总成本的比重越低，粮食储备量越大，销售获得的利润额也就越高，有利于规模优势的发挥。四是近些年来，随着中心粮库的建设以及粮食购销市场化后种植面积的下降带来收购量的减少，不少小容量粮库因无粮可收、运输不便、储粮不便等原因而成为死角库、空关库。为保持这些仓库的完好和安全，仍需进行日常维护和管理，费用支出较大。

为便于灵活调动和管理，粮库建设应改变过去分散储存的状况，适度扩大粮储库归集半径，在库点布局上相对集中，同时结合区域布局，通过置换、变卖等措施，对原有粮库进行整合，集中资金进行中心粮库建设。这样，既可加快中心粮库建设，又可减轻管理压力，节约管理费用；既有利于收购和调拨，又有利于抛售和正常轮换，以达到调控和平抑市场价格的目的。

三　完善跨省份粮食购储体制

为保障供应，各地应充分发挥市场配置粮食资源的作用，加快建设跨省份粮食购销市场。应对跨省份粮食购储销在政策、资金、交通工具等方面给予便利，允许跨省份粮食购储销企业使用农业发展银行的粮食收购贷款，允许粮食风险基金跨省份合理流动，以满足跨省份异地储粮的必要开支，为减少粮食的铁路运输费用，开设跨省份粮食流动的"黄色通道"，各省份要打破地方主义观念，依法维护跨省份粮食购储销的合同关系，促进全国跨省份粮食购储销合作关系的形成。

四　建立健全贫困县粮食储备体系

我国 332 个贫困缺粮县总人口 12904.8 万人，大多地处山区和高原，属于"老、少、边"地区。多数县土壤贫瘠，气候恶劣，靠天吃饭，灾害频繁，生产方式落后，生态环境很差，其特点是"四低一降"，即：人均粮食量低、人均粮食消费水平低、粮食自给率低、农户存粮低和粮食总产量下降。

这些贫困县既没意识到也无能力解决自身粮食安全问题。一是收购资金匮乏。自粮食购销市场全面放开以来，贫困缺粮县国有粮食购销企业因无法筹集必需的收购资金，造成收粮难，就地解决本地粮食供需矛盾的可能性大大减小，增大了对外来粮食的依赖程度，同时受到交通条件的制约程度加大。二是经营设施损坏严重。粮食购销企业因经营量减少而逐步萎缩，企业的仓库等国有资产因年久失修而破损、垮塌。三是无可用之才。善于经营、精通管理以及掌握储粮、检化验等专业技术的人才流失严重。县级粮食储备及应急制度几乎没有建立，确保粮食安全的仓储设施薄弱，可用于粮食安全的县级财政支付能力几乎为零，供本地支配的必需的粮食储备严重不足，不能达到粮食储备的最低标准要求，如果遭遇大面积的或者持续时间较长的自然灾害，将会出现无粮可用的情况，对粮食安全的应急能力十分脆弱。

（一）多渠道解决储备粮费用和合理确定储备规模

332 个贫困缺粮县要建立县级储备，其资金建议按中央储备粮的办法由农发行负责供应。可按三种类型分别解决储备粮资金和费用：一是西部 11 省（区、市）的 206 个县，全部由中央财政解决；二是中部 6 省和海南的 91 个县，由中央财政负担 70%，有关省财政负担 30%，地县两级财政免负；三是东部 3 省的 35 个县，由中央财政负担 50%，有关省财政负担 50%，地县两级财政免负。储备规模可按所在县城镇人口半年的消费量加上与农村人口缺粮量的一半之和确定。

对于那些商品粮库存和储备粮"双缺"的高危贫困缺粮县，当前应立即调整中央和省级储备粮的储存布局，及时增加这些地方的储备粮库存，以防当地突发粮食安全责任事故。同时，建议将贫困缺粮县的储备粮和储备库纳入省储备粮管理体系统一管理，以确保贫困缺粮县的储备粮管得住、调得动、用得上、能救急。

（二）　由中央投资为每个贫困缺粮县建设一座中心粮食储备供应库

中心储备供应粮库可充分利用现有仓库改扩建或新建相应的仓库，并充分考虑高山、高原、高寒等偏远地区的供应需要，做到在每年汛期或大雪封山等交通阻断前，能把粮食集运到可供应到户的地方储存，相应确定部分定点供应单位和应急加工单位，以保证这些特困地区的粮食安全。

第六节　有效确保粮食质量安全

目前，我国储备粮主要采用的还是传统的化学制剂储粮技术。为保证储粮质量安全，避免污染，使人们吃到新鲜、营养可口、无毒的放心粮，应积极研究开发、大力推广采用生态手段，即绿色储粮。

一　通过"绿色订单"从源头确保粮食安全

保证粮食质量安全首先应从源头抓起，即从粮食生产抓起。应当通过"绿色订单"粮食生产确保绿色储备粮源。一是发展生物、有机、无机复合肥料与缓释化。有机、无机复合肥料与缓释化可使粮食作物获得均衡养料，有利于粮食的安全生产；有益微生物生物肥料的使用，可使其在土壤中大量繁殖，在作物根系周围形成"微生态"环境，抑制土壤致病菌的生长。二是倡导粮食生产农药的生物化、低毒化。使用高效、低毒、低残、高选择性与环境友好的农药品种。加强以微生物发酵工程技术为基础的微生物农药和以植物提取物为主的生物农药的研究、开发、推广和应用。三是加强粮食产品安全性监测的系统化。

二　研究开发和推广绿色储粮技术

绿色储粮技术，是以可持续发展理论为指导，以储粮生态学为理论基础，在粮食储藏过程中，尽量少用或不用化学药剂，以调控储粮生态因子为主要手段，从而达到保护环境，避免储粮污染，确保储粮安全，使人们吃到新鲜、营养、可口、无毒的放心粮的技术。

我国幅员辽阔，气候环境多样，粮食储备遍布全国，应根据不同区域的气候情况，将我国划分为若干储粮生态区。根据不同地区的生态特性，选择运用不同的储粮技术，选择不同的储粮仓型，采用不同的储粮方案。

（一）低温储粮技术

低温储粮是我国粮食储藏工作中带有方向性的技术措施，低温储粮技术体系应包括自然低温辅助机械通风和谷物冷却机低温两项主要技术措施和以改造仓房增强隔热保冷效果为重点的配套技术措施。可采取的低温储粮的安全、经济的运行模式为：在冬季外界气温较低的时候进行通风，使粮温降低到6℃以下。春回地暖的时节，采取适当的保冷措施（压盖或密闭），维持粮堆内的低温状态。在炎热的夏季则利用谷物冷却机进行适当的调温补冷，尽可能保持粮堆内的低温状态。秋季时分阶段进行机械通风降温。低温储粮可以起到抑制虫害、霉变发生和发展，又可以保持粮食的品质新鲜，还有利于环境保护和节能，因此，低温储粮技术应作为绿色储粮技术加以推广。

（二）气调储粮技术

气调储粮技术是利用人工调整储粮仓房内的空气成分，使之不利于有害生物的新陈代谢活动，达到控制虫害的滋生和蔓延、抑制霉菌繁殖和延缓粮食品质陈化的目的，并有效解决粮食中有害药剂的残留问题。气调储粮主要有三种：降氧、加氮或二氧化碳。降氧是采用制氧机或分子筛除储粮仓房内空气中的氧气，一般氧气含量降到3%以下时可以有效地抑制各种储粮害虫的生存。加氮或二氧化碳的原理基本相同，都是向储粮仓房内充入工业生产过程中产生的氮气或二氧化碳，降低仓房内的空气含氧量。气调储藏有利于环境保护，应该是极具发展前景的绿色储粮技术。

（三）生物防治和综合治理虫害技术

害虫的生物防治技术主要是利用先进的生物技术防治储粮害虫。如利用储粮害虫的天敌昆虫及昆虫病原微生物进行防治；利用性信息素进行诱捕、迷向技术干扰害虫繁殖和驱避剂阻止害虫取食等。生物防治具有有效控制害虫、不污染粮食和环境、对人畜安全、改善生态系统和降低防治费用等多种优点。随着研究的深入和技术的发展，生物防治害虫技术是大有前途的。采取"综合治理害虫"措施，有效防治储粮害虫，抑制储粮害虫抗性的发生与发展，应该成为将来绿色储粮技术发展的主导潮流。"综合治理害虫"技术除了要求粮食在储存之前进行严格的检验和清理，除去其中不利于储藏的杂质外，还要保持仓房和场地的清洁卫生，粮食在储藏过程中应尽量创造不利害虫生长的环境条件，并定期进行监控和检测。

（四）地下储粮技术

地下仓是最适合长期储存储备粮、既经济又绿色环保的储粮仓型。一是地下仓由于长期处于低温状态，可以完成抑制虫害发生、繁殖，达到常年不用药熏杀虫害的条件。即使入库时带进害虫，也会在低温和缺氧的情况下很快死亡或处于休眠状态，不用熏蒸、节省人力及费用，不存在粮食熏蒸药剂在粮食中残留的问题，绿色储粮效果非常好。二是地下粮仓密闭性能好，仓内粮食不易受外界不利因素的影响，粮温常年稳定在 15~20℃，可有效控制粮食呼吸强度，延缓储粮品质陈化劣变速度。因此，地下仓不仅能够保持储粮有较好的食用、种用品质，而且能大大降低粮食在储藏期间的损失、损耗。三是地下仓粮食出入库全部采用机械化作业。入粮时，粮食通过输送机、振动筛、风机等过筛除杂后从上方仓口直接入仓，并在仓口安装布料器，减轻粮食的自动分级现象。出库时，粮食可从地下仓底部仓口自流出粮，也可从上部用吸粮机吸出，经输送机散粮直接装车或经自动包装磅打标准包装车。由于地下仓采用的是粮食散入、散出方式，因此可很好地适应当前粮食散装散运的物流发展方向及粮食"四散"发展方向。四是地下粮仓隐埋于地下，目标比较小。因此，在地震和现代化战争中地下粮仓的防护能力优于其他仓型，最适合储存战备粮和长期储存粮食。五是地下仓占用土地较少，可以不占或少占良田，节约土地资源。在当今我国土地紧张，能源紧张，全国上下提倡节约土地、节约能源的形势下，充分利用地下仓储粮具有很大意义。

三　改善粮食储备基础设施

地方国有粮库目前已经没有财政补贴，但又承担地方政府的粮食调控，粮食储备基础设施陈旧，维护资金投入严重不足。一方面，存放的粮食很容易发霉，严重影响粮食质量；另一方面，储存条件的恶化致使粮库不敢大批量收购粮食，从而导致恶性循环。

目前，整个东北三省都面临着运输能力和仓储能力严重短缺的问题，以黑龙江省为例。据黑龙江农垦局官员称："国家的商品粮基地体现最重要的指标就是生产出来的粮食90%左右要成为商品，进入市场进行流通，现在看来整个地区的仓储能力，除了保存下一个生产年度的所用的种子外，基本上不具备仓储的能力，只能露天堆放，烘干的能力也只能是烘干种子，也不具备烘干商品粮的能力。"

可见，仓储设施落后，仓储能力不足，已对粮食安全形成一定的威胁。主产区粮食储备基础设施的投入亟待加强。

四　由储备原粮向加工产业链延伸

解决主产区运输能力和仓储能力不足的另一个途径是加快推进农业产业化经营，以"粮食订单"为纽带，按照"公司＋基地＋农户"的农业产业化新模式，结合储备粮的吞吐轮换，引导储备库与粮油食品、饲料等加工企业在协作的基础上形成贸工农、产供销一体化的粮食产业化经营格局。

粮食加工企业与粮库签订协议，委托粮库以每斤高于最低保护价一定比例的价格大量收购粮食，轮换出库的原粮同等条件下优先满足加工企业。首先，粮价提高可以增加农民收入，且有助于解决农民卖粮难的问题；其次，粮食加工企业减少了交易成本，收购粮食的质量也有了保证；最后，粮库的保管费交易费有了保证。通过粮库把农民和加工企业联系起来，形成一个农业发展的产业链，有助于调动各方积极性，确保我国粮食安全。

五　加快建设储备粮信息化体系

全面、准确、及时的粮食储备信息是国家宏观调控部门制定科学决策的重要依据；我国粮食储备分布面广、库点多，市场经济基础作用尚未得到充分发挥，需要采用先进的信息采集、处理、传递手段，以提高监管的效率和质量。我国储备粮信息化建设底子薄、起步晚，信息化程度低，存在信息缺乏统一规划、信息共享程度低、信息孤岛现象突出、信息的真实性和时效性没有保障等问题。

随着社会的发展，社会对食品安全的重视和对粮食质量的要求越来越高，对储备粮品质检验工作提出更高的要求。随着粮食储藏技术的进步和对储粮经济性的追求，粮库亟待建立储备粮品质监控和测报体系，以便及时掌握储粮品质变化情况，采取适当的措施。

第七节 改革粮食储备轮换制度

探索新方式，变"死粮"为"活粮"。多年来，我国储备粮奉行的是"无战不动""无荒不用""定期轮换"的"超静态"储备方针。这种方针具有积极的、正面的效果，但相应也产生了消极的负面效应，即导致"新粮变老粮、老粮变陈粮、陈粮再变陈化粮"的弊端，降低了储备粮食的价值和使用价值。显然，这与客观经济规律相悖，必须加以调整与完善。其必要办法是，储备粮要"动、静"结合，把"死粮"变成"活粮"。所谓"动、静"结合是指把现行的单一静态储备转变为静态储备与动态储备相结合。

一 改革储备粮补贴制度

（一）完善储备粮油轮换补贴办法

改变过去实行的保管费用、轮换费用总包干办法，实行分类处理。将保管费用和轮换费用分开，在现有保管费用不变的情况下，适度增加轮换费用，以减少企业亏损。同时，对确因重大政策和客观因素造成的轮换价亏给予适度补贴。

（二）改变现行地方贷款利息补贴操作方式

目前的储备粮补贴办法加剧了轮换空库的情况。现行的地方储备粮管理办法中规定，根据地方储备计划规模给予相应的保管费用和利息补贴。在利益的驱动下，承储企业都是用足政策，在轮换过程中基本上不采用"先进后出，边进边出"的轮换方法，绝大部分是"先出后进"，用足储备粮架空期。在这个期限内，承储企业没有相应的保管费用及资金利息支出，却能得到相应的补贴。这种制度不仅导致储备粮数量的不足，还导致储备粮维护粮食市场稳定、保护农民利益政策功能的失效。地方储备粮轮换经营由承储企业自主确定、自负盈亏，实质上与社会商品粮经营已无本质差别，属于完全由市场行情控制的企业经营行为，加之有一定的轮换补贴，客观上增强了企业在轮换经营中与社会商品粮经营的竞争能力,不利于发挥其维护市场粮价稳定的政策目标。"十二五"期间,建议由根据储备计划规模给付补贴改为根据实际储备库存计算并给付补贴。

(三) 成立储备粮轮换风险基金

建立中央储备粮轮换风险基金制度。由于轮换实行费用补贴包干,储备库承担自负盈亏的责任,但真正要企业承担巨额的轮换亏损则是难以承受的。因此,建立中央储备粮轮换风险基金制度不仅十分必要,而且还显得非常迫切,应加快建立这一制度的步伐。轮换风险基金的来源可从以下几方面筹集:一是从轮换有效益时的利润中提取,做到"盈储亏补";二是从储备库上交的利润中划出一部分;三是从折旧基金中提取一定的比例;四是每年由中央财政拨补一部分。

二 完善储备粮轮换方式

按照储备总量确定不低于 50% 比例的储备粮交由承储企业根据市场供求情况进行循环轮换,将把握轮换时机的主动权交给承储企业,由企业综合考虑粮食市场行情和库存粮食的品质变化灵活运作,适时吞吐。这样既有利于企业根据市场价格适时组织储备粮轮换,避免轮换亏损,也有利于储备粮实现滚动轮换,常储常新,还能够达到储备粮随时平抑供求、稳定粮价、调控市场的目的。

三 在储备粮计划安排中引入市场竞争制度

从我国以往经验看,粮食储备的流通如果由粮食行政部门层层分解计划指标,不通过市场进行,不能主动地、预防性地影响市场和引导价格,调控效果很差。应打破国有粮食企业垄断经营储备粮的局面,鼓励各类企业经资格审定后从事储备粮经营业务,进行平等竞争。"十二五"期间,建议由主要通过行政分配销售储备粮指标的做法,向中央储备粮通过市场流通的宏观调控模式转变,建立开放竞争的国家储备粮轮换经营机制。

首先,建立政府与承储企业之间的委托代理关系,在委托代理关系中引入市场机制,通过公开招标竞标选择管理最好、报价最低、能执行国家意图的企业,储备任务亦可采取竞拍方式进行落实。这样既可以让承储企业有市场压力，促其主动降低储备费用，少吃国家财政补贴的"大锅饭"，也可以大大改善政府对储备粮的管理，提高财政补贴的效率。由农发行参与承储企业的资格认定，对准备参与国家储备粮计划落实竞拍活动的企业，预先进行经济实力、信用记录的调查，将预查情况通知竞拍活动组织者，从而从源头上防范信贷风险。

其次，树立国家储备粮动态管理的思想。轮换是两头在外的市场行为，要用市场的观点和方法来研究制定轮换的管理办法。宏观上，要建立粮食安全预报预警系统，根据各地各等级的警情，以确定中央储备粮参与地方应急需要的时机、数量和方式；要最大限度发挥中央储备粮管理总公司的运作自主权，作为国家相关的行政管理部门，应允许其在规定的年度轮换计划以外，发现商机，及时操作，上报备案。操作上，一是缩短储存时间，建立均衡轮换机制。小麦的年轮换量为30%，稻谷为40%，玉米为50%，也就是说小麦、稻谷、玉米的轮换期分别为3年、2.5年、2年，在同一年的轮换操作时，应避开与粮食产新季节发生"共振"作用。二是建立无偿轮空期制度，延长现行有偿轮空期。根据轮换的实际情况，在确保粮源与资金安全的前提下，应允许承储企业在不能按时完成轮换计划时实行无偿轮空期。在无偿轮空期内，无利费补贴，以确保轮入粮食质量及不发生轮换亏损。同时将有偿轮空期由现行的不超过4个月延至6个月，并对承储企业实行实际库存总量比例管理和库贷挂钩的资金安全双重管理。常年实物库存达总量的70%~80%即可，其余20%~30%的粮食始终保持动态、有序轮换，以实现把握商机、减少成本、常储常新、保质增值。

最后，在轮换方式上，应引导和督促承储企业进入市场的场内交易，无论是收购还是抛售储备粮，都通过市场，实行公开招标采购和竞价销售。并支持运用现代市场交易方式，开展电子商务和栈单交易业务，条件较好的承储企业，可允许进行期货市场套期保值交易。

四 适当运用期货市场

粮食期货市场是具有独特的价格发现和规避风险功能的一种成熟的市场经济形式，既可使经营者实现稳健经营的良好机制，也有利于农业粮食种植结构调整，国家利用期货市场信息，增强宏观调控能力。在具体操作上，承储企业可根据轮换计划，在期货市场建立卖出的保值头寸，即便日后实际出库时市场粮价下跌，也可由期市盈利弥补销售亏损。我们应该在法律和制度层面做出明确界定，而不能因噎废食，禁止国家储备粮进入期货市场交易。应通过轮换和期货有机结合，运用套期保值原理规避轮换风险，逐步建立起储备粮轮换中的长效避险机制。

第 十 二 章
建立粮食评价与预警体系研究

粮食安全保障问题始终是我国政府的工作重点，确保全国粮食安全是关乎国计民生、经济社会发展全局的大事。近年来，我国粮食安全面临的国际、国内环境发生了深刻变化，影响粮食安全的各种不确定因素逐渐增多。今后相当长的一个时期，粮食供求仍处于紧平衡状态。为适应粮食安全决策科学化的需要，有必要建立和完善中国的粮食安全预警体系，以防患于未然，避免由于粮食短缺和涨价产生更深层次的问题，适时、适度地采取调控措施。

第一节　粮食安全指标体系构建

一　粮食安全指标设定

粮食安全问题包括多种因素，各因素相互关联、互相作用，构成一个有机的整体。由于粮食安全影响因素的系统性和复杂性，对评价粮食安全的指标体系也应当是一个层次分明、条理清晰的综合体。因此，粮食安全预警指标的设定应当遵循以下原则。

代表性原则，即要根据相关经济理论及粮食安全影响因素选取与粮食安全密切相关的指标，一项指标应当能够反映影响粮食安全的某一方面。

全面性原则，即选取指标所形成的体系应当尽可能全面综合地反映粮食安全状况，涵盖粮食安全内涵的基本要义。

可操作性原则，即选取的指标应当能够获取科学的数据，各指标之间不存在重复或冲突现象，能够较好地适用于预警模型。

根据粮食安全的内涵，结合指标设定应当遵循的原则，本书从宏观、微观和自然要素三个层面，设置了包括趋势产量波动率、粮食储备量、粮食价格波动率等在内的 8 个指标，具体如表 12 - 1 所示。

表 12 - 1　我国粮食安全指标体系

	指标层面	具体指标
粮食安全预警指标体系	宏观层面	R_1:趋势产量波动率
		R_2:粮食储备量
		R_3:粮食价格波动率
		R_4:粮食自给率
	微观层面	R_5:人均粮食播种面积
		R_6:人均粮食占有量
		R_7:恩格尔系数
	自然要素层面	R_8:成灾面积

二　指标说明与数据预处理

为计算 1997～2011 年的粮食安全度，本书对各指标选取1996～2011 年相关数据进行预处理。

（一）宏观指标

1. 趋势产量增长率

稳定的国内粮食生产是粮食安全的首要保障。从统计资料来看，我国的粮食产量呈明显上升趋势，但很显然，仅凭粮食产量的增长不足以说明我国粮食安全度的提高。相反的，受自然、经济双重因素影响，我国粮食生产波动频繁，威胁我国粮食安全。本书采用趋势产量增长率作为测度粮食安全的指标之一，其计算方法如式（12 - 1）所示。

$$R_1 = (Y_t - Y_t')/Y_t' \qquad (12 - 1)$$

其中，Y_t 表示第 t 年的实际粮食产量；Y_t' 表示用时间序列资料计算的趋势产量，即第 t 年预期或者应当具备的粮食产量。这样，利用实际粮食产量与应有粮食产量的差率，可以在一定程度上反映粮食生产的波动性，进而反映我国的粮食安全度。

下面运用 ARMA 模型对趋势粮食产量做预测。从 1996～2011 年我国粮食产量数据来看，呈上升趋势，为非平稳序列，且序列的自相关系数呈现衰减趋势，具有明显的拖尾特征，偏自相关 1 阶截尾，因此判定序列满足 AR（1）过程。利用 Eviews 软件，模型估计结果如下：

$$Y_t = 57642.49 + 0.9413Y_{t-1} + \varepsilon$$

其中，$t = 17.02$，参数通过 t 检验，调整 $R^2 = 0.9$，说明模型拟合度较高。残差的自相关图与偏自相关图显示各滞后阶数的 AC 与 PAC 均在临界值内，Q 统计量的 P 值均大于 5%，说明在 5% 的显著性水平下接受原假设，建立模型有效，可以据此进行预测，结果如表 12 - 2 所示。

表 12 - 2　1996～2011 年我国粮食趋势产量增长率

年份	实际产量（万吨）	趋势产量（万吨）	趋势产量增长率（%）
1996	50455	47306	6.66
1997	49417	47913	3.14
1998	51230	48483	5.66
1999	50839	49021	3.71
2000	46218	49527	- 6.68
2001	45264	50003	- 9.48
2002	45706	50451	- 9.41
2003	43070	50873	- 15.34
2004	46947	51270	- 8.43
2005	48401	51644	- 6.28
2006	49746	51996	- 4.33
2007	50150	52327	- 4.16
2008	52850	52639	0.40
2009	53082	52932	0.28
2010	54648	53209	2.70
2011	57121	53469	6.83

注：实际产量数据来源于《中华人民共和国国民经济和社会发展统计公报》。

2. 粮食储备量

粮食储备量是衡量一个国家应对粮食风险与危机的能力的重要指标，但由于我国没有粮食储备量的统计数据，所以只能通过估算来大致衡量。粮食储备量的计算方法如式（12 - 2）所示。

$$粮食储备量 = 上年粮食储备量 + 粮食生产总量 - 粮食消费总量 + 净进口量 \qquad (12 - 2)$$

根据我国公布的 2009 年 3 月底的国家粮食库存量为 2.254 亿吨，利用式（12 - 2）将 2009 年全年数据按季度平均，估算出 2008 年末的粮食储备量，在此基础上得到历年粮食储备量。

此外，由于 1996 年起，我国大豆进口需求激增，已经不完全是传统意义上的粮食需求，而是更多的将其作为油料作物考察。考虑到大豆库存储备量相对于粮食储备总量较小，且在供求基本平衡的条件下变动不大，测算时剔除大豆进口的因素。最终粮食储备的相关数据如表 12 - 3 所示。

表 12 - 3　1997 ~ 2011 年我国粮食储备量计算

单位：万吨

年份	粮食产量	人口数量	粮食消费量	粮食进口量	粮食出口量	剔除大豆前粮食储备	大豆净进口量	剔除大豆后粮食储备
1996	50455	122389	46507.8	1195.5	143.6	14255.1	100	14155.1
1997	49417	123636	46981.7	705.5	853.6	19254.2	269	18985.2
1998	51230	124761	47409.2	708.6	906.5	21541.4	302	21239.4
1999	50839	125786	47798.7	772.1	759.0	25164.3	412	24752.3
2000	46218	126743	48162.3	1356.8	1401.3	28217.7	1021	27196.7
2001	45264	127627	48498.3	1738.4	903.1	26228.9	1369	24859.9
2002	45706	128453	48812.1	1416.7	1514.3	23829.9	1103	22726.9
2003	43070	129227	49106.3	2278.4	2149.4	20626.2	2047	18579.2
2004	46947	129988	49395.4	2993.2	433.4	14718.9	1990	12728.9
2005	48401	130756	49687.3	3279.6	994.1	14830.3	2619	12211.3
2006	49746	131448	49950.2	3177.8	580.6	15829.7	2786	13043.7
2007	50150	132129	50209.0	3730.0	1170.0	18222.7	3036	15186.7
2008	52850	132802	50464.8	4131.0	378.9	20723.7	3697	17026.7
2009	53082	133450	50711.0	5223.2	328.9	26861.0	4221	22640.0
2010	54648	134091	50954.6	6695.5	275.1	34126.3	5415	28711.3
2011	57121	134735	51199.3	6390.3	287.5	44240.2	5244	38996.2

注：粮食消费总量根据《国家粮食安全中长期规划纲要（2008 ~ 2020 年）》，采用我国每年的人均粮食消费量 380 千克，乘以这一年的人口总量估算得到。

资料来源：人口数量来源于历年《中国统计年鉴》；粮食进出口总量、大豆净进口量由中国海关信息网及相关报告、新闻整理计算得到。

由于粮食储备量采用的是估算数据，难免会有一定的计算误差。但结合学者研究及新闻报道，本书估计量具有一定的合理性，能够较好地反映各年的粮食储备变化情况。例如，程亨华（2002）在研究中提到，我国的粮食储备率（即粮食储备量与粮食消费量的比值）在20世纪90年代年均为34.8%，从20世纪末至21世纪初的几年里则高达40%以上；温家宝总理也在2008年的两会期间提到，当时的粮食储备量应当在1.5亿~2亿吨。

3. 粮食价格波动率

粮食价格受多重因素影响：粮食供求不均、自然灾害减产、周期性和政策性原因乃至国际粮食市场冲击等，都会作用于粮食价格。因而，粮食价格波动是各类因素相互作用的结果，能够综合反映粮食安全所面临的整体风险。为剔除通货膨胀对于粮食价格波动率的影响，其计算方法如式（12 - 3）所示。

$$R_3 = (GPI/CPI - 1) \times 100\% \qquad (12 - 3)$$

其中，GPI为粮食价格指数；CPI为消费者物价指数。由此计算我国历年粮食价格波动率如表12 - 4所示。

表 12 - 4　1996 ~ 2011 年我国粮食价格波动率

年份	GPI	CPI	粮食价格波动率(%)
1996	107.5	108.3	- 0.74
1997	92.1	102.8	- 10.41
1998	96.9	99.2	- 2.32
1999	96.4	98.6	- 2.23
2000	90.1	100.4	- 10.26
2001	101.5	100.7	0.79
2002	98.6	99.2	- 0.60
2003	102	101.2	0.79
2004	126.5	103.9	21.75
2005	101.4	101.8	- 0.39
2006	102.5	101.5	0.99
2007	106.5	104.8	1.62
2008	107	105.9	1.04
2009	105.7	99.3	6.45
2010	107	103.3	3.58
2011	112.2	105.4	6.45

资料来源：由 1997 ~2012 年《中国统计年鉴》整理、计算得到。

4. 粮食自给率

我国是世界第一人口大国，粮食需求量大，一旦出现粮食短缺，所产生的影响将不仅局限于国内，世界粮食供求都将受到冲击。因此，我国的粮食供给必须首先立足于自给：保障粮食基本自给，控制粮食对外依存度，始终是经济发展和社会稳定的基础。本书采用粮食自给率作为衡量粮食安全度的指标之一，其计算方法如下：

$$粮食自给率 = 1 - 粮食净进口量/(粮食产量 + 粮食净进口量) \qquad (12 - 4)$$

根据式（12 - 4），计算我国 1996 ~ 2011 年粮食自给率，结果如表 12 - 5 所示。

表 12 - 5　1996 ~ 2011 年我国粮食自给率

单位：%

年份	1996	1997	1998	1999	2000	2001
自给率	97.96	100.00	100.00	99.97	100.00	98.19
年份	2002	2003	2004	2005	2006	2007
自给率	100.00	99.70	94.83	95.49	95.04	95.14
年份	2008	2009	2010	2011		
自给率	93.37	91.56	89.49	90.35		

资料来源：由 1997 ~ 2012 年《中国统计年鉴》整理、计算得到。

（二）微观指标

1. 人均粮食播种面积

土地是粮食生产的基础，人均粮食播种面积反映微观主体的现实基础资源占有量及粮食生产能力，其计算方法如下：

$$人均粮食播种面积 = 粮食播种面积/人口数量 \qquad (12 - 5)$$

根据我国 1996 ~ 2011 年粮食播种面积，计算得到我国人均粮食播种面积，结果如表 12 - 6 所示。

2. 人均粮食占有量

人均粮食占有量是指可用于消费的粮食数量与该国人口的比值，是反映微观主体现实粮食供应水平的指标。理论上的人均粮食占有量应当包含粮食

表 12 - 6　1996～2011 年我国历年人均粮食播种面积

年　份	1996	1997	1998	1999	2000	2001
播种面积(千公顷)	112547.9	112912.1	113787.4	113161.0	108462.5	106080.0
人均播种面积(亩)	1.379	1.370	1.368	1.349	1.284	1.247
年　份	2002	2003	2004	2005	2006	2007
播种面积(千公顷)	103890.8	99410.4	101606.0	104278.4	105489.1	105638.4
人均播种面积(亩)	1.213	1.154	1.172	1.196	1.204	1.199
年　份	2008	2009	2010	2011		
播种面积(千公顷)	106792.6	108985.8	109876.1	110573.0		
人均播种面积(亩)	1.206	1.225	1.229	1.231		

资料来源：由 1997～2012 年《中国统计年鉴》整理、计算得到。

产量、粮食储备量以及粮食净进口量三部分，但由于我国的粮食储备变动及粮食净进口量所占比重不大，一般只用粮食产量与人口的比值计算。本书采用式（12-6）计算得到我国人均粮食占有量，结果如表 12-7 所示。

$$人均粮食占有量 = 粮食产量 / 人口数量 \qquad (12-6)$$

表 12 - 7　1996～2011 年我国人均粮食占有量

单位：千克

年　份	1996	1997	1998	1999	2000	2001
人均粮食占有量	412.3	399.7	410.6	404.2	364.7	354.7
年　份	2002	2003	2004	2005	2006	2007
人均粮食占有量	355.8	333.3	361.2	370.2	378.4	379.6
年　份	2008	2009	2010	2011		
人均粮食占有量	398.0	397.8	407.5	424.0		

资料来源：由 1997～2012 年《中国统计年鉴》整理、计算得到。

3. 恩格尔系数

恩格尔系数反映食品支出总额占个人消费支出总额的比重，是国际上通用的衡量居民生活水平高低的一项重要指标。居民食品支出占收入比重越低，可以认为居民采用经济手段弥补临时性粮食短缺的能力越强，从而粮食安全的保障程度越高。本书采用农村居民家庭的恩格尔系数来近似衡量低收入群体的粮食安全保障水平，具体数据如表 12-8 所示。

表 12 – 8 1996～2011 年我国历年农村家庭恩格尔系数

单位：%

年　份	1996	1997	1998	1999	2000	2001
恩格尔系数	56.3	55.1	53.4	52.6	49.1	47.7
年　份	2002	2003	2004	2005	2006	2007
恩格尔系数	46.2	45.6	47.2	45.5	43.0	43.1
年　份	2008	2009	2010	2011		
恩格尔系数	43.7	41.0	41.1	40.4		

资料来源：《中国统计年鉴 2012》。

（三）自然因素

成灾面积是指因遭受水灾、旱灾、霜冻、风雹灾、病虫害等自然灾害，使得农作物的实际收获量较常年减产三成以上的播种面积。本书采用成灾面积衡量自然因素对于我国粮食安全的冲击，其历年数据如表 12 – 9 所示。

表 12 – 9 1996～2011 年我国粮食成灾面积

单位：千公顷

年份	1996	1997	1998	1999	2000	2001
成灾面积	21234	30307	25181	26734	34374	31793
年份	2002	2003	2004	2005	2006	2007
成灾面积	27160	32516	16297	19966	24632	25064
年份	2008	2009	2010	2011		
成灾面积	22283	21234	18538	12441		

资料来源：《中国统计年鉴 2012》。

第二节　预警方法与模型介绍

一　熵权法

（一）熵权法概述

熵原本是一热力学概念，它最先由申农（C. E. Shannon）引入信息论，被称为信息熵，现已在社会经济等领域得到十分广泛的应用。按照熵的思想，人们能够根据决策中获得信息的数量和质量，提高决策的精度和可靠性，而作为权重的熵权，能够客观确定指标的权重，反映指标的真实信息。

在具体使用过程中，熵权法根据各指标的变异程度计算出各指标的熵权，这一特点使其在粮食安全指标权重的设定过程中有较好的适用性：相对比较稳定的指标威胁粮食安全的可能性小，其对应的权重也会比较小，而波动性大的指标威胁粮食安全的可能性大，使用熵权法计算出的权重也会比较大，符合指标权重的设定要求。

（二）熵权法的基本原理

在信息论中，信息熵是系统无序程度的度量。若系统可能处于多种不同的状态，而每种状态出现的概率为 P_i（$i=1,2,\cdots,m$）时，那么该系统的熵就定义为：

$$e = -\sum_{i=1}^{m} P_i \cdot \ln P_i$$

显然，当 $P_i = 1/m$（$i=1,2,\cdots,m$）时，即各种状态出现的概率相同时，熵取最大值，为：

$$e_{max} = \ln m$$

现有 m 个待评项目、n 个评价指标，形成原始评价矩阵 $R = (r_{ij})_{m \times n}$，对于某个指标 r_j 有信息熵：

$$r_j = -\sum_{i=1}^{m} P_{ij} \cdot \ln P_{ij} \quad 其中 \quad P_{ij} = r_{ij} / \sum_{i=1}^{m} r_{ij}$$

从信息熵的公式可以看出，如果某个指标的熵值越小，说明其指标值的变异程度越大，提供的信息量越多，在综合评价中该指标起的作用越大，其权重应该越大；如果某个指标的熵值越大，说明其指标值的变异程度越小，提供的信息量越少，在综合评价中起的作用越小，其权重也应越小。

因此，在具体应用时，可根据各指标值的变异程度，利用熵来计算各指标的熵权，从而得出较为客观的评价结果。

（三）权重计算方法

现有 m 个待评项目、n 个评价指标，形成原始数据矩阵 $R = (r_{ij})_{m \times n}$：

$$R = \begin{pmatrix} r_{11} & r_{12} & \cdots & r_{1n} \\ r_{21} & r_{21} & \cdots & r_{2n} \\ \cdots & \cdots & \cdots & \cdots \\ r_{m1} & r_{m2} & \cdots & r_{mn} \end{pmatrix}_{m \times n}$$

其中，r_{ij} 为第 j 个指标下第 i 个项目的评价值。在得到原始数据矩阵的基础上，计算各指标权重的过程为：第一，计算第 j 个指标下第 i 个项目的指标值的比 P_{ij}，其中 $P_{ij} = r_{ij}/\sum_{i=1}^{m} r_{ij}$。第二，计算第 j 个指标的熵值 e_j，$e_j = -k\sum_{i=1}^{m} P_{ij} \times P_{ij}$，其中 $k = 1/\mathrm{In}m$。第三，计算第 j 个指标的熵权 W_j，$W_j = (1 - e_j)/\sum_{i=1}^{n}(1 - e_j)$。

二 信息融合法

（一）DS 证据理论与信息融合

Dempster-Shafer（DS）证据理论是一种处理不确定信息的推理方法，由于在证据理论中需要的先验数据较概率推理理论中的更为直观、更容易获得，因而能更好地把握问题的未知性和不确定性。此外，DS 证据理论提供的信息融合公式可以综合不同专家或数据源的数据，使之成为表达和合成不确定信息的自然而强有力的方法，并在信息融合及决策分析中广泛应用。

运用 DS 信息融合方法处理粮食安全预警相关问题主要有两方面优势。

第一，粮食安全预警模型涉及诸多不确定性因素，并且难以对其建立统一的数学评估模型，而 DS 信息融合方法能够更好地应对此类未知或不确定性问题，因此可以尝试采用这种方法评估粮食安全度。

第二，基于 DS 证据理论的信息融合方法可以使得预警模型具备一定的动态特性。粮食安全预警问题的动态特性是显而易见的，上一年度遭遇粮食危机，必然也会对本年度的粮食安全工作带来压力。例如，上一年度的粮食产量、粮食储备量会直接影响到本年度的粮食储备量，因此，如果上一年度的粮食产量低、粮食储备粮小，则本年度抵御粮食风险的能力就弱，反之亦然；而对于人均粮食播种面积、恩格尔系数等具有一定刚性的指标，本年度数据在上一年度的基础上亦难以发生较大的变化，因而在一定程度上也是由上年数据决定的。DS 信息融合方法可以综合前一年，甚至前几年的数据测评当年的粮食安全度，相对于以往以当年数据评价当年粮食安全的静态模型，这种动态的预警模型更加科学。

（二）DS 证据理论的基本原理

DS 证据理论建立在一个非空集合 Θ 上，该集合 Θ 称为识别框架，由有限个互斥元素构成。Θ 的幂集 2^{Θ} 构成命题集合 2^{Θ}。

此时，$\forall A \subseteq \Theta$，如果集合函数 $m: 2^{\Theta} [0, 1]$ 满足：

$$\begin{cases} m(\emptyset) = 0 \\ \sum\limits_{A \subseteq \Theta}^{n} m(A) = 1 \end{cases}$$

则称 m 为识别框架的基本概率分配函数（Basic Probability Assignment, BPA），BPA 反映了证据对于识别框架中 A 的支持程度，即 $m(A)$。如果 $\forall A \subseteq \Theta$，且满足 $m(A) > 0$，则称 A 为焦元。

在实际问题中，证据理论的基本策略是将两个或多个证据分别对辨识框架进行独立判断，然后用 Dempster 组合规则将证据所对应的基本概率分配函数组合起来。它综合了每个证据所包含的信息，并输出一个新的基本概率赋值，组合规则用 $\oplus$ 表示。Dempster 组合规则的形式为：

$$m_1(A) \oplus m_2(A) = 1/K \sum\limits_{B \cap C = A}^{n} m_1(B) \oplus m_2(C)$$

其中，k 为归一化常数，其计算公式为：

$$K = \sum\limits_{B \cap C \neq \emptyset}^{n} m_1(B) \times m_2(C) = 1 - \sum\limits_{B \cap C \neq \emptyset}^{n} m_1(B) \times m_2(C)$$

（三）对于信息融合方法的改进

运用 Dempster 组合规则处理高度冲突的信息时，经常会出现与常理相悖的结果，这里给出一个实例来说明 Dempster 组合方法及其存在的问题：

在辨识框架 $\Theta = = \{X、Y、Z\}$ 下，有 mass 函数为：

$$m_1(X) = 0.98 \quad m_1(Y) = 0.02 \quad m_1(Z) = 0$$
$$m_2(X) = 0 \quad m_2(Y) = 0.02 \quad m_2(Z) = 0.98$$

则归一化常数：

$$K = \sum_{B \cap C \neq \phi}^{n} m_1(B) \times m_2(C)$$
$$= m_1(X) \times m_2(X) + m_1(Y) \times m_2(Y)$$
$$+ m_1(Z) \times m_2(Z)$$
$$= 0.98 \times 0 + 0.02 \times 0.02 + 0 \times 0.98$$
$$= 0.0004$$

关于 X 的组合 mass 函数：

$$m_1(X) \oplus m_2(X) = 1/K \sum_{B \cap C = X}^{n} m_1(B) \oplus m_2(C) = 1/0.0004 \times 0.98 \times 0 = 0$$

关于 Y 的组合 mass 函数：

$$m_1(Y) \oplus m_2(Y) = 1/K \sum_{B \cap C = Y}^{n} m_1(B) \oplus m_2(C) = 1/0.0004 \times 0.02 \times 0.02 = 1$$

关于 Z 的组合 mass 函数：

$$m_1(Z) \oplus m_2(Z) = 1/K \sum_{B \cap C = Z}^{n} m_1(B) \oplus m_2(C) = 1/0.0004 \times 0 \times 0.98 = 0$$

证据一高度支持 X，证据二高度支持 Z，得出的结论却是两个证据支持度都很低的 Y。当证据间存在高度冲突时，运用 Dempster 组合规则得出的结论有悖于人们的认知而不合理。这里采用一种简单而有效的改进方法：Murphy 的 Dempster 组合方法，即首先将证据的基本概率指派函数进行平均，之后再用 Dempster 组合规则进行信息融合。当系统中有 n 个证据时，将加权平均的证据组合 $n-1$ 次。

运用上述方法，可以对我国连续两年的粮食安全预警指标进行综合处理，得出具有动态特征的粮食安全度。

第三节　粮食安全预警实证分析

一　警限的划分

根据上文分析，各项指标数据汇总为表 12 - 10。在各项指标中，R_1 趋势产量增长率、R_2 粮食储备量、R_4 粮食自给率、R_5 人均粮食占有量以及 R_6 人均粮食播种面积为正向指标，即指标的数值越大，反映粮食安全度越高；而 R_7

恩格尔系数、R_8 成灾面积为负向指标，即指标的数值越小，反映粮食安全度越高；R_3 粮食价格波动率为零向指标，即指标平稳性好有助于粮食安全的实现。

表 12 – 10　1996～2011 年我国粮食安全各项指标

年份	R_1：趋势产量增长率（%）	R_2：粮食储备量（万吨）	R_3：粮食价格波动率（%）	R_4：粮食自给率（%）	R_5：人均粮食占有量（千克）	R_6：人均粮食播种面积（亩）	R_7：恩格尔系数	R_8：成灾面积（千公顷）
1996	6.66	14155.1	– 0.74	97.96	412.3	1.379	56.3	21234
1997	3.14	18985.2	– 10.41	100.30	399.7	1.370	55.1	30307
1998	5.66	21239.4	– 2.32	100.39	410.6	1.368	53.4	25181
1999	3.71	24752.3	– 2.23	99.97	404.2	1.349	52.6	26734
2000	– 6.68	27196.7	– 10.26	100.10	364.7	1.284	49.1	34374
2001	– 9.48	24859.9	0.79	98.19	354.7	1.247	47.7	31793
2002	– 9.41	22726.9	– 0.60	100.21	355.8	1.213	46.2	27160
2003	– 15.34	18579.2	0.79	99.70	333.3	1.154	45.6	32516
2004	– 8.43	12728.9	21.75	94.83	361.2	1.172	47.2	16297
2005	– 6.28	12211.3	– 0.39	95.49	370.2	1.196	45.5	19966
2006	– 4.33	13043.7	0.99	95.04	378.4	1.204	43.0	24632
2007	– 4.16	15186.7	1.62	95.14	379.6	1.199	43.1	25064
2008	0.40	17026.7	1.04	93.37	398.0	1.206	43.7	22283
2009	0.28	22640.0	6.45	91.56	397.8	1.225	41.0	21234
2010	2.70	28711.3	3.58	89.49	407.5	1.229	41.1	18538
2011	6.83	38996.2	6.45	90.35	424.0	1.231	40.4	12441

　　本书采用均数原则确定警限，并将警限划分为安全、轻警、中警、重警、不安全五个级别。与此同时，为了排除个别年份出现的指标极值对于警限划分的影响，去掉每个指标的极大值与极小值。各指标数据处理结果及警限划分标准分别如表 12 – 11、表 12 – 12 所示。

表 12 – 11　各项指标数据处理

指标	R_1（%）	R_2（万吨）	$|R_3|$（%）	R_4（%）	R_5（千克）	R_6（亩）	R_7	R_8（千公顷）
最大值	6.66	28711	10.41	100.30	412.3	1.370	55.1	32516
最小值	– 9.48	12729	0.60	90.35	354.7	1.172	41.0	16297
min + p	– 5.45	16725	3.06	92.84	369.1	1.222	44.5	20352
min + 2p	– 1.42	20720	5.51	95.32	383.5	1.271	48.0	24407
min + 3p	2.61	24716	7.96	97.81	397.9	1.321	51.6	28461

　　注：p =（最大值 – 最小值）/4；将指标 R_3 的数值取绝对之后，可将其视为负向指标。

表 12 - 12　警限划分标准

正向指标		负向指标	
最小值及以下	不安全	（最小值及以下 min + p）	安　全
（最小值 min + p］	重　警	［min + p　min + 2p）	轻　警
（min + p　min + 2p］	中　警	［min + 2p　min + 3p）	中　警
（min + 2p　min + 3p］	轻　警	［min + 3p　最大值）	重　警
（min + 3p　最大值及以上）	安　全	最大值及以上	不 安 全

根据表 12 - 11 指标数据处理和表 12 - 12 的警限划分标准，得到各项指标的警限划分结果，如表 12 - 13 所示。根据该警限划分结果，可以将各年指标数据分入所对应的区间，进而分析该年的粮食安全情况。

表 12 - 13　各项指标警限划分结果

警限	安全	轻　警		中　警		重　警		不安全
R_1	> 2.61%	（ - 1.42%	2.61%］	（ - 5.45%	- 1.42%］	（ - 9.48%	- 5.45%］	≤ - 9.48%
R_2	> 24716	（20720	24716］	（16725	20720］	（12729	16725］	≤12729
R_3	< 3.06%	［3.06%	5.51%）	［5.51%	7.69%）	［7.69%	10.41%）	≥10.41%
R_4	> 97.81%	（95.32%	97.81%］	（92.84%	5.32%］	（90.35%	92.84%］	≤90.35%
R_5	> 397.9	（383.5	397.9］	（369.1	383.5］	（354.7	369.1］	≤354.7
R_6	> 1.321	（1.271	1.321］	（1.222	1.271］	（1.172	1.222］	≤1.172
R_7	< 44.5	［44.5	48.0）	［48.0	51.6）	［51.6	55.1）	≥55.1
R_8	< 20352	［20352	24407）	［24407	28461）	［28461	32516）	≥32516

二　指标权重的确定

（一）指标归一化处理

在使用熵权法确定指标权重时，首先要对指标数据进行归一化处理，以消除数据量纲，并统一指标的变化范围。

对于正向型指标，采用式（12 - 7），即：

$$r'_{ij} = \frac{r_{ij} - \min(r_{ij})}{\max(r_{ij}) - \min(r_{ij})} \tag{12 - 7}$$

对于负向型指标，采用式（12 - 8），即：

$$r'_{ij} = \frac{\max(r_{ij}) - r_{ij}}{\max(r_{ij}) - \min(r_{ij})} \tag{12-8}$$

其中，$\max(r_{ij})$、$\min(r_{ij})$ 分别为指标的极大值和极小值，而 (r_{ij}) 则是指标经过归一化处理后得到的结果。

（二）计算指标权重

在对数据归一化处理的基础上，运用熵权法计算得出各项指标的权重，结果如表 12-14 所示。

表 12-14　指标权重计算结果

计算项目	R_1	R_2	R_3	R_4	R_5	R_6	R_7	R_8
$\sum P_{ij} \times \ln(P_{ij})$	-2.6192	-2.4250	-2.6901	-2.5879	-2.6212	-2.4933	-2.5869	-2.5638
e_j	0.9447	0.8746	0.9702	0.9334	0.9454	0.8993	0.9330	0.9247
$1 - e_j$	0.0553	0.1254	0.0298	0.0666	0.0546	0.1007	0.0670	0.0753
熵权	0.096	0.218	0.052	0.116	0.095	0.175	0.117	0.131

三　指标融合

（一）基本概率分配函数

基本概率分配函数的生成是运用 DS 信息融合法的基础。结合警限的划分以及各项指标的数据和权重，可以生成基本概率分配函数，具体步骤如下。

第一，对于已设置的安全、轻警、中警、重警、不安全五个警限，需要设置 X、Y、Z 三个元素作为基本概率分配函数的焦元，并分别对应安全、中警、重警三个警限。与此同时，将介于安全与中警之间的警限"轻警"对应于 XY，将介于中警与不安全之间的警限"重警"对应于 YZ，并定义：

$$m(X) \cap m(XY) = m(X) \quad m(Y) \cap m(XY) = m(Y)$$
$$m(Y) \cap m(YZ) = m(Y) \quad m(Z) \cap m(YZ) = m(Z)$$
$$m(XY) \cap m(YZ) = m(Y)$$

其目的在于信息融合过程中加强指标间的联系：

$$m(X) \cap m(Y) = \varnothing \quad m(XY) \cap m(Z) = \varnothing$$

其他情况以此类推。

如此，警限与焦元的对应关系如表 12 – 15 所示。

表 12 – 15 警限与焦元对应情况

警　限	安全	轻警	中警	重警	不安全
焦元	$m(X)$	$m(XY)$	$m(Y)$	$m(YZ)$	$m(Z)$

第二，根据表 12 – 10 的指标数据、表 12 – 12 的警限划分标准以及表 12 – 15 警限与焦元的对应关系，得出每年各项指标所对应的焦元，如表 12 – 16 所示。

表 12 – 16 1996 ~ 2011 年粮食安全指标与焦元对应情况

年份	R_1	R_2	R_3	R_4	R_5	R_6	R_7	R_8
1996	$m(X)$	$m(YZ)$	$m(X)$	$m(X)$	$m(X)$	$m(X)$	$m(Z)$	$m(XY)$
1997	$m(X)$	$m(Y)$	$m(Z)$	$m(X)$	$m(X)$	$m(X)$	$m(Z)$	$m(YZ)$
1998	$m(X)$	$m(XY)$	$m(X)$	$m(X)$	$m(X)$	$m(X)$	$m(YZ)$	$m(Y)$
1999	$m(X)$	$m(X)$	$m(X)$	$m(X)$	$m(X)$	$m(X)$	$m(YZ)$	$m(Y)$
2000	$m(YZ)$	$m(X)$	$m(YZ)$	$m(X)$	$m(YZ)$	$m(XY)$	$m(Y)$	$m(Z)$
2001	$m(Z)$	$m(X)$	$m(X)$	$m(X)$	$m(Z)$	$m(Y)$	$m(XY)$	$m(YZ)$
2002	$m(YZ)$	$m(XY)$	$m(X)$	$m(X)$	$m(YZ)$	$m(YZ)$	$m(XY)$	$m(Y)$
2003	$m(Z)$	$m(Y)$	$m(X)$	$m(X)$	$m(Z)$	$m(Z)$	$m(XY)$	$m(Z)$
2004	$m(YZ)$	$m(Z)$	$m(Z)$	$m(Y)$	$m(YZ)$	$m(Z)$	$m(XY)$	$m(X)$
2005	$m(YZ)$	$m(Z)$	$m(X)$	$m(XY)$	$m(Y)$	$m(YZ)$	$m(XY)$	$m(X)$
2006	$m(Y)$	$m(YZ)$	$m(X)$	$m(Y)$	$m(Y)$	$m(YZ)$	$m(X)$	$m(Y)$
2007	$m(Y)$	$m(YZ)$	$m(X)$	$m(Y)$	$m(Y)$	$m(X)$	$m(X)$	$m(Y)$
2008	$m(XY)$	$m(X)$	$m(X)$	$m(Y)$	$m(X)$	$m(YZ)$	$m(X)$	$m(XY)$
2009	$m(XY)$	$m(XY)$	$m(Y)$	$m(YZ)$	$m(XY)$	$m(Y)$	$m(X)$	$m(XY)$
2010	$m(X)$	$m(X)$	$m(Z)$	$m(X)$	$m(Y)$	$m(X)$	$m(X)$	$m(X)$
2011	$m(X)$	$m(X)$	$m(Y)$	$m(Z)$	$m(X)$	$m(Y)$	$m(X)$	$m(X)$

第三，结合表 12 – 14 指标权重计算结果、表 12 – 16 各年指标与焦元的对应关系，生成基本概率分配函数。以 1996 年为例，基本概率分配函数的生成方法为：

$m(X) = 0.096 + 0.052 + 0.116 + 0.095 + 0.175 = 0.534$

$m(XY) = 0.131$

$m(Y) = 0$

$m(YZ) = 0.218$

$m(Z) = 0.117$

这样，1996 年的基本概率分配函数为：$m(X) = 0.534$；$m(XY) = 0.131$；$m(Y) = 0$；$m(YZ) = 0.218$；$m(Z) = 0.117$。

类似的，可以计算得到其他年份的基本概率分配函数（见表 12 - 17）。

表 12 - 17 1996 ~ 2011 年粮食安全基本概率分配函数情况

年份	$m(X)$	$m(XY)$	$m(Y)$	$m(YZ)$	$m(Z)$
1996	0.534	0.131	0	0.218	0.117
1997	0.482	0	0.218	0.131	0.169
1998	0.534	0.218	0.131	0.117	0
1999	0.752	0	0.131	0.117	0
2000	0.334	0.175	0.117	0.243	0.131
2001	0.386	0.117	0.175	0.131	0.191
2002	0.168	0.335	0.131	0.366	0
2003	0.168	0.117	0.218	0	0.497
2004	0.131	0.117	0.116	0.191	0.445
2005	0.183	0.233	0.095	0.271	0.218
2006	0.169	0	0.438	0.393	0
2007	0.169	0	0.438	0.393	0
2008	0.264	0.227	0.334	0.175	0
2009	0.117	0.54	0.227	0.116	0
2010	0.657	0.052	0.175	0	0.116
2011	0.657	0	0.227	0	0.116

（二）融合方法

第一，为了避免 DS 信息融合方法在处理高度冲突数据时的缺陷，对基本概率分配函数按照证据的可信度进行加权处理。

由于本书是在融合上一年度数据与本年度数据的基础上来评价粮食安全情况，因此，需要将上一年度与本年度数据进行加权平均。考虑到粮食安全主要受当年数据的影响，将当年数据的可信度定为 0.8，同时将上一年度数据的可信度定为 0.2。以 1997 年为例，基本概率分配函数加权处理方法为：

$$加权\ m(X)_{1997} = m(X)_{1997} \times 0.8 + m(X)_{1996} \times 0.2 = 0.4924$$

类似的，可以得到 1997~2011 年加权基本概率分配函数（见表 12 - 18）。

表 12 - 18　1997~2011 年加权基本概率分配函数

年份	$m(X)$	$m(XY)$	$m(Y)$	$m(YZ)$	$m(Z)$
1997	0.4924	0.0262	0.1744	0.1484	0.1586
1998	0.5236	0.1744	0.1484	0.1198	0.0338
1999	0.7084	0.0436	0.131	0.117	0
2000	0.4176	0.14	0.1198	0.2178	0.1048
2001	0.3756	0.1286	0.1634	0.1534	0.179
2002	0.2116	0.2914	0.1398	0.319	0.0382
2003	0.168	0.1606	0.2006	0.0732	0.3976
2004	0.1384	0.117	0.1364	0.1528	0.4554
2005	0.1726	0.2098	0.0992	0.255	0.2634
2006	0.1718	0.0466	0.3694	0.3686	0.0436
2007	0.169	0	0.438	0.393	0
2008	0.245	0.1816	0.3548	0.2186	0
2009	0.1464	0.4774	0.2484	0.1278	0
2010	0.549	0.1496	0.1854	0.0232	0.0928
2011	0.657	0.0104	0.2166	0	0.116

第二，运用 Dempster 组合规则对表 12 - 18 的数据进行融合。由于系统中有两个证据，因此，将加权后的基本概率指派函数自融合 n - 1，即 1 次，数据融合结果如表 12 - 19 所示。

以 1997 年数据融合为例，各焦元的融合结果为 $m(X) = 0.5803$；$m(XY) = 0.0015$；$m(Y) = 0.2144$；$m(YZ) = 0.0476$；$m(Z) = 0.1562$，并分别代表各焦元所对应警限发生的可能性。在 1997 年，$m(X)$ 最大意味着粮食安全的可能性最大，故将主焦元定为 $m(X)$，判别警度为"安全"。其余年份依此类推。

表 12 - 19　1997～2011 年加权基本概率分配函数自融合结果

年份	K值	$m(X)$	$m(XY)$	$m(Y)$	$m(YZ)$	$m(Z)$	主焦元	判别警度
1997	0.4623	0.5803	0.0015	0.2144	0.0476	0.1562	$m(X)$	安全
1998	0.6619	0.6901	0.0459	0.2283	0.0217	0.0140	$m(X)$	安全
1999	0.6486	0.8689	0.0029	0.1071	0.0211	0.0000	$m(X)$	安全
2000	0.5761	0.5057	0.0340	0.2796	0.0823	0.0983	$m(X)$	安全
2001	0.5230	0.4544	0.0316	0.3027	0.0450	0.1663	$m(X)$	安全
2002	0.7567	0.2221	0.1122	0.4970	0.1345	0.0341	$m(Y)$	中警
2003	0.4872	0.1687	0.0529	0.3234	0.0110	0.4440	$m(Z)$	不安全
2004	0.5631	0.0915	0.0243	0.2272	0.0415	0.6155	$m(Z)$	不安全
2005	0.6240	0.1638	0.0705	0.3350	0.1042	0.3265	$m(Y)$	中警
2006	0.6952	0.0655	0.0031	0.6870	0.1954	0.0490	$m(Y)$	中警
2007	0.7191	0.0397	0.0000	0.7455	0.2148	0.0000	$m(Y)$	中警
2008	0.7190	0.2072	0.0459	0.6804	0.0665	0.0000	$m(Y)$	中警
2009	0.8898	0.1812	0.2561	0.5444	0.0184	0.0000	$m(Y)$	中警
2010	0.6069	0.7673	0.0369	0.1737	0.0009	0.0213	$m(X)$	安全
2011	0.5103	0.8727	0.0002	0.1008	0.0000	0.0264	$m(X)$	安全

四　结果分析

本书采用的信息融合方法是一种动态性的评价方法，警限划分标准较为科学，警限是一个可动态变得数值，可以根据不同年份的粮食产量和当时的影响因素，动态确定警限的数值。在不同的年份，考虑到各个评价因素在模型中权重会发生变化，本书将这种变化作为一种影响警限划分的关键因素，动态计算出警限的具体数值。

从表 12 - 19 的计算结果可以看出，1997～2011 年，我国的粮食安全度经历了一个先下降再上升的过程。其中，2003 年、2004 年的粮食安全压力最大，判别警度为"不安全"；2002 年、2005～2009 年的粮食安全存在一定风险，判别警度为"中警"；1997～2001 年以及 2010 年、2011 年显示粮食安全状况良好，判别警度为"安全"。

从现实情况来看，1996～1999 年，我国粮食连续四年丰收，粮食储备逐年增加，加之较高的粮食自给率、人均粮食播种面积及粮食占有量，粮食安全度高。2000 年起，由于连年的粮食丰收使得粮食价格偏低，农民生产积极性不高，加之严重的自然灾害，我国的粮食产量开始出现大幅度缩减，2003 年一度降至最低的 4.3 亿吨，粮食供求形势一度严峻。这些年来，我国的粮食储备逐年减少，人均粮食播种面积和人均粮食占有率等指标显著恶化，粮食安全度也逐渐从"安全"转变为 2003 年、2004 年的"不安全"。2005 年起，我国粮食产量重回升势，粮食储备逐年增加，粮食安全度开始逐年好转。但受之前年度指标恶化影响，加之新的威胁粮食安全的因素——粮食自给率下降的出现，粮食安全度提高的进程相对缓慢。

可见，判别警度与当年的实际情况基本一致，模型具有较高的灵敏度，同时降低了非主要因素对于评价结果的干扰。值得注意的是，不同的年份威胁粮食安全的因素不尽相同。21 世纪初的几年内，导致粮食安全度下降的主要因素是粮食产量下降；而最近几年内，我国粮食进口量激增，粮食自给率下降则越发引人关注，对于不同的威胁要区别对待。

第四节　完善粮食预警体系对策建议

目前，发达国家粮食安全预警方面已经有了相当的发展。美国、加拿大、欧盟、澳大利亚都拥有实用的粮食供需监测系统。联合国粮农组织（FAO）于 20 世纪 70 年代就建立了功能全面的"全球粮食和农业信息及预警系统"（GIEWS），以周为单位对全球的粮食供需信息进行分析、预测。美国国际发展代表处（USAIDS）还开发出针对发展中国家（特别是非洲）的饥饿预警系统（FEWS）。即使是经济发展相对落后的印度也在美国的帮助下建立了粮食预警系统。

我国粮食安全预警机制目前的实际运作情况是：国务院设立了预警机构，收集、整理和发布国际、国内粮食市场信息，确定评估指数和风险警戒线，当粮食供求可能危及国家粮食安全时，及时采取准确而有效的应对措施。尽管我国政府对粮食安全预警和防范粮食安全风险的作用有足够的认识和充分的重视，但是，面对粮食安全复杂多变的国内外形势，建立健全功能强、水平高、可实际操作的现代化粮食安全预警体系，能够对各种警情做出准确的预报，为国家粮食宏观调控部门提供科学快速的决策支持工具，成为当前摆在我国粮食安全科研工作者面前的紧迫任务。

一 完善粮食预警指标体系

进行粮食安全预警，首先要选择确能反映粮食安全与否的警情指标，因而选择科学、合理指标并构建完整的指标体系是进行粮食安全预警的基础和前提。同时，根据可能发生的粮食不安全或风险的不同程度及其影响，对警情指标进行警级分类和警限确定，然后才能根据目前或预测的警情指标落在何警区内，发出相应的警示灯信号，使得人们能直观地识别粮食安全状况。粮食安全监测预警是根据粮食安全所出现的严重偏离正常的状态，在未造成粮食安全灾害之前进行预测、预报及调控。通过探索建立粮食安全预警监测系统，做到有备无患，加强对粮食市场供求形势的监测和预警分析，及时了解市场行情，准确把握市场动态，科学分析市场走势，确保我国粮食安全。

本书根据粮食安全的内涵，结合指标设定应当遵循的原则，从宏观、微观和自然要素三个层面，设置了包括粮食生产波动率、粮食储备量、粮食价格波动率等在内的八个指标。然而，基于国家的宏观管理需要，仍然需要进一步完善粮食预警指标体系。从粮食安全的实际要求出发，把经济理论、经济预警理论运用到粮食安全中，开展粮食安全的监测预警研究，根据监测、信息收集、数据分析、先兆预警等有序的环节建立粮食安全预警监测系统。从粮食生产增长率的角度去发现粮食生产中潜在的问题，从而切实提高粮食生产能力，保障我国粮食安全。虽然目前我国粮食供求基本能够实现平衡，但这种平衡是非常脆弱的紧平衡，一旦粮食产量得不到保证，粮食安全就会受到威胁。从21世纪最初几年我国粮食安全形势急转直下的过程可以发现，其根本诱因在于粮食逐年大幅减产。粮食产量下降往往伴随着粮食储备的减少和人均粮食占有量的降低，粮食价格的稳定性和粮食自给率亦有可能受到波及，因此这种冲击是系统性的，必须加以控制和防范。

二 建立粮食预警管理系统

（一）建立粮食预警管理信息系统

管理信息系统是粮食预警信息系统的基础和数据来源，只有保证与信息系统的数据接口和共享机制，预警系统的功能才能很好地发挥。因此政府应建立并完善管理信息系统，才能保证粮食安全预警信息系统的建立和运转。我国的管理信息系统应充分利用网络技术，建立一套自动的预警监测系统。预警监测系统可以对可能发生的问题早做防范并进行信息处理，在此信息模式的作用下，将信息处理形成信息网络。信息网络借助现代互联网工具将遍及全省的粮食信息网点相互连接，并有效且及时地将收集到的信息传递到预警系统进行处理。粮食安全预警系统根据信息处理结果，即时将这些信息定期提供给政府及有关部门，作为粮食行政管理和宏观调控的参考，采用适当的渠道定期向社会发布，使粮食生产者、经营者及时了解市场动态和有关政策法规，调整生产计划或经营策略，以期达到调节市场供求平衡目的。

信息化是现代粮食安全预警信息系统的基础。在实际操作过程中，往往由于信息源设置得不科学，信息渠道沟通不畅以及固有的反应机制相对滞后，导致信息失真，影响到最终的决策。这些都需要整合管理，需要以信息化促进现代化，发挥信息化影响面广、渗透力强、作用力持久、资源配置高的效益，以最快的速度、最经济的手段、获取最全面的粮食生产信息，及时发现、判断粮食不安全状态，发出预警报，及时启动该系统应急措施，确保粮食市场稳定，使政府掌握保障粮食安全的主动权，这样才能真正发挥粮食安全预警系统的作用，为国家、为政府、为经营者和生产者提供完整的信息。

粮食安全预警监测系统由信息网络、信息处理、信息发布、预警指标、发出预警信号等子系统构成。目前，国内对粮食生产、流通、库存、消费等方面的一些基本情况，并不清楚。如对粮食库存量的看法就不尽一致。要开展粮食产、供、销、存环节的跟踪调查，加强对粮食播种面积的调查与核实。要对农户存粮的情况进行动态监控，以准确实时地反映粮食生产安全的动态变化，使粮食安全成为可动态监测、及时预警、相机调控和科学评估的政策体系。这些目标的实现都需要一个全面完善的粮食预警管理信息系统。

（二）建立多部门协调的粮食预警管理机制

粮食安全预警体系是一个系统性的大工程。工作跨越农业、统计、气象、流通、科技、市场和贸易等部门，因此在设立中央粮食安全预警中心的同时，设立多部门协调的预警管理系统，从而保证协调、有序地开展预警工作。农业部市场信息司与农业部信息中心负责建立农产品市场监控预警系统和分品种预测预警分析。国家气象科学研究院负责开展农业生产气象条件分析和产量预测。农业部国际合作司农业贸易处分析粮食与农产品贸易状况。还应当完善国家级、省级以及地市级的分层预警制度，各区域按照自身实际情况采用适当的预警指标和预警方法，保证监控体系的严密性。

（三）重视后续管理的作用

前期的流程再造和系统构建固然重要，但科学完备的后续管理对预警系统正常运行、预警功能充分发挥同样不可忽视。政府部门要对相关工作人员进行定期与不定期的"培训"，不断提高人员业务水平。做好以下后续管理工作：①正常监管和维护，保证预警系统与其他政府管理系统之间数据接口通畅、数据共享充分；②粮食安全数据、预警临界标准等有序更新，保证预警的准确和及时；③保障各项数据库的安全和完整，加强数据库的防病毒入侵、防黑客盗取、防非法操作等措施至关重要。

三　发挥期货市场预警功能

无论是保证粮食生产的长效机制还是粮食安全的预警机制都要有一个合理有效的市场来调节。粮食这一特殊商品，其价格到底是由政府决定还是完全由市场形成，一直以来都是业界争论的焦点。一定规模的粮食储备是确保国家粮食安全的重要手段，不仅应对大的自然灾害和突发公共危机是必需的，还可以起到战略调节作用。但是，完全依靠储备作为调控粮价的杠杆则可能危及粮食安全，特别是轮储粮和托市粮的抛售。如果时机选择不当，在一定程度上会人为造成供求失衡。扭曲的价格信息就有可能误导粮食生产。当市场粮价偏低时，抛售轮储粮和托市粮更会造成粮价走低，直接打击农民种粮积极性；当市场粮价偏高时，抛售轮储粮和托市粮虽可以平抑粮价上涨势头，但给市场的信号似乎是粮食供应充足，农民会误认为粮食根本就不缺，种粮的积极性也就不可能高。

粮食期货市场的价格发现、风险规避的功能在粮食预警中发挥重要作用。粮食期货价格指数起到对粮食现货价格的价格发现功能，即粮食价格指数能提前预测粮食现货价格。在粮食期货价格指数的价格发现功能作为切入点的基础上，估计粮食期货价格指数作为粮食安全预警指标的超前期限，以粮食期货价格指数作为粮食安全预警指标，确定粮食安全警限与警度。同时，粮食期货价格指数对未来粮食现货价格水平的发现是有效的和无偏的。有研究表明，粮食期货价格指数对粮食现货价格指数的价格发现有 3 个月的领先期限，即我国粮食期货价格指数指能提前 3 个月发出粮食安全预警信号。

因此，期货市场在预警中发挥的作用是不可替代的。积极探索和推动其他符合条件的农产品的上市交易，逐步建立起较为完备的农产品期货市场体系，是建立完善预警体系的迫切需要。

四　加强粮食安全预警法制建设

任何法律现象的存在都是为了处理某种法律关系。法律关系是在法律规范调整社会关系的过程中所形成的人们之间的权利义务关系。同理，粮食安全预警法律制度这一法律现象的存在也是为了处理粮食安全预警法律关系。粮食安全预警法律关系是粮食安全预警法律制度调整社会关系的过程中所形成的权利和义务关系。法律关系的主体是法律关系的参加者，即在法律关系中一定权利的享有者和一定义务的承担者。法律关系的主体包括自然人、机构和组织（法人）、国家。显然，粮食安全预警法律关系的主体包括国家一方和其相对人，而国家一方又具体由国家机关或其授权的某一组织代表国家参加法律关系。因此，粮食安全预警法律关系的主体是指参加粮食安全预警法律关系，拥有管理职权或权利、承担职责或义务的组织机构和其相对人。粮食安全预警法律关系主体一方的国家机关或组织等，其资格是特定的，它可以依法律规定或国家相应机关的授权而取得，具有对粮食安全预警活动进行干预的资格。

建议设立中央粮食安全预警中心，统一协调和领导该系统工作。根据自然、经济、社会等各方面的情况，及时做出粮食供求预测。当出现紧急情况时应区分不同程度和范围，分级决策和实施应急预案。中央粮食安全预警中心下设省、市级地方中心，省级以下根据需要设立信息采集站、点，并推行数字化管理、主任负责制和垂直领导体制，以全面、客观、准确地收集全国粮食安全预警信息。同时，应依法赋予该机构职权、职责，并建立个人责任追究制，以保障粮食安全预警机构能真正发挥预警的功能，以防患于未然。

此外，粮食安全预警信息中心还要结合国内外粮市状况、粮食储备、国家粮食政策和消费者心理，对所收集的信息进行搜集、整理，以便就粮食供求状况和粮食安全状况做出明确的判断与预测。粮食信息的内容应包括供求状况、价格走势、粮食储备、国家粮食政策和消费者心理等。在市场经济条件下，由于粮食不完全掌握在政府手中，价格正常波动是市场运作进程的正常反应。当粮食价格在正常范围内波动时，表明市场供需基本平衡，不需发出警戒信号；粮食价格剧烈波动，尤其是出现抢购粮食迹象时，则应立即组织人员深入信息采集点进行调查，如情况属实，则应立即发出警戒信号，以提醒有关部门采取相应措施。粮食安全预警法律制度及相关政策的实施，切实保障粮食安全预警工作的执行力度。

参考文献

白玉兴、李彪、刘朝伟、王保祥、金锐、徐晓娟：《关于我国粮食流通与粮食安全的研究》，《粮食流通技术》2009年第1期。

北京交通大学中国产业安全研究中心：《"十二五"我国粮食安全保障体系构建研究》，2009。

陈静彬：《基于熵值法和灰色关联分析的粮食安全预警研究——以湖南省为例》，《求索》2009年第8期。

成福云：《干旱灾害对21世纪初我国农业发展的影响探讨》，《水利发展研究》2002年第10期。

程亨华、肖春阳：《中国粮食安全及其主要指标研究》，《财贸经济》2002年第12期。

迟灵芝：《指数平滑法在粮食产量预测中的应用》，《本溪冶金高等专科学校学报》2004年第4期。

邓大才：《粮食宏观调控的运行机制研究》，《经济问题》2005年第5期。

邓大才：《粮食流通体制改革的约束条件与设计思路》，《福建论坛》（人文社会科学版）2002年第6期。

邓大才：《论政府与市场在粮食经济中的分工和协调》，《南方经济》2002年第5期。

丁声俊、朱玉辰：《健全和完善中国粮食市场体系》，《国家行政学院学报》2003年第3期。

丁文恩：《调整农业产业布局 增强农业产品竞争力》，《甘肃农业》2003 年第 9 期。

杜顺义、王志伟、郭慕萍、李栋：《气候变暖对山西农业生产及粮食安全的影响》，《中国农业气象》2009 年第 S1 期。

范建刚：《新型国家粮食供给调控体系的构建——基于供给系统运行的分析》，中国社会科学出版社，2008。

高茂盛、范建忠、吴清丽：《旱涝灾害对陕西省粮食生产的影响研究》，《中国农业大学学报》2012 年第 3 期。

顾海兵、刘明：《我国粮食生产预警系统的探讨》，《经济理论与经济管理》1994 年第 1 期。

顾焕章、王曾金、许朗：《建立粮食供求预警系统稳定我国的粮食生产和市场》，《农业经济问题》1995 年第 2 期。

国家粮食局课题组：《粮食支持政策与促进国家粮食安全研究》，经济管理出版社，2009。

何蒲明：《建设以期货市场为先导的粮食市场体系问题研究》，《农业经济》2011 年第 1 期。

何忠伟：《中国粮食供求模型及其预测研究》，《北京电子科技学院学报》2005 年第 1 期。

贺涛：《国外粮食流通体制评价及其启示（一）》，《粮食科技与经济》2004 年第 1 期。

洪涛：《确立新的粮食安全观念》，《粮食科技与经济》2010 年第 1 期。

侯立军：《当前粮食流通体制改革的难点与对策》，《农业经济问题》1999 年第 9 期。

侯立军：《加强我国粮食物流宏观调控的举措构思》，《经济问题》2006 年第 8 期。

侯立军：《论粮食流通体制改革的对策选择》，《现代经济探讨》1999 年第 1 期。

侯立军：《确立中国粮食市场模式的构思》，《经济理论与经济管理》1999 年第 6 期。

侯立军：《我国粮食物流科学化运作研究》，《财贸经济》2002 年第 11

期。

　　胡非凡、施国庆、吴志华：《试析我国粮食物流中心发展现状及趋势》，《经济问题》2007 年第 2 期。

　　黄季焜：《21 世纪的中国农业与农村发展》，中国农业出版社，2006。

　　黄季焜：《必需的代价——加入世贸组织对中国粮食市场的影响》，《国际贸易》1998 年第 11 期。

　　黄珺：《我国粮食专业合作社发展研究》，《中国行政管理》2009 年第 9 期。

　　黄延信：《中国—澳大利亚粮食市场制度比较研究》，《中国农村观察》1997 年第 1 期。

　　冀名峰：《日本粮食流通体制变革及其给我们的启示》，《改革》2000 年第 3 期。

　　冀名峰：《我国粮食市场上的同步性问题分析》，《中国农村经济》2004 年第 3 期。

　　江丽、安萍莉：《我国自然灾害时空分布及其粮食风险评估》，《灾害学》2011 年第 1 期。

　　柯炳生：《粮食流通体制改革与市场体系建设》，《中国农村经济》1998 年第 12 期。

　　柯炳生：《美国的粮食政策》，《农业经济问题》1994 年第 5 期。

　　雷勋平、吴杨、叶松、陈兆荣、王亮：基于熵权可拓决策模型的区域粮食安全预警》，《农业工程学报》2012 年第 6 期。

　　雷玉桃、谢建春：《论退耕还林背景下的粮食安全保障机制》，《粮食安全研究》2003 年第 6 期。

　　李波、张俊飚、李海鹏：《我国中长期粮食需求分析及预测》，《中国稻米》2008 年第 3 期。

　　李成贵：《粮食直接补贴不能代替价格支持——欧盟、美国的经验及中国的选择》，《中国农村经济》2004 年第 8 期。

　　李经谋：《2009 中国粮食市场发展报告》，中国财政经济出版社，2009。

　　李靖、孙晓明：《省域粮食单产水平与波动状况研究》，《中国人口·资源与环境》2011 年第 4 期。

李茂松、李章成、王道龙、杨修、钟秀丽、李正、李育慧：《50 年来我国自然灾害变化对粮食产量的影响》，《自然灾害学报》2005 年第 2 期。

李梦觉、洪小峰：《粮食安全预警系统和指标体系的构建》，《经济纵横》2009 年第 8 期。

李先德、王士海：《国际粮食市场波动对中国的影响及政策思考》，《农业经济问题》2009 年第 9 期。

李玉平、蔡运龙：《浙江省耕地变化与粮食安全的分析及预测》，《长江流域资源与环境》2007 年第 4 期。

李玉珠、王济民：《市场经济下粮食供给波动与宏观管理研究》，《农业经济问题》1997 年第 6 期。

李岳云、朱晶：《中国粮食市场前景》，《农业经济问题》1997 年第 9 期。

李志强、吴建寨、王东杰：《我国粮食消费变化特征及未来需求预测》，《中国食物与营养》2012 年第 3 期。

李志强、赵忠萍、吴玉华：《中国粮食安全预警分析》，《中国农村经济》1998 年第 1 期。

梁仕莹、孙东升、杨秀平、刘合光：《2008～2020 年我国粮食产量的预测分析》，《山西财经大学学报》2008 年第 2 期。

梁子谦、李小军：《影响中国粮食生产的因子分析》，《农业经济问题》2006 年第 11 期。

段兴武、谢云、刘刚、蔺涛：《黑龙江省粮食生产对气候变化影响的脆弱性分析》，《中国农业气象》2008 年第 1 期。

蔺涛、谢云、刘刚、陈德亮、段兴武：《黑龙江省气候变化对粮食生产的影响》，《自然资源学报》2008 年第 2 期。

刘凌：《基于 AHP 的粮食安全评价指标体系研究》，《中国农村经济》2007 年第 15 期。

刘明亮、陈百明：《我国近期粮食生产的波动性及其与农业自然灾害发生状况的相关分析》，《灾害学》2000 年第 4 期。

刘晓梅：《关于我国粮食安全评价指标体系的探讨》，《财贸经济》2004 年第 9 期。

刘颖：《国外粮食流通体制比较与启示》，《世界农业》2008 年第 1 期。

刘雨田、李全根：《粮食商业连锁经营问题》，《南方经济》1996 年第 7 期。

刘玉海、武鹏：《转型时期中国农业全要素耕地利用效率及其影响因素分析》，《金融研究》2011 年第 7 期。

龙方：《新世纪中国粮食安全的模式选择》，《粮食科技与经济》2008 年第 2 期。

娄源功：《中国粮食安全的宏观分析与比较研究》，《农场经济管理》2003 年第 3 期。

鲁靖、许成安：《构建中国的粮食安全保障体系》，《农业经济问题》2004 年第 8 期。

吕新业、王济民、吕向东：《我国粮食安全状况及预警系统研究》，《农业经济问题》2005 年第 S1 期。

吕耀：《中国食物保障可持续性及其评价》，《中国农村经济》1999 年第 8 期。

马建勇、许吟隆、潘婕：《东北地区农业气象灾害的趋势变化及其对粮食产量的影响》，《中国农业气象》2012 年第 2 期。

马九杰、崔卫杰、朱信凯：《农业自然灾害风险对粮食综合生产能力的影响分析》，《农业经济问题》2005 年第 4 期。

马九杰、张象枢：《粮食安全衡量及预警指标体系研究》，《管理世界》2001 年第 1 期。

马九杰、张象枢、顾海兵：《粮食安全衡量及预警指标体系研究》，《管理世界》2001 年第 1 期。

马有祥：《树立科学发展观构筑我国粮食安全长效机制》，《中国农村经济》2004 年第 10 期。

毛德智：《WTO 框架下粮食市场宏观调控目标体系构建》，《农业技术经济》2006 年第 2 期。

门可佩、魏百军、唐沙沙、周丽、蒋梁瑜：《基于 AHP－GRA 集成的中国粮食安全预警研究》，《统计与决策》2009 年第 20 期。

闵耀良：《构建农产品市场体系的几个问题》，《中国农村经济》1995

年第 9 期。

聂振邦：《2009 中国粮食发展报告》，经济管理出版社，2009。

聂振邦：《2010 中国粮食发展报告》，经济管理出版社，2010。

聂振邦：《现代粮食流通产业发展战略研究》，经济管理出版社，2008。

彭克强：《旱涝灾害视野下中国粮食安全战略研究》，《中国软科学》2008 年第 12 期。

彭克强：《粮食生产与自然灾害的关联及其对策选择》，《改革》2008 年第 8 期。

起晓星、刘黎明、刘亚彬、王莉：《基于故障树分析的区域粮食安全风险因子识别和分类》，《农业工程学报》2011 年第 12 期。

秦剑：《气候变化与昆明粮食生产的研究》，《南京气象学院学报》1999 年第 4 期。

任育锋：《自然灾害对我国粮食安全影响的实证研究》，《安徽农业科学》2011 年第 19 期。

尚斌义：《政府干预粮食市场行为的模型分析——以我国粮食流通体制改革为例》，《南开经济研究》1999 年第 6 期。

史培军、王静爱、谢云、王平、周武光：《最近 15 年来中国气候变化、农业自然灾害与粮食生产的初步研究》，《自然资源学报》1997 年第 3 期。

苏晓燕、张蕙杰、李志强、邓勇：《基于多因素信息融合的中国粮食安全预警系统》，《农业工程学报》2011 年第 5 期。

孙东升、梁仕莹：《我国粮食产量预测的时间序列模型与应用研究》，《农业技术经济》2010 年第 3 期。

汤美莲：《构筑中国粮食安全体系》，《粮食科技与经济》2002 年第 5 期。

唐华俊：《基于比较优势的种植业区域结构调整》，《中国农业资源与区划》2001 年第 5 期。

王道龙、钟秀丽、李茂松、杨修：《20 世纪 90 年代以来主要气象灾害对我国粮食生产的影响与减灾对策》，《灾害学》2006 年第 1 期。

王国丰：《"京粮"腾飞的翅膀》，《中外企业文化》2009 年第 3 期。

王姣、肖海峰：《我国良种补贴、农机补贴和减免农业税政策效果分析》，《农业经济问题》2007 年第 2 期。

王玲、王燕：《美国的粮食政策及对我国粮食流通体制改革的启示》，《财政研究》2000 年第 7 期。

王舜卿：《专业化是我国农业发展的必然趋势》，《中国农业资源与区划》1994 年第 1 期。

王雅鹏：《对我国粮食安全路径选择的思考——基于农民增收的分析》，《中国农村经济》2005 年第 3 期。

王亚伟、韩珂、苏克勤、梁保松：《自然灾害对河南省粮食综合生产能力的影响分析》，《河南农业大学学报》2011 年第 6 期。

王玉斌：《我国粮食调运格局演化及粮食生产战略选择》，《内蒙古农业大学学报》（社会科学版）2008 年第 1 期。

魏剑锋：《中国粮食产量增长的潜力及实现机制分析》，《中国人口·资源与环境》2009 年第 4 期。

吴殿廷：《农作物布局优化模型的初步研究》，《北京师范大学学报》（自然科学版）1998 年第 4 期。

吴文斌、唐华俊、杨鹏、周清波、陈仲新、Ryosuke Shibasaki：《基于空间模型的全球粮食安全评价》，《地理学报》2010 年第 8 期。

肖国安：《未来十年中国粮食供求预测》，《中国农村经济》2002 年第 7 期。

肖国安、刘友金、向国成、仇怡、谷洪波、龚日朝、王文涛：《国家粮食安全战略研究论纲》，《湘潭大学学报》（哲学社会科学版）2009 年第 6 期。

肖国安、王文涛：《粮食安全预警研究综述及一种新的预警模型》，《湘潭大学学报》（哲学社会科学版）2006 年第 1 期。

肖国安、王文涛：《中国粮食安全报告》，红旗出版社，2009。

徐小平、李桂荣：《提升黑龙江省粮食加工产业整体竞争优势的策略研究》，《哈尔滨商业大学学报》（社会科学版）2007 年第 5 期。

徐振宇：《从博弈的角度看新一轮粮改》，《中国农村观察》2001 年第 2 期。

许朗、李梅艳、刘爱军：《我国今年旱情演变及其对农业造成的影响》，《干旱区资源与环境》2012 年第 7 期。

许世卫、李志强、李哲敏、王启现、李干琼：《农产品质量安全及预警类别分析》，《中国科技论坛》2009年第1期。

颜晓飞、邵源春：《干旱和洪涝灾害对我国粮食产量影响的实证分析》，《现代经济》2009年第5期。

杨菊生：《"粮食流通主渠道"与"国家粮食主导"辨析》，《现代经济探讨》1994年第11期。

杨世义：《农业区域化布局的几个问题》，《中国农业资源与区划》1995年第5期。

殷培红、方修琦：《中国粮食安全脆弱区的识别及其空间分异特征》，《地理学报》2008年第10期。

游建章：《粮食安全预警与评价的评价》，《农业技术经济》2002年第2期。

于静洁、任鸿遵：《华北地区粮食生产与水供应情势分析》，《自然资源学报》2001年第4期。

张丽丽、王建军：《自然灾害对我国粮食生产影响的实证研究》，《南方农村》2010年第3期。

张永生：《构造粮食市场体系，促进社会主义市场经济体制的建立》，《北京商学院学报》1993年第2期。

赵龙跃：《粮食产销政策的科学选择：构建社会主义粮食市场》，《经济科学》1994年第6期。

赵素丽：《发达国家管理粮食生产和流通的主要经验、做法及启示》，《宏观经济研究》2005年第6期。

赵修卫：《关于发展区域核心竞争力的探讨》，《中国软科学》2001年第10期。

郑鹏、徐家鹏：《基于价格扰动与市场风险的粮食安全问题研究》，《统计与决策》2008年第22期。

郑有贵、欧维中、焦红坡：《关于缓解南北方粮食远距离大量流动矛盾的对策探讨》，《中国农村观察》1997年第5期。

周明健、叶文琴：《发达国家确保粮食安全的对策及对我国的借鉴意义》，《农业经济问题》2005年第6期。

周旭英：《调整中国粮食生产区域布局的基本思路与措施》，《中国农业信息》2003 年第 12 期。

朱大威、金之庆：《气候及其变化率对东北地区粮食生产的影响》，《作物学报》2008 年第 9 期。

朱晶：《农业公共投资、竞争力与粮食安全》，《经济研究》2003 年第 1 期。

朱琴华：《我国粮食流通市场化主题建设研究》，《财贸经济》2003 年第 8 期。

朱希刚：《中国粮食供需平衡分析》，《农业经济问题》2004 年第 12 期。

朱泽：《中国粮食安全状况研究》，《中国农村经济》1997 年第 5 期。

祝业辉、朱显平、刘笑然：《关于新形势下建立健全中国粮食市场体系研究》，《经济纵横》2004 年第 9 期。

庄道元、陈超、赵建东：《不同阶段自然灾害对我国粮食产量影响的分析——基于 31 个省市的面板数据》，《软科学》2010 年第 9 期。

邹凤羽：《我国粮食流通期货市场发展研究》，《财贸研究》2003 年第 3 期。

邹凤羽：《优化粮食生产布局　提高粮食综合生产能力》，《农业经济》2004 年第 10 期。

Doocy Shannon, TeferraShimeles, Norell Dan, Burnham Gilbert, "Credit Program Outcomes: Coping Capacity and Nutritional Status in the Food Insecure Context of Ethiopia", *Social Science & Medicine*, 2005, Vol. 60 (10).

Jennifer L. Walker, David H. Holben, Mary L. Kropf, John P. Holcomb, Heidi Anderson, "Household Food Insecurity Is Inversely Associated with Social Capital and Health in Females from Special Supplemental Nutrition Program for Women, Infants, and Children Households in Appalachian Ohio", *Journal of the American Dietetic Association*, 2007, Vol. 107 (11).

图书在版编目（CIP）数据

国家粮食安全保障体系研究/李孟刚，郑新立著．—北京：社会科学
文献出版社，2014.12
ISBN 978 - 7 - 5097 - 6197 - 7

Ⅰ．①国…　Ⅱ．①李…　②郑…　Ⅲ．①粮食 - 供应 - 保障体系 -
研究 - 中国　Ⅳ．①F326.11

中国版本图书馆 CIP 数据核字（2014）第 141824 号

国家粮食安全保障体系研究

著　　者 / 李孟刚　郑新立

出 版 人 / 谢寿光
项目统筹 / 恽　薇　蔡莎莎
责任编辑 / 王莉莉

出　　版 / 社会科学文献出版社·经济与管理出版中心（010）59367226
　　　　　　地址：北京市北三环中路甲 29 号院华龙大厦　邮编：100029
　　　　　　网址：www. ssap. com. cn
发　　行 / 市场营销中心（010）59367081　59367090
　　　　　　读者服务中心（010）59367028
印　　装 / 三河市尚艺印装有限公司

规　　格 / 开　本：787mm × 1092mm　1/16
　　　　　　印　张：24.75　字　数：404 千字
版　　次 / 2014 年 12 月第 1 版　2014 年 12 月第 1 次印刷
书　　号 / ISBN 978 - 7 - 5097 - 6197 - 7
定　　价 / 89.00 元